国家出版基金项目
NATIONAL PUBLICATION FOUNDATION

「禮學新論」叢書／楊華　主編

陳祥道《禮書》研究

張琪　著

武漢大學出版社
WUHAN UNIVERSITY PRESS

本叢書爲國家社會科學基金重大項目
"中國傳統禮儀文化通史研究"（18ZDA021）階段性成果

序

北宋南宋，文化昌盛，漢唐元明，或有不逮。《宋史·太祖本紀》謂宋太祖“治定功成，制禮作樂……遂使三代而降，考論聲明文物之治，道德仁義之風，宋於漢唐，蓋無讓焉”。王國維《宋代之金石學》説：“天水一朝，人智之活動與文化之多方面，前之漢唐，後之元明，皆所不逮也。”陳寅恪《鄧廣銘〈宋史職官志考證〉序》説：“華夏民族之文化，歷數千載之演進，造極於趙宋之世。”元人之論，漸爲共識，故王國維、陳寅恪推許如是。

漢唐學者注釋《三禮》，立足經文，重在釋字注音，疏通經注，漢鄭玄《周禮注》《儀禮注》《禮記注》，唐賈公彥《周禮疏》《儀禮疏》、孔穎達《禮記正義》，可稱代表。宋初三朝，重儒右文，敦崇經學，開設經筵，講論經書，科舉考試，依經命題。仁宗以來，治國以儒學爲本，學人游心聖道，潛心經學，發揮義理。宋人《三禮》研究，迥異前人，啟迪後輩，尤甚者將《三禮》作爲一個整體，綜合考慮，呈現兩大特點：一是探賾索微，闡釋經旨，如王安石《周官新義》、王與之《周禮訂義》、衛湜《禮記集説》等；二是分類考辨，繪畫禮圖，若聶崇義《三禮圖》、陳祥道《禮書》、朱熹《儀禮經傳通解》、楊復《儀禮圖》等。

陳祥道（1042—1093），字用之，宋哲宗趙煦元祐（1086—1094）中爲太常博士、秘書省正字，著有《禮書》一五〇卷。太常博士是太常寺屬官，掌議定五禮儀式、擬議謚號、祭祀時監視儀物等。秘書省是中國古代管理國家藏書的機構，正字掌管校讎典籍，判正訛謬。宋晁公武《郡齋讀書志》稱《禮書》“解禮之名物，且繪其象，甚精博。朝廷聞之，給札繕寫奏御”。陳振孫《直齋書錄解題》謂“論辨精博，間以繪畫，於唐代諸儒之論，近世聶崇義之圖，或正其失，或補其闕”。《四庫全書總目》曰：“綜其大致，則貫通經傳，縷析條分，前説後圖，考訂詳悉。”

清末以來，討論宋代學術和禮學，多不論《禮書》。陳祥道爲什麼要撰寫《禮書》？《禮書》包括哪些內容？《禮書》的體例如何？與前後禮學著作比較，

《禮書》有什麽特點？《禮書》刊刻於何時，有哪些版本，元代以來流傳的《禮書》版本有何差異？陳祥道考釋名物，繪圖明經，所繪之圖與聶崇義《三禮圖》有何區別？《禮書》是如何貫通經傳條理禮制的？如何評價《禮書》的學術價值及其影響？類似問題，鮮有論述。弟子張琪以《〈陳氏禮記集説補正〉研究》爲題獲得碩士學位後，繼續攻讀博士學位，數次討論，選擇《禮書》作爲博士論文選題。2014—2017 年，他整理《禮書》，思疑問難，完成博士論文《陳祥道〈禮書〉研究》二十餘萬言。此後數載，不斷修改，謄清定稿，前來問序。余閲書稿，見其將《禮書》置於宋代學術和《三禮》學史中分析討論，於陳祥道生平、《禮書》版本、内容體例、禮制演變、名物禮圖、學術價值等問題，窮搜資料，梳理分析，對《禮書》之圖與《三禮圖》之差異、明張溥重刻本《禮書》與元刻本關係之考察，細緻入微，言人之所未言。張琪孟晉無已，碩士論文與《陳氏禮記集説補正》整理稿合編爲《〈陳氏禮記集説補正〉整理與研究》一書，作爲"國家社科基金後期資助項目"於 2022 年由國家圖書館出版社出版；《禮書》整理本納入《中華禮藏》，《陳祥道〈禮書〉研究》今又寫定，皆將付梓。余樂觀其成，略書數語，記錄緣起，勖其勤勉而已！

二〇二二年九月廿六日王鍔書於桂香書屋

前　言

一、《禮書》研究現狀

北宋陳祥道所著《禮書》一百五十卷，成書時即受到重視，先後有翰林學士許將、給事中范祖禹舉薦，朝廷派遣書吏、畫工，助其抄録以進呈審閲。此後歷代學者對該書也都較爲關注，比如晁公武《郡齋讀書志》曰：“太常《禮書》一百五十卷。右皇朝陳祥道用之撰。祥道元祐初以左宣義郎仕太常博士，解禮之名物，且繪其象，甚精博。朝廷聞之，給札繕寫奏御。”①陳振孫《直齋書録解題》曰：“(《禮書》)論辨精博，間以繪畫，於唐代諸儒之論，近世聶崇義之圖，或正其失，或補其闕。”②《四庫全書總目》曰：

綜其大致，則貫通經傳，縷析條分，前説後圖，考訂詳悉。陳振孫稱其論辨精博，間以繪畫，唐代諸儒之論，近世聶崇義之圖，或正其失，或補其闕。晁公武、元祐黨家、李廌、蘇門賓客，皆與王氏之學異趣。公武亦稱其書甚精博，廌亦稱其禮學通博，一時少及。則是書固甚爲當時所重，不以安石之故廢之矣。③

根據以上記載，可見古人對《禮書》評價頗高。與這些正面肯定相稱，《禮書》在南宋即有刻本流傳，到了元至正七年(1347)，福州路儒學重刻該書。明代晚期，張溥又重刻《禮書》。而到了清代，《禮書》又先後有《四庫全書》本、

---

① （宋）晁公武撰，孫猛校證：《郡齋讀書志校證》上册，上海古籍出版社，2005年，第90頁。

② （宋）陳振孫撰，徐小蠻、顧美華點校：《直齋書録解題》，上海古籍出版社，1987年，第50頁。

③ （清）永瑢等：《四庫全書總目》上册，中華書局，1965年，第292頁。

嘉慶年間福清郭氏校經堂刻本和光緒年間廣州學源堂刻本三個版本問世。該書自宋代及以後被一再刊刻、抄録，足以説明其受重視程度。

　　然而出人意料的是《禮書》自清代以後，卻漸漸淡出了人們的視野，並且這種淡出可以説是很徹底的。不僅研究古代文化的學者們不再關注此書，甚至那些究心於禮學的專家們也甚少言及。比如錢玄先生在《三禮辭典·自序》中曰：“宋元禮學，亦有創新之處。如聶崇義採舊圖爲《三禮圖集注》，其後楊復《儀禮圖》，朱熹《儀禮經傳通解》，李如圭《儀禮釋宮》等，開後來繪圖、釋例、考釋名物之先。”①該文已然專門談到宋、元兩代的禮學成就，竟然對陳祥道皇皇巨著一百五十卷《禮書》直接略過。又如今人惠吉興先生所著《宋代禮學研究》，專門研究宋代禮學，對兩宋的相關官修和私人撰述禮學專著作了列舉分析，同樣對陳祥道《禮書》也全無提及。再如劉豐先生大作《北宋禮學研究》，專門探討北宋時期的禮學成就，也對陳祥道《禮書》略而不談。

　　而那些爲數不多的提到《禮書》的專著中，對該書的分析和描述也顯示出作者並未深入探究，比如喬輝先生所著《歷代三禮圖文獻考索》，其中專設“宋代的禮學和三禮圖”一節，言及《禮書》時竟將其歸入“金石之作”②，實乃大誤。

　　凡此種種，不由讓人感慨，就《禮書》研究來説，今人遠不如古人。以筆者淺見，這種對陳祥道《禮書》的專門研究不盡如人意的情況也是有多方面原因的。首先，禮學乃專門之學，本身包羅萬象，許多禮書又往往古奧難明，專門從事禮學研究的學者本身也不多。其次，禮學研究學史過於漫長，除三禮以外，其他注解禮書的著作數量也相當可觀。從事禮學研究的學者既少，又要花費大量心力集中攻讀《儀禮》《周禮》《禮記》等經書，很難再有餘力顧及他書。最後，《禮書》雖已有《儒藏》工程的點校整理本問世，但定價頗高，不易得見。

　　專門研究《禮書》的著作已付闕如，相關的單篇文章中提及《禮書》的其實也寥寥無幾。其中苗露先生《宋代經學家陳祥道生平考證》一文，詳細考證了陳祥道的生卒年及仕宦經歷。文中略有提及陳祥道向朝廷進呈《禮書》的情況，認爲其於哲宗元祐四年（1089）進呈《禮書》一百卷，元祐五年“將其《禮書》補充完善爲一百五十卷”③。而張曉宇先生《從元明遞修百五十卷本〈禮書〉略論

---

① 錢玄、錢興奇編著：《三禮辭典》，鳳凰出版社，2014年，第4頁。
② 喬輝：《歷代三禮圖文獻考索》，中華書局，2020年，第148頁。
③ 苗露：《宋代經學家陳祥道生平考證》，《綏化學院學報》2012年第1期，第86～88頁。

陳祥道〈禮書〉的進獻過程及意義》①一文，在苗文基礎上又有所推進，是近年來研究《禮書》成書的佳作。

鄭長玲先生《陳暘及其〈樂書〉研究》②一文，則專門針對陳祥道之弟陳暘及其《樂書》展開研究，在文章中闡述了陳暘寫作《樂書》的原因是受其兄陳祥道的鼓勵。陳氏兄弟之《禮書》《樂書》正對應儒家禮樂治國的理念，因此指明了陳祥道撰寫《禮書》的動機。

綜上所述，目前學界對於陳祥道《禮書》的研究非常薄弱，相關研究工作亟待展開，而這也是本書選題的緣由所在。

二、本書研究思路與重點

對《禮書》進行研究，基礎的工作是明晰其版本源流和熟悉其内容。因此在本書撰寫展開之前，筆者主要進行了以下兩項前期工作：

首先，對《禮書》各個版本展開調查。主要是利用歷代官私藏書目録和《中國古籍總目》《中國善本書目》《三禮研究論著提要》等工具書，同時輔以網絡檢索。在調查中摸清了《禮書》的相關版本，同時發現了一些《禮書》版本記載的矛盾之處，據此展開考證，並梳理清楚其版本源流。在調查和考證的基礎上，選定元至正七年福州路儒學刻本《禮書》之國家圖書館藏袁忠徹舊藏本作爲工作底本，③ 展開研究。

其次，對所選定之《禮書》底本進行點校整理。《禮書》一百五十卷，約四十六萬字，引文較多，在標點過程中凡遇到徵引他書内容之處，都盡力核對原書，明確其引文起訖，力求做到標點準確合理。

前期工作進行完畢之後，對《禮書》的作者、版本、内容等都有了一個大概清晰的認識，以此作爲正式展開寫作的基礎。寫作過程中擬解決幾個主要問題，一是考證清楚《禮書》作者陳祥道的仕履；二是梳理《禮書》各版本情況，明確其源流，同時對《禮書》宋、元刻本之爭議展開考證；三是理清《禮書》全書編撰體例，總結概括其主要内容；四是對《禮書》禮圖展開研究，考證明代

---

①　張曉宇：《從元明遞修百五十卷本〈禮書〉略論陳祥道〈禮書〉的進獻過程及意義》，《歷史文獻研究》總第 39 輯，華東師範大學出版社，2017 年，第 291~300 頁。

②　鄭長鈴：《陳暘及其〈樂書〉研究》，福建師範大學 2004 年博士學位論文，第 18~72 頁。

③　按：書中引用《禮書》文字内容，率出國家圖書館藏袁忠徹舊藏本，但是禮圖部分，由於該本電子版水印較重，影響圖像辨識，故在清晰度相同的情況下，則皆使用無水印之《中華再造善本》本《禮書》禮圖，特此説明。

張溥重刻《禮書》時都做了哪些改動；五是對《禮書》中歸納禮制的内容進行總結和分析，評定其價值；六是在整體研究的基礎上，揭示《禮書》的不足和成就，考察其對後世的影響，確定其在禮學史上的地位。

三、本書研究的學術價值及意義

1. 陳祥道仕履研究

本書梳理了余嘉錫、苗露、馮茜等學者的不同觀點，解析其分歧之處。在此基礎上展開探討，一是對諸家所疏忽之陳祥道任國子監直講事進行了考證，採納顧宏義先生的觀點，推測陳祥道大概是在元豐二年下半年任此職。二是對馮茜先生"陳祥道帶館職實際是在元祐七年"的説法提出了質疑，依據宋代官制"秘書省自正字以上省官，也稱館職"，以及《宋會要輯稿》所記元祐六年四月"太常博士陳祥道除正字"，推定元祐六年四月陳祥道任正字時即可稱之館職，這一觀點得到了顧宏義先生的認可。三是綜合《師友談記》《續資治通鑑長編》《宋會要輯稿》的記載，核算日期，推定陳祥道於元祐七年任館閣校勘的具體時間是該年十月二十二日，這一點是前人未曾細緻考察處。經過以上研究，陳祥道的仕宦歷程就變得清晰了。

2.《禮書》版本研究

一是圍繞前人議論紛爭的元至正七年福州路儒學刻本究竟是宋刻元修還是元代重刻的問題展開考證，通過考察避諱，認爲該本即使是南宋刻本，其刊刻年代也極有可能是在孝宗年間，而非楊紹和所説寧宗慶元年間。又通過刻工及該本《禮書》與元刻本《樂書》的比較，判定其應爲元刻本無疑。

二是在綜合比對所見之國家圖書館藏袁忠徹、周春、張元濟遞藏本，國家圖書館藏瞿鏞舊藏本，國家圖書館藏汪憲奎、汪士鐘、楊氏海源閣遞藏本，國家圖書館藏焦竑、毛晉、楊氏海源閣遞藏本，國家圖書館藏十五册本，臺灣"故宫博物院"藏本，静嘉堂文庫藏陸心源舊藏本，東京大學東洋文化研究所藏傅增湘舊藏本等八個版本《禮書》的基礎上，發現其中國家圖書館藏焦竑、毛晉、楊氏海源閣遞藏本《禮書》很有可能爲影刻或覆刻本，這一點是以往任何學者都未曾注意到的。通過分析其與其他諸本的差異，認爲該影刻或覆刻本所據底本應爲元刻本中刷印較晚的本子。依照文中所列舉的諸本之間的差異點，可以判定其他筆者所未見之元刻本《禮書》是否爲影刻或覆刻本。

三是分别考察了《禮書》之明張溥刻本、《四庫全書》本、清嘉慶九年福清郭氏校經堂刻本、清光緒三年廣州學源堂刻本的抄録、刊刻始末及版本特徵，辨明了各版本之間的源流關係。

3.《禮書》禮圖研究

一是重新揭示了禮圖包含名物圖和儀節圖兩個部分，二者是截然不同的。這種區分在乾隆敕撰《欽定三禮義疏》和黄以周《禮書通故》中是很明確的，但是現代學者論禮圖時往往將二者混爲一談，因此有必要發覆。書中對名物圖和儀節圖的發展演變歷程作了專門探討，也是目前學界研究尚未觸及之處。

二是對《禮書》名物圖和儀節圖分別加以探析，評定其價值。其中尤其是對《禮書》儀節圖特點和意義的分析，尤爲重要。《禮書》中的儀節圖可歸納爲成熟和不成熟兩類，反映了陳祥道在繪製儀節圖時的探索，而這個特點也表明其爲此類禮圖之初創的可能性極大。以往學者的認識，基本是判定楊復《儀禮圖》爲初創，而本書則揭示《禮書》儀節圖較之楊復之圖早一百多年，這一發現無疑具有重要的學術史意義。

三是對明張溥重刻本《禮書》禮圖加以探析，揭示其對原書禮圖進行大量改造的現象。經統計，張溥對陳祥道所繪禮圖之改動總數達 261 幅，這些改動既涉及體例方面，又包括内容方面。其對《禮書》禮圖内容的改造分爲兩大類，第一類是將禮圖之題目、注解文字、圖像三者全部改換的，具體包括補圖者、增圖者、闕圖者三種情況。第二類是將禮圖之題目、注解文字、圖像三者改其二或其一的。張溥之改造，大大提高了《禮書》禮圖的準確性，並且其所刻之圖清晰精美，格局疏朗，總的來説，較元刻本《禮書》禮圖更爲出色，達到了後出轉精的目的。正是張溥的這些改動，使得該本《禮書》實際已經不同於陳祥道所作了，因此也賦予了其版本方面的特殊意義，即開創了《禮書》的另一版本系統。

4. 整體評價《禮書》

這個工作古人已經做過，比如晁公武《郡齋讀書志》、陳振孫《直齋書録解題》、清代《四庫全書總目》等。但是前人論述要麽只是就《禮書》某一方面而言，比如晁公武、陳振孫，重點肯定《禮書》之論名物和禮圖；要麽就是不夠詳細具體，比如《四庫全書總目》所論，因此還是有必要深入探討的。

本書主要從三個方面入手，首先是推測該書有可能是未完成之作，最起碼也是未完善之作。根據有二，一是陳祥道撰寫《禮書》過程中有由一百卷擴充到一百五十卷的情況，而當時又連續受到許將、范祖禹等人舉薦，朝廷派遣書吏、畫工助其抄録，目的是按時上呈審閲，故而有時間限制。二是該書本身總目録、分卷目録、正文條目三者之間並不統一，有所差別；其今存之最早版本中有多幅禮圖闕失；最後數卷論喪葬部分與其他部分相比極爲簡略，與全書的結構設置不太相稱。其次，討論了《禮書》對後世的影響，主要從體例、内容、禮圖三個角度展開。尤其揭示了清代林昌彝所著《三禮通釋》對《禮書》的全面借鑒。粗略統計了後世專著對《禮書》内容的徵引次數，詳細列舉分析《欽定三禮義疏》對《禮書》禮圖的沿襲和改進。最後，對《禮書》禮學史地位加以探討。一是分析了前人對該書評價兩極分化的原因，揭示出皮錫瑞、沈欽韓等人對《禮書》的攻擊主要是受"漢宋之争"的影響，顯然有失公允。二是指出該書之不足和成就，認同黄侃先生《禮書》爲"唐、宋以來言禮者之總略也"的評定。

綜上所述，本書對於陳祥道《禮書》的研究主要在於文獻層面，對某些問題的探討亦有未盡之處，比如《禮書》對秦蕙田《五禮通考》的影響，書中雖有論及，但尚顯淺陋。又限於學力，書中觀點或有舛錯，盼請專家學者指正。

目　　録

第一章 陳祥道生平及著述

《禮書》作者陳祥道，《宋史》中記載其生平僅附於其弟陳暘傳記之後，其文曰："祥道字用之。元祐中，爲太常博士，終秘書省正字。所著《禮書》一百五十卷，與暘《樂書》並行于世。"①寥寥三十六字，語極簡略，因此有詳細考察的必要。

第一節 陳祥道家世與生卒年

陳祥道家世與生卒年，前人已經有所探究。尤其是生卒年方面，雖然史料記載存在分歧，但是通過今人之研究，已基本形成了可靠的意見。下面援引諸家之説，簡單予以介紹。

一、陳祥道之家世

有關陳祥道的家世，鄭長鈴先生《陳暘及其〈樂書〉研究》一文之"陳暘生平研究"部分，② 闡述甚詳，可供參考，故本書不再贅述，僅略述其家世大概。據《樟峰陳氏續修家譜》之《閩清漈上陳氏家譜首言》記載："其卜居漈上者，則千郎公第三子柄公也。柄生衲，衲生嚴，嚴生先考玩公。"③可知陳祥道之父爲陳玩，居於福州漈上(今寫作"際上")。

---

① (元)脱脱：《宋史》第 37 册，中華書局，1977 年，第 12849 頁。

② 鄭長鈴：《陳暘及其〈樂書〉研究》，福建師範大學 2004 年博士學位論文，第 18~72 頁。

③ 按：《樟峰陳氏續修家譜》未見出版，故此文轉引自鄭長鈴先生《陳暘及其〈樂書〉研究》一文第 24 頁。又，據陳諸安先生《陳祥道生卒年考訂》一文(未刊稿)考證，《樟峰陳氏續修家譜》所載之《閩清漈上陳氏家譜首言》當爲後人僞託，非出於陳祥道之手。其説可從。然文中所記陳祥道之父爲陳玩，應無差錯。

據《潁川陳熹公系・千郎宗譜》"玩公"下記載："朝議大夫，娶熊氏，生深道、祥道、安道，繼娶謝氏，生暘道、從道。"①可知陳玩有五子。長子陳深道未得功名，故無多少記載。其餘四子，陳祥道下文詳述，可先略過，陳安道、陳暘、陳從道三人，略爲考證：

陳安道，據宋代梁克家所著《淳熙三山志》卷二十六記載，其登北宋神宗元豐五年(1082)黃裳榜進士，"祥道之弟，字請之，終宣德郎"②。

陳暘，《宋史》卷四百三十二有其傳記，言之頗詳：

> 字晉之，福州人。中紹聖制科，授順昌軍節度推官。徽宗初，進《迓衡集》以勸導紹述，得太學博士、祕書省正字。禮部侍郎趙挺之言，暘所著《樂書》二十卷貫穿明備③，乞援其兄祥道進《禮書》故事給劄。既上，遷太常丞，進駕部員外郎，爲講議司參詳禮樂官。……進鴻臚太常少卿、禮部侍郎，以顯謨閣待制提舉醴泉觀，嘗坐事奪，已而復之。卒，年六十八。④

此外，顧宏義先生《陳祥道、陳暘其人其書》一文對陳暘亦有考證，⑤ 尤其詳陳其著述，可以參考。

陳從道，《淳熙三山志》記載其登南宋高宗紹興廿一年(1151)趙逵榜進士，⑥ 此外並無其他信息。考其登科之年，距陳安道中舉尚且有六十九年之差，可見其未必爲陳玩之子。《(民國)閩清縣志》中記陳祥道家族登進士者，於陳安道、陳暘等皆敘明關係，於陳從道則僅言其"字由之"⑦，是亦疑其非陳玩之子。顧宏義先生也根據陳從道登科之年距陳祥道中舉時差之甚遠，推斷

---

① 潁川陳熹公系千郎宗譜編委會：《潁川陳熹公系・千郎宗譜》，1995 年 5 月，第 95 頁。按：陳暘道即陳暘，下文皆稱陳暘。

② (宋)梁克家：《淳熙三山志》，《景印文淵閣四庫全書》第 484 冊，臺灣"商務印書館"，1986 年，第 363 頁。

③ 按：《樂書》實二百卷，《宋史》所記有誤。

④ (元)脫脫：《宋史》第 37 冊，中華書局，1977 年，第 12848 頁。

⑤ 顧宏義：《陳祥道、陳暘其人其書》，《歷史文獻研究》總第 43 輯，廣陵書社，2019 年，第 246~259 頁。

⑥ (宋)梁克家：《淳熙三山志》，《景印文淵閣四庫全書》第 484 冊，臺灣"商務印書館"，1986 年，第 363 頁。

⑦ 閩清縣修志局：《(民國)閩清縣志》，《中國地方志集成・福建府縣志輯 19》，上海書店出版社，2000 年，第 416 頁。

其不可能是陳祥道、陳暘之弟，並指出"明清方志尤其是家譜族譜中追述宋代人物事蹟時，常有附會增益之舉，從而致史實失真訛誤"①，確爲的論。因此《千郎宗譜》並不可完全信據，陳從道或爲陳祥道族人，但未必是陳玩之子。

《淳熙三山志》又記載陳祥道家族中陳積中、陳剛中、陳行中三人俱有科名。陳積中中政和五年(1115)何㮚榜進士，爲"暘之子，字彥載，歷監察御史終"②。陳剛中爲南宋建炎二年(1128)李易榜進士，乃"祥道之侄，字彥柔，終江陰軍簽判"③。陳行中爲陳祥道之子，列紹興二年(1132)特奏名下。④

由此可見陳祥道之家族實爲仕宦之家，對教育十分重視，能誕生出陳祥道、陳暘這樣的經學家，也是理所當然的。

二、陳祥道之生卒年

有關陳祥道之生卒年，歷來説法不一。《宋史》所記陳祥道事蹟簡略，並未提及其生卒年。現存最早最完整的福州方志，即南宋梁克家所編《淳熙三山志》，僅記載陳祥道"卒年五十二"⑤。考之族譜，今可見編修於清代康熙三十三年(1694)之陳氏族譜中，記載陳祥道生於慶曆四年(1044)。⑥ 然姜亮夫先生所撰《歷代人物年里碑傳綜表》認爲陳祥道生於1053年，卒於1093年。⑦ 張豈之先生《中國學術思想編年》同此説。⑧ 陳諸安先生《陳祥道生卒年考訂》一文認爲陳祥道生於1044年，卒於1095年。⑨ 苗露先生《宋代經學家陳祥道生

① 顧宏義：《陳祥道、陳暘其人其書》，《歷史文獻研究》總第43輯，廣陵書社，2019年，第246~259頁。

② (宋)梁克家：《淳熙三山志》，《景印文淵閣四庫全書》第484冊，臺灣"商務印書館"，1986年，第376頁。

③ (宋)梁克家：《淳熙三山志》，《景印文淵閣四庫全書》第484冊，臺灣"商務印書館"，1986年，第383頁。

④ (宋)梁克家：《淳熙三山志》，《景印文淵閣四庫全書》第484冊，臺灣"商務印書館"，1986年，第384頁。

⑤ (宋)梁克家：《淳熙三山志》，《景印文淵閣四庫全書》第484冊，臺灣"商務印書館"，1986年，第187頁。

⑥ 按：此説據陳諸安先生《陳祥道生卒年考訂》一文所記，其言此族譜今存閩清縣池園鎮潘亭洋頭陳家。

⑦ 姜亮夫：《歷代人物年里碑傳綜表》，《姜亮夫全集》第19冊，雲南人民出版社，2003年，第334頁。

⑧ 張豈之：《中國學術思想編年·宋元卷》，陝西師範大學出版社，2005年，第189頁。

⑨ 陳諸安：《陳祥道生卒年考訂》(未刊稿)。

平考證》推斷陳祥道生於 1041—1042 年，卒於 1093 年。①

以上諸説所據之直接相關材料，大體不外乎以下幾則：一是《淳熙三山志》所記陳祥道中治平四年（1067）許安世榜進士②和"卒年五十二"，二是李廌《師友談記》所記載：

> 元祐七年春末，陳祥道學士進《禮圖儀注》，已除館閣校勘。明年，用爲太常博士，乃賜緋，衣四襈袍銀帶，往謝禮部蘇尚書。……祥道，許少張榜登科。禮學通博，一時少及。仕宦二十七年，而官止於宣義郎。蓋初仕時，父毆公人死，而祥道任其罪，久廢。中間爲太學博士，亦坐累。故屯蹇至老。嘗爲《禮圖》一百五十卷，《儀禮説》六十餘卷，內相范公爲進之，乞送秘閣及太常寺，故有是命。没齒困窮而不遇賞音也。自賜緋，不餘旬而卒。③

從這些材料來看，並不能確切知道陳祥道之生卒年，因此仍然需要作出推斷。而諸家之推斷中，以苗露先生之《宋代經學家陳祥道生平考證》更爲令人信服。其文從陳祥道與秦觀交遊的時間段入手，引用秦觀爲陳祥道所作挽詞"直舍相依欲二年"④，認爲：

> 陳祥道與秦觀在一起相處的時間有將近兩年。而據目前所見史料可知，陳祥道與秦觀的際遇當是二人同在秘書省任職期間。據《長編》，"詔：'秘書省見校對黃本書籍可添一員，以明州定海縣主簿秦觀充'"。可知秦觀入職秘書省的準確時間爲哲宗元祐五年六月丁酉。秦觀任秘書省職的時間一直持續到紹聖初（1094）"坐黨籍，出通判杭州"。而陳祥道任秘書省正字時間爲元祐六年，據此推論，祥道之死應在元祐八年。⑤

---

① 苗露：《宋代經學家陳祥道生平考證》，《綏化學院學報》2012 年第 1 期，第 86~88 頁。

② （宋）梁克家：《淳熙三山志》，《景印文淵閣四庫全書》第 484 册，臺灣"商務印書館"，1986 年，第 360 頁。

③ （宋）李廌撰，孔凡禮點校：《師友談記》，中華書局，2002 年，第 32 頁。

④ （宋）秦觀撰，徐培均箋注：《淮海集箋注》，上海古籍出版社，2000 年，第 1318 頁。

⑤ 苗露：《宋代經學家陳祥道生平考證》，《綏化學院學報》2012 年第 1 期，第 87 頁。

又輔以《續資治通鑑長編》中陳祥道元祐八年（1093）五月九日尚有"貴人賤馬"諫議的記載，和《師友談記》所言陳祥道"仕宦二十七年"，最終推知陳祥道卒於 1093 年。再由"卒年五十二"反推，得出其生於 1042 年。全文引證全面，推理縝密，結論可靠，可以信據。

顧宏義先生《陳祥道、陳暘其人其書》一文思路與苗露先生類似，結論相同，但是於陳祥道卒於元祐八年具體幾月又有所推進。顧先生引證蘇軾、秦觀等與陳祥道有交集的材料，推定其卒於是年四月中下旬間，① 亦可信從。

第二節　陳祥道之仕履

除了《宋史》《師友談記》以外，記載陳祥道之仕履的重要文獻還有《續資治通鑑長編》《宋會要輯稿》等，但是諸書所記或有史實不確處，或有相互牴牾處。而後世對於陳祥道仕宦歷程的研究，則僅有數篇，且或失之簡略，或失之片面，甚至有推論錯誤者。因此這個問題很有再加研究的必要，下面逐一進行探討。

一、陳祥道仕履諸説分歧

李廌《師友談記》記陳祥道事蹟較《宋史》爲早，且相對詳細。文中指出了陳祥道自中進士到去世這段時間中幾個關鍵的事件，是後世研究陳祥道生平的重要材料，多被引用。依李廌之説，陳祥道登許安世榜進士，時間爲北宋英宗治平四年，相關記載又見南宋梁克家所撰《淳熙三山志》②。其後做過太常博士，但因事被廢。元祐七年春向朝廷進《禮圖儀注》，得官館閣校勘。元祐八年被任命爲太常博士，乃是因內相范祖禹薦其《禮圖》③《儀禮説》二書，朝廷賜緋，不久即去世。

然而余嘉錫先生於其《四庫提要辨證》一書中卻對李廌之説提出了質疑，並明確了自己的見解，主要體現在以下幾個方面：

---

① 顧宏義：《陳祥道、陳暘其人其書》，《歷史文獻研究》總第 43 輯，廣陵書社，2019 年，第 246~259 頁。

② （宋）梁克家：《淳熙三山志》，《景印文淵閣四庫全書》第 484 册，臺灣"商務印書館"，1986 年，第 360 頁。

③ 按：此一百五十卷《禮圖》即是《禮書》，因其有圖有文，且配圖近八百幅，故當時或被稱爲《禮圖》。余嘉錫先生《四庫提要辨證》中也注明《禮圖》即是《禮書》。

一是引《續資治通鑑長編》卷四百二十六所記"元祐四年二月癸卯，翰林學士許將言太學博士陳祥道尤深於禮，嘗著《增廣舊圖》，及考先儒異同之説，著《禮書》一百卷，望試以禮官，取所爲書付之有司。詔以陳祥道爲太常博士"，認爲"李廌謂其七年進書，明年始除太常博士者非也"①。二是引《續資治通鑑長編》卷四百二十六所記范祖禹向朝廷建議看詳行用《禮書》之事，説明李廌所言范祖禹進薦陳祥道《禮書》的説法爲誤。實際進薦《禮書》的是許將，范祖禹祇是上書朝廷行用該書。並且范祖禹上書之事時間是在元祐五年，《師友談記》記爲元祐七年，亦誤。三是引《容齋隨筆》所記《高子允謁刺》②，因文中言謁刺中諸人除彭器資外，"餘皆館職"，故推測陳祥道帶館職當在元祐四年正月間。四是引《續資治通鑑長編》卷四百七十八所載"元祐七年十月辛未，正字陳祥道爲館閣校勘"，認爲其與李廌《師友談記》所言相合，但是二書皆不言因何得官，余先生不能明，故猜測是"尋常遷轉"。五是引《續資治通鑑長編》卷四百八十三"元祐八年四月戊午，禮部言秘書省正字陳祥道狀，蒙差兼權太常博士"，所記與《師友談記》陳祥道元祐八年僅爲太常博士之説又不合。

綜合以上五個方面，余嘉錫先生認爲"祥道之仕履，《長編》載之頗詳，李廌著書，得自傳聞，年月事蹟，無不舛誤"③。

對於余嘉錫先生的觀點，馮茜先生有不同的看法，在其《〈師友談記〉所記陳祥道事蹟考辨》(上)(下)兩文中有所闡明。首先是針對余先生第三條引《容齋隨筆》證陳祥道帶館職在元祐四年的觀點，馮先生認爲：

> 陳祥道帶館職實際是在元祐七年，其年四月，范祖禹《范太史集》卷二三《薦陳祥道禮官劄子》云："臣伏見秘書省正字陳祥道，深於禮學，用意專精，求之諸儒，未見其比。昨任太常博士，上其所著《禮書》一百五十卷，蒙擢置秘省。校正之職……伏望聖慈候禮官有闕員，復以祥道充職，與理秘書省校正，資任如及歲限，就除貼職。"故《長編》元祐七年十月辛未條記"正字陳祥道爲館閣校勘"。又據《宋會要輯稿·職官一八之一〇》，陳祥道爲秘書省正字則是元祐六年(1091)之事。④

① 余嘉錫：《四庫提要辨證》第1冊，中華書局，1988年，第55頁。
② (宋)洪邁撰，孔凡禮點校：《容齋隨筆》，中華書局，2006年，第621頁。
③ 余嘉錫：《四庫提要辨證》第1冊，中華書局，1988年，第57頁。
④ 馮茜：《〈師友談記〉所記陳祥道事蹟考辨》(下)，《中華文史論叢》2015年第3期，第256頁。

其次，對於余先生第四條中不能明之事，馮先生解釋曰："陳祥道進《禮書》故不在元祐七年，但《師友談記》實際意指待《儀禮注》進上之後，陳祥道因范祖禹所薦，由秘書省正字除爲館閣校勘、太常博士之事，至於'明年，用爲太常博士，乃賜緋衣'，謂陳祥道因太常博士之故而賜緋衣，非元祐八年始爲太常博士。"①

最後，針對余先生第五條之觀點，馮先生曰："又，《長編》卷四八三元祐八年四月戊午條云：'禮部言秘書省正字陳祥道狀，蒙差兼權太常博士'，乃是禮部引陳祥道爲秘書省正字時期所進狀文，並非八年爲秘書省正字。"②認爲陳祥道任秘書省正字並非元祐八年，因《長編》所記乃是引文。

綜合以上三點，馮先生認爲"《師友談記》與《長編》、《宋會要》所記實際並無矛盾"③，顯然是不贊同余嘉錫先生的觀點，主張調和史料之間的矛盾。

除此之外，尚有苗露先生所作《宋代經學家陳祥道生平考證》④，引用相關資料⑤，大體依時間先後次序，對陳祥道的仕宦歷程有所總結：(1)引《淳熙三山志》記載證明陳祥道中英宗治平四年進士。(2)引《續資治通鑑長編》載許將薦《禮書》事證明陳祥道哲宗元祐四年由太學博士任太常博士，並順及批判《師友談記》所記陳祥道元祐八年爲太常博士之誤。(3)引《宋會要輯稿》證明陳祥道於元祐六年任秘書省正字。(4)引《續資治通鑑長編》證明元祐七年春末陳祥道由秘書省正字轉任館閣校勘，並引范祖禹同年四月二日《薦陳祥道禮官劄子》證陳祥道任禮官之職，但未言明是何禮官。(5)引《師友談記》證明陳祥道元祐八年被賜緋魚袋，並考證其卒於是年。

綜上所述，目前關於陳祥道仕履的探討，諸家在《師友談記》《續資治通鑑長編》等史料的基礎上，有所深入，但是其研究或是集中於對相關材料準確性的論證上，或是試圖調和諸多史料記載的矛盾之處，或是所引資料不足，不能

①　馮茜：《〈師友談記〉所記陳祥道事蹟考辨》(下)，《中華文史論叢》2015 年第 3 期，第 256 頁。

②　馮茜：《〈師友談記〉所記陳祥道事蹟考辨》(下)，《中華文史論叢》2015 年第 3 期，第 256 頁。

③　馮茜：《〈師友談記〉所記陳祥道事蹟考辨》(下)，《中華文史論叢》2015 年第 3 期，第 256 頁。

④　苗露：《宋代經學家陳祥道生平考證》，《綏化學院學報》2012 年第 1 期，第 86~88 頁。

⑤　按：苗先生所引用之資料，上文都有述及，故下文不再具體詳列，僅說明其引文出處。

連貫系統地展現陳祥道的生平任職經歷，因此這個問題仍需作進一步考察。

二、陳祥道仕履考證

爲行文簡潔，前人關於陳祥道之仕履的研究，已有明確結論且没有疑問之處，不再贅述。下面重點考察研究中被大家忽略的材料，並對相關見解分歧處進行辨析，以求探明陳祥道官職遷轉的真實面貌。

第一，《淳熙三山志》記載陳祥道官職曰：“除國子監直講，遷館閣校勘，兼太常博士。”①指出他曾任國子監直講一職，但是何時擔任此職，並未有確鑿史料證明，後人亦未曾關注到這個説法，致使其仕履研究有所闕漏。

陳祥道任國子監直講之事，今可見其弟陳暘所著《樂書》自序中約略有所提及，其文曰：

> 惟神宗皇帝，超然遠覽，獨觀昭曠之道，革去萬蠹，鼎新百度。本之爲禮樂，末之爲刑政。凡所以維綱治具者，靡不交修畢振，而典章文物，一何焕歟。臣先兄祥道是時直經東序，慨然有志禮樂。上副神考修禮文、正雅樂之意，既而就《禮書》一百五十卷。哲宗皇帝祗遹先志，詔給筆札，繕寫以進。有旨下太常議焉。②

陳暘自序中所言“東序”，宋代並無此機構。《禮記·王制》曰：“夏后氏養國老於東序，養庶老於西序。”鄭注曰：“東序、東膠亦大學，在國中王宮之東。”孔疏曰：“《文王世子》云‘學干戈羽籥於東序’，以此約之，故知皆學名也。”③因此此處“東序”當指與學校有關的機構，即國子監。文中明確説明了陳祥道“直經東序”是在宋神宗在位時期。

筆者曾撰文推測，陳祥道任國子監直講大概在神宗熙寧四年（1071）。④依據是《續資治通鑑長編》記載該年“管勾國子監常秩等言：‘準朝旨，取索直講前後所出策論義題及所考試卷，看詳優劣，申中書。今定焦千之、王汝翼爲上

---

① （宋）梁克家：《淳熙三山志》，《景印文淵閣四庫全書》第 484 册，臺灣“商務印書館”，1986 年，第 187 頁。

② （宋）陳暘：《樂書》，《中華再造善本》，國家圖書館出版社，2013 年。

③ （漢）鄭玄注，（唐）孔穎達正義，呂友仁整理：《禮記正義》上册，上海古籍出版社，2011 年，第 575 頁。

④ 張琪：《北宋經學家陳祥道仕履考證》，《古籍整理研究學刊》2016 年第 5 期，第 85~88 頁。

等，梁師孟、顏復、盧侗爲下等。'詔千之等五人，並罷職"，"更用陸佃、龔原等爲國子直講"①。這件事發生的歷史背景是王安石自熙寧二年(1069)正式變法起，到熙寧四年時，國子監中有學官、生員反對變法，"非毀時政"，王安石大怒，"因更制學校事，盡逐諸學官，以李定、常秩同判監，令選用學官，非執政喜者不預"②。新選定的學官陸佃等人，都是王安石姻親或門人，考慮到陳祥道亦爲王安石門人③，故推測其此時入職國子監直講，爲的是輔助王安石變法。

顧宏義先生對此説提出了批評，認爲疑點有二：

首先，《師友談記》明確記載陳祥道登進士第"初仕時，父毆公人死，而祥道任其罪，久廢"。若治平四年登第，至熙寧四年得重用擢任國子監直講，僅相隔四年，難言"久廢"。其次，若陳祥道於熙寧四年爲國子監直講，且爲王安石所舉薦，並直至元豐三年轉任太學博士，則此任職長達九年，然《長編》《宋會要輯稿》等史籍對此間陳祥道事蹟卻全無記載，似頗爲異常。④

筆者以爲顧先生之批評確實允當。顧先生根據《續資治通鑑長編》所記元豐二年(1079)五月甲申，國子監直講孫諤"追兩官免勒停，特沖替"；七月癸巳，詔國子監直講龔原"追一官勒停"，國子監直講沈銖、葉濤"各罰銅十斤，銖勒停，濤沖替"；十一月庚午，詔國子監直講王沇之"除名，永不收敍"，十二月庚子，安陽縣主簿虞賁、江陰縣主簿蔡卞、光祿寺丞袁默、杭州州學教授梅灝並爲國子監直講；三年正月乙亥"著作佐郎、館閣校勘、國子監直講滿中行爲太子中允、權監察御史裏行"等材料，"推知陳祥道或許是在元豐二年下半年任國子監直講"⑤。筆者甚爲讚同。

《師友談記》記載陳祥道"中間爲太學博士，亦坐累"⑥，據《續資治通鑑長

① (宋)李燾：《續資治通鑑長編》第16冊，中華書局，1995年，第5545頁。
② (宋)李燾：《續資治通鑑長編》第16冊，中華書局，1995年，第5546頁。
③ 按：《宋元學案》將陳祥道歸於荊公學派之下，故知其爲王安石門人。
④ 顧宏義：《陳祥道、陳暘其人其書》，《歷史文獻研究》總第43輯，廣陵書社，2019年，第246~259頁。
⑤ 顧宏義：《陳祥道、陳暘其人其書》，《歷史文獻研究》總第43輯，廣陵書社，2019年，第246~259頁。
⑥ (宋)李廌撰，孔凡禮點校：《師友談記》，中華書局，2002年，第32頁。

編》卷三百二記載，元豐三年"辛巳，詔改國子監直講爲太學博士，每經二人"①。因此陳祥道任太學博士應該是在元豐三年以後，而且該職位實際是由國子監直講改制而來，可以説其官職此時並無變動。至於其因何"坐累"，則史料有闕，難以考證了。

第二，余嘉錫先生批駁《師友談記》的五條意見中，其一、其二、其五三條意見，引證詳實，真實可信。然其第三條見解中引《容齋隨筆》所記《高子允謁刺》爲證，卻有不當之處。《高子允謁刺》文曰：

> 王順伯藏昔賢墨帖至多，其一曰高子允諸公謁刺，凡十六人。時公美、徐振甫、余中、龔深父、元耇寧、秦少游、黃魯直、張文潛、晁無咎、司馬公休、李成季、葉致遠、黃道夫、廖明略、彭器資、陳祥道，皆元祐四年朝士，唯器資爲中書舍人，餘皆館職。刺字或書官職，或書郡里，或稱姓名，或祇稱名。既手書之，又斥主人之字，且有同舍尊兄之目，風流氣味，宛然可端拜，非若後之士大夫一付筆吏也。②

謁刺中有十六人名字，多人生平事蹟可考，其中之秦少游即是秦觀。《續資治通鑑長編》記載，哲宗元祐五年六月，"詔：'秘書省見校對黃本書籍可添一員，以明州定海縣主簿秦觀充。'校對黃本始此"③，相同記載又見《宋會要輯稿》卷一萬一千九百四十三④，講的是當時秘書省校對黃本由何時而起，爲要緊之事，所記應當不會有誤。據此可知，秦觀入職秘書省即任館職是在元祐五年，此前他爲明州定海縣主簿，而《容齋隨筆》卻稱秦觀爲元祐四年朝士，且爲館職，顯然是考證失誤，時間對不上。余嘉錫先生引此爲證，本身就不可靠。故馮茜先生引范祖禹《薦陳祥道禮官劄子》駁余先生之誤，是有道理的。

但是馮先生言"陳祥道帶館職實際是在元祐七年"，説法亦不準確。依北宋官制，宋神宗元豐三年(1080)官制改革後，"秘書省自正字以上省官，也稱館職"⑤。周必大《淳熙玉堂雜記》所言"自神宗罷館職，止是秘書省官，與其

---

① (宋)李燾：《續資治通鑑長編》第 21 册，中華書局，1995 年，第 7346 頁。
② (宋)洪邁撰，孔凡禮點校：《容齋隨筆》，中華書局，2006 年，第 621 頁。
③ (宋)李燾：《續資治通鑑長編》第 30 册，中華書局，1995 年，第 10652 頁。
④ (清)徐松：《宋會要輯稿》，中華書局，1957 年，第 2759 頁。
⑤ 龔延明：《宋代官制辭典》，中華書局，1997 年，第 242 頁。

他職事官無當不當，尚循館職之名"①，可以爲證。而據《宋會要輯稿》記載：
"自元豐官制行，秘書省官用告除授，至是始用黄牒。六年四月，太常博士陳
祥道除正字，亦祇降黄牒。"②這裏的"六年四月"是指元祐六年四月，即陳祥
道任秘書省正字時間，此時即可稱之館職，並非馮先生所言元祐七年爲館閣校
勘時方始稱館職。顧宏義先生對此亦有論述，③ 可以參看。

第三，苗露先生《宋代經學家陳祥道生平考證》一文，認爲元祐七年四
月二日范祖禹上《薦陳祥道禮官劄子》後，陳祥道即任禮官之職的説法，不
僅未交代清楚所任是何禮官，並且也沒有列舉可以證明的史料，殊不分
明。

要考察清楚這個問題，必須要對范祖禹所上之《薦陳祥道禮官劄子》作仔
細分析。其奏書全文如下：

> 臣伏見秘書省正字陳祥道深於禮學，用意專精，求之諸儒，未見其
> 比。昨任太常博士，上其所著《禮書》一百五十卷，蒙擢置秘省。校正之
> 職，雖爲清流，然祥道之學未有所施。今太常禮官皆朝廷所選用，宜更多
> 得禮學之士，則議論有所質正。伏望聖慈候禮官有闕
> 員，復以祥道充職，
> 與理秘書省校正資任，如及歲限，就除貼職，不唯禮官得人，亦朝廷器使
> 人才，用其所長之意也。取進止。④

文中首言陳祥道此時已居官秘書省正字。范祖禹言"伏望聖慈候禮官有闕
員，復以祥道充職，與理秘書省校正資任，如及歲限，就除貼職"，其中"復
以"二字，表明陳祥道此前已任禮官，即元祐四年二月二日至元祐六年四月之
太常博士職位。陳祥道由太常博士轉任秘書省正字以後，范祖禹見其"深於禮
學，用意專精"，故上言請再任用陳祥道爲禮官。范祖禹爲陳祥道所謀可謂甚
深，他甚至設計好了陳祥道做太常禮官以後的任用事宜，即讓陳祥道擔任太常

---

①　(宋)周必大：《淳熙玉堂雜記》，《全宋筆記》第 5 編第 8 册，大象出版社，2012
年，第 301 頁。
②　(清)徐松：《宋會要輯稿》，中華書局，1957 年，第 2759 頁。
③　顧宏義：《陳祥道、陳暘其人其書》，《歷史文獻研究》總第 43 輯，廣陵書社，
2019 年，第 246~259 頁。
④　(宋)范祖禹：《范太史集》，《景印文淵閣四庫全書》第 1100 册，臺灣"商務印書
館"，1986 年，第 276 頁。

寺禮官，同時考核時結合其秘書省校正的資歷，如若年限已滿，即除授貼
職。①

那麼朝廷是否採納了范祖禹的建議呢？採納了，但是並沒有立刻實施。因
爲根據《續資治通鑑長編》記載，元祐七年十月"辛未，正字陳祥道爲館閣校
勘"②。《宋會要輯稿》也有記載，元祐七年十月"十八日，左宣德郎、秘書省
正字陳祥道爲館閣校勘"③。李廌《師友談記》也言曰："元祐七年春末，陳祥
道學士進《禮圖儀注》，已除館閣校勘。"④此三處記載皆表明陳祥道於元祐七
年任館閣校勘一職，惟任職月份日期有差異。根據上文范祖禹元祐七年四月二
日奏書，尚稱陳祥道官居秘書省正字，顯然李廌《師友談記》稱陳祥道是年春
末已除館閣校勘爲誤記。又《續資治通鑑長編》與《宋會要輯稿》皆稱十月，衹
有日期上的差別。前者言"辛未"，採用干支紀日，經筆者核算，是年十月辛
未爲十月二十二日。考慮到《續資治通鑑長編》早出，且其是年九月至十一月
之前後紀日次序並無差亂，故較之《宋會要輯稿》可信度更高，則陳祥道爲館
閣校勘的日期應是元祐七年十月二十二日。⑤ 也就是説，范祖禹元祐七年四月
上書後，朝廷並沒有立刻任用陳祥道爲禮官，到了該年十月二十二日，陳祥道
已由秘書省正字轉任館閣校勘，仍未得禮官職位。究其原因，大概是當時禮官
沒有闕員，無法爲其安排職位。

---

① 按：北宋官制大體以元豐官制改革爲界分爲前後期。改革前之官制基本沿襲唐制，
即官、職、差遣分離制。《宋史》卷一百六十一曰："其官人受授之別，則有官、有職、有
差遣。官以寓祿秩、敍位著，職以待文學之選，而別爲差遣以治内外之事。"職即貼職，所
謂貼職，"北宋元豐改制前凡職事官及非職事官帶館職、殿學士及閣學（閣學士、直學士、
待制、直閣）者，稱'帶職''加職''兼職'或'貼職'"，"職名是宋代文學高選的一種標誌。
内外文臣差遣帶職，表明了才學、德行兼優的一種身份，與不帶職差遣相比，在升遷、待
遇、恩數上，均享有種種優越的地位。元豐改制後，貼職確定爲庶官補外任路監司、帥守
等職事官的帶職，仍寓有甄別能否、顯示恩寵親疏的作用"（《宋代官制辭典》，中華書局，
1997 年，第 153 頁）。

② （宋）李燾：《續資治通鑑長編》第 32 冊，中華書局，1995 年，第 11388 頁。按：
館閣校勘之名最早見於天聖四年（1026）五月，元豐五年（1082）罷，元祐四年七月四日復
置。

③ （清）徐松：《宋會要輯稿》，中華書局，1957 年，第 4764 頁。

④ （宋）李廌撰，孔凡禮點校：《師友談記》，中華書局，2002 年，第 32 頁。

⑤ 按：顧宏義先生《陳祥道、陳暘其人其書》一文則採用《宋會要輯稿》十月十八日之
説（《陳祥道、陳暘其人其書》，《歷史文獻研究》總第 43 輯，廣陵書社，2019 年，第 246~
259 頁），似失於考察。

而到了元祐七年十二月九日，范祖禹上《薦陳祥道〈儀禮解〉劄子》，稱"臣伏見館閣校勘、太常博士陳祥道注解《儀禮》爲三十二卷，精詳博洽，非諸儒所及……伏望聖慈特降指揮，取祥道所注《儀禮》奏御下兩制看詳，並前所進《禮圖》，並付太常，以備禮官討論，必有補於製作"①。明確表明陳祥道此時任館閣校勘、太常博士之職。太常博士乃是太常寺禮官，陳祥道能任此職，應是因范祖禹元祐七年四月二日的舉薦，當時沒有闕員，到了該年十月以後禮官有闕，纔以陳祥道充任，同時仍兼秘書省館閣校勘職務。

第四，關於《續資治通鑑長編》中元祐八年四月戊午條所記禮部言："秘書省正字陳祥道狀：'蒙差兼權太常博士，伏覩禮文，有合行改正。按貴人賤馬，古今所同……'"②馮茜先生認爲此"乃是禮部引陳祥道爲秘書省正字時期所進狀文，並非八年爲秘書省正字"，這種説法顯然有誤。因爲依照《續資治通鑑長編》文例，此處不可能是引用，應是當時之狀文。另外，《宋史》卷一百一十六中同樣記載了陳祥道這件事，其文曰："元祐八年，太常博士陳祥道言：'貴人賤馬，古今所同……'"③明確説明陳祥道之狀文確是進於元祐八年，則此時陳祥道爲秘書省正字兼權太常博士，當屬事實。其秘書省正字之職當是由館閣校勘遷轉而來，而太常博士則爲差遣。

《師友談記》記載元祐八年朝廷賜陳祥道緋銀魚袋，所謂賜緋銀魚袋，是指階官品未及賜緋章服，特許改換緋服、佩銀魚袋，又稱賜緋魚、賜五品服。陳祥道"貴人賤馬"的諫言爲宋哲宗所採納，大概因此得賜緋銀魚袋。自賜緋不到十天，陳祥道去世，卒於任上。

通過以上考察，結合前人的相關研究，我們可以概括陳祥道之仕宦歷程如下：

宋英宗治平四年中進士，初仕不久便因父罪坐免，久廢。大概於元豐二年下半年任國子監直講，元豐三年官制改革，國子監直講改稱太學博士，陳祥道職位未變，但隨後因事遭罷免，遂潛心著書。元祐四年因許將薦其所著《禮書》，得官太常博士。元祐六年四月，由太常博士改任秘書省正字。元祐七年十月二十二日，由秘書省正字除爲館閣校勘。至遲到元祐七年十二月九日，已兼任太常博士。元祐八年四月，上"貴人賤馬"狀文，哲宗採納，賜其緋銀魚

---

①　(宋)范祖禹：《范太史集》，《景印文淵閣四庫全書》第 1100 册，臺灣"商務印書館"，1986 年，第 289 頁。

②　(宋)李燾：《續資治通鑑長編》第 32 册，中華書局，1995 年，第 11483 頁。

③　(元)脱脱：《宋史》第 9 册，中華書局，1977 年，第 2749 頁。

袋，然後不到十日便卒於任上。卒時任秘書省正字之職，兼權太常博士。

此外，《宋會要輯稿》載元祐七年十月十八日"左宣德郎、秘書省正字陳祥道爲館閣校勘"，《師友談記》載陳祥道"仕宦二十七年，而官止於宣義郎"，二文中所記"左宣德郎""宣義郎"兩官職亦不可不明。據北宋官制，此二職爲散官名，元豐官制改革，依官名確定職掌，是爲職事官，同時制定文散官制，以定官員之俸禄、地位等，是爲寄禄官。宣德郎爲"北宋元豐三年九月，由秘書省著作佐郎、大理寺丞階改。爲文臣京朝官三十階中第二十六階……從八品"，"於北宋哲宗元祐四年十一月分左、右"，宣義郎"由光禄、衛尉寺丞、將作監丞階改。爲文臣京朝官寄禄官三十階之第二十七階。從八品"①。據此亦可見陳祥道一生官職卑微，確如李廌所言"没齒困窮而不遇賞音也"。

第三節　陳祥道交遊及著作

一、陳祥道之交遊

陳祥道仕宦二十七年，交遊雖不能稱得甚廣，今存其資料亦少，但仍有數事可考。

前文已經提及，宋代洪邁《容齋隨筆·高子允謁刺》記曰："高子允諸公謁刺，凡十六人。時公美、徐振甫、余中、龔深父、元耆寧、秦少游、黄魯直、張文潛、晁無咎、司馬公休、李成季、葉致遠、黄道夫、廖明略、彭器資、陳祥道，皆元祐四年朝士，唯器資爲中書舍人，餘皆館職。"②陳祥道之名恰在其中，表明陳祥道至少與謁刺中諸人及高子允是有交往的。依前文所述，謁刺中秦少游即秦觀，陳祥道與秦觀有交集至早是在秦觀入職秘書省之時，即哲宗元祐五年六月，而陳祥道去世於元祐八年，可推知諸人拜謁高子允的時間應在元祐五年六月到元祐八年之間。

陳祥道與秦觀既共同供職於秘書省，又一起拜謁過高子允，可以推知二人關係應當是比較密切的。陳祥道去世後，秦觀爲其作《陳用之學士挽詞四首》③，今録其全文如下：

---

① 龔延明：《宋代官制辭典》，中華書局，1997年，第573頁。
② (宋)洪邁撰，孔凡禮點校：《容齋隨筆》，中華書局，2006年，第621頁。
③ (宋)秦觀撰，徐培均箋注：《淮海集箋注》，上海古籍出版社，2000年，第1317頁。

其一

禮經三百鬐毛班，追述先儒伯仲間。

誰請尚書重給札？盡抄遺稿入名山。

其二

岹嶢芸閣上參天，直舍相依欲二年。

願寫此情歌挽者，淚霑毫素不成篇。

其三

雲臺歌者候昏明，奎壁躔中失二星。

上界真人重離別，陰風一夜攪青冥。

其四

牢落公車待詔時，白頭掌故更棲棲。

一生勤苦成何事？祇得銘旌數尺題。

　　挽詞其二中"直舍相依欲二年"一句，點明了二人有近兩年時間交往密切。而"願寫此情歌挽者，淚霑毫素不成篇"兩句更是千古挽詞之名句，其意之悲，其情之深，足見二人友誼之深厚。

　　另外，北宋孔武仲亦作有《陳用之學士挽詞二首》①，其文如下：

禮學康成後，朝廷復有人。

詩書奏旒扆，軌物錫朱銀。

氣象生臺閣，光華動搢紳。

幽途應不憾，朋友自沾巾。

小疾謂可起，斯人今則亡。

溪山迷故國，妻子寄他鄉。

館閣應留像，朝廷爲給喪。

榮華雖不滿，尚勝賈司倉。

　　孔武仲，生卒年不詳，字常父。嘉祐八年（1063）進士，中甲科。初授穀城縣主簿，後選教授齊州，爲國子直講。元祐初，歷任秘書省正字、校書，集賢院校理，著作郎，國子司業。後進起居郎兼侍講邇英殿，除起居舍人，數

---

　　① （宋）王遽編，孫永選校點：《清江三孔集》，齊魯書社，2002年，第153頁。

月，拜中書舍人，直學士院。徙宣州，坐元祐黨奪職，晚歲居池州，年五十七卒。據其詩文可知，其與蘇軾、蘇轍、司馬光等都有很深的交情。《宋史》載其著有《書説》《詩説》《論語説》《金華講義》《内外制》《雜文》等共計百餘卷。

觀孔武仲之仕履，可知其與陳祥道之職官有多個交集，如國子監直講、秘書省正字、秘書省校書等，二人相知大概也是於此時。由挽詞"溪山迷故國，妻子寄他鄉"二句，可以看出陳祥道當是卒於京師，時孔武仲尚在京師任職，故而對其病情也比較瞭解，知陳祥道之卒乃是"小疾"之後突然發生的。另外，孔武仲還有《謝校書陳學士啟》一文，似亦爲陳祥道所作。由挽詞及啟文可以推知孔武仲與陳祥道二人應當過從甚密。

又據宋代梁克家《淳熙三山志》"寺觀類"中記載，"栖勝院温麻里，二年置。古有十奇（旃檀林、文筆峰、石鑑軒、壽山臺、翠蘿屏、湛恩池、偃松塔、涅槃石、僊人冢、展旗峰），元祐中，僧繼超始闢新成、海印二莊。（陳祥道爲記）"①，可見陳祥道曾與僧人繼超是有交往的，爲其所籌建的新成、海印二莊作記，惜乎今不傳其文。

二、陳祥道之著作

陳祥道一生官職卑微，主要供職於秘書省，雜事既少，又常常從事文獻校勘、編修等相關工作，爲他潛心學術提供了有利條件，因此著作數量頗爲可觀。

陳祥道於三禮方面用力最勤，著述亦多。據王鍔師《三禮研究論著提要》所載，除《禮書》外，陳氏三禮方面的著作還有：

> 《周禮纂圖》：《文淵閣書目》載此書殘本，《經義考》卷122云佚，今佚。②
>
> 《考工記解》：《四庫全書總目》卷19《臞齋考工記解》言陳氏著有此書，今存佚不詳。③

① （宋）梁克家：《淳熙三山志》，《景印文淵閣四庫全書》第484冊，臺灣"商務印書館"，1986年，第519頁。

② 王鍔：《三禮研究論著提要》（增訂本），甘肅教育出版社，2007年，第39頁。

③ 王鍔：《三禮研究論著提要》（增訂本），甘肅教育出版社，2007年，第39頁。按：朱彝尊《經義考》卷一百二十九記曰："陳氏祥道《考工解》，未見。王與之曰：'天台陳用之有《考工解》。'"（《景印文淵閣四庫全書》第678冊，臺灣"商務印書館"，1986年，第629頁）據顧宏義先生《陳祥道、陳暘其人其書》一文考證，此書實天台陳用之所撰，非出於三山陳祥道（《歷史文獻研究》總第43輯，廣陵書社，2019年，第246~259頁）。

《注解儀禮》：32 卷。《宋史·藝文志》載之，《經義考》卷 132 云佚，並引范祖禹進《劄子》曰："臣伏見館閣校勘太常博士陳祥道《注解儀禮》爲三十二卷，精詳博洽，非諸儒所及。臣竊以《儀禮》爲書，其文難讀，其義難知，自古以來，學者罕能潛心，故爲之傳注者至少。祥道深於禮學，凡二十年乃成此書，先王法度如指諸掌。昨進《禮圖》一百五十卷，已蒙皇上藏之秘閣，伏望聖慈特降指揮，取祥道新注《儀禮》，奉御下兩制看詳，並前所進《禮圖》，並付太常，以備禮官討論，必有補於製作取進止。"今佚。①

《禮例詳解》：10 卷。《宋史·藝文志》載之，今佚。②

《禮記講義》：24 卷。《經義考》卷 141 云未見，今佚。③

以上諸禮學著作反映出陳祥道於《儀禮》《周禮》《禮記》俱有研究，造詣甚深。因此他能寫出《禮書》這樣一部通禮性質的著作，也是理所當然的。

禮學而外，陳祥道於《論語》亦頗有見解，其所作《論語全解》，在北宋就已爲世人所重，並且被頒之學官，行於場屋。《四庫全書總目》對此書之評論最爲詳細，引之如下：

晁公武《讀書志》云：王介甫《論語注》，其子雱作《口義》，其徒陳用之作解。紹聖後皆行於場屋，爲當時所重。又引或人言，謂用之書乃鄒浩所著，託之用之。考《宋史·藝文志》別有鄒浩《論語解義》十卷，則浩所著原自爲一書，並未託之祥道，疑或人所言爲誤。此本有祥道自序，首題門人章粹校勘，而每卷皆標曰"重慶陳用之真本，入經《論語全解》"，未詳其義。豈爾時嘗以是本爲經義通用之書，故云然耶？祥道長於《三禮》之學，所作《禮書》，世多稱其精博，故詮釋《論語》亦於禮制最爲明晰……其間徵引詳核，可取者多。④

除了三禮和《論語》，陳祥道對《莊子》也有所用力。南宋褚伯秀所撰《南華

---

① 王鍔：《三禮研究論著提要》（增訂本），甘肅教育出版社，2007 年，第 157 頁。按：《范太史集》中記范祖禹上《薦陳祥道〈儀禮解〉劄子》，則稱此書爲《儀禮解》。

② 王鍔：《三禮研究論著提要》（增訂本），甘肅教育出版社，2007 年，第 157 頁。

③ 王鍔：《三禮研究論著提要》（增訂本），甘肅教育出版社，2007 年，第 280 頁。

④ （清）永瑢等：《四庫全書總目》上冊，中華書局，1965 年，第 292 頁。

真經義海纂微》一書中，引用陳祥道注《莊子》觀點三十餘條，可知他曾經注解過《莊子》，今已不傳。陳祥道會在《莊子》一書上下功夫，顯然是受王安石影響，王安石頗好《莊子》，曾作《莊周論》，其門下多人治《莊子》，陳祥道亦是其中之一。

又《(乾隆)福州府志》載有陳祥道《珍珠簾》詩一首，所詠乃是"珍珠簾"之景，其詩曰：

東風飄拂雨纖纖，吹向空中草木霑。
記得傳宣三殿日，恍疑天半撒珠簾。①

珍珠簾諸景位於今福建省永泰縣高蓋山，陳祥道既有此詩，表明他曾遊歷於此。詩中言"記得傳宣三殿日"，"傳宣三殿"當是指被皇帝詔見，至少表明此詩作於他中進士之後。

小　結

《禮書》作者陳祥道，生於仕宦之家，家族子弟多有功名，一門九進士。陳祥道之生卒年，古今有爭議，諸説紛紜，以今人苗露先生之考證比較可信，生於 1041—1042 年，卒於 1093 年。而其一生仕宦歷程也比較清晰，由進士至國子監直講(太學博士)，再到太常博士、秘書省正字、館閣校勘。終其一生皆職位卑微，且兩次罷職，仕途坎坷。由其仕履可知，陳祥道之任職主要是在京師，故而其間交遊多是秘書省職員，尤其與秦觀、孔武仲過從甚密。

作爲一名經學家，陳祥道於三禮、《論語》用功尤深，其傳世之《禮書》《論語全解》二書皆堪稱重典。此外，大概是受王安石之影響，陳祥道於《莊子》也有所研究，曾作過《莊子》注，其部分注文尚存於南宋褚伯秀所撰《南華真經義海纂微》一書中。而陳祥道之詩文，今僅見有《珍珠簾》一首，餘皆不傳。

---

① (清)魯曾煜：《(乾隆)福州府志》，《中國方志叢書》，臺灣成文出版社，1967 年，第 112 頁。

第二章 《禮書》成書及版本研究

對陳祥道《禮書》的深入探究，必須要考察該書的成書背景、陳祥道創作此書的原因、創作過程等問題。就《禮書》文本本身的研究來說，首要的工作是對其版本進行考察，梳理各版本之源流，以便考察其流傳情況，並確立研究所用之工作底本。

第一節 《禮書》成書探究

探究《禮書》之成書，實際上就是要搞清楚陳祥道是在什麼背景下創作該書的、爲什麼要寫作這樣一部書、創作該書的具體過程是怎樣的。清楚了這些問題，有助於加深對《禮書》本身的理解。

一、《禮書》成書背景及創作原因

陳祥道創作《禮書》的原因和《禮書》成書的背景兩個問題，實際上也可以說是一個問題，因爲這樣一部書的誕生固然是出於作者本人的意願，同時也必定是時勢使然，兩者共同發揮作用，纔能最終成功。下面分而論之。

（一）經學、禮學發展的學術背景

自西漢武帝罷黜百家，獨尊儒術之後，中國古代社會的主流或者說核心思想便是儒家思想。儒家核心學說的載體便是經書，因此儒學的核心便稱經學。經學典籍自秦火以後，或散或亡，漢初始復聚之。然世殊時異，去古稍遠，經書墳典，漢人已不能盡通，故有經注之興起。

由西漢以至東漢，經注繁盛，名目眾多，歷來論之者不絕，所言皆大同小異，其中尤以焦桂美先生所述頗爲簡要，引之如下：

　　兩漢經注體式，名目繁多。考兩漢書《儒林傳》及《藝文志》，知西漢注經有傳、故（又稱解故或故訓）、微、說、記、章句等。至於東漢，立名益繁，傳、故、說、記、章句而外，另有注、通、箋、學、釋、删、問、條例、略、難、異同、訓旨等。馬宗霍云：“要之，立名雖繁，而通行之體，則不外乎傳、注、章句三者，别有譜學圖學，綱舉目張，力鮮思寡，蓋亦與經說相發明者也。”無論何種體例，兩漢經注的總體特點，是以解說經文爲主。①

　　兩漢經注既多，且分今、古文派，知名注家諸如鄭興、鄭衆、何休、服虔、許慎、賈逵、馬融、鄭玄等，層出不窮。其中東漢鄭玄兼通古今，網羅衆說，遍注群經，可謂集漢學之大成，天下士子靡然歸之。而鄭玄之經注，又尤以“三禮”之注爲精，影響深遠，後世竟謂“禮是鄭學”。

　　魏晉時期，乃經學之中衰時代②，然注釋經書之體式，尚有“注、論、評（異同評）、駁（駁難）、要略（要集、要義）、答問、音、集解等”③。而到了南北朝時期，經學雖分南北，但是解經之體則有共通之處，即“義疏”體大興。爲經書作義疏的學者也不斷湧現，比如僅就《禮記》來說，“其爲義疏者，南人有賀循、賀瑒、庾蔚之、崔靈恩、沈重、范宣、皇侃等；北人有徐遵明、李業興、李寶鼎、侯聰、熊安生等”④。

　　時至隋、唐，南北朝時期所盛行的義疏體繼續沿用，然其弊端也顯露出來，即衆家紛争，章句繁難，故而唐太宗時期，詔國子祭酒孔穎達與諸儒撰定五經義疏，又有賈公彦爲《儀禮注》《周禮注》作疏。因此隋唐時期，經書注解的主要體式仍然是義疏。北宋初年，學者治經未嘗稍變，“篤守古義，無取新奇；各承師傳，不憑胸臆；猶漢、唐注疏之遺也”⑤。

　　實際上，由漢於唐，無論是注還是疏，其對經書的解釋都是專注於字、詞、句的考證和闡發，尤其是疏，可以說是將這種經學研究的方法推到了極致，後人再想有所作爲，更進一步，基本上是不可能了，祇能另闢蹊徑。而歷史的事實也正是這樣，皮錫瑞《經學歷史》引王應麟《困學紀聞》“自漢儒至於慶

---

　　① 焦桂美：《南北朝經學史》，上海古籍出版社，2009 年，第 15 頁。
　　② （清）皮錫瑞著，周予同注釋：《經學歷史》，中華書局，2014 年，第 141 頁。
　　③ 焦桂美：《南北朝經學史》，上海古籍出版社，2009 年，第 16 頁。
　　④ （漢）鄭玄注，（唐）孔穎達正義，吕友仁整理：《禮記正義》上册，上海古籍出版社，2011 年，第 2 頁。
　　⑤ （清）皮錫瑞著，周予同注釋：《經學歷史》，中華書局，2014 年，第 220 頁。

曆間，談經者守訓故而不鑿。《七經小傳》出而稍尚新奇矣。至《三經義》行，視漢儒之學若土梗"之語，謂"經學自漢至宋初未嘗大變，至慶曆始一大變也"①，描述的正是當時經學研究方面的新風尚。慶曆年間始於 1041 年，止於 1048 年，而陳祥道之《禮書》則成於 1090 年，時間相去甚短，況且陳祥道創作《禮書》耗時二十餘年，說明其構思《禮書》時基本上距慶曆年間也就二十餘年，這麼短的時間基本上算是同時了。

因此可以說，陳祥道《禮書》正是誕生於宋代經學研究風氣巨變的初始之時。更爲重要的是，從時間節點上來看，陳祥道創作《禮書》，並不是跟隨這個潮流，反而能夠稱得上是開風氣之先，引領經學、禮學發展的新潮流。當然，也需要多說明一點的是，當此之時，學術新潮方興，諸家都在探索階段，不因循漢唐注疏舊法，也未必一定都要走後世義理的新路，比如陳祥道《禮書》，其實就自有其特別之處。

以上是就經學研究方法方面來看《禮書》的成書背景，《禮書》的創作正處於宋人求新變古的時代，力求與古人不同。但是除此之外，也要看到前人研究成果爲陳祥道《禮書》的撰成所提供的條件，比如《禮書》之禮圖，遠有鄭玄、阮諶、夏侯伏朗、張鎰等《三禮圖》，近有聶崇義之《新定三禮圖》，都可爲陳祥道提供借鑒。

(二)政治時勢的需求和引導

《禮書》的成書除了學術方面的影響外，還要考慮到當時的政治環境對陳祥道創作動機的引導，甚至對其作品主旨的影響。之所以必須考慮政治因素這個背景，一個方面是北宋朝廷非常重視禮樂，禮器製作依據禮圖，而《禮書》禮圖眾多，且又獻於朝廷，陳祥道創作此書顯然不可免於政治方面需求的影響；另一個方面是陳祥道爲王安石門徒，《禮書》成書之時正值王安石變法時期，後人有謂《禮書》爲"新經之流毒"，可見該書的創作與王安石變法關係密切，此亦其成書的政治背景；第三個方面是《禮書》的創作至最後成書，都得益於當時相關政治制度及措施的推動。下面分別闡述。

第一個方面，即國家對禮樂的重視方面。北宋立國之初，其禮制仍承襲前代，②

---

① (清)皮錫瑞著，周予同注釋：《經學歷史》，中華書局，2014 年，第 220 頁。

② 按：學界向有宋初禮制爲"宋承唐制"之說，但是以樓勁先生之考察，宋初禮制實際直承五代(吳麗娛：《禮與中國古代社會》，中國社會科學出版社，2016 年，第 186～230 頁)。

但是一代當有一代之制，前人之法未必適應於後代；再加上北宋實際是得國於後周，亟須在禮制上確立其正統身份，故而整個北宋前、中、後期一直在不斷地修改及創製禮制。北宋前期的禮制改革，可以從多個方面來考察，比如禮典的制定，又比如禮器的製作。

就禮典的制定來説，也有一個發展的過程。宋初太祖時期所修纂《開寶通禮》，是宋代制定和頒行的第一部禮典。但是據樓勁先生之研究：

> 即使是在較寬的意義上理解"施行"，對《開寶通禮》統一規範禮制和禮事的作用和地位，也不宜作過高的估計。而這又反過來説明太祖修撰此書的着眼點，象徵意義很可能要强於實際意義，即當時固也想要整頓晚唐五代以來禮制領域的頹勢，但更多恐還是要向四周各國展示改朝換代和刑禮並用的姿態。因而其自太祖朝出臺伊始，就很難説在認真施行。遂致太宗、真宗二朝其各項制度已多有廢弛，且多另起爐竈而損益改作，到仁宗朝相繼編修一系列新禮書。①

因此可以説北宋初年《開寶通禮》雖然被編撰出來了，但是其中禮制並沒有全面施行，國家的禮制建設仍然弊病甚多，這種弊病到了宋太宗、宋真宗時期就顯現出來了，所以到宋仁宗及其以後，相繼編修了一系列禮典，如《禮閣新編》《太常新禮》《慶曆祀儀》《太常因革禮》《續太常因革禮》《五禮新儀》等。而在這個過程中，朝廷也是獎掖精於禮學者的，比如《禮閣新編》的編者王皥就曾得此際遇，《續資治通鑑長編》卷105記載宋仁宗天聖五年（1027）辛未：

> 太常博士、直集賢院、同知禮院王皥上所撰《禮閣新編》六十卷。初，天禧中，同判太常禮院陳寬請編次本院所承詔敕，其後不能就。皥因取國初至乾興所下詔敕，删去重複，類以五禮之目，成書上之。賜五品服。②

王皥因獻所著禮典而得官，表明北宋朝廷是鼓勵學者精研禮學的。又比如朱光庭於元祐元年（1086）《上哲宗乞詳議五禮以教民》奏折中説："臣今欲乞陛

---

① 吳麗娛：《禮與中國古代社會》，中國社會科學出版社，2016年，第268頁。
② （宋）李燾：《續資治通鑑長編》第8冊，中華書局，1995年，第2451頁。

下詔執政大臣，各舉明禮官參議五禮。"①表明朝廷當時也需要明禮之人來參與禮制建設。所有這些都爲陳祥道精研禮學、創作《禮書》，提供了良好的政治環境和强勁動力。

而陳祥道所處的神宗、哲宗兩朝，禮樂建設的氛圍尤其濃厚。陳暘曾説："惟神宗皇帝，超然遠覽，獨觀昭曠之道，革去萬蠹，鼎新百度。本之爲禮樂，末之爲刑政。凡所以維綱治具者，靡不交修畢振，而典章文物，一何焕歟。臣先兄祥道是時直經東序，慨然有志禮樂。"②表明陳祥道有志於禮樂創作，正是源於皇帝對這方面的重視。陳祥道在《禮書序》中對當時頻繁制定禮典的政治行爲也有所論述："今上有願治隆禮之君，下有博古明禮之臣……四方萬里，涵泳德化，製作之盛，在此時矣。"③可見熱烈的禮樂製作氛圍確實大大鼓舞了陳祥道。

就禮器的製作來説，北宋初竇儼於《新定三禮圖序》中説："會國朝創製彝器，迨於車服。"④表明北宋初年在禮器製作方面並不全是因循前代，也自有所創製。而其時製作禮器的依據就是聶崇義所撰《新定三禮圖》，比如《太常因革禮》卷十五記載造疏匕之事曰："今約《三禮圖》所説，畫到匕樣，已送修製造訖，仍具奏聞。詔可。"⑤又比如南宋朱熹於《紹熙州縣釋奠儀圖》中記載曰：

　　一祭器。淳熙頒降儀式，並依聶崇義《三禮圖》樣式，伏見政和年中議禮局鑄造祭器，皆考三代器物遺法，制度精密，氣象淳古，足見一時文物之盛，可以爲後世法。故紹興十五年曾有聖旨，以其樣制開説印造，須付州縣遵用。今州縣既無此本，而所頒降儀式印本，尚仍聶氏舊圖之陋，恐未爲得。欲乞行下所屬別行圖畫鏤板頒行，令州縣依準製造。其用銅者，許以鉛錫雜鑄。收還舊本，悉行毁棄，更不行用。⑥

① （宋）趙汝愚編，北京大學中國中古史研究中心校點整理：《宋朝諸臣奏議》下册，上海古籍出版社，1999年，第1034頁。
② （宋）陳暘：《樂書序》，《樂書》卷首，《中華再造善本》，國家圖書館出版社，2013年。
③ （宋）陳祥道：《禮書序》，國家圖書館藏袁忠徹舊藏本《禮書》卷首。
④ （宋）竇儼：《新定三禮圖序》，（宋）聶崇義纂輯，丁鼎點校解説：《新定三禮圖》，清華大學出版社，2006年，第1頁。
⑤ （宋）歐陽修等：《太常因革禮》，《續修四庫全書》第821册，上海古籍出版社，2002年，第409頁。
⑥ （宋）朱熹：《紹熙州縣釋奠儀圖》，《景印文淵閣四庫全書》第648册，臺灣"商務印書館"，1986年，第10頁。

由朱熹之言可知，到了南宋孝宗時期，各州縣製作禮器行用之圖仍然是聶崇義《新定三禮圖》。因此《新定三禮圖》被用作國家製造禮器的範本，本身就是一個通過著書立説而得以輔佐政治的成功案例。此外，由於不能得見多少先秦古器物，聶崇義繪圖難免有臆想成分，故而《新定三禮圖》中有些圖實際是錯誤的。聶崇義之圖地位尊崇，又有錯誤，自然成爲後世有志於著書者效法同時又加以批駁的對象。比如與陳祥道同時代的陸佃所作《禮象》十五卷，"以改舊圖之失，其尊、爵、彝、舟，皆取公卿家及秘府所藏古遺器，與聶圖大異"①。陳祥道創作《禮書》，包含禮圖近八百幅，亦是受這種國家禮器製造政策的影響。他在《禮書序》中説："著成《禮書》總一百五十卷，其於歷代諸儒之論，近世聶崇義之圖，或正其所失，或補其所缺。"②明確揭示作圖的目的之一是爲了對《新定三禮圖》正失補缺，其背後暗含的希望參與政治的意願不言自明。

第二個方面，即王安石變法的影響方面。陳祥道《禮書》的成書受王安石變法的影響，首先是因爲陳祥道爲王安石門人。當然，陳祥道之門徒身份，以筆者之考察，尚有可疑之處。因爲較早倡其説者，見於晁公武《郡齋讀書志》，其文曰："王安石介甫撰，並其子雱《口義》，其徒陳用之《解》。"③《宋元學案》之《荆公新學略》中亦將陳祥道列於"荆公門人"下，並引謝山《陳用之論語解序》之語：

> 荆公六藝之學，各有傳者。考之諸家著録中，耿南仲、龔深父之《易》，陸佃之《尚書》《爾雅》，蔡卞之《詩》，王昭禹、鄭宗顏之《周禮》，馬睎孟、方慤、陸佃之《禮記》，許允成之《孟子》，其淵源具在，而陳祥道之《論語》，鮮有知之者，但見於昭德《晁氏讀書志》而已。荆公嘗自解《論語》，其子雱又衍之，而成於祥道。長樂陳氏兄弟深於禮樂，至今推之。乃其得荆公之傳，則獨在《論語》。④

---

① （宋）陳振孫撰，徐小蠻、顧美華點校：《直齋書録解題》，上海古籍出版社，1987年，第50頁。
② （宋）陳祥道：《禮書序》，國家圖書館藏袁忠徹舊藏本《禮書》卷首。
③ （宋）晁公武撰，孫猛校證：《郡齋讀書志校證》上册，上海古籍出版社，2005年，第136頁。
④ （明）黃宗羲：《宋元學案》，《黃宗羲全集》第6册，浙江古籍出版社，1999年，第820頁。

由此文可知，耿南仲、龔深父、陸佃、蔡卞、馬睎孟、方愨等人爲王安石門人，"淵源具在"，世人皆知，而陳祥道之門徒身份，則鮮爲人知。晁公武較早指出這一點，謝山、全祖望等人實際是沿襲晁氏之説，並未有其他證據。《四庫全書總目》評《禮書》時謂"不以安石之故廢之矣"①，表明亦認同陳祥道爲王安石門人，但是不知何據。實際上，陳祥道是否爲王安石門人，僅憑晁公武之説尚不足以論定。不過晁公武去陳祥道之時未遠，所言想必非虛，況且本書重在考察王安石變法對《禮書》成書的影響，不必節外生枝，對晁氏此説權且認同。

王安石之變法，要解決的比較重要的一個問題就是思想上的統一認識，這樣纔能使變法的阻力變小。而這個統一當然是要體現在學術方面，王安石曾説："學術不一，一人一義，十人十義，朝廷欲有所爲，異論紛然，莫肯承聽。"②與此同時，北宋朝廷也有將經學定於一尊的需求，比如《續資治通鑑長編》記載熙寧五年(1072)戊戌，"王安石以試中學官等第進呈，且言黎佖、張諤文字佳，第不合經義。上曰：'經術，今人人乖異，何以一道德？卿有所著可以頒行，令學者定於一。'安石曰：'《詩》，已令陸佃、沈季長作義。'上曰：'恐不能發明。'安石曰：'臣每與商量。'"③宋神宗問王安石有沒有什麼著作可以"一道德"，可見當時統治者已經對學術、思想的統一非常重視了。

由《續資治通鑑長編》的這段記載，我們可以推知很多東西。首先，陳祥道中進士是在治平四年，即1067年，《禮書》最終成於1090年，且范祖禹言陳祥道著此書耗時二十餘年，以此推之，則陳祥道最初開始寫作《禮書》的時間，大概和宋神宗與王安石這次對話的時間相差無幾。其次，王安石變法爲了統一思想，所用必是自己親信之人，且他已經明確令其弟子陸佃爲《詩經》作義，則同爲其弟子的陳祥道，自然也應受重用。再次，宋神宗言陸佃等爲《詩經》作義尚不足以做到"一道德"，王安石答曰"每與商量"，説明其時尚未有足夠份量的著作來滿足朝廷的需求。最後，中國古代社會文化思想的核心顯然是禮樂，最能夠觸及思想統一根本的自然要推禮制，因此王安石必然要在禮樂方面有所作爲。綜合以上幾點，我們自然可以得出這樣的結論，即王安石顯然要推出一部闡發禮樂的著作，儘管當時已經設置了"經義局"來做這項工作，但是這種需求必然無可避免地要影響到王安石之門人。以陳祥道爲王安石門徒的身

---

① (清)永瑢等：《四庫全書總目》上冊，中華書局，1965年，第179頁。
② (宋)馬端臨：《文獻通考》，中華書局，1986年，第293頁。
③ (宋)李燾：《續資治通鑑長編》第17冊，中華書局，1995年，第5570頁。

份，再看其始作《禮書》的時間，自然而然地就可以想到王安石變法對《禮書》成書的影響了。

而事實上我們也能從《禮書》的相關内容窺探到其對王安石新法的呼應。比如陳祥道在《〈禮書〉序》中開頭就説："先王之治，以禮爲本。"①又在《進〈禮書〉表》中稱頌三代之治，這些都是王氏新學最喜用之術語。張曉宇先生對此有更深層次的闡發，他説："仔細考察陳祥道二文中的斟詞用句，不少都能在王安石的文章中找到痕跡。比如《進〈禮書〉表》中提出'先王建法'旨在'車書一而風俗同'，是在呼應王安石的'一道同風'説。《〈禮書〉序》中强調研究先王禮樂需要瞭解'六藝百家之文'，是在師法王安石《答曾子固書》中的解經心要。"②此外，王安石特重《周禮》，這一點在《禮書》中也有體現，比如《禮書》引文大部分出自《周禮》，論説往往以《周禮》爲據。

清代沈欽韓評價《禮書》，謂其乃"新經之流毒"③，完全否定，這當然是偏頗之論，但是也確實揭示了《禮書》之創作和王安石變法的密切關係，即王安石變法爲《禮書》創作提供了契機。

第三個方面，陳祥道最終能夠完成一百五十卷《禮書》，並將之進獻於朝廷，還得益於當時薦舉制度的推動。《玉海》記載："元祐四年，翰林學士許將言祥道《增廣禮圖》及著《禮書》一百卷，二月二日，詔祥道爲太常博士。"④可知元祐四年陳祥道尚未完成《禮書》，纔創作了一百卷。元祐五年，范祖禹又薦《禮書》曰："臣伏見太常博士陳祥道，專意禮學二十餘年，近世儒者，未見其比。著《禮書》一百五十卷，詳究先儒義説，比之聶崇義圖尤爲精審該洽。昨臣僚上言，乞朝廷給紙劄，差書吏畫工付祥道録進，今聞已奏御降付三省。"⑤明確指出此時《禮書》已爲一百五十卷，並且揭示了許將舉薦時曾建議朝廷差遣書吏畫工以助陳祥道抄録進獻這一史實。許將、范祖禹等之舉薦，推動了《禮書》由一百卷擴充到一百五十卷。那麽爲什麽許將已經舉薦《禮書》，

① （宋）陳祥道：《禮書序》，國家圖書館藏袁忠徹舊藏本《禮書》卷首。

② 張曉宇：《從元明遞修百五十卷本〈禮書〉略論陳祥道〈禮書〉的進獻過程及意義》，《歷史文獻研究》總第 39 輯，華東師範大學出版社，2017 年，第 291~300 頁。

③ （清）沈欽韓：《幼學堂文稿》，《清代詩文集彙編》第 514 册，上海古籍出版社，2010 年，第 356 頁。

④ （宋）王應麟：《玉海》，《景印文淵閣四庫全書》第 944 册，臺灣"商務印書館"，1986 年，第 102 頁。

⑤ （宋）范祖禹：《范太史集》，《景印文淵閣四庫全書》第 1100 册，臺灣"商務印書館"，1986 年，第 249 頁。

范祖禹又再次舉薦呢？除了《禮書》本身確實品質很高外，最主要的原因大概是當時薦舉制度的推動。

薦舉是宋代選官制度和官員管理制度中十分重要的一種，它往往決定了官員的升遷與否，"宋代廣泛地將薦舉應用於選官的各個領域，如循資、改官、注授差遣、入館、授職、蔭補、科舉等諸方面"①。《宋史·選舉志》中對此有所論及，比如"上自侍從、台諫、館學，下暨錢谷、兵武之職，時亦以薦舉命之，蓋不膠於法矣"②。《續資治通鑑長編》記載，元祐元年七月辛酉，司馬光上《乞以十科舉士劄子》，建議"使在位達官，人舉所知"③，並且提出了分十科薦舉人才的辦法，要求"職事官自尚書至給舍諫議，寄祿官自開府儀同三司至太中大夫，職自觀文殿大學士至待制，每歲須得於十科中舉三人"，"歲終不舉及人數不足，按劾施行"④。即廣大官員不光被要求舉薦人才，而且每年還有定額舉薦任務必須完成，否則就會遭到處罰。同時，被舉薦者也必須符合十科的規定纔行，十科中的第五、六、七科要求"五曰經術精通，可備講讀科（有官、無官人皆可舉）；六曰學問該博，可備顧問科（有官、無官人皆可舉）；七曰文章典麗，可備著述科（有官、無官人皆可舉）"⑤，是專門針對陳祥道之類經師碩儒的。

司馬光的建議得到了採納並施行，在這種情況下，舉薦之風更加興盛。翰林學士許將、内相范祖禹都在被要求舉薦人才的職官範圍内，陳祥道所著《禮書》亦符合"十科"要求，故而纔有了二人先後推舉之事。許將、范祖禹之舉薦《禮書》，本身極有可能是爲了完成朝廷的工作指標，但是事實上卻促成了陳祥道更好地進行創作。因此，《禮書》的最終完成，並且進獻朝廷，是受到了北宋薦舉制度的直接影響的。

（三）陳祥道本人的意志和抱負

陳祥道寫作《禮書》，除了外界學術環境以及政治需求的影響外，還與他自身的意願和抱負密切相關。其弟陳暘在《樂書》自序中曾經有過粗略的概括，他説：

---

① 胡坤：《宋代薦舉與士風》，《北方論叢》2010 年第 6 期，第 70~75 頁。
② （元）脱脱：《宋史》第 12 册，中華書局，1977 年，第 3739 頁。
③ （宋）李燾：《續資治通鑑長編》第 26 册，中華書局，1995 年，第 9301 頁。
④ （宋）李燾：《續資治通鑑長編》第 26 册，中華書局，1995 年，第 9301 頁。
⑤ （宋）李燾：《續資治通鑑長編》第 26 册，中華書局，1995 年，第 9301 頁。

　　惟神宗皇帝，超然遠覽，獨觀昭曠之道，革去萬蠹，鼎新百度。本之為禮樂，末之為刑政。凡所以維綱治具者，靡不交修畢振，而典章文物，一何煥歟。臣先兄祥道是時直經東序，慨然有志禮樂。上副神考修禮文、正雅樂之意，既而就《禮書》一百五十卷。哲宗皇帝祗遹先志，詔給筆札，繕寫以進。有旨下太常議焉。①

　　《禮書》成於哲宗元祐五年，而陳暘此文敘神宗有志於禮樂建設，點明《禮書》之作實起於神宗時期，與上文推論相合，同時也説明了《禮書》的創作的確有政治因素的引導。陳暘又説其先兄"慨然有志禮樂"，表明陳祥道本人有志於禮樂研究，創作《禮書》。

　　陳祥道於其《禮書》自序中也對該書的撰作有所闡發，他説自己"嘗考六藝百家之文，以究先王禮樂之跡。凡寓於形名度數者，必辨其志；凡藏於道德仁義者，必發其蘊。僅二十年，著成《禮書》，摠一百五十卷。其於歷代諸儒之論，近世聶崇義之圖，或正其所失，或補其所闕，庶幾古人之髣髴，可以類推而見之"②。表明他所圖甚大，創作《禮書》的目的是考求"先王禮樂之跡"，這顯然是政治上的訴求。除此之外，其於學術方面，亦有所寄望。宋初聶崇義所作之《新定三禮圖》，被作為官方製作禮器的模版，但是該書之禮圖不盡完善，甚至多有臆想舛錯之處。陳祥道欲對其有所訂補，訂正其錯誤，補足其闕漏，故而於《禮書》中甚為着意於名物和禮圖。

　　綜上所述，《禮書》是在經學發展、政治需要以及陳祥道本人意願等綜合條件下產生的，其中必然深深地烙印了時代的痕跡和作者的價值取向，值得深入解讀。

二、《禮書》成書過程

　　《禮書》的成書過程，史料有所記載，較為分散，惟陳祥道之弟陳暘於《樂書》序中述其大致過程，較為概括："既而就《禮書》一百五十卷，哲宗皇帝祗遹先志，詔給筆札，繕寫以進。有旨下太常議焉。"③但是個中細節，並不明晰，

---

　　①　(宋)陳暘：《樂書序》，《樂書》卷首，《中華再造善本》，國家圖書館出版社，2013年。
　　②　(宋)陳祥道：《禮書序》，國家圖書館藏袁忠徹舊藏本《禮書》卷首。
　　③　(宋)陳暘：《樂書序》，《樂書》卷首，《中華再造善本》，國家圖書館出版社，2013年。

尚需考證。今人亦有相關梳理，其中尤以張曉宇先生《從元明遞修百五十卷本〈禮書〉略論陳祥道〈禮書〉的進獻過程及意義》一文，較爲詳細，引之如下：

> 一、元祐四年二月，翰林學士許將推薦百卷本《禮書》。二、元祐四年十二月之前，百五十卷本《禮書》完成。三、元祐四年十二月二十二日，朝廷將同意抄録《禮書》的敕文發至中書省。四、元祐四年十二月二十三日，太常寺收到附有敕令的中書省牒文，開始安排抄録。五、元祐五年十月末以前，《禮書》抄録完成，陳祥道向朝廷進獻《禮書》。六、元祐五年十月二十八日，范祖禹提議將抄録好的百五十卷本《禮書》送呈兩制、學士院及經筵。七、元祐五年十一月二日，朝廷下令將《禮書》送兩制看詳。①

此梳理《禮書》由成書到進獻的過程，與陳暘所述大致相合。尤其第三、四兩條，是據陳祥道進獻《禮書》過程中朝廷下太常寺之敕文考證而出，這則材料爲以前研究者所忽視，較有價值。但是張先生之文卻沒有涉及陳祥道具體於何時開始撰寫《禮書》、具備什麼樣的創作條件、進獻之後結果如何等問題，因此仍需進一步考證。

陳祥道《禮書》最初於何時開始撰寫，史無明文。但是我們知道《禮書》最終完成的時間是宋哲宗元祐五年，即 1090 年，而陳祥道在《禮書》之序中又説"僅二十年，著成《禮書》，揔一百五十卷"②，以此推之，陳祥道最初開始此書的寫作當在 1070 年，即宋神宗熙寧三年，其時正是王安石變法如火如荼開展的時候。

陳祥道創作《禮書》的二十年時間里，具體是如何寫作的，不得而知。但是其所具備的條件是可以想見的。

根據前文所論陳祥道生平及仕宦經歷，大概在元豐二年時，他已經入職國子監，任國子監直講。李廌《師友談記》又記載陳祥道"中間爲太學博士"③，因元豐三年即 1080 年改制之時，改國子監直講爲太學博士，故而可以確定此時陳祥道官居太學博士。此後陳祥道在太常博士、秘書省正字、館閣校勘等幾個官職上來回遷轉。

---

① 張曉宇：《從元明遞修百五十卷本〈禮書〉略論陳祥道〈禮書〉的進獻過程及意義》，《歷史文獻研究》總第 39 輯，華東師範大學出版社，2017 年，第 291~300 頁。

② （宋）陳祥道：《禮書序》，國家圖書館藏袁忠徹舊藏本《禮書》卷首。

③ （宋）李廌撰，孔凡禮點校：《師友談記》，中華書局，2002 年，第 32 頁。

　　這些官職對陳祥道撰寫《禮書》很有幫助，因爲國子監直講的職掌主要是"掌教授諸經"①。就太常寺的職掌來説，"元豐改制後，禮院職事罷歸，統掌禮樂之事，舉凡大朝會、祭祀所用雅樂，及器服、郊祀、宗廟、社稷、陵寢、犧牲、藉田、祠祀、醫藥等，均得管領"②；而就太常寺之屬官太常博士的職掌來説，"元豐正名……太常博士始掌講定五禮(吉、賓、軍、嘉、凶禮)儀式；如有改革，則據經審議……有祠祭，監視儀物，並掌引導、助理事"③。秘書省正字的職掌，是"掌編輯、校正圖籍，若有脱漏則修補，若有文字訛誤，則訂正"④。館閣校勘之職位，元豐五年改制時去除了這個職位，到了元祐四年時復置，主要職掌是"在館供職，校對書籍"⑤。

　　由以上所列陳祥道歷任之官職的職掌來看，這些官職從事的要麽是與禮樂有關的工作，要麽是與典籍有關的工作。官居太常博士，本身要求陳祥道必須熟悉典禮儀節和名物，同時也爲他提供了接近各種禮器和行禮場面的機會。而秘書省正字、館閣校勘等職位，更是使得陳祥道經常與各種書籍打交道，能夠掌握大量文獻材料。《禮書》廣徵博引，舉凡宋代以前之與禮有關的著作，或多或少，該書中基本都有引用，没有大量藏書資料的支撐，很難做到這一點，而陳祥道的職位恰恰解決了這個問題。

　　二十年的時間裏，陳祥道一直應該都是邊做好本職工作，邊進行《禮書》的創作，也一直都是默默無聞的，直到哲宗元祐四年，翰林學士許將向朝廷舉薦陳祥道之《禮書》，纔打破了這種平静。《玉海》記載"元祐四年，翰林學士許將言祥道《增廣禮圖》及著《禮書》一百卷"⑥，根據元祐五年十月二十八日范祖禹《乞看陳祥道〈禮書〉劄子》又舉薦陳祥道《禮書》時，言"昨臣僚上言，乞朝廷給紙札，差書吏畫工付祥道録進"，可知朝廷應該是當時對此書有所重視，並出資出人助陳祥道謄録《禮書》，以便進呈御覽。

　　但是范祖禹元祐五年的奏書中稱陳祥道"著《禮書》一百五十卷"⑦，説明

---

①　龔延明：《宋代官制辭典》，中華書局，1997年，第347頁。

②　龔延明：《宋代官制辭典》，中華書局，1997年，第272頁。

③　龔延明：《宋代官制辭典》，中華書局，1997年，第274頁。

④　龔延明：《宋代官制辭典》，中華書局，1997年，第241頁。

⑤　龔延明：《宋代官制辭典》，中華書局，1997年，第153頁。

⑥　(宋)王應麟：《玉海》，《景印文淵閣四庫全書》第944册，臺灣"商務印書館"，1986年，第102頁。

⑦　(宋)范祖禹：《范太史集》，《景印文淵閣四庫全書》第1100册，臺灣"商務印書館"，1986年，第249頁。

許將元祐四年舉薦《禮書》時，該書實際尚未完成，祇有一百卷，還在撰作中。到了元祐五年，陳祥道將《禮書》進呈朝廷，一百五十卷，算是定稿了，標誌着《禮書》的正式問世。

值得注意的是，陳祥道"三禮"方面的著作，除了《禮書》外，還有《周禮纂圖》《儀禮解》《禮例詳解》《禮記講義》等，觀這些書之名稱，可以想見其內容必定與《禮書》有相互發明者。其中《儀禮解》一書，范祖禹於元祐七年十二月九日曾有舉薦，其《薦陳祥道〈儀禮解〉劄子》曰：

> 臣伏見館閣校勘太常博士陳祥道注解《儀禮》為三十二卷，精詳博洽，非諸儒所及。臣竊以《儀禮》為書，其文難讀，其義難知，自古以來，學者罕能潛心，故為之傳注者至少。祥道深於禮學，凡二十年乃成此書，先王法度如指諸掌。昨進《禮圖》一百五十卷，已蒙皇上藏之秘閣，伏望聖慈特降指揮，取祥道新注《儀禮》，奉御下兩制看詳，並前所進《禮圖》，並付太常，以備禮官討論。①

文中說明了陳祥道撰作《儀禮解》也費時二十餘年，則陳祥道可謂精力絕倫者也，要知道以一人之力綜論"三禮"，已屬不易，陳祥道在本職工作外竟然有餘力不止寫作《禮書》，還撰作了《儀禮解》等其他書，可謂著述不輟。

范祖禹奏書中提到"已蒙皇上藏之秘閣"，表明前時下兩制看詳後，《禮書》並沒有被行用，而是"藏之秘閣"。范祖禹這次又力薦《禮書》，其後不報，應該是維持原判，藏於秘府，束之高閣而已。這是《禮書》獻於朝廷後的最終結果。

第二節 《禮書》宋元版本考

《禮書》之版本，宋、元、明、清、民國等時期公私書目多有著錄，而據王鍔師《三禮研究論著提要》②及《中國古籍總目》③《中國古籍善本書目》④《儒

---

① （宋）范祖禹：《范太史集》，《景印文淵閣四庫全書》第 1100 冊，臺灣"商務印書館"，1986 年，第 289 頁。
② 王鍔：《三禮研究論著提要》（增訂本），甘肅教育出版社，2007 年，第 434~435 頁。
③ 中國古籍總目編纂委員會編：《中國古籍總目·經部》，中華書局，2012 年，第527 頁。
④ 中國古籍善本書目編輯委員會編：《中國古籍善本書目》（經部），上海古籍出版社，1989 年，第 45 頁。

藏總目·經部》①等記載，《禮書》現有宋刻元明遞修本、元刻本、明刻本、《四庫全書》本、清嘉慶刻本、清光緒刻本、舊抄本等多種版本存世，由此可見該書流布之深久，版本之複雜。其中《中國古籍總目》及《儒藏總目·經部》都著錄《禮書》目前存世最早版本爲元至正七年（1347）福州路儒學刻明修本，然王鍔師《三禮研究論著提要》卻注明其有宋刻元明遞修本傳世，於是該書究竟有無宋刻本流傳，就成爲值得深究的問題了。

一、《禮書》北宋版本考

《禮書》成書後是否即有刊刻？清代瞿鏞《鐵琴銅劍樓藏書目錄》曰："是書有元祐刻本，今已佚。"②丁丙《善本書室藏書志》亦曰："元祐刊本早佚。"③認爲《禮書》在北宋元祐年間即有刊刻。二人之説，言之鑿鑿，有何憑據，卻不能得知。反倒是南宋初之晁公武《郡齋讀書志》中言：

> 太常《禮書》一百五十卷。右皇朝陳祥道用之撰。祥道元祐初以左宣義郎仕太常博士，解禮之名物，且繪其象，甚精博。朝廷聞之，給札繕寫奏御。今世傳止五十卷，予愛之而恨其闕少，得是本於敍州通判盧彭年家，其象且以五彩飾之，於是始見其全書云。④

其中"愛之而恨其闕少"，表明南宋初年《禮書》已經絕難見到傳本，而晁公武最終於敍州通判盧彭年家所得全本，"其象且以五彩飾之"，指的是書中禮圖爲彩繪，據此推斷，該本似乎不是刻本，更像是抄本。

南宋楊萬里《三山陳先生〈樂書〉序》中言："中更多難，二書（《禮書》《樂書》）見之者鮮焉。"⑤也指出了南宋初年能夠見到《禮書》的人非常少，表明此

---

① 張玉範、沈乃文主編：《儒藏總目·經部》上册，北京大學出版社，2011 年，第596 頁。

② （清）瞿鏞：《鐵琴銅劍樓藏書目錄》，《宋元明清書目題跋叢刊》第 10 册，中華書局，2006 年，第 61 頁。

③ （清）丁丙：《善本書室藏書志》，《宋元明清書目題跋叢刊》第 9 册，中華書局，2006 年，第 424 頁。

④ （宋）晁公武撰，孫猛校證：《郡齋讀書志校證》上册，上海古籍出版社，2005 年，第 90 頁。

⑤ （宋）楊萬里：《誠齋集》，《景印文淵閣四庫全書》第 1161 册，臺灣"商務印書館"，1986 年，第 99 頁。

書傳世不多。其中固然要考慮到北宋末年戰亂導致大量圖籍喪失的因素，但是似乎也不能排除《禮書》在北宋時期本來就傳本很少的可能，而其傳本少則暗示了該書可能並沒有刻本，祇是以抄本的形式流傳。

此外，瞿鏞、丁丙二人去宋已遠，所言既不知何據，而且說《禮書》刊於元祐年間又頗有可疑之處。首先，陳祥道家貧，自己應當是沒有能力刊刻《禮書》的。陳祥道一生官職低微，與其同時的李廌於《師友談記》中說他"没齒困窮而不遇賞音"①。今傳世之所謂元刻本《禮書》中附有北宋建中靖國元年（1101）尚書禮部譜牒，其中提到元祐故事時亦記載"祥道家貧，無緣上進（《禮書》）"②，最終還是朝廷差遣書吏、畫工助其抄録進獻。其次，元祐年號祇使用到元祐八年，陳祥道最終完成《禮書》一百五十卷已經是元祐四年了，進獻是在元祐五年，隨後即被藏之秘府，官方並沒有刊刻的記載。那麼如果刊刻，也祇能據陳祥道之稿本，而此一方面是時間短暫，陳祥道元祐八年即去世了；另一方面是《禮書》部頭巨大，又圖文兼備，刊刻並非容易之事。最後，陳祥道之弟陳暘繼承其志，編纂了《樂書》，但是陳暘在追述先兄撰作《禮書》時並未言及刊刻之事。

因此可知，陳祥道《禮書》在北宋時期雖然得到了朝廷的重視，但是進獻之後卻被藏之秘府，並沒有行用。後世言其北宋元祐年間有所刊刻，既無憑據，又存有疑點。其在北宋之流傳，更大的可能是通過傳抄的形式完成的。

二、《禮書》南宋刻本與元刻本之爭議

明代張溥重刻《禮書》所作《禮書敘》中記載其重刻依據之底本曰："吾友盛順伯方聞之，長世擅經學，遂出宋本，同點次鋟行。"③此宋本若爲刻本，則當是南宋所刻。清代陸心源《皕宋樓藏書志》記其所藏《禮書》版本曰："此南宋刊本。"④清代楊紹和《楹書隅録》亦曰："蓋禮、樂二書，慶元間陳岐以北宋本重梓於盱江。"⑤進一步指出《禮書》於南宋慶元年間有所刊刻。⑥

---

① （宋）李廌撰，孔凡禮點校：《師友談記》，中華書局，2002 年，第 32 頁。

② （宋）陳祥道：《禮書》卷首，國家圖書館藏袁忠徹舊藏本。

③ （明）張溥：《禮書敘》，明刻本《禮書》卷首，日本國立公文書館藏本。

④ （清）陸心源：《皕宋樓藏書志》，《宋元明清書目題跋叢刊》第 7 册，中華書局，2006 年，第 82 頁。

⑤ （清）楊紹和：《楹書隅録初編》，《宋元明清書目題跋叢刊》第 10 册，中華書局，2006 年，第 409 頁。

⑥ 按：《禮書》南宋刻本是否在慶元年間，尚可商榷，下文詳考。

到了元代至正七年(1347)，福州路儒學又重刻《禮書》，並將陳暘《樂書》一同刊刻，時有虞集作《重刻禮樂書序》，述其刊刻始末：

> 去年，僉憲前進士趙君承禧宗吉始欲發明其微而推充之，乃得故宋太常博士陳祥道所著《禮書》，與其弟暘所進《樂書》，送郡學官，刻而傳之。方鳩工，而趙君移節浙右，於是經歷前進士達理惟實可行、知事前國學貢士張君汝遜允中相與讎校而完成之。二君與趙君之意，所以見憲府設官之本旨，而欲贊成聖治於今日者也。乃使郡儒學訓導韋泰訪集於臨川山中，而使之敘焉。①

又有余載"至正七年龍集丁亥八月"序文曰

> 晉寧趙公宗吉來僉閩憲，求二書於民間，二年而始得之，送郡學官，方鳩工鋟梓，而趙公移節浙右。繼是經歷前進士達君可行、知事前國學貢士張君允中取而繙閱之，曰："是大有益於制作者，豈可使之没没耶。"爰命前國學貢士福州路府判官保奉訓董其事，郡學正林天質會諸儒相與校讎而完成之。是歲仲秋釋奠之前一日，翰林學士臨川邵庵虞先生序成，將命適至。②

觀二序文可知，《禮書》《樂書》之刊刻，乃當時僉憲趙宗吉發起。他從民間求得二書，送郡學官，祗是剛剛聚集好刻工，他便調職浙右。繼而郡里達可行、張允中二人鼓勵刊刻，於是命福州路府判官保奉訓主持其事，學正林天質會集諸儒校勘，最終刊刻完成。書既刻成，乃命儒學訓導韋泰到臨川去求當時大儒虞集作序，求得虞集序後，余載又爲之作序。

此元代重刻之事有序言爲證，似無疑問。然而由於南宋刻本早佚，後人大概從未得見該本，於是自清代起，產生了一種認爲元重刻本就是南宋刻本的觀點，聚訟至今，未有的論。因此有必要就此爭論詳作梳理，以求真相。下面分類歸納各家觀點：

(一)主張爲元刻者，有瞿鏞、楊紹和、丁丙、范邦甸、李致忠等

(1)瞿鏞《鐵琴銅劍樓藏書目錄》曰：

---

① (元)虞集：《重刻禮樂書序》，《禮書》卷首，國家圖書館藏袁忠徹舊藏本。
② (元)余載：《禮書》卷首序，國家圖書館藏袁忠徹舊藏本。

《禮書》一百五十卷，元刊本。題宣義郎太常博士臣陳祥道上進。前有進書表及自序，次列建中靖國元年尚書禮部牒。案，是書有元祐刻本，今已佚。此本每半葉十三行，行廿一字，板心有字數。閩趙宗吉從宋板翻雕者，惜每卷間有闕葉。舊有林光大序，亦脫去。①

瞿氏斷定該本爲元刻本，認爲是元人趙宗吉從宋板翻刻而來。此書今存國家圖書館，中華再造善本影印所據底本即是該本。

（2）李致忠先生《中華再造善本總目提要》對瞿氏藏本亦有推論，曰：

重倡刻梓陳氏二書者，是趙宗吉；實際董其事者則是達君可行和張君允中；而負責組織校勘者，是林天質。故此書版本定爲"元至正七年福州路儒學刻本"，十分確當。②

此結論依據是該藏本《禮書》卷前有抄配之余載序及卷後有林光大《禮樂書後序》，二序中闡明了重刊始末。

（3）楊紹和《楹書隅錄初編》卷一記載：

元本《禮書》一百五十卷，三十二冊，四函。每半葉十三行，行二十一字。首載建中靖國元年牒文。《樂書》末有慶元己未三山陳岐、迪功郎建昌軍南豐縣主簿林子沖兩跋，至正丁亥福州路儒學教授林光大後序。蓋禮、樂二書，慶元間陳岐以北宋本重梓於盱江，光大復繙刻之，故卷中猶避宋諱。二書傳於今者，以此爲最舊矣。③

楊紹和顯然已經注意到此《禮書》中存在避宋諱的情況，但是又因書中有元代林光大後序，故仍然認爲是元刻。其在《樂書》的版本判斷中說得很明確：

---

① （清）瞿鏞：《鐵琴銅劍樓藏書目錄》，《宋元明清書目題跋叢刊》第 10 冊，中華書局，2006 年，第 61 頁。

② 中華再造善本工程編纂出版委員會編：《中華再造善本總目提要》第 2 冊，國家圖書館出版社，2013 年，第 871 頁。

③ （清）楊紹和：《楹書隅錄初編》，《宋元明清書目題跋叢刊》第 10 冊，中華書局，2006 年，第 409 頁。按：今檢國家圖書館所藏《禮書》，爲楊紹和舊藏者有兩部，一部三十二冊，一部二十冊，其"首載建中靖國元年牒文"者，實爲二十冊本，故楊氏此處誤記。

"行式與《禮書》同,《孫祠書目》《曝書雜記》均作宋刻, 或未見至正間林氏後序耶?"①

(4)丁丙《善本書室藏書志》記載曰: "《禮書》一百五十卷, 元刊本, 季滄葦藏書。……元祐刊本早佚, 今惟此閩趙宗吉從宋本翻雕者, 每半葉十三行, 行二十一字, 版心有字數。雍虞集②有《重刻禮樂書總序》。有'季振宜藏書''五硯樓''曾在上海郁泰峯家''籧江借觀'諸印。"③是亦認爲此書爲元刻本。

(5)范邦甸《天一閣書目》曰: "《禮書》一百五十卷, 宋左宣義郎太常博士陳祥道上進。元郡人林光大序云: '吾閩憲府前進士趙公宗吉先生, 購求善本, 首命鋟梓於學, 賓幕經歷前進士可行君、知事前國學貢士中張君董成之。'"④雖未明言, 但是間接認定其爲元刻本。

綜觀以上觀點, 可知諸家之主要依據就是書中有虞集、余載、林光大之序, 序中陳明了重刻始末, 故理所當然判定爲元刻本。

(二)主張爲宋刻者, 有莫友芝、陸心源、張元濟、王重民、嚴紹璗等

(1)莫友芝於其《宋元舊本書經眼録》中述曰:

> 陳氏《禮書》一百五十卷, 宋本。宋陳祥道撰, 首載建中靖國元年正月, 禮部差楷書畫工人鈔祥道《禮書》牒, 並及陳暘《樂書》。次祥道《進書表》。序中參有《樂書》序一葉, 無前半, 蓋當時二書並刻也。肆中有《樂書》, 與此相似。半葉十三行, 行二十一字。⑤

莫友芝認定所見《禮書》爲宋刻, 並根據其中有《樂書》序參入的情況, 推

---

① (清)楊紹和:《楹書隅録初編》,《宋元明清書目題跋叢刊》第 10 册, 中華書局, 2006 年, 第 409 頁。

② 按: 雍虞集即元代人虞集, 因其尊崇宋代大儒邵雍, 書邵雍詩於書屋之壁, 稱書屋爲"邵庵", 故世稱其爲邵庵先生, 或稱雍虞公。

③ (清)丁丙:《善本書室藏書志》,《宋元明清書目題跋叢刊》第 9 册, 中華書局, 2006 年, 第 424 頁。

④ (清)范邦甸:《天一閣書目》,《中國著名藏書家書目匯刊·明清卷》第 2 册, 商務印書館, 2005 年, 第 295 頁。

⑤ (清)莫友芝撰, 邱麗玟、李淑燕點校:《宋元舊本書經眼録》,《中國歷代書目題跋叢書》第 3 輯, 上海古籍出版社, 2009 年, 第 21 頁。

斷當時《禮》《樂》二書並刻。

（2）陸心源《皕宋樓藏書志》曰：

> 案此南宋刊本，元人得其版而重修之，冒爲己有。余見吳小帆觀察所藏，較此本印在後。《樂書》後陳跋改慶元爲至正，陳岐爲林光大。此則初印本也。每葉二十六行，每行二十一字，小字雙行，每行三十四字。版心有字數，間有刊工姓名。卷中有"結廬東山下"白文長印，"季振宜藏書"朱文長印，"五硯樓"朱文長印，"東吳席氏珍藏圖書"朱文方印。其版明時尚存南監，見《古今書刻》。然明印本脱葉數百，此本有斷版而無闕頁，猶元時印本也。①

陸心源所藏《禮書》版本特征"每葉二十六行，每行二十一字"，與莫友芝所見相同，而陸氏更進一步指出"元人得其版而重修之，冒爲己有"，解釋了爲什麼《禮書》中會有元人序跋的問題。

（3）張元濟先生《涵芬樓餘燼書録》中記有宋刊元修本《禮書》一部，來歷尤有必要考證。

該部《禮書》要從黃丕烈跋宋本湯注《陶靖節先生詩》說起。黃氏跋曰："湯伯紀注陶詩，宋刻真本，在海寧周松靄家，相傳與宋刻《禮書》並儲一室，顏之曰'禮陶齋'。其書之得，近於巧取豪奪，故秘不示人，并云欲以殉葬。"② 後來黃氏又以小字補跋曰：

> 余得此書後，適原得此書之賈人吳東白來舍，知余得此書，因別以一舊刻小板之陶集贈余，易余家刻書而去。言中談及周公先去《禮書》，改顏其室曰"寶陶齋"，今又售去，改顏其室曰"夢陶齋"。余聞此言，益歎周公之好書。③

黃丕烈所言之宋本《禮書》，今藏中國國家圖書館。檢視其中藏書印，有"尚

---

① （清）陸心源：《皕宋樓藏書志》，《宋元明清書目題跋叢刊》第 7 册，中華書局，2006 年，第 82 頁。

② （清）黃丕烈：《陶靖節先生詩跋》，宋本湯注《陶靖節先生詩》卷尾，中國國家圖書館藏。

③ （清）黃丕烈：《陶靖節先生詩跋》，宋本湯注《陶靖節先生詩》卷尾，中國國家圖書館藏。

寶少卿袁氏忠徹印"朱文方印、"尚寶少卿袁記"朱文長印、"著書齋"白文長印、"子孫世昌"白文方印、"松靄"朱文方印、"周春"白文方印、"海鹽張元濟經收"朱文方印、"涵芬樓"朱文長印、"北京圖書館藏"朱文方印，其《進禮書表》頁尚有一枚朱文藏書印，爲裝訂線所掩去，僅可見"藏書"二字。

據諸多鈐印可知，該本《禮書》最早爲明初袁忠徹所藏，"尚寶少卿袁氏忠徹印""尚寶少卿袁記"即其藏書印。後爲清代乾嘉之時的周春所得，即黃丕烈跋文中所提到的海寧周松靄，"著書齋""子孫世昌""松靄""周春"乃其藏書印。該宋本《禮書》，周春珍愛至極，與其所得宋本《陶靖節先生詩》並儲一室，甚至取二書之名，名其藏書室曰"禮陶齋"。黃氏言周春後來失去此書，但未言及書之去向，此事遂成懸案。如今我們知道，該書後來爲張元濟先生所得，最終入藏北京圖書館，留存至今。

根據這段故實，周春判定該本《禮書》爲宋刻本，而張元濟先生在《涵芬樓餘燼書録》中則提出了有力的論證，録其全文如下：

> 禮書一百五十卷，宋陳祥道撰，宋刊元修本，二十册，袁静思、周松靄舊藏。
>
> 題"左宣義郎太常博士臣陳祥道上進"。卷首有《重刻禮樂書序》二：一虞集，一余載。載序前半已佚，序後有校勘督工銜名十一人，凡九行。次建中靖國元年《尚書禮部牒》，次陳氏進書表並序。卷末有至正丁亥林光大刊成二書後序。綜觀前後序跋，均言晉寧趙宗吉求得二書，送郡學官鋟梓，達可行、張允中踵成其事。是此本實爲元代重刻矣。然元覆宋本沿襲宋諱，如玄、匡、恒、桓等字，事所恒有，至敬、弊、檠、殷、酖、貞、徵、讓、樹、慎等字亦從闕筆，已極罕見。進而至於"淵聖御名""御嫌名"之稱，則尤無此例。故有人指爲元人得宋槧舊板，重修之，冒爲己有，其言誠信。不獨此也，卷中"桓"字、"覯"字，字形較大，常占有一字之半或二字地位，是必以"淵聖御名""御嫌名"等字剗改，痕跡顯著。如是者凡數十見，此非更一確證乎！半葉十三行，每行大字二十至二十二，小字二十七至三十二。左右雙闌。版心白口，雙魚尾。上記大小字數，下記刻工姓名。其二字或三字者，有伯起、卞玉、仲明、許宗厚、吳丑諸人。僅記一字，見於上文所記避宋諱諸葉者，有山、伯、上、成、仁、用、文、志、貝、朱、王十一字，余爲仲、文、祐、才、國、厚、壽、德、六、君、后、覽、士、七、元十五字。
>
> 藏印："尚寶少卿袁氏忠徹印""尚寶少卿袁記""周春""松靄""著書

齋""子孫世昌"。

楷書木記："顏氏家訓曰：'借人典籍，皆須愛護，凡有闕壞，就爲補治，此亦士大夫百行之一也。或有狼藉几案，分散部帙，童幼婢妾所污，風雨蟲鼠所毀，實爲累德。'四明袁氏靜思齋誌。"①

張元濟先生根據豐富的版本鑒定經驗，從避諱的角度考證，認定此本《禮書》爲宋刻，元人不過得其舊板，冒爲已有而已。

(4) 王重民先生《中國善本書提要》記載宋刻元印本《禮書》一部，曰：

《禮書》，殘存六十九卷，八册（《四庫總目》卷二十二）（北圖）。宋刻元印本，[十三行二十一字，注雙行二十八字（21.8×15.8）]。宋陳祥道撰。此所存卷數爲：卷一至十六、二十八至六十四、一百十八至一百二十九、一百三十至一百三十三。又卷三十七闕第一葉。②

此八册殘存六十九卷本《禮書》，今藏臺灣"故宫博物院"，其來歷尚可考明。該書原藏京師圖書館，書中有"京師圖書館收藏之印"。京師圖書館由清政府於 1909 年批准興建，繆荃孫籌辦並任館長，1912 年爲北洋政府時期國家圖書館，改名國立京師圖書館，1928 年國民黨政府改其名爲國立北平圖書館。1950 年更名國立北京圖書館，1951 年改名北京圖書館，1998 年更名爲國家圖書館。此六十九卷本《禮書》入藏京師圖書館後，歷經清政府末期、北洋政府時期，至 1931 年該館專辟甲庫庋藏宋金元明善本，收入其中。抗戰時期，國立北平圖書館將甲庫善本轉移至上海租界。1941 年時，爲防止日本軍隊搜掠，將此庫書運抵美國國會圖書館寄存。在此期間，美國國會圖書館將甲庫善本書攝制顯微膠卷。1949 年後，該甲庫書運抵臺灣，先由臺灣"中央圖書館"代管，後入藏臺北"故宫博物院"。此六十九卷本《禮書》也隨之到了臺灣。

雖然六十九卷本《禮書》原本現在難以見到，但是當時美國攝制的膠片卻廣泛傳播，美國、日本、中國一些圖書館都有存藏，並可查閱。2013 年國家圖書館出版了《原國立北平圖書館甲庫善本叢書》，其中即有此《禮書》影印本，爲研究查閱提供了極大的方便。

① 張元濟《涵芬樓餘燼書録》，《張元濟全集》第 8 卷，商務印書館，2009 年，第 198 頁。
② 王重民：《中國善本書提要》，上海古籍出版社，1983 年，第 21 頁。

日本國會圖書館記載所藏此《禮書》膠片時，注明爲美國國會圖書館所攝制，並判爲宋刊元印本，此判斷大概是從王重民先生之説。當年甲庫善本書轉運美國國會圖書館後攝制膠卷，董其事者，即王重民先生，《中國善本書提要》之後記中記載曰："抗日戰爭期間，北京圖書館爲了保證古籍善本的安全，曾選出館中所藏珍貴的書籍二千七百二十餘種，先運存上海，後又秘密運往美國，寄存於國會圖書館遠東部。有三(王重民字有三)不僅爲這批書籍全部照了顯微膠卷，而且撰寫了提要。"①該提要即《中國善本書提要》。

今查此書影印本，尚可見其中浮簽七張，爲民國十三年(1924)吳德亮檢查該書時所附，浮簽中定此書爲南宋刊本。然《原國立北平圖書館甲庫善本叢書》影印此《禮書》，書前卻注明"據元至正七年福州路儒學刻明修本影印，存卷一至十六，二十八至六十四，一百十八至一百三十三"②，又定此書爲元刻本。

(5)嚴紹璗先生《日藏漢籍善本書録》記載了五部宋刻本《禮書》，其中介紹最爲詳備者，乃静嘉堂文庫藏本，即原陸心源皕宋樓藏本，引述如下：

> 禮書一百五十卷，(宋)陳祥道撰。
> 宋慶元年間(1195—1200年)刊元至正七年(1347年)福州路儒學修補至明遞修本，共十册。
> 静嘉堂文庫藏本，原袁又愷、嚴蔚、季振宜、陸心源皕宋樓等舊藏。
> 【按】每半頁有界十三行，行二十一字或二十二字。注文小字雙行，行二十七字至三十字。白口(明修補葉有細黑口)，雙黑魚尾。版心著録"禮書(幾)卷(或禮幾)"。上象鼻處記大小字數，下象鼻處有刻工姓名，如伯起、范順、徐宗厚、吳丑、卞玉、貝、周、仁、希、德、甲、天、厚、石等。左右雙邊(21.8cm×16cm)。
> 首有雍虞集《重刻禮樂書序》，次有元至正七年龍集丁亥(1347年)八月三日余載《序》，次有福州路儒學校勘督工人銜名，次有《進禮書表》，次有左宣義郎太常博士陳祥道《禮書序》(自序)，次有建中靖國元年(1101年)正月二十七日"尚書禮部牒"，次有《禮書目録》。本文卷首題"禮書卷第一"。次行低二格列子目，接屬本文。

---

① 王重民：《中國善本書提要》，上海古籍出版社，1983年，附録第11頁。
② 中國國家圖書館主編：《原國立北平圖書館甲庫善本叢書》第19册，國家圖書館出版社，2013年，第404頁。

此本因入元明後遞修，卷中避廟諱形式不一，就宋諱而言，凡"玄、弦、敬、匡、筐、懲、溝"等字皆缺筆。於"桓"字處注"淵聖御名"，宋孝宗"眘、慎"字以下不缺筆。

此本原南宋慶元年間刊，元至元年間福州路儒學以慶元版重印時，①修補缺葉，入明後板木移入南監。

首目中"福州路儒學校勘督工人銜名"之後，有慶元年間陳岐與林子沖兩"跋"，此乃《樂書》之文，混入其中。此外，在建中靖國元年"牒"後，又雜綴入《樂書序》一葉。此外，卷一百二十九的首二葉，卷一百三十九的第三、第四葉，卷一百四十七的第七、第八葉，卷一百四十八的第七葉皆缺佚。

封面係茶色紙後補。卷中有"嚴蔚豹人""嚴蔚""二酉齋藏書""五硯樓""結廬東山下""季振宜藏書""東吳席氏珍藏圖書""袁氏又愷""廷檮之印""五硯樓袁氏收藏金石圖書印""歸安陸樹聲叔桐父印""臣陸樹聲"等藏書印記。②

嚴先生認定靜嘉堂文庫藏本《禮書》爲南宋慶元年間刊刻，基本上是沿襲了陸心源之説。其對該書版本特徵的記述則更加詳盡，有較高的參考價值。

其餘四部《禮書》皆藏於日本，分別爲大倉文化財團藏本（三十二冊）、東京大學東洋文化研究所藏本（二十冊）、東京大學總合圖書館藏本（二冊，殘本，九卷）、東洋文庫藏本（三冊，殘本，十七卷）。這四部《禮書》，嚴先生皆定爲南宋慶元年間刊元明遞修本，因其都"與靜嘉堂文庫藏本係同一版本，版式行款皆同"。

上述四部《禮書》中，東京大學東洋文化研究所藏本值得詳論。此本原爲傅增湘舊藏，該圖書館檢索注記中記載："傅增湘舊藏本，卷一至卷七係補鈔。據東方文化學院賬簿，此部由文求堂購進，書價1350圓，於1930年10月28日登記入藏。"反映了該書流入日本的基本情況。

今檢此書，第一冊冊首鈐"雙鑑樓藏書記"印，其餘十九冊冊首均鈐"雙鑑樓收藏宋本"印，又於部分冊冊尾分別鈐有"傅增湘印""沅叔""江安傅沅叔考藏善本""書潛""傅增湘讀書""沅叔金石文字""藏園""雙鑑樓""雙鑑樓主人""增湘私印""傅沅叔藏書記"等印，可見確實是傅氏舊藏。

---

① 按："至元年間"當爲"至正年間"，嚴先生誤記。
② 嚴紹璗：《日藏漢籍善本書録》上冊，中華書局，2007年，第123頁。

傅增湘《雙鑑樓善本書目》記載該書曰："《禮書》一百五十卷，宋刊本，十三行二十一字，白口，雙欄，版心上記字數，下記人名，卷一至七影鈔補完。"①可見傅氏彼時認爲此本乃"宋刊本"，然而在《藏園訂補郘亭知見傳本書目》中卻記載其言曰："此書傳世無宋本，各家著録宋本均元至正七年福州路儒學刊，十三行二十一字，白口，左右雙闌，且多有明補本。余有一帙。"②是又與前説相齟齬。

綜觀以上論述，可知諸家並非没有注意到書中有虞集、余載、林光大序，但是依然認爲其爲宋刻本，顯然是進行了更深層次的考察。但是除了張元濟先生明確從避諱、剜改等角度考證外，其餘諸説則並無論證過程，祇是給出結論而已，故仍有必要深入考察。

在展開進一步考證之前，有必要明確一個問題，即諸家所見《禮書》是否爲同一版本？如果不是同出一版，則所討論的不是同一個事物，自然也就無所謂爭議了。有鑒於此，我們必須先考察諸家所見版本情況。

三、多種藏本《禮書》之比較

前文述及之瞿鏞、楊紹和、丁丙、范邦甸、李致忠、莫友芝、陸心源、張元濟、王重民、嚴紹璗、傅增湘等人所見《禮書》，多數流傳至今。其中陸心源、張元濟、王重民、傅增湘所言諸本，上已詳述，不必贅言。而瞿鏞、楊紹和、丁丙、范邦甸藏本，則需再爲介紹。

瞿鏞舊藏本，今存國家圖書館，中華再造善本據之影印。李致忠先生所見即此本，其於《中華再造善本總目提要》中説："此本《鐵琴銅劍樓藏書目録》卷四有著録，但書中無鈐章。《楹書隅録初編》卷一亦有著録，書中亦無鈐章。"③這種説法實際失於考察，今檢此書《進禮書表》頁及第一百五十卷末尾處實鈐有"鐵琴銅劍樓"白文長印。而所謂"《楹書隅録初編》卷一亦有著録，書中亦無鈐章"，實際則是將瞿氏藏本和楊紹和藏本混爲一談了，因爲瞿氏藏本三十二册，而楊氏亦藏有一部三十二册者，書中是有鈐章的。

楊紹和藏本，前文已述其有三十二册藏本，今存國家圖書館。該本鈐印包

① 傅增湘：《雙鑑樓善本書目》，《中國著名藏書家書目匯刊·近代卷》第 28 册，商務印書館，2005 年，第 16 頁。

② （清）莫友芝撰，傅增湘訂補，傅熹年整理：《藏園訂補郘亭知見傳本書目》第 1 册，中華書局，2009 年，第 98 頁。

③ 中華再造善本工程編纂出版委員會編：《中華再造善本總目提要》第 2 册，國家圖書館出版社，2013 年，第 872 頁。

括："汪士鐘藏"白文長印、"平陽汪氏藏書印"朱文長印、"秋浦"朱文方印、"憲奎"白文方印、"東郡楊氏宋存書室珍藏"白文方印、"楊紹和審定"朱白相間方印、"楊紹和藏書"朱文長印、"宋存書室"朱文方印、"海源閣"朱文長印、"東郡楊氏鑑藏金石書畫印"白文長印、"彥合珍玩"朱文方印、"臣紹和印"朱白相間方印、"聊城楊氏所藏"朱文長印、"楊保彝藏本"朱文方印、"北京圖書館藏"朱文方印等。其中"秋浦""憲奎"二印，爲汪憲奎藏書印，此人係汪士鐘族人。考汪士鐘藏書有一部分於咸豐初年被楊以增購走，此本《禮書》應在其中。則該書似乎是先在汪憲奎處，後經汪士鐘手，再入楊氏海源閣，歷楊以增、楊紹和、楊保彝三代，最終存於北京圖書館。今《北京圖書館古籍珍本叢刊》中影印之《禮書》即是此本。

楊氏還藏有一部二十冊者《禮書》，今存國家圖書館。該本鈐印包括："弱侯讀書記"白文長印、"楊氏海原閣藏"白文長印、"禄易書，千萬值，小胥鈔，良友詒，閣主人，清白吏，讀曾經，學何事，愧蠹魚，未食字，遺子孫，承此志"朱文方印、"汲古主人"朱文方印、"毛晉"朱文連珠印、"宋本"朱文橢圓形印、"甲"字朱文方印、"紹和筠岩"朱白相間方印、"東郡楊二"白文方印、"宋存書室"白文長印、"彥合珍存"朱文長印、"東郡楊氏鑑藏金石書畫印"白文長印、"楊紹和讀過"白文方印、"聊城楊氏所藏"朱文長印、"東郡楊氏宋存書室珍藏"白文方印、"楊紹和審定"朱白相間方印、"北京圖書館藏"朱文方印。"弱侯讀書記"爲明代焦竑藏書印。據此可知，該本最早藏於焦竑，後歸毛晉汲古閣，再後入楊以增手。楊紹和《宋存書室宋元秘本書目》卷一記載此本。①

丁丙舊藏本，今存南京圖書館。書中鈐章甚多，其中之"季振宜藏書""五硯樓""曾在上海郁泰峯家""邃江借觀"等印反映了該書在丁氏之前被收藏的情況。其餘的印章則主要爲丁氏藏書印，如"八千卷樓丁氏藏書印""八千卷樓""曾藏八千卷樓""錢塘丁氏正修堂藏書""錢塘丁氏藏書""八千卷樓藏書印"等。

范邦甸藏本，今存天一閣博物館。《新編天一閣書目·天一閣遺存書目》曰："《禮書》一百五十卷存四十八卷，宋陳祥道撰。元至正七年刻明補刻本，三冊。存卷十至二十五，八十至一百一十。鈐有'四明范氏圖書記'朱文長方印。"②《新編天一閣書目·天一閣訪歸書目》又記載："《禮書》存三十六卷，宋

① （清）楊紹和：《宋存書室宋元秘本書目》，《續修四庫全書》第 927 冊，上海古籍出版社，2002 年，第 140 頁下欄。

② 駱兆平：《新編天一閣書目》，中華書局，1996 年，第 8 頁。

陳祥道撰。元至正七年刻明補版本，三册。全書一百五十卷，部份散出，劫後存四十八卷，今又訪得卷一至九，卷三十八至五十一，卷六十七至七十九。半頁十三行，行二十一字，小字雙行，二十四至三十四字不等，雙魚尾，版心記字數及刻工。鈐有‘四明范氏圖書記’朱文長方印(朱氏別宥齋贈)。"①

　　以上諸本《禮書》，大部分有電子掃描版公諸網上，查閱方便。筆者寓目者爲國家圖書館藏袁忠徹、周春、張元濟遞藏本(下文簡稱"國圖藏袁忠徹本"②)，國家圖書館藏瞿鏞舊藏本(下文簡稱"國圖藏瞿鏞本")，國家圖書館藏汪憲奎、汪士鐘、楊氏海源閣遞藏本(下文簡稱"國圖藏汪士鐘本")，國家圖書館藏焦竑、毛晉、楊氏海源閣遞藏本(下文簡稱"國圖藏焦竑本")，臺灣"故宮博物院"藏本(簡稱"臺灣‘故宮’本")，静嘉堂文庫藏陸心源舊藏本(簡稱"静嘉堂本")，東京大學東洋文化研究所藏傅增湘舊藏本(簡稱"東文研本")。

　　此外，筆者所見尚有國家圖書館藏十五册者全本和五册者殘本各一部。全本者無藏書印，惟書中有多處批注，考其緣由，爲藏者借陸家《禮書》對校，以補全本書所脱及漫漶不清者，遇有陸本亦脱或漫漶者，則加注明，如卷四十八卷首批注曰："陸誠齋所借《禮書》第四十八卷一、二兩頁亦空白，未補鈔。"③此陸誠齋即陸心源，今核静嘉堂本《禮書》，卷四十八第一、二頁確實脱去。據此推斷，本書藏者應與陸心源同時代，但姓名不可考。爲方便區分，我們簡稱此本爲"國圖藏十五册本"。五册殘本則鈐有"國立北平圖書館收藏"朱文方印，亦不能考證其過往藏家。

　　綜上所述，筆者所見宋版或元版《禮書》計有九部，其中國家圖書館藏五册殘本破損嚴重，脱落甚多，可不納入考察範圍，則其他八部究竟是否爲同一版本呢？下面我們從版框大小、行款、字數、邊框等方面來進行比較。

　　首先，就版框大小來説，國圖藏瞿鏞本曾被《中華再造善本》影印，其影印説明曰："原書版框高二十二‧一釐米，寬十六‧五釐米。"④國圖藏汪士鐘本曾被《北京圖書館古籍珍本叢刊》影印，影印説明曰："版框高二一三毫米，

　　① 駱兆平：《新編天一閣書目》，中華書局，1996 年，第 155 頁。
　　② 按：爲表述方便，使用簡稱。國家圖書館藏本衆多，爲表述明確，使用藏館名加舊藏家名字的方式簡稱。又由於下文將考察諸本印刷之先後，重要的參照點是各本首個藏家的年代，故簡稱中之藏家使用各本首個藏家的名號。其他圖書館藏本單一，容易區分者，則徑以藏館名簡稱。
　　③ (宋)陳祥道：《禮書》，中國國家圖書館藏十五册本。
　　④ (宋)陳祥道：《禮書》，《中華再造善本》第 1 册,，國家圖書館出版社，2013 年，扉頁。

寬一六二毫米。"臺灣"故宮"本之大小有王重民先生的記載，爲"21.8×15.8"。静嘉堂本大小，嚴紹璗先生《日藏漢籍善本書録》曰："左右雙邊(21.8cm×16cm)。"①東文研本《禮書》雖不能測量其原書，亦未見有具體數據公佈，然該書有掃描版，其中每册旁有長十釐米的尺子作爲參照，通過比例尺的原理計算，其版框之高、寬大體與前述諸本相當。國圖藏袁忠徹本、國圖藏焦竑本、國圖藏十五册本則無可證明其版框大小。

檢視各本《禮書》，實際上不同頁之版框大小並不是完全相同的，由此，上述各本版框稍有差異，也能夠理解了。總體來説，諸書版框大小基本是一致的。

其次，就行款、字數、邊框等方面來説，各本邊框，一目了然，爲左右雙邊，並無差異。行款、字數方面，國圖藏瞿鏞本，瞿鏞《鐵琴銅劍樓藏書目録》曰："此本每半葉十三行，行廿一字，板心有字數。"②國圖藏汪士鐘本，楊紹和《楹書隅録初編》卷一曰："每半葉十三行，行二十一字。"③國圖藏袁忠徹本，張元濟先生曰："半葉十三行，每行大字二十至二十二，小字二十七至三十二。左右雙闌。版心白口，雙魚尾。上記大小字數，下記刻工姓名。"④臺灣"故宮"本，王重民先生《中國善本書提要》曰："十三行二十一字，注雙行二十八字。"⑤静嘉堂本和東文研本，嚴紹璗先生《日藏漢籍善本書録》謂二本版式、行款相同，皆"每半頁有界十三行，行二十一字或二十二字。注文小字雙行，行二十七字至三十字。白口(明修補葉有細黑口)，雙黑魚尾。版心著録‘禮書(幾)卷(或禮幾)’。上象鼻處記大小字數，下象鼻處有刻工姓名"⑥。諸本皆是半頁十三行，行約二十一字，表現出了一致性。國圖藏焦竑本和國圖藏十五册本，雖無相關著録，但是查檢書影，亦可見其與上述諸本是相同的。爲直觀展示，下面截取各本書影半頁(卷八第一頁A面)以見之(參見圖2-1至圖2-8)。

---

① 嚴紹璗:《日藏漢籍善本書録》上册，中華書局，2007年，第123頁。

② (清)瞿鏞:《鐵琴銅劍樓藏書目録》，《宋元明清書目題跋叢刊》第10册，中華書局，2006年，第61頁。

③ (清)楊紹和:《楹書隅録初編》，《宋元明清書目題跋叢刊》第10册，中華書局，2006年，第409頁。

④ 張元濟《涵芬樓餘爐書録》，《張元濟全集》第8卷，商務印書館，2009年，第198頁。

⑤ 王重民:《中國善本書提要》，上海古籍出版社，1983年，第21頁。

⑥ 嚴紹璗:《日藏漢籍善本書録》上册，中華書局，2007年，第123頁。

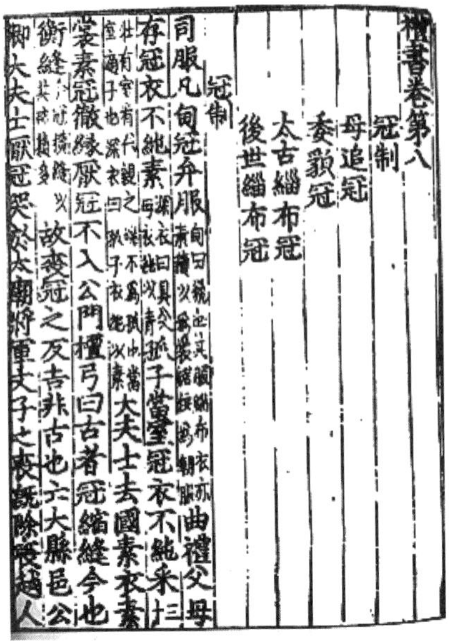

圖 2-1　國圖藏袁忠徹本①

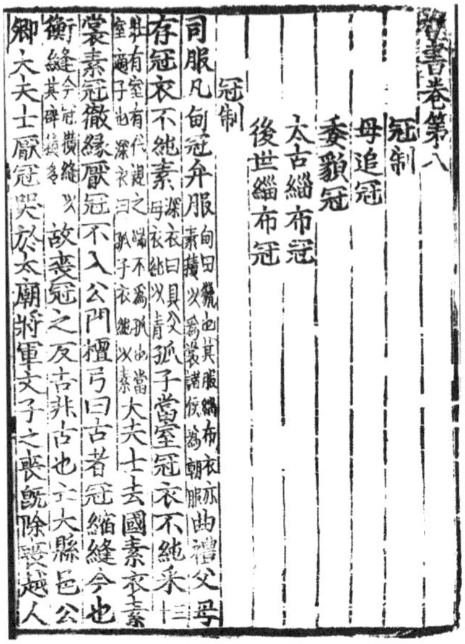

圖 2-2　國圖藏焦竑本

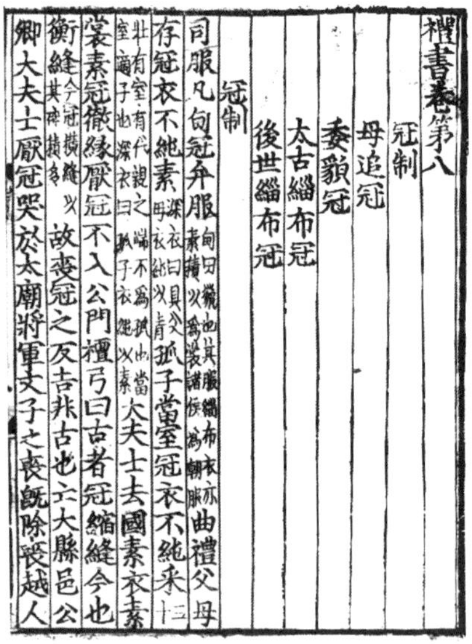

圖 2-3　國圖藏汪士鐘本

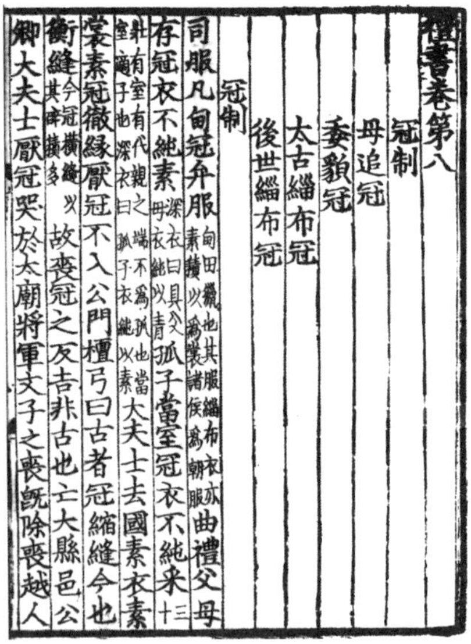

圖 2-4　國圖藏瞿鏞本

① 按：圖来源於國家圖書館，後同。

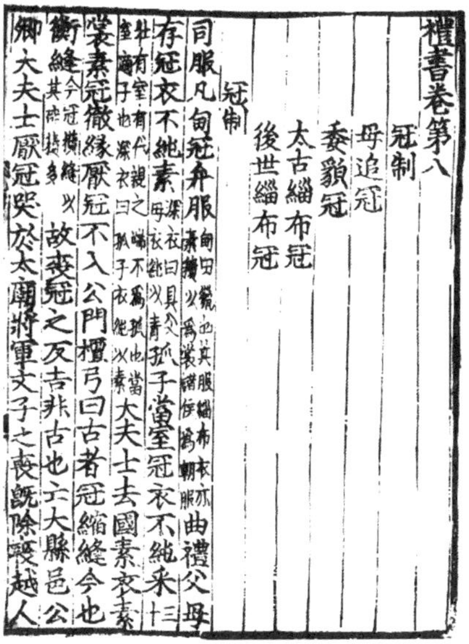

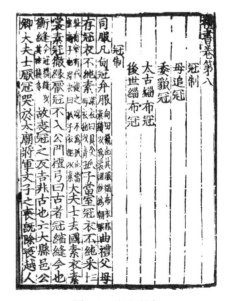

圖 2-5　國圖藏十五册本 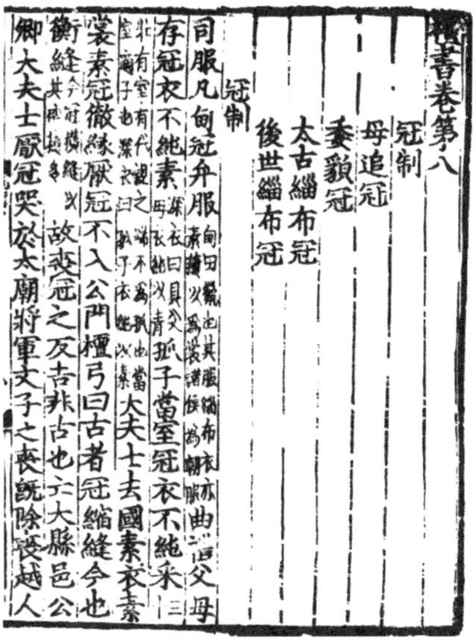　　　　圖 2-6　臺灣"故宫"本

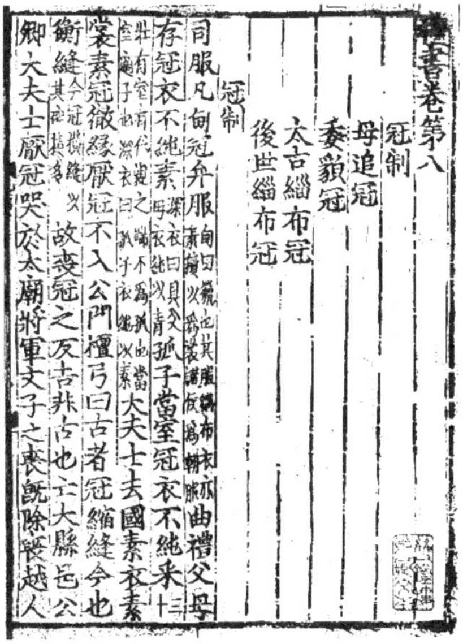

圖 2-7　静嘉堂本　　　　　　　圖 2-8　東文研本

　　通過版框大小、行款、字數、邊框等方面的比較，再核諸上文所舉書影，可以看出八部《禮書》具有高度的一致性，似乎可以判定諸本爲同一版本。但

是實際情況卻並非如此，假如我們將斷版、裂版和字形、圖像等方面的因素考慮進去，再加比對，就會發現其中國圖藏焦竑本表現出了某些差異。下面我們先分別舉例說明該本與其他諸本的差異，然後再綜合加以分析：

首先是文字方面，國圖藏焦竑本和其他諸本文字字形絕大部分可以說是極其相近的，很難分辨出差別，但是在某些避諱字和斷版、裂版處字形，則有所不同。這裏擇取部分文字差異，以列表的形式呈現，加以說明，如表2-1。

表2-1中例1"敬"字，係避諱字。《禮書》明刻本以前之版本中此類避諱字甚多，包括玄、弦、殷、敬、驚、繁、警、匡、筐、徵、懲、溝、慎等。根據比對，焦竑本不避此字諱，而其他諸本皆避，類似的情況還有例2"玄"字、例8"慎"字、例10"殷"字(國圖藏十五册本該字不避諱，實因墨跡描補所致，原字並無末筆)。

例3"皇"字，國圖藏焦竑本作"星"，而其他諸本作"皇"，不過"皇"字之第一筆，諸本皆不明顯，似有損毀。甚者如國圖藏十五册本，"皇"字第一筆已經脫去。

例4"筓"字，國圖藏焦竑本不闕筆，其他諸本皆闕末筆。

例5"組"字，國圖藏袁忠徹本、國圖藏汪士鐘本、臺灣"故宮"本皆無損毀，而國圖藏瞿鏞本、國圖藏十五册本、靜嘉堂本、東文研本皆有裂痕，但字形與上三本並無差異，國圖藏焦竑本雖無闕損，字形上卻有別於諸本。

例6"裳"字，首先，國圖藏十五册本，經辨識，原字實損毀，後經墨跡描補而成完好狀。東文研本則闕損。國圖藏袁忠徹本、國圖藏汪士鐘本、國圖藏瞿鏞本、臺灣"故宮"本、靜嘉堂本皆完好且字形一致。而國圖藏焦竑本該字雖完整，卻與諸本有異。

例7"歲"字，首先，國圖藏十五册本、靜嘉堂本，經辨識，原字實損毀，後經墨跡描補而成完好狀。國圖藏汪士鐘本則似乎是後來描補，由於未見原書真跡，故難以辨別。國圖藏瞿鏞本、東文研本則闕損。國圖藏袁忠徹本、臺灣"故宮"本字形完整且一致。而國圖藏焦竑本雖字形完好，卻與諸本不同。

例9"致"字，其上下文爲"單襄公曰：敵國賓至，卿出郊勞"，出自《國語》。各本中首先可以認定，國圖藏十五册本原字實損毀，後經墨跡描補而成"至"字。靜嘉堂本似亦爲描補，然未見原書真跡，難以辨別。國圖藏瞿鏞本和東文研本全部闕損，已無該字。國圖藏汪士鐘本、臺灣"故宮"本該字完好，爲"致"字。而國圖藏袁忠徹本，雖有損毀，但依稀尚可辨其爲"致"。國圖藏焦竑本則作"至"。

例11"系"字，首先，國圖藏十五册本，經辨識，原字實損毀，後經墨跡

表 2-1 各版部分文字对照表

序號	卷/頁/面/行	國圖藏焦竑本	國圖藏袁忠徹本	國圖藏汪士鐘本	國圖藏瞿鏞本	國圖藏十五冊本	臺灣"故宮"本	静嘉堂本	東文研本①
1	卷一頁十B面行十一								
2	卷四頁三A面行一								
3	卷五頁二A面行三								
4	卷八頁一B面行七								
5	卷九頁一B面行六								

① 按:東文研本前七卷皆爲抄配,故不列其字形。

续表

序號	卷/頁/面/行	國圖藏焦竑本	國圖藏袁忠徹本	國圖藏汪士鐘本	國圖藏瞿鏞本	國圖藏十五冊本	臺灣"故宮"本	靜嘉堂本	東文研本
6	卷十頁六 A 面行十第二個"裳"字								
7	卷三十三頁四 B 面行五第二個"歲"字								
8	卷三十四頁七 B 面行一								
9	卷四十六頁五 B 面行十三								
10	卷五頁四 A 面行九								
11	卷六十二頁八 B 面行十一								

描補作"氏"字。國圖藏袁忠徹本、國圖藏汪士鐘本、臺灣"故宮"本字形完整且一致。國圖藏瞿鏞本、静嘉堂本、東文研本則闕損，不能辨識。而國圖藏焦竑本雖字形完整，卻與其他版本不一致。

根據上述文字方面的比對，我們可以明確，除去原字損毁而後經描補的情況外，國圖藏袁忠徹本、國圖藏汪士鐘本、國圖藏瞿鏞本、國圖藏十五册本、臺灣"故宮"本、静嘉堂本、東文研本七個版本，表現出了高度的一致性，爲同一版本，當屬事實。而國圖藏焦竑本，字形上與其他諸本表現出了差異，可以判定其爲另一版本無疑，似乎可稱爲另一版本。

考慮到國圖藏焦竑本字形與諸本之差異，主要出現在部分避諱字和斷版、裂版等處，其他絶大部分字形與諸本基本没有差異，再加上版框大小、行款、字數、邊框等方面的一致性，我們可以確定，國圖藏袁忠徹本、國圖藏汪士鐘本、國圖藏瞿鏞本、國圖藏十五册本、臺灣"故宮"本、静嘉堂本、東文研本爲同一版本，而國圖藏焦竑本則似乎應是是據該版本影刻或覆刻之本。

其文字方面之所以產生這些差異，是因爲國圖藏焦竑本在影刻或覆刻時對部分避諱字及斷版、裂版處的闕損文字進行了補足和修復。其中該本對於避諱字闕筆的補足，應當説是出於無意，因爲《禮書》中避諱字甚多，而該本對絶大部分避諱情況依照原樣刊刻，類似上文所舉幾例，顯然是影刻或覆刻時出於對文字完整度的追求而忽略了避諱情況，以致補足。這種對於文字完整度的追求，在斷版、裂版處表現的更爲明顯。如表 2-1 所舉第 5 例卷九頁一 B 面行六"組"字，該字處於裂版位置（通過下文所舉圖 2-12 國圖藏瞿鏞本、圖 2-13 國圖藏十五册本、圖 2-15 静嘉堂本、圖 2-16 東文研本可以直觀看到），而國圖藏焦竑本該字與國圖藏袁忠徹本、國圖藏汪士鐘本、臺灣"故宮"本三個没有裂版的"組"字字形不同，説明其影刻或覆刻時所據底本之該頁並非完整的，而是有裂版的，惟其如此，纔導致看不到"組"字闕損部分的具體形態，衹能憑想象修復補足，最終結果是與未闕損者字形不同。其他如前表所列第 3 例"星"字、第 4 例"笄"字、第 6 例"裳"字、第 7 例"歲"字、第 9 例"至"字、第 11 例"系"字，都是這種情況。

由此可以進一步推斷，國圖藏焦竑本影刻或覆刻所據底本並非刷印較早的版本，因爲其中有不少斷版、裂版的情況。那麽這個底本大概是於何時刷印呢？根據文字方面的比對，目前衹能確定該底本絶不是和國圖藏袁忠徹本、國圖藏汪士鐘本、臺灣"故宮"本三個本子同一時期刷印的，因爲此三本明顯闕損較少，無疑是刷印較早的本子。

其次，就裂版、斷版及圖像方面來説，國圖藏焦竑本和其他諸本在某些禮圖上也有細微的差別，同樣可以印證上文所作推斷。下面略舉兩例。

(1)卷九頁一 B 面(參見圖 2-9 至圖 2-16)。

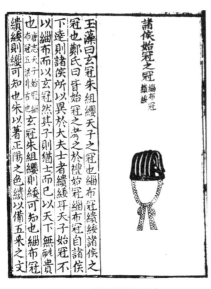

圖 2-9　國圖藏焦竑本

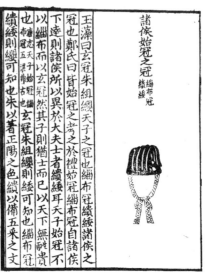

圖 2-10　國圖藏袁忠徹本

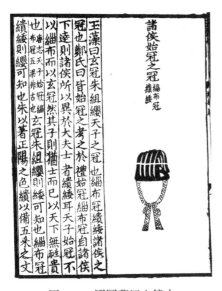

圖 2-11　國圖藏汪士鐘本

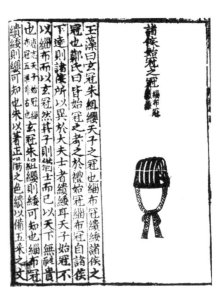

圖 2-12　國圖藏瞿鏞本

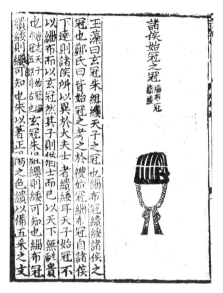

圖 2-13 國圖藏十五册本

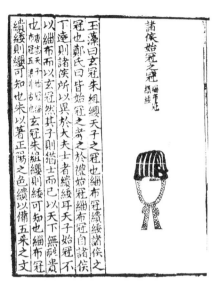

圖 2-14 臺灣"故宮"本

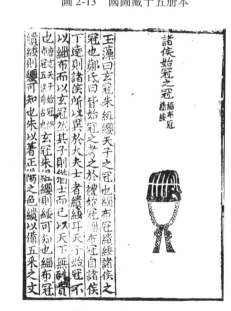

圖 2-15 静嘉堂本

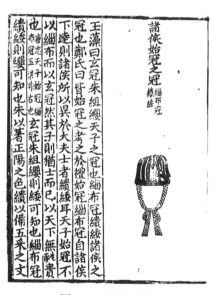

圖 2-16 東文研本

　　可見，諸本之中，國圖藏袁忠徹本、國圖藏汪士鐘本、臺灣"故宮"本没有裂版，圖像部分較爲完整。國圖藏瞿鏞本和静嘉堂本版裂程度大致相當，算是微裂。國圖藏十五册本和東文研本大致相當，版裂較爲嚴重。而國圖藏焦竑本，整體版面上並沒有連貫裂縫存在，文字和界行部分都較爲完整，但是圖像部分卻出現了裂縫。比對其裂縫程度，與國圖藏十五册本和東文研本大體一致。

　　根據此例可知，國圖藏焦竑本影刻或覆刻時將闕損的文字和破損的界行修補完整，但是對於圖像卻保存了破損的原貌，未加修復。又據其圖像裂縫程度，可以猜測其影刻或覆刻的底本之刷印時間應大概與國圖藏十五册本、東文研本兩個本子相近。

　　（2）卷八十五頁一 A 面（參見圖 2-17 至圖 2-23）。

　　臺灣“故宫”本闕卷八十五，故僅能舉七本比對。諸本中國圖藏袁忠徹本完好，國圖藏汪士鐘本、國圖藏瞿鏞本、國圖藏十五册本、静嘉堂本、東文研本皆有裂版現象，其圖像、界行、文字之裂隙較爲連貫①。而國圖藏焦竑本則僅圖像有裂痕，界行和文字部分都完好。此例同樣印證了上文之推論，即國圖藏焦竑本影刻或覆刻所據底本絕不是刷印時間較早的本子。

圖 2-17　國圖藏焦竑本

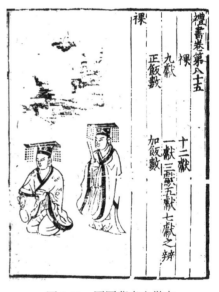

圖 2-18　國圖藏袁忠徹本

---

　　① 按：根據筆者考察，國圖藏瞿鏞本之電子版有描飾，界行不完整者有補足現象，故該本此處界行應當是有裂痕的，其“獻”字有缺損，亦可爲證。然究竟如何，尚待目驗原本真跡。

圖 2-19　國圖藏汪士鐘本

圖 2-20　國圖藏瞿鏞本

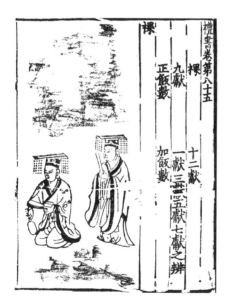

圖 2-21　國圖藏十五册本

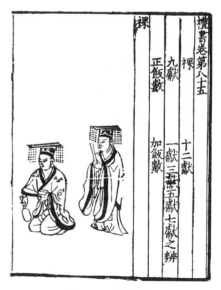

圖 2-22　静嘉堂本

圖 2-23 東文研本

　　綜上所述，通過將八個藏本的《禮書》進行比較，我們可以確定國圖藏袁忠徹本、國圖藏汪士鐘本、國圖藏瞿鏞本、國圖藏十五冊本、臺灣"故宮"本、静嘉堂本、東文研本係同一版本，而國圖藏焦竑本則似乎是上述版本之影刻或覆刻本，該本保留了底本中斷版、裂版的痕跡，表明此底本之刷印時間較晚。

　　當然，不得不言明的一點是，本書之探討是基於電子掃描版，限於條件，筆者實際未能見到原書，假如焦竑本之差異有墨跡描補的情況而難以通過電子掃描版觀察到，則上述推論極有可能是不成立的。但是不管如何，該本之裂版情況卻是實實在在的，其絕非較早之印本，是可以肯定的。

四、《禮書》宋元版本考

　　通過前文所述，我們已經確知瞿鏞、楊紹和、李致忠、陸心源、張元濟、王重民、嚴紹璗、傅增湘等人所見之《禮書》，即我們上文所説的國圖藏袁忠徹本、國圖藏汪士鐘本、國圖藏瞿鏞本、臺灣"故宮"本、静嘉堂本、東文研本，實為同一版本，而諸人有謂其為宋刻者，又有謂其為元刻者，到底孰是孰非？下面試為考證。

(一)從避諱方面來看

　　嚴紹璗先生《日藏漢籍善本書録》記曰："此本因入元明後遞修，卷中避廟諱形式不一，就宋諱而言，凡'玄、弦、敬、匡、筐、懲、溝'等字皆闕筆。於'桓'字處注'淵聖御名'，宋孝宗'眘、慎'字以下不闕筆。"①

張元濟先生亦指出該書避玄、匡、恒、桓、敬、弊、槃、殷、醜、貞、徵、讓、樹、慎等字。②

據筆者核定，書中避諱較特殊者，除"淵聖御名"外，還有"御嫌名"，係避宋高宗趙構諱。其諱最晚避至"慎"字，寫作闕末筆或闕末兩筆樣子，是爲宋孝宗諱。則由此可以推測，該本是南宋刻本嗎？實際也不能，因爲還有元代翻刻保留了避諱的可能。但是無論如何，即便該本是元代翻刻，其翻刻所據底本當刊刻於南宋時期，並無異議。

據上述避諱至"慎"字的情況，可推知南宋刻本當刊於孝宗時期。然而楊紹和則謂"蓋《禮》《樂》二書，慶元間陳岐以北宋本重梓於盱江"③，指出爲慶元年間刊刻，慶元爲南宋寧宗年號，尚在孝宗之後。考楊氏之所以認定該本爲南宋慶元年間陳岐所刻，大概是由陳岐刊刻《樂書》跋文推測而來。其跋文曰：

> 岐齔齔過庭之時，先君樞密誨以經學，且語之曰："六經之道同歸，禮樂之用爲急。大小戴、二鄭去今逾遠，群儒互相抵牾，迄無成説。吾鄉二陳先生，杜門發憤，究心大業，著成二書，揚摧事辭於湮沒之餘，訂正制度於殘闕之後，義爲之訓，器爲之圖，讀之如指諸掌。爾其勉之。"岐壯而游官南北，未克斯志。竭來假守盱江，退食之暇，閱軍所藏卷帙甲乙，首得《禮書》，佩而誦之，若身周旋裼襲於其間，而《樂書》恨未之觀。聞其子弟從林簿游，因移書令訪其家之遺，果得副本。岐於是不惟自喜見平生未見之書，且得以無負先君提耳之誨……竊謂人之情達於禮而不達於樂，失之拘；達於樂而不達於禮，失之縱。今之士神遊目擊於《禮書》之日久，厭飫而自得之矣。是書之成，岐嘗朝焉夕焉以爲進學之地，使人三復而玩味之……庶幾有補於來者，此岐之志也。慶元己未重陽日，三山陳岐謹跋。④

---

① 嚴紹璗：《日藏漢籍善本書錄》上冊，中華書局，2007年，第123頁。

② 張元濟：《涵芬樓餘燼書錄》，《張元濟全集》第8卷，商務印書館，2009年，第198頁。

③ （清）楊紹和：《楹書隅錄初編》，《宋元明清書目題跋叢刊》第10冊，中華書局，2006年，第409頁。

④ （清）陸心源：《皕宋樓藏書志》，《宋元明清書目題跋叢刊》第7冊，中華書局，2006年，第134頁。

陳岐跋文中言明其受先君教誨，渴慕《禮書》《樂書》，於旰江得《禮書》，其後又訪得《樂書》副本，遂將《樂書》刊刻，時間在慶元五年（1199）。楊氏大概據此推斷，陳岐亦曾刊刻《禮書》。然而我們考究跋文，可知陳岐雖珍視《禮書》，但是確實並未提及刊刻該書之事。且從其"今之士神遊目擊於《禮書》之日久，厭飫而自得之矣"之文來看，似乎此前《禮書》早已經刊刻流行。

這一點通過其他文獻記載似乎也可側面印證，比如南宋尤袤於《遂初堂書目》記載其收藏有陳祥道《禮書》，① 陳振孫《直齋書錄解題》亦記載其藏有陳祥道《禮書》一百五十卷，② 清代曾釗《面城樓集鈔》評李如圭《儀禮集釋》時也提到："然如圭生當南宋，時陳祥道《禮書》方行。"③如果不是《禮書》有所刊刻，怎麼會有多人收藏該書呢。考尤袤生卒年爲 1127 年至 1193 年，陳振孫生卒年爲 1186 年至 1262 年，李如圭生卒年雖不詳，然據宋燕先生考證，其登科之年爲 1193 年，④ 這三個人在世的時間都距我們前文推斷的《禮書》成書時間，即孝宗在位的 1162 年至 1189 年，是比較接近的。當然，這也僅是側面證據，並且細細考究起來，孝宗和寧宗相去不遠，陳振孫、李如圭究竟是在其人生的哪個階段獲得《禮書》或遇到"《禮書》方行"的，實際難以考明，也有可能是在寧宗慶元間，因爲二人在世時間與慶元年間同樣有重合。

因此，根據以上論述，僅從避諱方面來說，我們祇能夠確定該書於《南宋》有所刊刻，至於具體是孝宗時期還是寧宗時期，則尚存爭議。而要判斷楊紹和、張元濟、王重民等諸家所說《禮書》版本是宋刻還是元刻，顯然也缺乏足夠的説服力。

（二）從刻工方面來看

張元濟、嚴紹璗、張振鐸、何槐昌、王肇文等先生都有相關統計。張元濟先生曰："版心白口，雙魚尾。上記大小字數，下記刻工姓名。其二字或三字者，有伯起、卞玉、仲明、許宗厚、吳丑諸人。僅記一字，見於上文所記避宋

---

① （宋）尤袤：《遂初堂書目》，《宋元明清書目題跋叢刊》第 1 冊，中華書局，2006年，第 477 頁。

② （宋）陳振孫撰，徐小蠻、顧美華點校：《直齋書錄解題》，上海古籍出版社，1987年，第 50 頁。

③ （清）曾釗：《面城樓集鈔》，《清代詩文集彙編》第 687 冊，上海古籍出版社，2010年，第 711 頁。

④ 宋燕、鄧聲國：《李如圭生平事蹟考》，《古籍整理研究學刊》2013 年第 2 期，第 84~88 頁。

諱諸葉者，有山、伯、上、成、仁、用、文、志、貝、朱、王十一字，餘爲仲、文、祐、才、國、厚、壽、德、六、君、后、覽、士、七、元十五字。"①

嚴紹璗先生曰："上象鼻處記大小字數，下象鼻處有刻工姓名，如伯起、范順、許宗厚、吳丑、卞玉、貝、周、仁、希、德、甲、天、厚、石等。"②

張振鐸先生《古籍刻工名錄》中《唐五代及宋元刻本》部分第 259 條曰："禮書一百五十卷，宋陳祥道撰，元至正間刊要。按：應爲至正七年（1347）福州路儒學刊本。刻工：江志高、江君實、伯伯、周伯起、胡慶、范順，福建刻工。"③

何槐昌先生《宋元明刻工表説明》曰："禮書一百五十卷，元至正七年刻本。十三行二十一字，注二十四至三十四字，白口。德山、仲明、卞玉。"④

王肇文先生《古籍宋元刊工姓名索引》曰："禮書一百五十卷（涵芬樓、皕宋樓、宋元刊工表）宋陳祥道撰。元刊本……刊工有：卞玉、仲明、許宗厚、吳丑、江志高、江君寔、伯伯、胡伯起（伯起）、胡慶、范順。"⑤

綜合以上記述及筆者核驗，諸家所論《禮書》中具有明確姓名之刻工爲伯起（周伯起、胡伯起、伯伯）⑥、卞玉、許宗厚、范順、吳丑、胡慶、仲明、江志高、江君實（江君寔）、德山。

查檢張振鐸先生《古籍刻工名錄》、王肇文先生《古籍宋元刊工姓名索引》，可知伯起（周伯起、胡伯起、伯伯）、卞玉、許宗厚、范順、江志高、江君實（江君寔）僅見刊刻過《禮書》，而吳丑、仲明、德山、胡慶四人則曾刻過其他書，若此四人所處年代明確，則可確定《禮書》之刊刻時期。下面分別考察：

吳丑，《古籍刻工名錄》之《唐五代及宋元刻本》部分第 198 條曰："樂府詩集一百卷，目錄二卷，宋郭茂倩輯，宋刊元修本，元刊居多。刻工：王林、代、朱、吳丑、辰振、於、彥、施惠、張振、舒關、舒關里。"⑦《古籍宋元刊工姓名索引》所列刻工大同小異，爲"王林、吳丑、辰補、施惠、張振、舒關"⑧。可

①　張元濟：《涵芬樓餘燼書録》，《張元濟全集》第 8 卷，商務印書館，2009 年，第198 頁。
②　嚴紹璗：《日藏漢籍善本書録》上册，中華書局，2007 年，第 123 頁。
③　張振鐸：《古籍刻工名録》，上海書店出版社，1996 年，第 82 頁。
④　何槐昌：《宋元明刻工表説明》，《圖書館學研究》1983 年第 3 期，第 129~131 頁。
⑤　王肇文：《古籍宋元刊工姓名索引》，上海古籍出版社，2012 年，第 309 頁。
⑥　按：據筆者核驗，周伯起、胡伯起二者當爲一人，之所以姓氏不同，乃因原字爲草書且模糊，並不容易區分周、胡二字。
⑦　張振鐸：《古籍刻工名録》，上海書店出版社，1996 年，第 73 頁。
⑧　王肇文：《古籍宋元刊工姓名索引》，上海古籍出版社，2012 年，第 397 頁。

見吳丑曾刻宋刊元修本《樂府詩集》。由於該《樂府詩集》爲宋刊元修，故並不能確定吳丑是宋刊部分刻工，還是元修部分刻工，其在世朝代也就無從確定了。

仲明，《古籍刻工名録》之《唐五代及宋元刻本》部分載其曾刻三書，一是第 229 條：

> 後漢書九十卷，劉宋范曄撰，南宋光宗間刊元修本。
> 元補版刻工：士堅、子敏、子高、子華、公迪、公直、文仲、文足、王父、仲和、⬚仲明⬚、江世亨、余仁、君玉、君甫、君祥、洪信、梁德右、連子美、陳惠、付甫、劉通、德中、劉震卿、魏埜，以上大德間人，約江西地區刻工，待考。①

二是第 246 條：

> 宋文鑒一百五十卷、目録三卷，宋呂祖謙輯，宋刊本，元補刻部分。此本未詳著刻書年代，所見有宋嘉定四年新安郡刻本，宋麻沙劉將仕宅刊本。
> 元補版刻工：毛、楷、王付、王全(亦見宋)、必中、仲甫、安中、何慶(亦見宋)、吳甫仲、吳榮二、沈思德、周成、宗二、林茂叔(亦見宋)、俞元、宣忠、胡文、胡昶、范于、茅化龍(亦見宋)、夏義、徐元中、徐文、徐安上、徐艾山、徐怡、張成(亦見宋)、張炳、章亞明、郭啟聰、陳正、陳邦卿、陳梓、湯仁舉、湯文中、湯安中、湯元奐、黃亨、黃定、楊采(或爲宋人)、葉禾、葛佛一、葉煥、鄭埜(亦見宋)、濮宣、繆伯山、繆璟、⬚仲明⬚(大德)，宋元之間浙中刻工。②

三是第 247 條：

> 小行本注疏，③ 元刊本，明正德修本中元刊部分。
> 刻工：子明、子仁、子興、子應、中馬、仁甫、天易、天錫、文仲、文甫、文粲、王君粹、王君錫、王英玉、王國祐、王榮、丘文、以清、以德、古月、正卿、仲良、⬚仲明⬚、仲馬、安卿、朱文、江住郎、考思、伯

---

① 張振鐸：《古籍刻工名録》，上海書店出版社，1996 年，第 77 頁。
② 張振鐸：《古籍刻工名録》，上海書店出版社，1996 年，第 79 頁。
③ 按：竊疑此"小行本注疏"當爲"十行本注疏"。

玉、伯善、伯壽、伯遠、余中(亦見宋)、君美、君祐(亦見宋)、君錫、吳祿、呂善、希孟、周同、劉和甫、季和、宗文、河甫、昭甫、胡胡、茂卿、國右、德甫、進秀善卿、程瑞卿、黃宋(亦見宋)、敬申、黃德遠、詹應祥、蔡壽甫、漢臣禔甫、德山、德元、德成、鄭七才、彌高、羅棟譽。

　　《古籍宋元刊工姓名索引》則載仲明除《禮書》外，還刻有五部書，一是元相臺岳氏刊本《周易》，其中刻工有："翁富、趙堅、仲明。"①二是宋刊單疏本《春秋公羊疏》，其刻工有："陳鎮、吳沛、鄭春、宋琚、朱光、李仲、余丑、張堅、徐儀、童遇、曹鼎、王禧、王介、王恭、王智、陳良、李祥、張富郊、良臣、天錫、邵夫、永昌、仲明。"②三是元刊十行本《監本附釋音十三經注疏》，此即《古籍刻工名録》之《唐五代及宋元刻本》部分第 247 條《小行本注疏》，刻工大體一致。四是宋建刊重校本《資治通鑑》，刻工有："王德先、仇明、趙方叔、漢興、仲明、童新、張龍、汪思恭、劉世昌、翁秀、汪宗茂、蕭昱、袁益、黃天□、劉悦、黃敬叔、漢臣、袁盛、胡文夫、黃梓、仲雲、胡觀仁、金中、定翁、震卿、彭震甫、景從、江中、胡定夫、見可、趙琦、幼敏、王友、周辰、真卿、趙珏、劉景雲、以仁。"③五是宋刊本《范文正公集》，刻工有："張允、章益、周成、陳子仁、祐之、方才卿、仲明、文才卿、子仁。"④

　　根據以上記述，可知補刊《後漢書》《宋文鑒》及刊刻相臺岳氏刊本《周易》、十行本《監本附釋音十三經注疏》之仲明爲元代人無疑，而刻宋刊單疏本《春秋公羊疏》、宋建刊重校本《資治通鑑》、宋刊本《范文正公集》之仲明，則極有可能是宋代人。

　　德山，根據《古籍刻工名録》《古籍宋元刊工姓名索引》，可知其刊刻過元十行本《監本附釋音十三經注疏》，詳見上文《古籍刻工名録》之《唐五代及宋元刻本》部分第 247 條。《古籍宋元刊工姓名索引》還記其刻過元刊本《附釋音尚書注疏》⑤，該本實際是十行本《監本附釋音十三經注疏》中之一，故爲重複統計。

　　從上文元十行本《監本附釋音十三經注疏》之刻工表可見，仲明和德山都

---

① 王肇文：《古籍宋元刊工姓名索引》，上海古籍出版社，2012 年，第 299 頁。
② 王肇文：《古籍宋元刊工姓名索引》，上海古籍出版社，2012 年，第 308 頁。
③ 王肇文：《古籍宋元刊工姓名索引》，上海古籍出版社，2012 年，第 335 頁。
④ 王肇文：《古籍宋元刊工姓名索引》，上海古籍出版社，2012 年，第 379 頁。
⑤ 王肇文：《古籍宋元刊工姓名索引》，上海古籍出版社，2012 年，第 301 頁。

參與了該書的刊刻，因此應同爲元代人。

胡慶，《古籍刻工名録》之《唐五代及宋元刻本》部分載其除《禮書》外尚刻有五部書，一是第 47 條：

> 《王文公文集》一百卷，宋王安石撰。宋紹興間刻本。刻工：文立、何卞、余才、余表、余忠、吳輝、李彪、林選、施光、胡右、胡祐、 胡慶 、徐文、徐作利、徐作硼、徐亮、章敗、陳伸、陳通、葉明、裴道、魏二、魏可、魏達。浙中名刻工。①

二是第 149 條：

> 《陳書》三十六卷，唐姚思廉撰，宋刊本，南宋補刻部分。補刻刻工：丁松年、毛文(或爲元人)、王全(或爲元人同姓名)、毛端、王圭、何建、何慶、沈茂、胡昶、王化龍，以上或爲元人。北陳、關宗、周明、周鼎、金祖、 胡慶 、孫賦、徐浚、陳仁舉、陳文玉、陶春、單侶、童遇、項仁、楊十三、楊采、楚慶一、葉禾、葛辛、詹德潤、熊道瓊、滕慶、鄭春、蘆升三。浙中名刻工。②

三是第 173 條：

> 《文選》六十卷，梁蕭統輯，唐李善注，宋明州刊，補刻部分。刻工：王時(明補刻)、李寶、施美玉、 胡慶 (一作元人)、徐怡祖、張罕言(元明人)、貴、陶春、黃中、虞、壽、蔣縷、繆玠，浙中地區刻工。③

四是第 175 條：

> 《漢書》一百卷，漢班固撰，宋蜀刊大字本，補刻部分。刻工：士中、寸、王全、王榮、占、本、任章、朿、朱曾九、羊、李庚、李璹、俞榮、

---

① 張振鐸：《古籍刻工名録》，上海書店出版社，1996 年，第 53 頁。
② 張振鐸：《古籍刻工名録》，上海書店出版社，1996 年，第 66 頁。
③ 張振鐸：《古籍刻工名録》，上海書店出版社，1996 年，第 69 頁。

胡慶(一作元人)、茅化龍(一作元人)、茅文龍(一作元人)、許文、張三、張阿狗、張珍、章文、章文鬱、陳仁、陳允升、陳明、陸永、彭、壽之、滕慶(一作元人)、蔣七、蔣侍志、蔣蚕，浙中地區刻工。①

五是第 177 條：

《後漢書》九十卷，志三十卷，劉宋范曄撰，唐李賢注，宋蜀刻大字本，補刊部分。刻工：弓華(或爲元人)、文昌、毛山(或爲元人)、王正、王明、王德明(或爲元人)、丘舉之(或爲元人)、占、古玄、古賢(宋元之間)、正示、朱元(宋元之間)、朱珍、何宗(或爲元人)、吳仲、李章、汪惠老、谷仲、阮明五(宋元之間)、杭宗文、林茂叔、金山、施澤文、胡慶(一作元人)②、孫誠、徐明(一作元人)、徐泳、徐良、涂艾山、高涼、張益、張福一、曹中、曹榮、陳日、徐成(一作元人)、盛、程用、童、魏伯夫、詹德潤、誠、趙秀(或爲元人)、趙明、德裕(疑即詹德裕)、蔣佛老、蔣蚕、龐汝升。(按：弓華、詹德潤、蔣佛等爲浙中名刻工。)③

《古籍宋元刊工姓名索引》則載胡慶除《禮書》外還刊有六部書，其中之第 87 條宋刊元修本《漢書》④、第 90 條宋刊元修本《後漢書》⑤、第 296 條宋刊本《王文公文集》⑥、第 344 條宋紹興明州刊宋末補修本《文選》⑦，與上文所引《古籍刻工名錄》之《唐五代及宋元刻本》部分第 47、173、175、177 條版本一致，刻工基本相同，不再重複徵引。餘下兩部，一是第 75 條：

《史記》一百三十卷(涵芬樓)……
宋刊元明遞修本(半葉十行十九字，注雙行二十七字)……
補板刊工有：鄭埜、沈珍、陳一、胡慶、楚慶一、何九万、公惜、

---

① 張振鐸：《古籍刻工名錄》，上海書店出版社，1996 年，第 70 頁。
② 按：原誤作“明慶”，據《古籍宋元刊工姓名索引》改。
③ 張振鐸：《古籍刻工名錄》，上海書店出版社，1996 年，第 70 頁。
④ 王肇文：《古籍宋元刊工姓名索引》，上海古籍出版社，2012 年，第 323 頁。
⑤ 王肇文：《古籍宋元刊工姓名索引》，上海古籍出版社，2012 年，第 324 頁。
⑥ 王肇文：《古籍宋元刊工姓名索引》，上海古籍出版社，2012 年，第 382 頁。
⑦ 王肇文：《古籍宋元刊工姓名索引》，上海古籍出版社，2012 年，第 394 頁。

陳日裕、應三秀、高蒜五、繆珍、蘆開三、何通、沈貴、章著、方元、潘用、徐怡、今友、文榮、高諒、王興、朱祥、君寶、邦卿、金許、金一、王桂、盛久、王細、郁仁、茅文龍、蔣雲甫、友山、熊道瓊、君玉、占德潤①、孫賓、董大用、胡昶、蔣蚕、朱元、徐士秀、章亞明、徐文、王全、高顯祖、陳二、王良、茅化龍、朱曾、李庚、王高、王夫、滕慶、汪惠、章濱、王付、何益、王壽山、楊采、石山、任阿伴、徐泳、李嵩、德裕、許成、吳祥、務陳秀、黃亨、張成、葛辛、俞榮、金二、汪諒、應子華、朱曾元、汪惠老、徐怡祖。②

二是第 357 條：

> 新雕宋朝文鑑一百五十卷，目錄一卷。(儀顧堂、宋元刊工表)……
> 宋刊元補本(半葉十行十九字)……
> 刊工有：王信、安中、沈思德、夏義、張炳、張恩、陳正、陳梓、湯仁舉、湯文中、湯安中、湯執中、齊明、劉來、蔡文、濮宣、仁父、必中、仲甫、吳甫仲、周成、徐元中、張成、徐安上、郭啟聽、董煥、趙遇春、王壽五、王興、古賢、吳榮二、沈壽、宗二、俞元、宣忠、胡昶、茅化龍、徐文、徐怡、章亞明、湯元煥、黃亨、黃定、楊采、葉示、德瑛、葛佛一、鄭埜、震卿、繆琭、王付、王全、何慶、林茂叔、范千、 胡慶 、徐艾山、陳邦卿、葉仲、繆伯山。③

比對上述所列諸本刻工，可以發現諸本之間刻工有很多重合者，如《史記》和《陳書》刻工重合者有胡慶、王全、胡昶、楊采、詹德潤、熊道瓊、滕慶等；《史記》和《漢書》刻工重合者有胡慶、茅文龍、蔣蚕、王全、滕慶等；《史記》和《後漢書》兩書刻工重合者有胡慶、詹德潤、蔣蚕、徐泳、德裕、汪惠老等；《史記》和《新雕宋朝文鑑》兩書之刻工重合者有胡慶、張成、胡昶、茅化龍、徐文、徐怡、章亞明、黃亨、楊采、鄭埜、王付、王全等；《文選》補刻部分之刻工較少，但是其中胡慶、陶春共同刻過《陳書》，胡慶、徐怡祖兩人共同刻過《史記》。這種刻工重合的現象一是能夠説明諸本某部分的刊刻時代

---

① 按：疑當爲"詹德潤"。
② 王肇文：《古籍宋元刊工姓名索引》，上海古籍出版社，2012 年，第 318 頁。
③ 王肇文：《古籍宋元刊工姓名索引》，上海古籍出版社，2012 年，第 398 頁。

是相近的，二是表明諸刻工在世時間是相近的，由此也能夠證明參與刊刻《陳書》《文選》《漢書》《後漢書》《史記》《新雕宋朝文鑑》的胡慶應爲同一人。而《王文公文集》的刻工，僅有徐文一人與胡慶共同刻過《王文公文集》《史記》《新雕宋朝文鑑》，與其他諸書刻工重合數太少，因此很難説該胡慶與其他諸書之胡慶是同一人。

據上文所述，《陳書》《文選》《漢書》《後漢書》《史記》《新雕宋朝文鑑》六書皆爲宋刻本，胡慶爲補刻部分的刻工，已可證明其爲元代的刻工。而通過考察與其同刻一書之其他刻工年代，則更可確證胡慶在世朝代。查《古籍刻工名録》，知與胡慶同刻《陳書》《漢書》《史記》的滕慶，還刻有《書學正韻》一書，該書乃"元楊恒撰，元至大刊元統及明修本"，則滕慶絶不可能爲宋人，應爲元代人或明代人。而該書刻工有"弓華、仁甫、元吉、友山、方景明、王寧、何信、君寶、茂之、徐子忠、徐子康、徐友益、徐仲文、泰庵、翁隱之、陳敬之、盛元、楊石山、葉官道、滕慶，浙江刻工"①，其中之友山、君寶、盛元等人，皆與胡慶、滕慶一起刊刻過上文所舉《史記》，因此可證諸人爲元代人無疑。

綜上所述，參與刊刻《禮書》的仲明、德山、胡慶皆爲元代人，因此可以推定，《禮書》中至少有一部分内容是元人所刻。至於三人所刻之外的部分，雖然難以斷言就是元人所刻，但是通過字體上的比對，還是能夠看出絶大部分風格是一致的。

（三）從《禮書》與《樂書》相互比較方面來看

余載之序、虞集《重刻禮樂書序》、林光大《禮樂書後序》都指明《禮書》和《樂書》於元至正七年同時刊於福州路儒學，如果我們能夠證明該元刻本《樂書》中刻工同時參與了《禮書》的刊刻，或者是與《禮書》中刻工一同刊刻了其他元代古籍，則可推知《禮書》亦爲元刻本。下面展開考證。

據王肇文先生《古籍宋元刊工姓名索引》第 43 條統計，元至正七年福州路儒學刊本《樂書》"刊工有：子長、君玉、君輔、孟壽、智輝、滕慶、潘子華、潘山秀"②。張振鐸先生《古籍刻工名録》之《唐五代及宋元刻本》部分第 260 條統計，《樂書》"刻工：子長、君裕、君輔、孟壽、智輝"③。據筆者統計，該

---

① 張振鐸：《古籍刻工名録》，上海書店出版社，1996 年，第 78 頁。
② 王肇文：《古籍宋元刊工姓名索引》，上海古籍出版社，2012 年，第 310 頁。
③ 張振鐸：《古籍刻工名録》，上海書店出版社，1996 年，第 83 頁。

本刻工包括：伯、士、君輔、君玉、大、天、用、文定、子長、孟壽、張廣祖、弓四思、智輝等。

以上刻工中，伯、士、天、用四刻工又見於《禮書》，而刻工滕慶，前文已述，其與《禮書》之刻工胡慶共同刊刻過《陳書》《漢書》《史記》。刻工子長、文定、孟壽、弓四思、智輝、君輔等，則多數僅見刊刻過《樂書》。

刻工君玉，除《樂書》外還參與刊刻過元大德信州路刊《北史》、元刊《玉海》、元皇慶元年刊《佩韋齋文集》、南宋光宗間刊元修本《後漢書》。其中《後漢書》之元代補版刻工，據張振鐸《古籍刻工名錄》之《唐五代及宋元刻本》部分第 229 條統計（見上文），除君玉外，還有仲明，而仲明則是參與刊刻過《禮書》的。

刻工張廣祖，除《樂書》外還刊刻過元延祐間饒州路學本《文獻通考》。據張振鐸《古籍刻工名錄》之《唐五代及宋元刻本》部分第 240 條統計，該本刻工包括：

> 刻工：于平、大用、子仁、孟堅、子華、山番、不堅、元吉、文方、文甫、王六、王平、王富、王森、王德明、世通、付善可、以方、古賢、可原、四本、正之、用之、用顯、仲亨、危壽、朱元（亦見宋）、朱明（亦見宋）、朱長二、汝敬、江子名、何宗、何庚、何建（亦見宋）、何慶（亦見宋）、余彥文、李庚（亦見宋）、李壽、秀中、秀卿、阮寧、同秀、周受、周明、周東山、周福二、宗文、杭宗、林茂實、青之、施道、胡君仲、范雙評、茅公甫、倪平山、徐明（亦見宋）、徐阿狗、徐長、徐德一、徐德門、翁子和、袁子寧、高顯、張四、張名遠、張君用、張廣祖、張顯、曹新、清陳、章才、章字、許成（亦見宋）、陳士通、陳大用、陳子仁、陳文（亦見宋）、陳義、陳榮（亦見宋）、陳德全、付茂、喚之、屠明道（或宋人）、智祥、湯景、貴成、雇恭、黃二、黃四崇、馮信、楊三、楊景仁、葉就、虞保、虞保山、虞壽、詹仲亨、趙秀（亦見宋）、趙德明、劉子水、蔡彥舉、鄭子和、鄭埜、應華、繆太亨，江西刻工。

以上刻工中，並無同時參與刊刻《禮書》者，但是其中有數人曾與《禮書》之刻工共同刊刻過其他書籍，比如鄭埜、古賢、何慶曾與《禮書》之刻工胡慶共同刻過《新雕宋朝文鑑》（刻工統計見前引文），鄭埜、朱元、李庚、許成曾與胡慶一同刻過《史記》（刻工統計見前引文），王德明、古賢、朱元、徐明、趙秀曾與胡慶一起刻過《後漢書》（刻工統計見前引文）。

因此，元刻本《樂書》中部分刻工參與了《禮書》的刊刻，同時還有部分刻工與《禮書》的刻工一同刊刻過其他書籍，由此可以證明《禮書》亦當爲元刻本。

綜上所述，通過對《禮書》刻工及其與《樂書》之比較兩個方面的探析，我們可以確知瞿鏞、楊紹和、李致忠、陸心源、張元濟、王重民、嚴紹璗、傅增湘等人所見之《禮書》，其中刻工並無宋代者，反而多數都是元代人，據此即可斷定，該本《禮書》至少絕大部分是元人所刻。再結合余載、虞集、林光大之序跋，認定該書爲元刻本，應當是有理有據的。書中避諱最晚至"慎"字，説明該元刻本所據底本極有可能是南宋孝宗時期刊本，而非楊紹和所謂寧宗慶元年間刊刻。

至於張元濟先生所説"元覆宋本沿襲宋諱……至敬、彆、樂、殷、亂、貞、徵、讓、樹、慎等字亦從闕筆，已極罕見。進而至於'淵聖御名''御嫌名'之稱，則尤無此例"，恐怕並非定論，因爲倘若該元刻本乃覆刻或影刻，則能夠解釋得通避諱上的問題了。

值得一提的是，該元刻本《禮書》板片傳到了明代，據《南癰志經籍考》記載："《禮書》一百五十卷，好板一百四十八面。"①《南癰志經籍考》爲明代嘉靖年間梅鷟擔任南京國子監助教時所著，説明《禮書》板片由元代傳到了明代，入藏南京國子監，明末時候尚存。明代周弘祖《古今書刻》記載南京國子監所存之刻本中，也明確提到了有《禮書》②。清代之《嘉業堂藏書志》中，繆荃孫所撰之"《禮書》明刻本"條目下亦曰："惟此宋版入南監補版。"③《南癰志經籍考》記《禮書》板片明末僅餘"好板一百四十八面"，説明其損毀已經非常嚴重，應該不能再印刷了，此後也就消亡於歷史的塵埃之中了。

第三節 《禮書》其他版本及源流

《禮書》之版本，除宋、元版之外，明清時期尚有重刻本及抄本，其具體

---

① （明）梅鷟：《南癰志經籍考》，《宋元明清書目題跋叢刊》第 4 冊，中華書局，2006 年，第 474 頁。

② （明）周弘祖：《古今書刻》，《宋元明清書目題跋叢刊》第 6 冊，中華書局，2006 年，第 151 頁。

③ 繆荃孫、吳昌綬、董康撰，吳格整理點校：《嘉業堂藏書志》，復旦大學出版社，1997 年，第 151 頁。按：繆氏所言宋版，實爲元刻。

版本特征如何，版本源流關係是怎樣的，亦需加以梳理。下面分別論之。

一、明代張溥重刻本

明代晚期，即梅鷟（約 1483—1553）撰《南廱志經籍考》時期，《禮書》元刻本之板片已經殘損到無法再印的程度了。其稍晚之張溥（1602—1641）有感於"古禮散亡，學者希闊"，"《禮》《樂》二書，曾列學宮，歲久漫滅，求表章如趙宗吉一輩者，寥寥矣"①，遂有志於重刻。時其友"盛順伯方聞之，長世擅經學，遂出宋本，同點次鋟行"②。這裏明確指出其重刻所據之底本爲宋刻本，但是根據前文所述可知，《禮書》之宋、元版本向有爭議，恐怕其所謂"宋本"極有可能是元至正七年福州路儒學之重刻本。此外，由於文獻記載的闕失和筆者所接觸材料的限制，張溥重刻該書之具體時間和地點，今亦不得而知。

需要注意的是，張溥所重刻之《禮書》與元刻本《禮書》有三個較爲明顯的不同：一是圖文位置有所變動，將原來右圖左文的模式變爲全部圖片集中起來，放在正文之前，圖自圖，文自文，圖文分離。二是張溥對其中大量禮圖作了修改，已經不同於陳祥道所作了。三是該明刻本中張溥用小黑點爲全文加了句讀。

該明刻本《禮書》之體例，以筆者所見日本內閣文庫藏本來説，其編排次序，首列張溥《禮書敘》，次盛順《禮書敘》，次陳祥道《禮書序》，次陳祥道《進禮書表》，次《禮書目録》，次《禮書圖》，乃全部禮圖集中一起，最後接《禮書》各卷正文。《禮書圖》部分分卷，與正文內容之分卷一一對應。該重刻本《禮書》之版本特徵爲：半頁十行，行二十字，小字雙行，行二十字。左右雙邊，版心單魚尾，上刻書名，中刻卷數，下刻頁數，有刻工。字體爲宋體字。（書影見圖 2-24）周中孚於《鄭堂讀書記》中評此本"剞劂精妙"③，可見其有後出轉精之妙。

而筆者所見浙江大學圖書館藏清孫詒讓批校之明刻本《禮書》禮圖，其編排則又有不同，並非是將全部禮圖集中排在正文之前，而是每卷之禮圖分別集中排布於各卷卷首。

<hr>

① （明）張溥：《禮書敘》，日本內閣文庫藏明刻本《禮書》。
② （明）張溥：《禮書敘》，日本內閣文庫藏明刻本《禮書》。
③ （清）周中孚：《鄭堂讀書記》，《宋元明清書目題跋叢刊》第 15 册，中華書局，2006 年，第 28 頁。

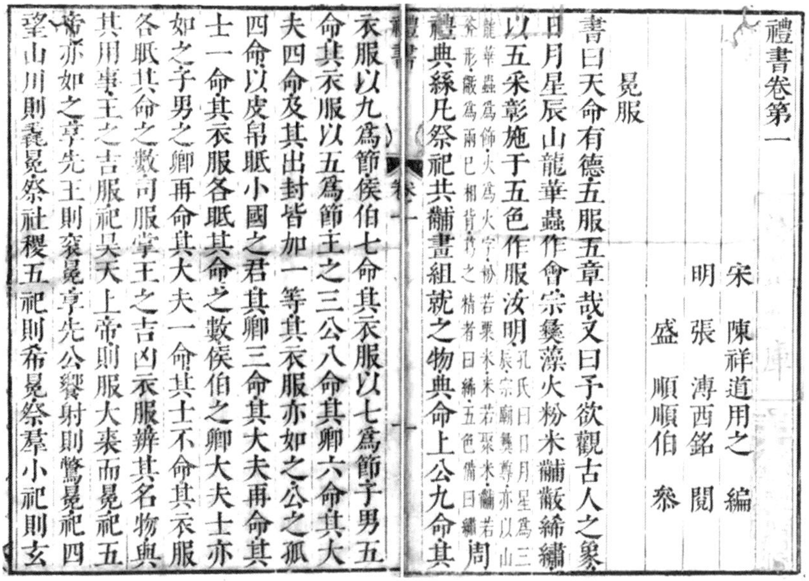

禮書卷第一

宋　陳祥道用之　編

明　張溥西銘　閱

盛順順伯　叅

冕服

書曰天命有德五服五章哉又曰予欲觀古人之象日月星辰山龍華蟲作會宗彝藻火粉米黼黻絺繡以五采彰施于五色作服汝明。孔氏曰日月星爲三辰宗廟彝尊亦以山龍華蟲爲飾火爲火字粉若粟冰米若聚米黼若斧形黻爲兩已相背葛之精者曰絺五色備曰繡周禮典絲凡祭祀共黼畫組就之物典命上公九命其

禮書　卷一

衣服以九爲節侯伯七命其衣服以七爲節子男五命其衣服以五爲節王之三公八命其卿六命其大夫四命及其出封皆加一等其衣服亦如之公之孤四命以皮帛眡小國之君其卿三命其大夫再命其士一命其衣服各眡其命之數侯伯之卿大夫士亦如之子男之卿再命其大夫一命其士不命其衣服各眡其命之數司服掌王之吉凶衣服辨其名物與其用事王之吉服祀昊天上帝則服大裘而冕祀五帝亦如之享先王則衮冕享先公饗射則鷩冕祀四望山川則毳冕祭社稷五祀則希冕祭羣小祀則玄

圖 2-24　明代張溥刻本《禮書》書影(日本内閣文庫藏)

該本《禮書》流傳較廣，清代《鄭堂讀書記》①《廉石居藏書記》②《孫氏祠堂書目》③《嘉業堂藏書志》④等目録書都有收藏之記載。而其傳於今者，相關書目亦有載之，王鍔師《三禮研究論著提要》曰：

> 據《中國古籍善本書目·經部》《北京大學圖書館藏善本書目》《北京圖書館館藏普通線裝書書名目録》《西諦書目》《國立中央圖書館善本書目》記載，國家圖書館、北京大學圖書館、清華大學圖書館、復旦大學圖書館、華東師範大學圖書館、遼寧省圖書館、南京圖書館、蘇州市圖書館、揚州市圖書館、浙江省博物館、安徽省博物館、福建省圖書館、湖南省圖書館、

---

① (清)周中孚：《鄭堂讀書記》，《宋元明清書目題跋叢刊》第 15 册，中華書局，2006 年，第 27~28 頁。

② (清)孫星衍撰，焦桂美、沙莎標點：《廉石居藏書記》，《中國歷代書目題跋叢書》第 3 輯，上海古籍出版社，2008 年，第 170 頁。

③ (清)孫星衍撰，焦桂美標點，杜澤遜審定：《孫氏祠堂書目》，《中國歷代書目題跋叢書》第 3 輯，上海古籍出版社，2008 年，第 261 頁。

④ 繆荃孫、吴昌綬、董康撰，吴格整理點校：《嘉業堂藏書志》，復旦大學出版社，1997 年，第 151 頁。

湖南邵陽市圖書館、湖南省社會科學院、中山大學圖書館均藏有此本。①

又據《中國人民大學圖書館善本書目》記載："《禮書》一百五十卷，（宋）陳祥道撰。明末張溥校刻本，二十四冊四函。十行二十字，小字雙行同，白口，單魚尾，左右雙邊。有刻工。有圖。封面鐫'吳門正雅堂藏版'。鈐'秦緗鈞字鵬書號伊山''求放心齋'印。"②該本今藏中國人民大學圖書館。《杭州大學圖書館善本書目》載有兩個《禮書》明刻本，一曰"明張溥刻本，有圖，清孫詒讓朱校，有'秀水盛氏柚堂藏書'印及玉海樓藏印，二十冊"，二曰"明張溥刻本，有圖，有'結一廬藏書印'藏印，六冊"③。此二本今皆藏浙江大學圖書館。

除了上面所介紹國內收藏情況，該明刻本《禮書》在國外亦有流傳，其中尤以日本藏本居多，通過日本全國漢籍數據庫檢索，可知日本静嘉堂文庫、滋賀大學、前田育德会、國立公文書館內閣文庫、關西大學泊園文庫、東京大學總合圖書館等皆有收藏。

二、《四庫全書》本

清代乾隆年間所編《四庫全書》亦將《禮書》收錄。《四庫全書》繕寫七套，分藏於文淵、文溯、文源、文津、文匯、文宗、文瀾南北七閣，其中文源閣、文宗閣、文匯閣三部及翰林院所藏底本，毀於戰火。今存餘下四套《四庫全書》中，文淵閣本有 1986 年臺灣"商務印書館"及 1987 年上海古籍出版社之影印本出版。1999 年有上海人民出版社和香港迪志文化出版有限公司合作研發的影印本電子版問世。而文津閣《四庫全書》今有 2005 年北京商務印書館縮印影印本，及 2013 年年底完成的原大、原色、原樣影印本。

通過校對可知，《四庫全書》本《禮書》應該是以明張溥重刻本爲底本抄錄而成。因《四庫全書》本《禮書》除了文字及圖畫與明刻本多相同外，其卷七末尾有一段話：

① 王鍔：《三禮研究論著提要》（增訂本），甘肅教育出版社，2007 年，第 435 頁。
② 中國人民大學古籍整理研究所編：《中國人民大學圖書館善本書目》，中國人民大學出版社，1991 年，第 12 頁。
③ 杭州大學圖書館編：《杭州大學圖書館善本書目》，中華書局，1965 年，第 7 頁。按：《中國古籍總目》載此孫詒讓校本藏於浙江省博物館，實爲誤記。

青、緑，甲乙之中；赤、縓，丙丁之中；白，庚辛之中；黑、紫、碧，壬癸之中；黄，戊己；縓，乙丙；紅，丁庚。右五色、間色，陳氏本諸《考工記》繢畫之事，而參以傳記所載，可謂詳且密矣。或者又采取十干以爲據，其説不爲無所本。今附之本卷，以待明禮之君子折衷焉。①

這段話説的是陳祥道所論五色、間色甚爲詳密，故將其所論稍加總結，列出五色、間色之關係，題跋於該卷之末。查元刻本《禮書》卷七末並無此段文字，而明張溥刻本則有，顯然是張溥重刻時所加。《四庫全書》本《禮書》亦有此段文字，當是從張溥刻本沿襲而來，可見其所用底本爲張溥刻本。

該版本《禮書》之體例，就全書而言，首列校對、覆勘、謄録、繪圖相關人員官職及名字，次列《禮書》之提要，然後是卷一至卷一百五十的正文。就每卷而言，先集中列該卷之禮圖，後接正文。

三、清嘉慶九年福清郭氏校經堂刻本

清嘉慶九年（1804），福清郭龍光重刻《禮書》。郭龍光字韶溪，福建福清人。乾隆六十年（1795）舉人，嘉慶元年（1796）進士，授國子監學正，不就而歸。②

郭龍光重刻《禮書》所據底本爲明代張溥刻本。重刻之緣由，其友鈍邨氏所作之題跋中略有説明：

宋陳祥道用之《禮書》一百五十卷，貫穿經傳，於四子書典故尤便取材。宋槧已亡，明太倉張氏本亦不多，覯坊間偶得其書，價輒昂至數十金，學者苦之。予友韶溪得張本重刊，公之同好。三禮浩緐，説者聚訟，是書精博簡要，舉業家一覽瞭然，事半功倍，非小補矣。③

由跋文可知，至清代嘉慶年間，不惟《禮書》之宋本難得，其明代之張溥刻本亦不多，坊間偶然有之，則索價頗高。然此書又精博簡要，貫穿經傳，是讀書人不可不備之書，故郭龍光纔以張溥刻本爲底本重刊，以嘉惠學林。

①　（宋）陳祥道：《禮書》，《景印文淵閣四庫全書》第 130 冊，臺灣“商務印書館”，1986 年，第 48 頁。
②　方挺：《清代福建私家藏書研究》，福建師範大學 2007 年碩士學位論文，第 47 頁。
③　（宋）陳祥道：《禮書》，清嘉慶九年福清郭氏刻本，日本國立公文書館藏。

然郭龍光刻此《禮書》卻也經歷了一番周折，其自作之識跋中記述了重刻始末，引之如下：

> 癸亥秋，予來會城，謝學博旬男以明太倉張氏所梓宋太常陳氏《禮書》屬予重□。張本多譌脫，聞某家藏宋槧可挍。先以張本付匠，計□□□。適予以病歸，匠苦閒廢，竟繕張本，梓以取償焉。《禮書》爲窮經鈐鍵，太常又吾鄉先輩，傳本已希，此刻誠不可已，顧成以鹵莽，殊非本志。十有一月，予病閒思正其失，而宋槧終不可得，迺與趙毅士太史，萬虞臣中翰、江心葵、鄭鐵侯二孝廉，據注疏諸書挍正，雖遺漏尚多，然訂張氏之譌者已二千五百字有奇矣。晁公武稱是書解禮名物，繪象精博，陳振孫謂其論辨詳博，閒以繪畫，今圖與書多不合，定非陳氏之舊。以未得善本，不敢臆改。書中引經例頂格書，陳氏論斷低一格。是刻依張本，多淆亂，第工已葳事，不復能改，艱於費也。它日當別成考證附後，以質好學修古之君子焉。①

文中之癸亥年即 1803 年。謝學博旬男即謝震（1765—1804），原名在震，字旬男，福建侯官（今福州）人。嘉慶八年（1803）秋，郭龍光到省城，謝震以明張溥刻本《禮書》囑咐他重刻。郭龍光認爲該本譌脫甚多，擬尋某家所藏之宋刻本對校再行刊刻。於是先把張溥刻本《禮書》給了刻書匠，大概是以便計算刊刻工程量。但是此時他恰好得病，就回家養病去了。而刻書匠們苦於荒廢時間，竟然自作主張將張溥刻本《禮書》繕寫刊刻，以此來求得工錢。待到郭龍光知道此事，爲時已晚。直到該年十一月，他終究沒能得到宋刻本《禮書》來校對，於是祇能據注疏諸書來校正，訂正明刻本譌誤二千五百多字。到了1804 年，《禮書》已經刊刻完成，他所訂正之譌誤也因費用不足的問題，沒能在重刻本中改正，祇得擬待以後別成考證，附於書後。由此可見，郭龍光對這個重刻本《禮書》其實並不滿意，因其底本明刻本並非善本。他所訂正的兩千多字譌誤也沒有保存下來，殊爲可惜。

郭龍光重刻之《禮書》雖然是以明代張溥刻本《禮書》爲底本，但是二者仍有顯著的不同之處，即郭刻本一是去掉了張溥的句讀，二是禮圖之排布與張溥刻本不同，其禮圖集中置於每卷之末。該重刻本《禮書》首列鈍邨氏之題跋，

---

① （宋）陳祥道：《禮書》，清嘉慶九年福清郭氏刻本，日本國立公文書館藏。按：文中"□"表示闕文或無法辨識，後皆同。

次郭龍光之識跋，次陳祥道所作《禮書序》，次陳祥道所作《進禮書表》，次《禮書目錄》，最後《禮書》正文。其版本特徵爲每半頁九行，行二十一字，小字雙行，行二十一字。左右上下俱雙邊，單魚尾。版心上刻字數，中刻卷數，下刻頁數及"校經堂"三字。字體爲宋體字。（附該版本書影如圖 2-25）

　　清代馬瀛（1750—1820）之藏書志《吟香僊館書目》記曰："《禮書》一百五十卷，宋陳祥道撰，時本，十六本。"①以馬瀛之生卒年推之，此所謂"時本"當指郭龍光所刻之《禮書》。又清代耿文光（1830—約 1908）所著《萬卷精華樓藏書記》曰："《禮書》一百五十卷，宋陳祥道撰，福清鄭氏本。"②此"鄭氏本"當爲"郭氏本"，表明其亦藏有郭龍光所重刻之《禮書》。清代丁日昌也曾藏有此本，其《持静齋書目》中《禮書》條目下記曰："福清郭氏刊本。"③

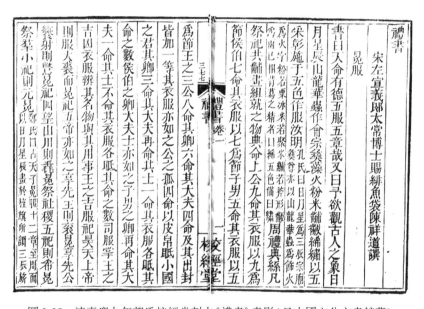

圖 2-25　清嘉慶九年郭氏校經堂刻本《禮書》書影（日本國立公文書館藏）

　　①　（清）馬瀛撰，潘景鄭校訂：《吟香僊館書目》，《中國歷代書目題跋叢書》本，上海古籍出版社，2006 年，第 3 頁。

　　②　（清）耿文光：《萬卷精華樓藏書記》，《宋元明清書目題跋叢刊》第 16 冊，中華書局，2006 年，第 92 頁。

　　③　（清）丁日昌撰，路子强、王雅新標點：《持静齋書目》，《中國歷代書目題跋叢書》第 3 輯，上海古籍出版社，2008 年，第 55 頁。

　　據《中國古籍總目》及《儒藏總目·經部》記載，該刻本傳至於今，北京大學圖書館、中國科學院、天津圖書館、南京圖書館、湖北圖書館皆有收藏。另外，王鍔師《三禮研究論著提要》記載："《北京圖書館藏普通線裝書書名目錄》《北京師範大學圖書館中文古籍書目》載之，國家圖書館、北京師範大學圖書館藏有此本。"①

　　檢索日本全國漢籍數據庫，可知日本東北大學、新潟大學、高知大學、九州大學、國會圖書館、靜嘉堂文庫、名古屋市蓬左文庫、東京都立中央圖書館諸橋文庫、國立公文書館、立命館大學等皆收藏有此版本《禮書》。

四、清光緒三年廣州學源堂刻本

　　該本《禮書》之重刻，由方濬師（1830—1889）發起。濬師字子嚴，號夢簪，安徽定遠人，清咸豐乙卯中舉。歷任內閣中書、總理各國事務衙門章京、侍講學士、直隸永定河道等職。其所作之序曰：

> 　　《欽定四庫總目》稱其貫通經傳，縷析條分，前說後圖，考訂詳悉，今之治經者宜家有其書矣……顧自明張溥鋟板，後罕□善本……用之則剖擊鄭氏，不遺餘力。然其融會經傳，確有其儀；攷證圖說，確有其具。有儀有具，而其義又詳核精當，視聶崇義《三禮圖》過之遠也。納蘭氏編《通志堂經解》，進聶圖而獨遺此書，何耶？晁公武得敘州盧通判家五采飾象本，始無闕少之恨。北宋至今，又數百年，則茲之重鋟是書也，固爲海內學士家之鴻寶歟。②

　　方氏首先肯定了《禮書》的價值巨大，是爲學者應備之書，歎其罕見善本。又認爲《禮書》較聶崇義《三禮圖》過之遠也，深以納蘭性德《通志堂經解》收聶圖而遺《禮書》爲憾，故而重刻此書。

　　該本《禮書》目錄之後有一段文字記曰："大清光緒二年，太歲柔兆困敦如月日躔降婁之次，三品頂戴署兩廣鹽運使分巡廣東肇陽羅道，定遠方濬師重校發刊。廣東補用知府，前署廣州府梁捕監制通判，巴陵方功惠督刊。次年陬月工竣，板存菊坡精舍。"③其中之方功惠（1829—1897），字慶齡，號柳橋，湖

---

①　王鍔：《三禮研究論著提要》（增訂本），甘肅教育出版社，2007年，第435頁。

②　（宋）陳祥道：《禮書》，清光緒三年廣州學源堂刻本，天津圖書館藏。

③　（宋）陳祥道：《禮書》，清光緒三年廣州學源堂刻本，天津圖書館藏。

南巴陵(今岳陽)人。其藏書樓名碧琳琅館，藏書達二十餘萬卷，宋本達四十餘種，元本六十餘種。曾在廣東任職三十餘年。方濬師重校並發起刊刻此本《禮書》，而方功惠則負責監督刊刻。由此記可知，《禮書》之刊刻始於光緒二年(1876)二月，次年即光緒三年(1877)正月竣工。

　　文中之菊坡精舍，乃同治六年(1867)由時任廣東巡撫的蔣益澧與方俊頤倡建，又稱菊坡書院，位於越秀山麓，宋朝名臣崔與之(號菊坡)晚年讀書於茲，故此得名。① 該本《禮書》並非由菊坡精舍刊刻，祇是刻成之後，其板片存於此精舍而已。該書第一百五十卷卷末有文曰"羊城龍藏街學源堂刊刻"(書影見圖 2-26)，可知真正負責刊刻的是廣州龍藏街上之書坊學源堂。

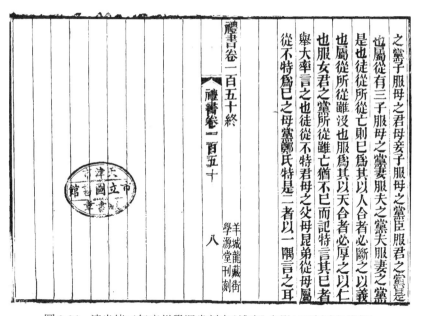

圖 2-26　清光緒三年廣州學源堂刻本《禮書》書影(天津圖書館藏)

　　據上文所述，該書刻成於光緒三年，負責刊刻者乃學源堂，故其版本定爲"清光緒三年廣州學源堂刻本"，可能更爲精確。而《中國古籍總目》《儒藏總目·經部》都將此本《禮書》定爲"清光緒二年廣州菊坡精舍刻本"，實際是以板

---

① 曾凡亮：《菊坡精舍考》，中山大學 2009 年碩士學位論文，第 10 頁。

藏地來判定版本的。

該本《禮書》以明代張溥刻本爲底本，然其與張氏本又有兩個顯著不同之處。一是去掉了張溥之句讀，二是將禮圖分別附着於各卷相應條目小標題之下，跟元刻本之禮圖排布位置相同。該書首列方濬師《重鋟禮書序》，次明張溥《禮書敘》，次《禮書目録》，次陳祥道《進禮書表》，次陳祥道《禮書序》，最次《禮書》正文。其版本特徵爲半頁十行，行二十一字，小字雙行，行二十一字。左右雙欄，單魚尾。

清代沈德壽《抱經樓藏書志》曰："《禮書》一百五十卷，方氏刊本。董覺軒舊藏。"[1]表明他曾收藏此書。而該書傳至於今，其收藏單位，據《中國古籍總目》記載，有中國科學院、天津圖書館、復旦大學圖書館、南京圖書館、遼寧圖書館、湖北圖書館。

檢索日本全國漢籍數據庫，可知日本收藏該版本《禮書》的單位有：東北大學、京都大學文學研究科圖書館、京都大學人文科學研究所、愛知大學圖書館霞山文庫、東京大學東洋文化研究所、國會圖書館等。

五、《中華再造善本》影印本

中華文明源遠流長，"積累了豐富的文化典籍。歷史上雖屢遭政治動蕩及兵燹水火之厄，但迄今遺存的古代典籍，仍是浩如煙海"。時至今日"基於黨和國家關於保護和利用古籍的一貫政策，基於我國各級各類型圖書館保管古籍的現實狀況，在經過廣泛的調查研究和充分論證以後，文化部和財政部決定自二〇〇二年八月起，在全國實施'中華再造善本工程'。此項工程將分藏於中國國家圖書館和各省、自治區、直轄市圖書館以及高校、科研系統圖書館，乃至博物館的珍貴古籍善本，有計劃地利用現代印刷技術影印出版"[2]。《中華再造善本》分爲四編，自唐迄清爲《唐宋編》《金元編》《明代編》《清代編》。而其《金元編》中就收有陳祥道《禮書》，其扉頁標明該本爲元至正七年福州路儒學刻明修本。今藏中國國家圖書館，乃清代瞿鏞鐵琴銅劍樓舊藏，書中《進禮書表》頁及第一百五十卷卷末分別鈐有"鐵琴銅劍樓"印，瞿鏞《鐵琴銅劍樓藏書目録》記載了此書。

---

① （清）沈德壽：《抱經樓藏書志》，《宋元明清書目題跋叢刊》第12册，中華書局，2006年，第67頁。

② 中華再造善本工程編纂出版委員會編著：《中華再造善本總目提要·唐宋編》，國家圖書館出版社，2013年，第2頁。

　　但仍然要指出的是，《中華再造善本》雖爲影印本，其與原底本卻仍然存在差別，主要體現在版框、行格方面。一是原書之版框有殘損處，二是某些卷卷末行格並未占滿全頁，原書就是空白，表明板片上本來未刻。而到了《中華再造善本》影印本這裏，某些殘損的邊框被修復了，某些卷卷末留白處被填上了行格，這顯然是影印時對圖片作了潤飾，我們在使用此本時尤其需要注意這一點。

　　綜上所述，陳祥道《禮書》之版本源流大體如下：北宋時期似乎未曾刊刻，大概是以抄本的形式流傳。南宋時期有所刊刻，刊刻時間大概在孝宗或寧宗慶元年間。元代至正七年福州路儒學以南宋刻本爲底本，重刻《禮書》。該本後來似乎又有影刻或覆刻本，曾藏焦竑、毛晉、楊氏海源閣等處，其影刻或覆刻本所據底本爲元刻本中刷印較晚的本子。明末張溥又重刻《禮書》，其序言中稱所據底本爲宋本，但是該宋本極有可能是元刻本。其後之《四庫全書》本、清嘉慶九年福清郭氏校經堂刻本、清光緒三年廣州學源堂刻本皆分別以明張溥刻本爲底本。《中華再造善本》影印本是以今中國國家圖書館所藏元刻本爲底本，此本曾藏鐵琴銅劍樓。

小　　結

　　《禮書》的成書，與當時政治的需求引導及陳祥道本人的志願和抱負密切相關。其成書過程中得益於翰林學士許將和給事中范祖禹的舉薦，朝廷差書吏、畫工助其抄録進呈，最終完稿。

　　《禮書》版本衆多，其於北宋時期極有可能是以抄本的形式流傳。南宋孝宗或寧宗時期有所刊刻，此後元至正七年福州路儒學重刻。後世對該元刻本頗有爭議，或謂其爲南宋刻本，元人得其版而冒爲己有。筆者通過避諱、刻工等方面的考察，認爲該本應爲元刻本。在比較諸多元刻本時，發現國家圖書館藏原焦竑舊藏本《禮書》很可能爲影刻或覆刻本。至明代末期，張溥重刻《禮書》，其言所據底本爲宋本，但實際極有可能是元刻本。張溥重刻時對《禮書》體例、禮圖等都有修改。清代有《四庫全書》本、嘉慶九年福清郭氏校經堂刻本、光緒三年廣州學源堂刻本三個版本，皆是以明張溥刻本爲底本。

第三章 《禮書》體例及內容探究

歷代目錄專著及相關學術著作雖對《禮書》有所介紹，但是往往過於簡略。學界對於該書具體編排體例、內容、其內容是否有所側重等問題，目前尚無準確的認知，有必要再加探討。本章即從體例和內容兩個方面着手，展開詳細論述。

第一節 《禮書》體例

陳祥道《禮書》一百五十卷，廣博該恰，圖文兼備，既論制度，復講儀節，尤詳名物。如此宏大之書，在體例方面必當有可稱道者，方能有條不紊。我們分析《禮書》全書整體結構設置，理應將其從扉頁至全書末尾所有內容之排布，一一梳理。但是考慮到版本的問題，正文前之遞修重刻序跋、陳祥道之《進禮書表》《禮書序》等內容，其排布之次，各版本皆有差別，上文已略有敘述，這裏不再討論。因此本章所討論的《禮書》之體例，不包括以上幾個部分，而是其目錄及正文部分，即目錄及卷 1 到卷 150 的部分。

一、圖文配合之體例

《禮書》本身圖文俱備，有禮圖近八百幅，數目巨大。如此多之禮圖，其與相應文字的搭配關係如何，需要特別加以説明。

1. 各版本間禮圖排布之差異

考慮到《禮書》各版本之間互有差別的重要體現之一即是圖文排布不同，這種不同表明了各版本體例上是有差異的，略述如下。

《禮書》之北宋本圖文位置如何，今已不能知曉。南宋刻本禮圖面貌，應與元至正七年福州路儒學刻本一致，其禮圖附着在相應條目之下，先列圖，再列文字，右圖左文，或曰前圖後文。我們舉"几席"這個門類下圖文排布爲例來説明，該門類下"席"分爲五席：熊席、葦席、越席、衽、蒯席，其中之熊席、越席、衽有配圖，而其"衽"之圖文恰好在一頁上，今引其書影（如圖 3-1 所示），可以較爲直觀地表現這種排布關係。

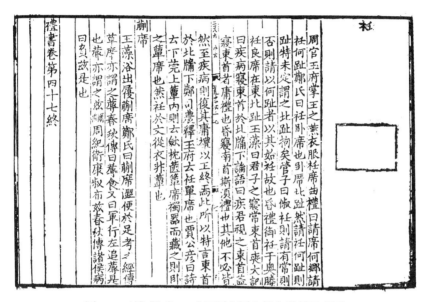

圖 3-1 《禮書》卷 47"衽"圖之圖文排布關係示意圖

明代張溥刻本《禮書》，儘管張溥説其所依據的底本是宋刻本，但是在圖文的排布上卻與元刻本（上文已述，元刻本與南宋刻本禮圖排布應是一致的）有非常大的不同。以筆者所寓目之日本内閣文庫藏本和浙江大學圖書館藏本來説，前者將所有禮圖集中起來，統一放在正文之前。後者則將各卷禮圖集中起來，分別置於各卷卷首。二者皆圖文分離，但是無論如何，兩藏本都爲禮圖分了卷，即原來屬於哪一卷的禮圖，還是集中起來分在哪一卷。又每個禮圖上都標有該圖所繪内容之名稱，這樣禮圖之卷數與文字之卷數相對應，禮圖名稱與文字標題相對應，就保證了圖文不致紊亂。

《四庫全書》本《禮書》所依據底本爲明代张溥刻本，其圖文的布置與浙江大學圖書館藏明刻本《禮書》禮圖是一致的。

而福清郭氏校經堂和廣州學源堂兩重刻本《禮書》，同樣以明張溥刻本爲底本，其圖文之排布又各自不同。郭氏校經堂刻本是將每卷所有禮圖集中起來置於各卷卷末，位於文字之後，恰與《四庫全書》本圖文之排布次序相反。而廣州學源堂刻本則是將每卷之禮圖還原於每卷之中，與元刻本之圖文排列位置相同。

由上述可知，明代張溥刻本《禮書》及以它爲底本的《四庫全書》本、郭氏校經堂本、廣州學源堂本四個版本，雖同屬一脈，但是圖文體例上卻多有不同。張溥改變宋、元刻本的圖文編排體例，將圖文分開，大概是出於刊刻方便的考慮。這種改變於刊刻雖便，但是於閱讀卻頗爲不便，且有妄改前人書之嫌，故而招致非議。孫星衍《廉石居藏書記》即批駁曰："張溥刻本移其圖在文前，去其結銜，倒其表序，其妄如此。"①郭氏校經堂本禮圖位置的調整，既考慮了抄寫刊刻的便利，同時也儘量照顧到了閱讀的方便。而廣州學源堂本則是撥亂反正，回歸本源，圖文編排位置回到宋、元刻本的樣子。事實上，《禮書》之宋、元刻本圖與文的排布方式，纔可能是陳祥道撰成《禮書》時的編排樣式，這不僅是由於宋、元刻本刻成的時間較早，更是因爲右圖左文或前圖后文的排布方式，纔是最便於閱讀學習的。

2.《禮書》禮圖與文字的對應關係

《禮書》之目録及正文，是由一個個條目組成的。而所謂一個條目，又有配圖和不配圖的區别。當其不配圖時，相應文字之前單列一行書其題目，此即爲一個條目。當有配圖時，其條目是以其所配之圖的名稱爲依據來劃分的，一幅圖即是一個條目。當然這種情況下禮圖和文字的對應關係，又要仔細考察了，大體有如下幾種情形：

一文一圖，即一篇文字配一幅禮圖，② 這是《禮書》中最典型的、數量最多的圖文配合方式。該篇文字祇講一個事物，或爲名物，或爲儀節、方位，故配圖亦祇有一個，例如卷10"深衣"條下之文字一段，專論深衣之形制、穿着場合，故祇配一深衣圖。卷51"笏"條下有文字兩段，總論笏之種類、形制、用途，祇配一笏圖，略加説明而已。

一文兩圖，即一篇文字配兩個禮圖。由於每個禮圖即爲一個條目，故而這種情況實際上是將兩個條目合在一起論述。如卷八"緇布冠""後世緇布冠"條，合而論之，以其皆名緇布冠而形制有異也。卷13"熊裘""羆裘"條，將熊、羆二獸裘合論，以其皆冬藏之蟄獸，且依《爾雅》之文，"羆如熊"。卷55"琬圭"

---

① （清）孫星衍撰，焦桂美、沙莎標點：《廉石居藏書記》，《中國歷代書目題跋叢書》第3輯，上海古籍出版社，2008年，第170頁。

② 按：此"一篇文字"或爲一段，或爲兩段，爲闡述之方便，以"一篇文字"稱之，下皆同此例。

"琰圭"條，合論二圭，以其皆在西序，皆王使之瑞節。然琬圭圜而宛，琰圭剡而有鋒，此又其別也。觀《禮書》中兩圖合論的情況，必備條件是二圖所繪之物有共性又有差異，此共性或爲同名，或爲同用，或爲形近，不一而足。而其差異，則變化萬千，物各不同。

一文三圖，即三個禮圖合爲一篇文字下討論。如卷 5"天子諸侯瑱""卿大夫瑱""士瑱"合論，以其皆爲瑱且玄紞。不同者，天子諸侯瑱黃纊，卿大夫瑱青纊，士瑱素纊。卷 11 合論"組緫""錦緫""布緫"，以其皆緫類而質不同也。卷 19 論天子、諸侯、大夫之佩，佩之制"上有折衡，下有雙璜，中有琚瑀，下有衝牙，貫之以組綬，納之以蠙珠"，此其所同也。而不同者，"其色有白、蒼、赤之辨，其聲有角、徵、宮、羽之應，其象有仁、智、禮、樂、忠、信、道德之備"①。卷 21"金燧""木燧""鑒"三條合論，以《周禮·司烜氏》有"掌以夫燧取明火於日，以鑒取明水於月"之文，釋夫燧、鑒爲何物。

一文四圖，即四個禮圖合爲一篇文字討論。如卷 54 合論"青圭""赤璋"白琥""玄璜"四條，以《周禮·大宗伯》有"以蒼璧禮天，以黃琮禮地，青圭禮東方，赤璋禮南方，白琥禮南方，玄璜禮北方"之文，前已論璧，故此合論餘下四物。卷 98"瑑""琈""爵""觚"合論，卷 99"鬴""鼎""鬲""銂"合論，卷 100"束冪""編冪""大扃""小扃"合論。

一文五圖及其以上，即五個及五個以上禮圖合爲一篇文字討論。《禮書》中一文五圖者，如卷 17 合論后之褘衣、揄狄、闕狄、鞠衣、展衣。卷 110 合論鹿中、兕中、皮樹中、閭中、虎中五物。一文六圖者，如卷 44 合論王六寢、后六寢、諸侯三寢、夫人三宮、卿大夫士二寢、卿大夫士之妻二寢。卷 56 合論圭以馬、璋以皮、璧以帛、琮以錦、琥以繡、璜以黼。一文九圖，卷 15 合論王冕服赤舄、皮弁服白舄、冠弁服黑舄、后褘衣玄舄、揄狄青舄、闕狄赤舄、鞠衣黃屨、展衣白屨、祿衣黑屨。一文十二圖，如卷 3 合論上公龍袞、侯鷩冕、伯鷩冕、子毳冕、男毳冕、王之三公鷩冕、王之孤毳冕、王之卿毳冕、王之大夫希冕、諸侯之孤希冕、諸侯之卿玄冕、諸侯之大夫玄冕。卷 95 分別繪雞彝、鳥彝、斝彝、黃彝、虎彝、蜼彝六種，及犧尊、象尊、壺尊、著尊、大尊、山尊六種，共計十二物，合於一篇文字論述。一文十四圖，如卷 26 中將畮、夫、屋、井、邑、丘、甸、成、縣、都、通、成、終、同十四物合爲一起討論。

由此可見，《禮書》中禮圖與文字的對應關係以一文一圖爲主，一文多圖

---

① （宋）陳祥道：《禮書》卷 19，國家圖書館藏袁忠徹舊藏本。

的情況中，以一文兩圖尤爲常見，餘者則間或有之，數量不多。《禮書》中一文多圖情況的出現，也有其必然性。因爲其内容並非虚造，多以《儀禮》《禮記》《周禮》爲據，而這三書中常出現諸如"以玉作六瑞，以等其邦國""以玉作六器，以禮天地四方""凡祭祀，以法共五齊、三酒，以實八尊""掌六尊、六彝之位""五色、六章、十二衣"等之類的語言，其涉及的相關數字對應的是相同數目的名物。當《禮書》逐一考訂這些名物並繪圖時，就出現了一文多圖的情況。而這種名物數量的成定數的情況又根植於先秦的等級制度之中，自天子至諸侯、卿大夫、士，不同階層有不同等級的待遇，體現在名物上也就有了多寡文質之分。

二、全書總體之體例

《禮書》整體的篇章設置上採用了兩種編排方法，即外在的以卷次爲序的數字排列和隱含的以門類爲序的歸類排列。以卷次爲序的排列，即將全書從卷1排至卷150。但是仔細考察，這樣的分卷排列僅僅起到了一個劃分每卷之篇幅的作用，從其具體内容上來説，並没有什麽實際意義。

而其以門類爲序的排列，清代周中孚於《鄭堂讀書記》中論曰："自卷首以迄卷末，但有細目而不分門，大都以冕服、佩用、□制、星象、宫室、學校、禮器、樂器、旌旗、車制、喪服爲次。"①此"細目"即上文所謂"條目"，周氏言《禮書》"有細目"，的確是這樣。然謂其"不分門"，則有所不當，他下面所説的以"冕服、佩用……"爲次，不是分門別類又是什麽呢？所以《禮書》中雖没有明確的文字説明其按門類來編排，但是倘若我們將書中諸多條目一一歸類，便可明顯看出其實際是有意識的劃分了門類，比類連屬，以類相從。

所謂"比類連屬，以類相從"，意思是把相同或相近的事物歸爲一類編排，《禮書》之分門別類，即指此也。我們舉卷62到卷63爲例來説明，該兩卷下依次編排有"大宗""小宗""有小宗無大宗""辨嫡上""辨嫡下""姓族氏""九族""二族""宗族""族燕之禮""族飲之禮"諸條目，觀其具體内容，既涉及制度，又涉及禮節，還附帶陳祥道的一些論辯，但是其内容都與宗法制度相關，故而同屬一類，編在一起，同時我們可以將此門類歸納命名爲"宗法制度"類。

當然，《禮書》這種門類也是分層次的，一些大的門類下部分内容還可歸

---

① （清）周中孚：《鄭堂讀書記》，《宋元明清書目題跋叢刊》第15册，中華書局，2006年，第28頁。

納出小的門類。爲了更全面、明晰且直觀地描述《禮書》編排次序，下面以表格的形式，展現其門類與卷數之間的對應關係，如表 3-1①。

表 3-1

門類	卷次	備注
衣服佩用	卷 1~23	小門類：天子之冕服類、諸侯及孤卿大夫之服類、冠類、帶類、后服類、佩用類
建國分土	卷 24~28	
井田	卷 29	
親蠶之禮	卷 30	
貢賦徭役	卷 31~33	
體國經野	卷 34	
天文曆法	卷 35~36	
宮室	卷 37~46	
几席	卷 47~48	
學校制度	卷 48~50	
玉器符節	卷 51~57	小門類：玉器類、符節類
幣帛執摯	卷 58~61	小門類：摯類
宗法制度	卷 62~63	
冠禮	卷 64	
婚禮	卷 65~66	
宗廟祭祀	卷 67~87	小門類：卜筮類、田獵類
郊社群祀	卷 88~94	
尊彝、匏爵、鼎俎	卷 95~104	

---

① 按：表 3-1 中所列"門類"名稱，乃是筆者概括而來，其命名皆淵源有自，主要參考了聶崇義《新定三禮圖》、黃以周《禮書通故》、秦蕙田《五禮通考》、錢玄《三禮通論》《三禮辭典》。

续表

門類	卷次	備注
射禮	卷 105～113	
投壺禮	卷 114	
武備	卷 115～116	
樂舞	卷 117～130	小門類：音樂類、舞蹈類
旗幟	卷 131～134	
車馬	卷 135～147	
喪葬	卷 148～150	

　　需要説明的是，以上之門類爲筆者所歸納總結，大多數之門類“以類相從”的特徵比較明顯，但是同時也有些門類，其編排之中會出現看似非同類而編排到一起的現象，需要特別加以辨析，我們舉“宗廟祭祀”類爲例加以説明。該門類從卷 67 到卷 87，涉及宗廟祭祀中的方方面面。但是中間卻於“時祭之祫”“月祭時享”“三代祭時”後附“卜筮”類，包括“天子諸侯大夫卜祭”“卜郊”“六龜”“爟”“蓍”“蓍韇”等條目。又於“骨體”“舉肺”“腊”等後附“田獵”類，包括“田獵”“火田”“田禽”“射禽之儀”諸條目。這樣的編排又是出於何種考慮呢？仔細考察其内容可以發現，中間雜附的門類總是與前文内容有關聯。“卜筮”類前之三祭皆爲時祭，時祭無定期，每祭之前需要卜日，故以卜筮之類接後。而“骨體”“舉肺”“腊”等後接“田獵”類，以《王制》曰：“天子、諸侯無事，則歲三田，一爲乾豆，二爲賓客，三爲充君之庖。”[1]故而《穀梁傳》曰：“四時之田，皆爲宗廟之事也。”則“田獵”之類編排於此，不爲無據矣。其餘類似的現象也大體如此，皆因同屬一類，故而編排在一起。

三、各門類之體例

　　在詳細探討《禮書》各門類編排體例之前，需要略交代一下該書各版本各卷内部編排體例的差異。元刻本、明刻本、郭氏校經堂本及廣州學源堂本《禮書》正文前有總目錄，《四庫全書》本則將此總目錄去掉了。元刻本各卷之中則

---

[1]　（漢）鄭玄注，（唐）孔穎達正義，吕友仁整理：《禮記正義》上册，上海古籍出版社，2011 年，第 505 頁。

是先將本卷内所有條目總體列於卷首，然後以各條目爲標題，具體展開論述。以第一卷爲例，卷首先列所有條目：冕服、十二章之服、大裘而冕、袞冕、鷩冕。然後下面分别以以上條目爲標題，詳細展開。明張溥刻本去掉了卷首總列的條目，直接是條目標題接詳細論述，《四庫全書》本、郭氏校經堂本、廣州學源堂本皆如此。

《禮書》有些門類涉及内容較少，其下没有必要作更細緻的劃分。但是也有一些門類包含内容較爲駁雜，其下尚可分出若干小門類。無論哪種情況，其編排大體遵循兩個體例，一是先總論，後分説，或曰先整體，後部分；二是先論制度，復説儀節，後講名物。全書之中，這兩個體例是相互交錯的，並非各自分離。當然，《禮書》中有的門類是專講名物，並不涉及制度、儀節，或者是專論制度、儀節，並不涉及名物，則其仍遵從前第一條體例。下面我們舉例加以説明。

（1）"投壺禮"類：該門類下先列"投壺"，是爲總論，論投壺之制度。接着列"賓主授受之儀""設壺釋矢之儀""數筭立馬之儀"，乃是分説，説投壺禮中之相關儀節。最後列"觓""馬""籌""筭""壺""鼓"，亦爲分説，講的是投壺禮中涉及的器具。

（2）"武備"類：該門類下詳列"五兵""殳""矛""戈""戟""甲""釬""甲裳""胄""介馴"等條目，全爲名物，並不涉及制度、儀節。但是其中也有總分，"五兵"爲總論文獻中所記五種兵器具體指哪五种，而其後之"殳""矛""戈""戟"則爲分説其中四種之形制。而"甲""釬""甲裳""胄"幾條則皆是講戰士之穿戴，也是按照從整體到部分的順序來排布的。"介馴"是指戰馬之甲，一併歸於甲胄之類。

（3）"婚禮"類：該門類下詳列"婚禮""納采問名""納吉納徵""請期""親迎""婦見舅姑禮""醴婦饗婦禮""舅姑饗送者""姪娣媵""致女""還車之禮""婚姻之時"諸條目，全爲制度、儀節，並不涉及名物。但是觀"婚禮"一條，乃是總論，餘下各條目皆是婚禮中之各項具體禮儀，是爲分説。

（4）"衣服佩用"類下之小門類：以"天子之冕服"類爲例，依次設有"冕服""十二章之服""大裘而冕""袞冕""鷩冕""毳冕""希冕""玄冕""裸冕""日月""星辰""山""龍""華蟲""宗彝""藻""火""粉米""黼""黻"諸條目，其中"冕服"爲總論先秦及後世歷代冕服之制，而"十二章之服"則總論冕服上所繪之十二種花紋。"大裘而冕""袞冕""鷩冕""毳冕""希冕""玄冕""裸冕"爲分説天子之各個冕服，"日月""星辰""山""龍""華蟲""宗彝""藻""火""粉米""黼""黻"則爲分説"十二章"。

　　但是《禮書》中個别門類下諸條目的編排並不遵循上兩條體例，爲特别現
象，比如"宗廟祭祀"下之小門類"田獵"，其先列"田獵"，是爲總論制度，後
所列"火田"乃是考證以火焚山林而田獵之法，"田禽"則實爲辨析五牲爲何五
物，至"射禽之儀"則論田獵時射禽之法，是爲儀節。由此可見，此"田獵"類
大概還是依"先總論，後分説"體例編排，但是其下之制度、儀節、名物則具
有一定隨意性。總的來説，《禮書》中雖偶有門類編排雜亂者，但是總體上是
遵循一定體例的，層次也頗爲分明。

四、各段之體例

　　福清郭氏校經堂本《禮書》郭龍光之識跋中，言及此書體例曰："書中引經
例頂格書，陳氏論斷低一格。"①意思是書中集中引用陳祥道之前各著作内容的
段落，頂格編排。而涉及陳祥道自己論斷的段落則低一格編排。這樣的編排十
分便於區分，頗利讀者。

　　但是仔細考察，可以發現《禮書》並不是嚴格遵循這個體例的，其卷 1 至
卷 24、卷 26 至卷 27、卷 29 至卷 32、卷 35、卷 71 全爲頂格，其中陳祥道之論
斷，並没有低一格編排的現象。這種體例和現象，今所見各版本《禮書》也都
完全相同。如此則郭龍光之説法並不準確。

　　實際上郭龍光所説的這個體例要根據《禮書》相關文字内容的分段來考察，
纔能闡發得更明確。下面詳細論述。

　　1. 兩段式體例

　　《禮書》各篇文字或爲一段，或爲兩段，絶少有三段者。在其爲兩段的
情況下，第一段基本全爲引文。具體的説就是這一段裏全是引文材料的排比
式羅列，陳祥道本人基本不置一詞。其中有小字者，則爲大字引文的注解。
而第二段乃是陳祥道的論斷，雖有引文，但是以議論爲主。這就是郭龍光所
説的"引經例"和"陳氏論斷"的情況。我們舉卷 110 中"乏"條爲例來説明，
其文曰：

　　　　《周禮·射人》：王三侯，三獲三容；諸侯二侯，二獲二容；卿大夫
　　　　一侯，一獲一容；士豻侯，一獲一容。《服不氏》："射則贊張侯，以旌居
　　　　乏而待獲。"《儀禮·鄉射》："乏參侯道，居侯黨之一，西五步。"容謂之乏。
　　　　侯道五十步。此乏去侯北十步，西三丈。《大射》："設乏，西十、北十，凡乏

---

① （宋）陳祥道：《禮書》，清嘉慶九年福清郭氏校經堂刻本，日本國立公文書館藏。

用韋。"前射三日,張侯設乏,欲使有事者豫志焉。《鄉射》:將射,司馬命獲者倚旌于侯中。射者升履物。司馬南揚弓,命去侯。獲者執旌許諾,聲不絶,以至于乏;坐,東面偃旌,興而俟。及射,獲者坐而獲,舉旌以宮,偃旌以商。獲而未釋獲。既射,獻獲者于侯,獲者負侯拜受爵。遂使人執組從之,辟設于乏南。大射獻服不亦如之。

正面北,乏面南,故文反正爲乏。侯各有獲,獲各有容,故王三侯,三獲三容;諸侯二侯,二獲二容;卿大夫士一侯,一獲一容。容,革爲之。鄉射三侯道居侯黨之一,西五步。大射西十、北十。謂之乏,以矢力乏於此也。謂之容,以獲者所厞也。《爾雅》曰:"容謂之防。"郭璞曰:"如小曲屏。唱射者所以自防。容與防皆乏之異名也。"①

此兩段文字,第一段文字中陳祥道節引《周禮·射人》之文,直接引用《周禮·服不氏》《儀禮·鄉射》《儀禮·大射》原文,最後又意引《儀禮·鄉射》中部分儀節文字。其中直接引用的《儀禮·鄉射》和《儀禮·大射》後之小字爲鄭玄之注文。整段中全爲引文,陳祥道不加任何按斷,祇是將相關文獻中涉及"乏"的材料羅列在一起,有點資料彙編的意思。而其發議論的部分則在第二段中,陳祥道根據前所列材料,闡明"乏""容"二物之形制異同。郭龍光所謂"書中引經例頂格書,陳氏論斷低一格"體例,正適應這種情況。祇是《禮書》之卷 1 至卷 24、卷 26 至卷 27、卷 29 至卷 32、卷 35、卷 71 並没有遵循此例。推測其原因,大概是因爲以上這些卷中很少出現文字爲兩段的情況。經統計,這 32 卷中總共有約 200 個條目,而出現兩段式的文字僅有 13 處,分別是:卷 1"大裘而冕"、卷 4"纊"、卷 5"綏""瑱"、卷 6"裳"、卷 7"緣"、卷 11"衽"、卷 14"帶""居士錦帶"、卷 18"副編次"、卷 19"佩"、卷 29"土牛"、卷 35"壺箭"。這個比例是很小的,因此也可能没必要再區分頂格和低一格。

當然,《禮書》中偶爾也會出現個別文字爲兩段,但是並不符合上文所述體例的情況。我們舉"居士錦帶(附弟子縞帶)"條爲例:

《書大傳》曰:"古之帝王必有命民,能敬長憐孤,取舍好讓,舉事力者,命於其君,然後得乘飾車駢馬,衣文錦。"民之未命者,不得衣,不得乘,乘者有罰。鄭氏釋之曰:"居士錦帶。"然則所謂居士,即命民也。

---

① (宋)陳祥道:《禮書》卷 110,國家圖書館藏袁忠徹舊藏本。

居士錦帶，以其有備成之文也；弟子縞帶，以其有受道之質也。縞，薄繒也，與素帶不同。吳季札以縞帶遺子産，蓋吳地之所宜者，縞也。荀卿曰："古之處士，德盛者也，知命者也。今之處士，無能而云能者也，離踪而跂訾者也。"然則處士即居士也。

古之所謂處士，有守節而不仕者，有成材而未仕者。《鄉飲酒禮》："主人就先生而謀賓介。"鄭氏謂"賓介，處士也"。《鄉射禮》："徵唯所欲，以告於先生君子可也。"鄭氏謂"君子，處士也"。此蓋處士之未仕者歟？①

此文字論"居士錦帶"，第一段中先引《書大傳》的内容，隨後就開始發議論，而第二段中雖所論不同於第一段，但是同樣爲議論之辭。故而與一段羅列材料一段發表議論的兩段式體例頗爲不合。縱觀全書，這種現象畢竟是少數，對各段文字之體例不會産生太大影響。

2. 一段式體例

《禮書》中有大量的文字爲一段的情況，這種情況下陳祥道仍是盡力將相關材料羅列在先，然後發出議論，作出論斷。我們舉卷 8"委貌冠"條爲例來説明，其文曰：

《論語》曰："羔裘玄冠不以弔。"《左傳》劉定公謂趙孟"吾與子弁冕端委以治民，臨諸侯"。晏平仲端委立于虎門。《國語》："晉侯端委以入武宮。董安于曰：'臣端委以隨宰人。'"蓋端衣委貌，士以爲祭服，大夫士以爲朝服，私朝服之。天子至士亦以爲齋服。故劉定公、晉侯、董安于皆得以服之。范文子以杖擊其子，折委笄。《士冠禮》緇布冠有纓無笄，則委貌與緇布異矣。②

文中論委貌冠之使用場合及形制，首先列舉了《論語》《左傳》《國語》中關於"端委"的相關記載，然後根據材料展開議論。其實質上與兩段式的體例並沒有多大差别，祇是把兩段話合成一段話説而已。但是因爲一段話即有引文羅列又有陳氏論斷，故而皆低一格編排。當然這仍然要排除全爲頂格的卷 1 至卷 24、卷 26 至卷 27、卷 29 至卷 32、卷 35、卷 71。

---

① （宋）陳祥道：《禮書》卷 14，國家圖書館藏袁忠徹舊藏本。
② （宋）陳祥道：《禮書》卷 8，國家圖書館藏袁忠徹舊藏本。

同樣，一段式中也有一些並不遵循上述體例的，我們舉卷13"虎裘、狼裘"條爲例：

　　人之手足，右強於左；獸之勇摯，虎過於狼。右虎裘，左狼裘，則武士之衛君，手足之衛身也。蓋君之所以制服人者，不特恃夫道德之威而已。故士謂之虎士，門謂之虎門，旗有熊虎之文，車有虎幬之飾。則左右虎狼之裘，宜矣。《周官》虎賁氏掌先後王而趨以卒伍，旅賁氏掌執戈盾，夾王車而趨，左右皆八人。然則君之左右，蓋旅賁之類也。《爾雅》："狼：牡，貛；牝，其子，獥。"舍人曰："狼，牡名貛，牝名。"《說文》曰："狼似犬，銳頭白頰，高前廣後。"陸機曰："善爲小兒啼。"《禮記》有狼臅膏。①

此文論君有虎裘及狼裘之含義，直接發表議論，祇在議論之後引相關文獻以證明其説。與各一段式體例不合。當然，這種現象也同樣是偶爾有之，並不影響大的體例。

通過對兩段式、一段式文字之體例的梳理，我們可以發現其實無論是哪種情況，陳祥道往往是先將相關材料羅列於前，然後再加論斷。這個體例還是很清晰的，同時也説明他在撰寫《禮書》之前的確花費了很大功夫來搜集材料，此書有廣博之譽，名副其實。而郭龍光所言體例，雖然更爲適應兩段式的情況，但是由於一段式中兼有羅列材料和論斷，故而其"陳氏論斷低一格"的説法也勉強對應得上。

第二節　《禮書》內容

陳祥道《禮書》共計一百五十卷，圖文兼備，所包含之內容可謂十分廣博。這裏我們討論其內容，主要針對文字部分，祇在禮圖與文字必須結合纔能説明清楚內容時，酌情討論禮圖的內容，而其他大部分禮圖內容則下文辟專章論述。《禮書》之內容雖然駁雜，但還是有主有次，分述如下。

① 按：陳祥道此處引《爾雅》及舍人之語皆有脱文。《爾雅》原文爲"狼：牡，貛；牝，狼；其子，獥"。舍人之語出於疏文，原文爲"狼，牡名貛，牝名狼"。

一、總結歸納先秦禮制

陳祥道該書名曰《禮書》，觀其名則知其内容應皆關乎禮。而關於禮的範疇爲何，即究竟哪些東西可以被劃歸禮之類，錢玄先生《三禮辭典·自序》中所論較爲精確，其文曰：

> 古之所謂禮，本指祭祀鬼神之事，隨社會發展，禮之範圍逐步擴大，由祭祀之禮而及于人倫之各種規範，再而至于有關政教之典章制度。今試以《儀禮》《周禮》及大小戴《禮記》所涉及之内容觀之，則天子侯國建制、疆域劃分、政法文教、禮樂兵刑、賦役財用、冠婚喪祭、服飾膳食、宮室車馬、農商醫卜、天文律曆、工藝製作，可謂應有盡有，無所不包。其範圍之廣，與今日"文化"之概念相比，或有過之而無不及。①

由此可知，隨着時間的推移，人們將禮的範圍由原來的祭祀鬼神之事逐漸擴大到涉及社會政治、經濟、生活、人倫等各個層面。這種對禮的認知，到了北宋時期就已經基本如此了，因此陳祥道《禮書》所謂先秦的禮和禮制，其範圍本就已經是擴大化的了，與錢玄先生所言相差無幾。

《禮書》中對於禮制的總結歸納，是其内容中非常重要的一個方面，下文將辟專章論述，我們這裏僅舉該書歸納宗法制度的内容爲例，並略加解説，以達窺斑見豹之目的。

陳祥道於《禮書》中總論宗法制度，最主要的一點便是卷62中總結大宗小宗之制，其文曰：

> 百夫無長，不散則亂；一族無宗，不離則踈。先王因族以立宗，敬宗以尊祖，故吉凶有以相及，有無得以相通，尊卑有分而不亂，親踈有別而不貳，貴賤有繫而不間。然後一宗如出乎一族，一族如出乎一家，一家如出乎一人。此禮俗所以刑，而人倫所以厚也。蓋公子不得禰先君，故爲別子。而繼別者，族人宗之爲大宗。遠雖至於絕屬，猶爲之服齊衰三月，母妻亦然。庶子不得祭祖，故諸兄弟宗之爲小宗，以其服服之。大宗，遠祖之正體，則一而巳。小宗，高祖之正體，其別有四。則繼禰者，兄弟宗之；繼祖者，從兄弟宗之；繼曾祖者，從祖兄弟宗之；繼高祖者，族兄弟

---

① 錢玄、錢興奇：《三禮辭典》，鳳凰出版社，2014年，第3頁。

宗之。四世則親盡屬絕，而不爲宗矣。然言"繼別爲宗"，又言"繼別子之
所自出"者，言"繼禰爲小宗"，又言"宗其繼高祖"者，則繼別者，別子之
子也。繼別子之所自出者，即別子也。繼禰者，庶子之子也。繼高祖者，
五世之孫也。繼禰言其始，繼高祖言其終；繼別言其宗，繼別子之所自出
言其祖。①

《禮記·喪服小記》曰："別子爲祖，繼別爲宗，繼禰者爲小宗。有五世而
遷之宗，其繼高祖者也。是故祖遷於上，宗易於下。"②《禮記·大傳》亦曰：
"別子爲祖，繼別爲宗，繼禰者爲小宗。有百世不遷之宗，有五世則遷之宗。
百世不遷者，別子之後也。宗其繼別子之所自出者，百世不遷之宗也。宗其繼
高祖者，五世則遷者也。"③此兩處文字是講宗法制度中大宗小宗之別，但是言
辭簡略，難以明白。

陳祥道總結大宗小宗之制，實際也是先引用了《禮記》中此兩處文字，而
後又分別引了《禮記·曲禮》《文王世子》《內則》《曾子問》、《周禮·太宰》《大
宗伯》《小宗伯》《小史》《諸子》、《儀禮·喪服》、《詩經》等相關記載，然後纔
做出上面所引之按斷。其按斷先言宗法之重要，是闡明宗法之義理。然後一一
解釋大宗小宗之制，屬於歸納性質。爲清晰明了起見，陳祥道還繪有大宗小宗
之關係圖，以輔助理解，如圖 3-2。

觀圖 3-2 則可以看出"諸侯"下之"繼世之君"即是指諸侯之嫡長子，而"別
子爲祖"之別子則是指諸侯之庶子，亦稱公子。此別子不得繼承諸侯，被命爲
卿大夫。此卿大夫即別子成爲這一家族命爲卿大夫爵位的始祖，故曰"別子爲
祖"。此卿大夫下又依禮代代相傳，而他下面之嫡長子則成爲此大宗的宗子，
故曰"繼別爲宗"。因此，我們可以看出，此大宗小宗之宗法制度實際是卿大
夫這一層次的。但是以周代宗法制度的結構來看，實際是應該分天子、諸侯、
卿大夫三個層次的。關於這一點，錢玄先生《三禮通論》中言之最明，引之如
下：

① （宋）陳祥道：《禮書》卷 62，國家圖書館藏袁忠徹舊藏本。
② （漢）鄭玄注，（唐）孔穎達正義，呂友仁整理：《禮記正義》中冊，上海古籍出版
社，2011 年，第 1299 頁。
③ （漢）鄭玄注，（唐）孔穎達正義，呂友仁整理：《禮記正義》中冊，上海古籍出版
社，2011 年，第 1363 頁。

圖 3-2 《禮書》卷 62"大宗小宗"①

　　周代的宗法制度是以氏族血統爲基礎的嫡長子繼承制度，是統治階級維護和鞏固政權的重要手段。制度的要點：凡是有君位和爵位的必須由嫡長子世世繼承，百世不遷，是爲大宗。天子爲全族之長，世世由嫡長子繼承，永爲天子，也是大宗的宗主。天子的庶子封爲諸侯國君，對天子則爲小宗，而對本國也是由嫡長子繼承，百世不遷，爲本國的大宗。諸侯之庶子，任命爲卿大夫，對諸侯則爲小宗，而對本家族也是嫡長子繼承，百世不遷，爲本家族的大宗。卿大夫之庶子，也由嫡長子繼承，但無爵位繼承，爲小宗的宗主，統領本家族中同高祖的兄弟。小宗到第五代，就要分出幾個小宗，所謂"五世則遷"。②

---

① 按：《禮書》元刻本中此圖祇有方框，沒有文字，殊不分明，故採用明刻本中之圖。

② 錢玄：《三禮通論》，南京師範大學出版社，1996年，第438頁。

錢玄先生此番總結較之陳祥道所言當然更加全面，但是我們也要考慮陳祥道所能依據的文獻材料畢竟有限這個事實，實際上，在《三禮》之中確實衹是記載了卿大夫這個層級的宗法之制，陳祥道據經文將其理清，已經是有功於禮學研究了。

二、梳理歷代禮制沿革

1.《禮書》梳理歷代禮制沿革的方式

《禮書》不僅討論先秦禮制，而且對某些禮制的歷代沿革情況也作了梳理。這種梳理主要通過兩種方式進行，第一種是直接加以總結概括，或引用相關文獻記載，或直接敘述，將歷代禮制一一呈現。我們舉卷1"冕服之制"爲例來說明：

> 《後漢·輿服志》曰：上古穴居而野處，衣毛而冒皮。後世聖人觀翬翟之文，榮華之色，乃染帛以效之，成以爲服；見鳥獸有冠角䫇胡之制，遂作冠冕纓蕤，凡十二章。至周九章。秦滅去禮學，郊祀之服，皆以袀玄……漢承秦，故至顯宗初服旒冕，衣裳文章，赤舄絇履，衣裳玄上纁下，乘輿備文，日月星辰十二章；三公、諸侯用山龍，九章；九卿以下用華蟲，七章。皆備五采。大佩赤舄絇履，以承大祭。冕冠垂旒，前後邃延，玉藻。孝明皇帝永平二年初，召有司采《周官》《禮記》《尚書·皋陶篇》，乘輿服從歐陽氏說，公卿以下，從大、小夏侯氏說。冕皆廣七寸，長尺二寸，前圓後方，朱綠裏，玄上，前垂四寸，後垂三寸，係白玉珠爲十二旒，以其綬采色爲組纓。三公、諸侯七旒，青玉爲珠。卿大夫五旒，黑玉爲珠。皆有前無後，各以其綬采色爲組纓，旁垂黈纊。郊天地、宗祀明堂則冠之。後魏明帝以公卿袞衣黼黻之文，擬於至尊，復損略之。宋、齊皆王公平冕，九旒，衣山龍以下九章；卿七旒，衣華蟲以下七章。後周設司服之官，掌皇帝十二服，祀昊天上帝則蒼衣蒼冕，祀東方上帝及朝日則青衣青冕，祀南方上帝則朱衣朱冕，祭皇地祇中央上帝則黃衣黃冕，祀西方上帝及夕月則素衣素冕，祀北方上帝祭神州社稷則玄衣玄冕，享先皇加元服，納后、朝諸侯則象衣象冕。十有二章，袞冕自龍以下凡九章，山冕八章，鷩冕七章，冕通十有二旒。諸公之服九，一曰方冕，二曰袞冕九章，三曰山冕八章，四曰鷩冕七章，五曰火冕六章，六曰毳冕五章，七曰韋弁，八曰皮弁，九曰玄冠。諸侯服自方冕而下八，無袞冕，山冕八章，鷩冕七章，火冕六章，毳冕五章，俱八旒；諸伯自方冕而下七，又無山

冕，鷩冕七章，毳冕五章，火冕以下俱七等，俱七旒；諸子服自方冕而下六，又無鷩冕，火冕六章，毳冕五章，毳冕以下俱六等，俱六旒；諸男服自方冕而下五，又無火冕，毳冕五章，冕五旒。三公之服九，一曰祀冕，二曰火冕六章，三曰毳冕五章，四曰藻冕四章，五曰繡冕三章，六曰爵弁，七曰章弁，八曰皮弁，九曰玄冠。三孤之服自祀冕而下八，無火冕，毳冕五章，藻冕四章，繡冕三章；公卿之服自祀冕而下七，又無毳冕，藻冕四章，繡冕三章；上大夫之服自祀冕而下六，又無藻冕，繡冕三章；中大夫之服自祀冕而下五，又無皮弁，繡冕三章；下大夫之服自祀冕而下四，又無爵弁，繡冕三章。士之服三，一曰祀弁，二曰爵弁，三曰玄冠……庶士之服一玄冠。隋改後周制度，乘輿袞冕，垂白珠十有二旒，服十二章。皇太子袞冕，垂白珠九旒，服九章。王國公、開國公、三公袞冕，青珠九旒，服九章。侯鷩冕，八旒，服七章；伯鷩冕，七旒，服七章；子毳冕，六旒，服五章；男毳冕，五旒，服五章。唐制天子之服十四。大裘冕者，祀天地之服也，廣八寸，長一尺二寸，以版爲之，黑表纁裏，無旒。袞冕廣一尺二寸，長二尺四寸，金飾玉簪導，垂白珠十二旒。鷩冕八旒，七章。絺冕六旒，三章。玄冕五旒，裳刺黼。皇太子之服六，袞冕白珠，九旒。羣臣之服二十有一。袞冕者，一品之服也，九旒，青絲爲珠，貫三采玉。鷩冕者，二品之服也，八旒。毳冕者，三品之服也，七旒。絺冕者，四品之服也，六旒。玄冕者，五品之服也，以羅爲之，五旒。衣鞍無章，裳刺黻一章。平冕者，郊廟武舞郎之服也，黑衣絳裳。爵弁者，六品以下，九品以上，從祀之服也，以紬爲之，無旒。①

　　此段述歷代冕服之制，從上古人們穴居野處、衣毛冒皮説起，後世聖人製作冠冕纓蕤，始有十二章之服，至周則爲九章。秦代毀滅禮法，服皆以玄。漢初猶承秦制，至顯宗時，服周之冕，制度稍有增減。孝明帝永平二年定冠服之制，頗不同於周代，是爲特例。此後後魏、宋、齊、後周、隋、唐，冕服之制皆擬於周禮，但歷代相沿，皆有所損益。陳祥道在梳理冕服之制的過程中，直接將該禮制的歷代情況一一道明，並不作相關議論，可以説是總結性的。

　　第二種方式是將历代禮制分別梳理，但在最後會斷明後世哪一代的禮制非古制，即哪代禮制與周代之禮制不同。我們舉卷 20 婦人佩綬之制爲例來説明：

---

　　①　(宋)陳祥道：《禮書》卷1，國家圖書館藏袁忠徹舊藏本。

漢制，太皇太后、皇太后、皇后綬與乘輿同，公主綬與諸侯王同。唐制亦皇后佩綬如天子，公主、王妃佩綬同諸王。然其所謂綬者，非古綬制也。

陳祥道在此明確説明了漢唐兩代不同等級婦人佩綬差别，最後按斷此兩代之綬制實際與周代之制已經是不一樣的了。又如《禮書》卷八論歷代緇布冠之制，先論周代緇布冠之制，復言漢、唐之緇布冠，其文曰：“《漢志》謂緇布冠爲進賢冠，公侯三梁，中二千石至博士兩梁，私學弟子一梁。唐制天子五梁，三品以上三梁，五品以上二梁，九品以上一梁，非古也。”漢、唐兩代緇布冠之制雖亦有等級差别，但是與周代之緇布冠卻已不同。

綜合來看，《禮書》梳理歷代禮制沿革的兩種方式，以第一種所占比例爲多。但是其第二種方式中對後世禮制與周代禮制之不同略加按斷，亦有十分重要的價值，不可因其數量不多而加以忽視。

2.《禮書》所梳理之歷代禮制具體内容

首先需要特别加以注意的是，《禮書》並非是對北宋以前所有朝代的相關禮制都逐一梳理，它大多是梳理幾個朝代的禮制，有時甚至僅對秦以後某朝代之禮制展開闡述，比如卷 21 論及紛帨之制，就僅僅闡明了唐代該禮制的情況。爲了直觀展現其具體内容，下面我們通過表 3-2 來反映。

表 3-2

禮制	卷次	朝　　代
冕服之制	卷 1	上古、周、秦、漢(顯宗時期、明帝時期)、宋、齊、後周、隋、唐
繅旒之制	卷 4	周、漢
紘制	卷 5	周、漢、唐
冠制	卷 8	周、漢、唐
緇布冠	卷 8	周、漢、唐
諸侯、大夫、士中衣之制	卷 11	周、漢(明帝時期)、後齊、隋、唐
帶制	卷 14	周、隋、唐

续表

禮制	卷次	朝代
組綬之制	卷 20	周、秦、漢、唐
婦人佩綬制	卷 20	周、漢、唐
紛帨之制	卷 21	唐
公桑蠶之制	卷 30	周、漢、後漢、晉、宋、齊、後周、隋
朝覲冕服之制	卷 39	漢、晉、梁、隋、唐
士庶子宿衛制	卷 44	秦、漢(武帝時期、明帝時期)、魏、晉、北齊、唐(武德年間、貞觀年間)
虎士五隸守衛之制	卷 44	秦、漢、唐
禘祫之制	卷 71	唐(睿宗以後)
祀明堂之制	卷 89	由漢及唐

將表 3-2 與前面《禮書》論先秦禮制具體内容的表格進行對比，可以非常直觀地看到二者在所論禮制數量上的差異。造成這種差異的最主要的原因，應該是隨着時代的發展，很多禮制已經消亡，不復存在，故而《禮書》中論先秦禮制數量遠超論秦代以後禮制之數量。

三、論斷個別細節之禮

《禮書》中也有不少條目論及個別細節之禮的，這個細節之禮是相對於整體的禮而言的。整體的禮具有一定的系統性，而細節之禮則是整體的禮中的某個小單元。比如婚禮爲一個系統的、整體的禮，其中包括納采、問名、納吉、納徵、請期、親迎及婦見舅姑禮、醴婦饗婦禮、還車之禮等細節之禮。這些細節之禮又和禮之儀節有所區别，禮之儀節重在行禮中的動作、方位，比如揖讓周旋之類，而細節之禮稍具概括性，不僅包括禮之儀節，也説明禮之名稱、應用場合、禮義等。我們舉卷 38"視朝退朝之禮"爲例來説明：

> 《玉藻》曰："朝辨色始入，君日出而視之，退適路寢聽政。使人視大夫，大夫退，然後適小寢釋服。"則朝辨色始入，所以防微；日出而視之，所以優尊。《詩》曰："夜嚮晨言，觀其旂臣。"辨色始入之時也。又曰："東方明矣，朝既盈矣。"君日出而視之之時也。蓋尊者體盤，卑者體蹙。

體蹙者常先，體盤者常後。故視學，衆至然後天子至；燕禮，設賓筵，然後設公席。則朝禮，臣入，然後君視之。皆優尊之道也。然朝以先爲勤，以後爲逸，退以先爲逸，以後爲勤。朝而臣先於君，所以明分守；退而君後於臣，所以防怠荒。此所以“使人視大夫，大夫退，然後適小寢釋服”也。然則公卿諸侯之朝王，其有先後乎？《詩》云：“三事大夫，莫肯夙夜。邦君諸侯，莫肯朝夕。”夫夙先於朝，夜後於夕，則公卿朝常先至，夕常後退，諸侯朝常後至，夕常後退。①

此論諸侯每日視內朝之視朝退朝禮，先引《玉藻》之文，述其基本禮儀。然後陳祥道自爲解説，釋其禮義。群臣“朝辨色始入，所以防微”，諸侯“日出而視之，所以優尊”。又解視朝與退朝皆大夫先、君後之義，乃是“朝以先爲勤，以後爲逸，退以先爲逸，以後爲勤。朝而臣先於君，所以明分守；退而君後於臣，所以防怠荒”，十分確當。由此諸侯視朝、退朝之先後進而聯想到公卿諸侯朝王是否也有先後？引《詩經》之文，証公卿朝王常先至，退朝朝後於王退。諸侯朝王則後於王至，退朝亦後於王退。

上例中陳祥道論此細節之禮徵引文獻詳實，論説儀節有據，考證禮義精當，足見其“廣博該恰”。然而其所論也並非都如此正確，間亦有失誤者，例如卷107“主皮之射”條所云：

《周禮·鄉大夫》：以鄉射之禮五物詢衆庶，有主皮之射。《鄉射·記》曰：“又射，不勝者降。”鄭氏釋《周禮》曰：“庶民無射禮，因田獵分禽，則有主皮。”釋《鄉射》曰：“禮射，大射、賓射、燕射也。不主皮者，貴其容體比於禮，其節比於樂，不待中爲備也。言不勝者降，則不復升射也。主皮者無侯，張獸皮而射之，主於獲也。《尚書大傳》曰：戰鬬不可不習，故於蒐、狩以閑之也。閑之者，貫之也。貫之者，習之也。凡祭，取餘獲陳於澤，然後卿大夫相與射也。中者，雖不中也，取；不中者，雖中也，不取。所以貴揖讓之取也，而賤勇力之取。嚮之取也於圉中，勇力之取也；今之取也於澤宮，揖讓之取也。澤，習禮之處，非所以行禮。其射又主中，此主皮之射與？”蓋主皮之射，庶人之禮也。卿大夫或用之於澤宮，鄉大夫或用之以詢衆庶。用之以詢衆庶，在和以容之後。則主皮之射，雖君子之所不廢，亦非其所尚也。晚周之時，射尚主皮，故孔子譏之

① （宋）陳祥道：《禮書》卷38，國家圖書館藏袁忠徹舊藏本。

曰："射不主皮，爲力不同科，古之道也。"①

主皮之射禮應是整個射禮中之一個細節之禮。陳祥道首先引《周禮·鄉大夫》《鄉射·記》及鄭玄注解之文，以明確其基本的文獻記載及前人觀點。然後得出了結論：所謂主皮之射，大概是庶人之禮，卿大夫或用之於澤宮，鄉大夫或用之以詢衆庶。此論斷"主皮之射"禮，闡述了其應用場合及階層，引用鄭玄言澤宮之射爲尚揖讓之取的觀點，又説明了禮義。

但是，如果仔細考察陳祥道所論斷的主皮之射，就會發現其並非完全正確，實際還是存在一些問題，下面試爲分析。

《周禮·鄉大夫》中"以鄉射之禮五物詢衆庶"之五物，是指"一曰和，二曰容，三曰主皮，四曰和容，五曰興舞"，可知主皮爲鄉射五物之一。鄭玄注曰："主皮者，張皮射之，無侯也。"②是認爲鄉射禮之射是主皮的。而《鄉射·記》之原文全文爲："禮射不主皮。主皮之射者，勝者又射，不勝者降。"③是説鄉射禮之射是不主皮的。則同爲鄉射禮，一曰主皮，一曰不主皮，豈非互相矛盾？

鄭衆注《周禮·鄉大夫》"三曰主皮"云："主皮謂善射。"這就和鄭玄所解"張皮射之"不同。而《論語注疏》中引馬融注解曰："射有五善焉：一曰和志，體和。二曰和容，有容儀。三曰主皮，能中質。"④"能中質"的意思是能射中靶子，即善射，其解主皮之意同於鄭衆而異於鄭玄。究竟孰是孰非？《周禮·鄉大夫》之"三曰主皮"，此主皮乃"五物"之一，賈公彥疏曰："物，事也。"五物即指五事、五種規定。在《周禮·鄉大夫》的語境下，其意思是鄉老和鄉大夫在本鄉與鄉人舉行鄉射禮，以五項規定要求和觀察射箭的人，詢求大家的看法，以此"使民興賢，出使長之，使民興能，入使治之"。主皮是五項規定之第三項，應該是一種形容性質的詞，而非動詞，則鄭玄之解顯然是錯誤的。

我們知道，西周之射禮分爲大射、賓射、燕射和鄉射幾種，劉寶楠《論語正義》曰："禮惟大射有皮。所謂皮侯，棲皮爲鵠者也。賓射，則用采侯，畫

---

① （宋）陳祥道：《禮書》卷107，國家圖書館藏袁忠徹舊藏本。

② （漢）鄭玄注，（唐）賈公彥疏，彭林整理：《周禮注疏》上冊，上海古籍出版社，2010年，第418頁。

③ （漢）鄭玄注，（唐）賈公彥疏，賈海生點校：《儀禮注疏》第1冊，浙江大學出版社，2016年，第493頁。

④ （魏）何晏注，（宋）邢昺疏，朱漢民整理，張豈之審定：《論語注疏》，北京大學出版社，2000年，第40頁。

布爲五采以爲正。燕射、鄉射，則畫布爲獸形以爲正，皆不用皮也。"①即鄉射是不用獸皮的，祇是用布畫上獸形作爲靶子。既然無皮，那麼爲什麼要用主皮來表示善射的意思呢？孫詒讓在其《周禮正義》給了一個比較可靠的解釋："主皮之名，蓋起於大射。大射張皮侯，以皮飾侯，又方制之以爲鵠，故以中鵠爲主皮。賓射采侯，鄉射獸侯，雖不棲皮，亦沿大射主皮之名。"②即大射之禮中以皮做成鵠，即箭靶。射中此鵠就是射中了皮，故而用主皮表示射中。鄉射之獸侯雖不用皮，但是沿用大射主皮之名，射中了也叫主皮。因此《周禮·鄉大夫》中所謂"主皮"僅是考察射者的儀容、能力等的五種標準之一，並非指射的動作。鄭玄既誤，而陳祥道下文言"鄉大夫或用之以詢衆庶"，明顯也是繼承鄭玄之説，有所不當。

《鄉射·記》中"禮射不主皮"一句，鄭玄注曰："不主皮者，貴其容體比於禮，其節比於樂，不待中爲備也。"即禮射不求全射中，這樣就把主皮解釋爲射中之意了，正與《周禮·鄉大夫》之主皮意義相同。由此可知，鄉射禮經文中出現的五物之一的"主皮"二字僅是取其射中之意，禮射中並無實在意義上的主皮之射。而《鄉射·記》所言"又射，不勝者降"則應爲實在意義上的主皮之射，但是並不在禮射範疇内。故而鄭玄注曰："庶民無射禮。因田獵分禽，則有主皮。"意思是主皮之射乃於田獵分禽時行之。但是鄭玄多説了一句"庶民無射禮"，是針對鄉大夫雖以五物詢衆庶而言，並非連下句"因田獵分禽，則有主皮"而言庶人有主皮之射禮。陳祥道誤會鄭玄之意，故而得出主皮之射乃庶人之禮的結論，實爲錯誤。

那麼田獵分禽之射具體又是如何呢？鄭玄曰："《尚書傳》曰：戰鬥不可不習，故於蒐狩以閑之也……凡祭，取餘獲陳於澤，然後卿大夫相與射也。中者，雖不中也取；不中者，雖中也不取。"賈公彦疏曰："此則《周禮·山虞》田訖，虞人植旗於中，屬禽焉，每禽擇取三十餘，將向國以祭，謂若《大司馬》云'仲春祭社，仲夏享礿，仲秋祀方，仲冬享烝'，已祭，乃以餘獲陳於澤宫中。卿大夫、士共以主皮之禮射取之。云'雖不中''雖中'者，據向田時也。"③意思是田獵後已經舉行完了祭禮，將剩餘的獵物陳列於澤，卿大夫、士

① （漢）劉寶楠撰，高流水點校：《論語正義》上册，中華書局，1990年，第105頁。
② （清）孫詒讓著，汪少華整理：《周禮正義》第3册，中華書局，2015年，第1032頁。
③ （漢）鄭玄注，（唐）賈公彦疏，賈海生點校：《儀禮注疏》第1册，浙江大學出版社，2016年，第494頁。

共同舉行主皮之射以獲取獵物，射中者，此獵物即归其所有。規則是即使在田獵中没有射到獵物的，但這次射中了，就可以取得獵物；即使在田獵中射中了獵物的，但這次没射中，則不能取得獵物。這樣做的原因是"貴揖讓之取"，田獵之射是勇力之取，而祭後澤宫之射是揖讓之取。鄭玄認爲此澤宫竟射乃是習禮，射又主中，大概就是主皮之射吧。賈公彦疏又曰："云'此主皮之射與'者，《書傳》不言主皮，以義約同，故云'與'以疑之也。"因此經文並無記載此澤宫之射即爲主皮之射，鄭玄也並不是很肯定，袛是因其與主皮之射類似，故而疑爲即是。

綜上所述，陳祥道"蓋主皮之射，庶人之禮也"的結論，實際上是錯誤理解鄭玄之意，庶人並無射禮。"鄉大夫或用之以詢衆庶"這句，"之"字實際指"主皮"，意思是善射，並非主皮之射這個禮，故而亦有不當。"卿大夫或用之於澤宫"，乃從鄭玄之説，鄭玄言"此主皮之射與"，其實並不是很肯定，陳祥道亦未加辨明，有所不足。

《禮書》中論斷細節之禮的條目不在少數，如卷 30"薦鞠衣之禮"、卷 59 之"燔瘗""守瘗"、卷 83 之"陰厭""陽厭"、卷 107 之"貫革之射"等皆是。通過對陳祥道所論"主皮之射"禮的分析，我們可以看到《禮書》中對此類細節之禮的論斷並不總是正確的，個别也會存在一些問題，需要仔細加以辨别。

四、考證行禮儀節方位

《儀禮》講行禮之儀節方位，《禮書》作爲通禮類著作，自然要論及於此，下面具體闡述。

1.《禮書》考證行禮儀節方位之形式

概而言之，《禮書》考證行禮儀節方位的形式有兩種，第一種是散見於討論細節之禮的篇章中，如卷 50"天子諸侯視學之禮"條之第二段文曰：

> 《禮》曰天子視學四：養老也，簡不帥教也，出征受成也，以訊馘告也。養老必於仲春、季春、仲秋，而簡不帥教、出征受成、以訊馘告者無常時。雖有常時，其入學也，亦必養老焉。《文王世子》曰"天子視學，大昕鼓徵，所以警衆也"，"適東序，釋奠於鄉老，遂設三老五更羣老之席位焉。適饌省醴，養老之珍具，遂發咏焉。退修之以孝養也"。《祭義》曰："天子當入學而太子齒。"蓋天子將視學，以鼓徵衆，序立以齒。及天子至，命有司行事，祭先師、先聖於西學。有司卒事反命，乃適東序，養老焉。此視學之大略也。漢明帝袒割辟廱之上，養三老五更。饗射禮畢，

帝正坐自講，諸儒執經問難於前。冠帶搢紳之士，圍橋門而觀聽者蓋億萬計。豈亦先王之髣髴乎？《學記》曰："未卜禘，不視學，游其志也。"蓋古者喪畢則禘，未卜禘而視學，非所以示孝道，而不足以游學者之志也。《春秋傳》稱晉人曰："以寡君之未禘祀。"未禘祀猶不可務外事，況視學乎？諸侯視學之禮，蓋有同於天子。《詩》曰："魯侯戾止，在泮飲酒。既飲旨酒，永錫難老。"此養老也。"在泮獻囚"，此以訊馘告也。①

此段主要論天子視學之禮，除了論其視學禮中養老、簡不帥教、出征受成、以訊馘告外，其"蓋天子將視學，以鼓徵眾，序立以齒。及天子至，命有司行事，祭先師、先聖於西學。有司卒事反命，乃適東序，養老焉。此視學之大略也"部分，則是論述視學禮的儀節方位。這類情況不獨此例中存在，其他細節之禮中亦多有涉及。之所以這樣，是因為細節之禮本身是一個稍具概括性的概念，而任何禮都要依託儀節纔能表現出來，沒有了儀節，禮就是空的。《禮記·中庸》所謂"優優大哉！禮儀三百，威儀三千"，孔穎達疏曰："'威儀三千'者，即《儀禮》行事之威儀。《儀禮》雖十七篇，其中事有三千"②，就直接表明了儀節之多且重要。

第二種形式就是集中段落全文討論儀節方位，通常這種形式都有非常明顯的標誌，即相關條目之題目都含有"節""儀""位"等字眼，比如卷16"用屨脫屨之節"、卷41"明堂朝諸侯之位"、卷64"士冠筮日之儀"等。陳祥道如何考證行禮之儀節方位，我們以卷64"陳服設筵及加冠之儀"為例來説明：

服陳于房，東領，上北。贊者立于房，西面，上南。醴設于房，尊、篚、籩、豆上南。冠弁執于西，坫南，上東。主人立于東序，面西。賓立于西序，面東。冠者未冠，既冠，面南。即席加冠，面西。醴之西南，其降而見母，面北。其始也，賓揖，冠者即筵坐，贊者坐，櫛，設纚。賓降與升，正纚，降受弁，進容，祝而冠之。既冠，揖之，適房，服其服。又揖之，即筵坐，櫛，纚，祝，加如初。蓋賓盥所以致潔，降盥、降受冠弁所以致敬。始加，受冠，降一等，執者升一等。再加降二等，三加降三等，以服彌尊，故降彌下也。始祝"棄爾幼志，順爾成德"，再祝"敬爾威

① （宋）陳祥道：《禮書》卷50，國家圖書館藏袁忠徹舊藏本。
② （漢）鄭玄注，（唐）孔穎達正義，吕友仁整理：《禮記正義》下冊，上海古籍出版社，2011年，第2032頁。

儀，淑慎爾德"，三祝"兄弟具在，以成厥德"。以順成德，然後慎德，慎德然後能成德也。《禮記》曰："五十以伯仲，周道然也。"《冠禮》："既冠而字之，曰伯某甫，仲、叔、季者，唯其所當。"賈公彥曰："殷質，二十爲字之時，兼伯、仲、叔、季呼之。周文，二十爲字之時，未呼伯、仲，至五十乃加而呼之。"其說是也。①

此段"服陳于房"至"其降而見母，面北"，爲概括陳服、設筵及加冠之儀，實際上是梳理了士冠禮的一般過程。而《儀禮·士冠禮》原文此過程具體步驟卻是：冠日陳設→主人與賓等各就內外位→迎賓及贊冠者入→初加緇布冠→再加皮弁→三加爵弁→賓醴冠者→冠者見於母。陳祥道省掉了迎賓及贊冠者入這一環節，十分簡略。從具體內容上來看，僅就陳服一項來看，《士冠禮》原文先敘"陳服於房中西墉下，東領，北上"，然後詳述所陳之爵弁服、皮弁服、玄端的形制，而陳祥道僅闡述了"服陳于房，東領，上北"一句就算交代了。

段中"其始也"至"祝加如初"，爲詳細論述加冠禮的過程。然而此所謂詳細，也比《士冠禮》原文簡潔很多。《士冠禮》原文敘一加緇布冠過程爲：

> 賓揖將冠者，將冠者即筵坐。贊者坐，櫛，設纚。賓降，主人降。賓辭，主人對。賓盥卒，壹揖，壹讓，升。主人升，復初位。賓筵前坐，正纚，興，降西階一等。執冠者升一等，東面授賓。賓右手執項，左手執前，進，容，乃祝，坐如初，乃冠。興，復位。贊者卒。冠者興。賓揖之適房，服玄端、爵韡。出房，南面。②

而陳祥道直接省掉了賓與主人辭對揖讓的過程，僅用"賓降與升"四字表示有這麼一個環節而已。後面的再加皮弁、三加爵弁直接用"又揖之，即筵坐，櫛，纚，祝，加如初"一句話帶過，可謂簡到極點。

從"蓋賓盥所以致潔"至"慎德然後能成德也"，乃闡發行禮儀節之禮義。從"《禮記》曰"至末尾，是論加冠之後給冠者命字的相關文獻記載和注疏者的觀點。綜觀此段，集中論述加冠禮的過程及儀節，但是非常簡潔。《儀禮》自

---

① （宋）陳祥道：《禮書》卷 64，國家圖書館藏袁忠徹舊藏本。
② （漢）鄭玄注，（唐）賈公彥疏，賈海生點校：《儀禮注疏》第 1 冊，浙江大學出版社，2016 年，第 266 頁。

古號稱難讀，因其儀節繁複難明，而陳祥道此論較之《儀禮》所記更簡，豈不是更難明了？陳祥道不會不知此點，那爲什麼還要這樣呢？我們將其文與《儀禮・士冠禮》對照，可以發現首先他省掉了名物形制的部分，比如陳服環節中有關爵弁服、皮弁服、玄端的具體論述，這樣就祇剩下儀節了，使讀者不會受名物形制紛繁的干擾。其次他把儀節中與加冠沒有直接關係的部分省掉了，比如賓與主人的辭對揖讓，這樣就祇剩下了賓和冠者之間的加和被加的過程，一目了然。另外，此論加冠禮省去了一些儀節，雖較之《士冠禮》原文略顯太簡，但是陳祥道本意也並不是要把《士冠禮》原文再闡述一遍，其側重點在於使讀者一看便明了其大體過程，因此雖極簡卻自有其道理。

以上兩種形式，就其所占比例來說，當然還是以第一種形式居多。禮要依靠儀節來表現，故凡論禮處，不管是論禮制還是禮器，皆要提及儀節方位，因此第一種形式可謂無處不在。但是第二種形式相對來說更顯集中，更具完整性和系統性，也更容易理清其脈絡，頗便於研究學習。

2.《禮書》考證行禮儀節方位之具體內容

就內容而言，《禮書》所考證行禮儀節方位自然是包括儀節和方位兩種。其考儀節，上文已經舉例說明，下面分析其考證行禮方位方面的情況，舉卷一百零八"大射之位""鄉射之位"爲例來說明：

> 鄉射於序而用鹿中，鄭氏謂士爲州長者之禮也。然其言射必兼庠序，言禮必兼大夫。《周官》鄉大夫有鄉射之禮，則鄉射不特士而已。大射前二日，"宰夫戒宰及司馬"；鄉射不言，蓋戒與射同日也。大射有大射正、小射正、司射，鄉射則有司而已，蓋皆主人之吏爲之也。大射設次於東，故不適堂西；鄉射無次，故射者適堂西而已。大射負侯者諾則以宮，又諾以商；鄉射獲者諾聲不絕而已。大射獻服不則侯西北三步，北面拜受爵，鄉射獻獲者於侯而已。以服不，士也，故獻近於乏；鄉人，賤也，故獻即於侯也。大射鍾師以鍾鼓奏《祴夏》，鄉射以鼓《祴夏》。以君尊，故有鍾鼓；大夫士卑，特用鼓也。大射度侯道以《貍步》，鄉射則度以《弓》。大射乏西十步，北十步；鄉射則乏參侯道，居侯黨之一西五步。此大射、鄉射之別也。①

此條通過論大射、鄉射之別來反映其不同之位，但是僅憑文字，不夠直

---

① （宋）陳祥道：《禮書》卷108，國家圖書館藏袁忠徹舊藏本。

觀，所以陳祥道繪有兩圖，我們可以結合禮圖所示進行説明，如圖 3-3、圖3-4
所示。

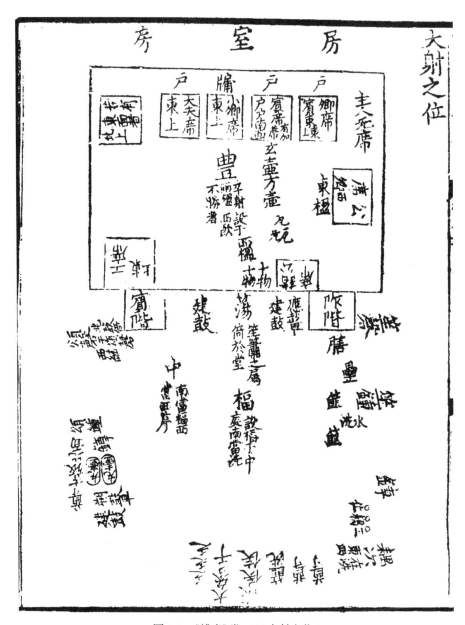

圖 3-3 《禮書》卷 108"大射之位"

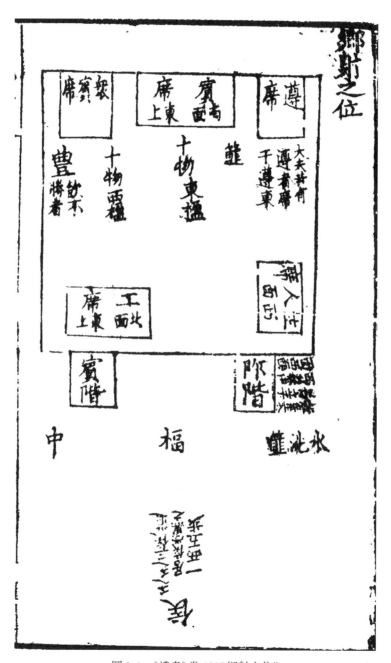

圖 3-4　《禮書》卷 108"鄉射之位"

圖 3-3 以及圖 3-4 中所示大射、鄉射之方位圖，參與之人及相應物品所居之位，都十分明晰。而陳祥道文中論二者之別，需結合禮圖一一解説。《禮記·鄉射禮》記曰：“乃席：賓南面，東上；衆賓之席繼而西；席主人於阼階上，西面。”賓、衆賓、主人之席位，於圖中皆有所示。又曰：“尊於賓席之東，兩壺，斯禁，左玄酒，皆加勺。篚在其南，東肆。設洗於阼階東南……水在洗東。篚在洗西，南肆……乃張侯……乏參侯道居侯黨之一，西五步。”其中除了尊、壺、斯禁、玄酒外，餘皆於圖中有所反映。尊、壺等幾物之位置應是圖中“遵席”所在之處，然則陳祥道所畫有錯麽？《鄉射禮》曰：“大夫若有遵者……席於尊東。”依此所記，則應於圖中遵席與賓席之間畫上尊、壺、斯禁、玄酒等物。大概受圖幅之限，陳祥道没有畫上，但是於圖中交代了一句“大夫若有遵者，席於遵東”，故而也算説清楚了位置，並不是畫錯。圖中突出遵席，即因陳祥道文中“《周官》鄉大夫有鄉射之禮，則鄉射不特士而已”這句話。

《禮書》文中又曰：“大射設次於東。”所謂次，乃是以布帷、蘆席臨時張設的供舍息之處。凡大祭祀、朝覲、田獵、射禮、冠禮、喪禮均有設次之事。《周禮·天官·掌次》云：“射，則張耦次。”①然《儀禮·大射禮》文中言射前陳設部分並没有“次”，僅於後文有曰“司射適次”“司射入於次”“上耦出次”“司馬正適次”等，並未言及方位。鄭玄注曰：“次，若今時更衣處，張幃席爲之。耦次在洗東南。”賈公彦疏曰：“云‘耦次在洗東南’者，此無正文，案《鄉射記》云‘設楅橫奉之，南面坐奠之，南北當洗’，此下云三耦出次，西行拾取矢，又當北行向楅，則次在洗東南矣。”②是以陳祥道知耦次設於東，然其禮圖中所繪耦次下小字注曰“在洗東西”，考之《禮書》各個版本，文字皆同，此則誤矣，其實應在洗東南。

陳祥道言：“大射獻服不，則侯西北三步，北面拜受爵。”此據《儀禮·大射禮》“獻服不，服不侯西北三步，北面拜受爵”之文。言“鄉射獻獲者於侯而已”，此據《儀禮·鄉射禮》“司馬洗爵，升實之以降，獻獲者于侯”之文。所謂“獻”，鄭玄注《鄉飲酒禮》曰：“獻，進也。進酒於賓。”③《鄉射禮》所謂“獲者”，即唱獲之人。《大射禮》所謂“服不”，亦爲唱獲之人。鄭注曰：“言服不

① （漢）鄭玄注，（唐）賈公彦疏，彭林整理：《周禮注疏》，上海古籍出版社，2010年，上册第 206 頁。
② （漢）鄭玄注，（唐）賈公彦疏，賈海生點校：《儀禮注疏》第 1 册，浙江大學出版社，2016 年，第 583 頁。
③ （漢）鄭玄注，（唐）賈公彦疏，賈海生點校：《儀禮注疏》第 1 册，浙江大學出版社，2016 年，第 379 頁。

者，著其官，尊大侯也。服不，司馬之屬，掌養猛獸而教擾之者。"①故而服不與獲者在射禮中的職責實際上是一樣的，衹不過叫法不同。另外，依鄭玄注文"獻服不之徒乃反位"及賈公彥疏文"服不與其徒二人共在獲所獻"，可知大射禮中服不有二獲者爲徒，實爲獲者之長。由此，則服不與獲者同職，爲何所獻方位有不同呢？陳祥道曰："以服不，士也，故獻近於乏；鄉人，賤也，故獻即於侯也。"此説實出於賈公彥《鄉射禮》疏："注云'近其所爲獻'，彼國君禮，使服不士官唱獲，故就其所爲唱獲獻之，此'鄉人獲者賤'，故獻於侯，明以侯爲功得獻也。"②然而此皆未説明《大射禮》中服不要在侯西北三步接受獻酒的原因，清代孔廣林《儀禮臆測》及吳廷華《儀禮章句》皆解釋爲君禮有別，可備一説。

另外，陳祥道言《大射禮》中"以服不，士也，故獻近於乏"，此與賈公彥《大射禮》疏言"云'近其所爲獻'者，以其服不得獻，由侯所爲，故不近乏而近侯獻之"不同。考之《大射禮》，其文曰："設乏，西十，北十。凡乏用革。"鄭玄注曰："容謂之乏，所以爲獲者禦矢。"③即乏是射時爲唱獲者遮擋箭矢的東西，其形似屏，以革爲之。因大射禮侯有大侯、參侯、干侯三種，故乏亦有三。乏的位置是各距離它的侯西邊十步，北邊十步。此於陳祥道所繪禮圖中皆有反映。陳祥道自己也説"大射乏西十步，北十步"，則大射禮中服不在侯西北三步，北面拜受爵，是近於侯而遠於乏，陳祥道所言服不獻近於乏，實爲有誤。

通過以上分析，我們可以看到，陳祥道對行禮方位的考證還是比較可靠的，所言某人居何位，某物置何處，皆有經文依據，並非妄言。雖偶有判斷失誤，考證結論不當者，但大體瑕不掩瑜。況且圖文結合，使讀者事半功倍，一目瞭然，非常值得肯定。

《禮書》中散見的討論行禮儀節方位的內容自然不好歸納，但是集中考證的條目卻是顯而易見的，具體如下：

卷16：用屨脫屨之節。卷39：諸侯朝天子送逆之節。卷41：明堂朝諸侯之位。卷42：聘儀。卷64：冠禮儀、士冠筮日之儀、陳服設筵加冠之儀、醴

---

① （漢）鄭玄注，（唐）賈公彥疏，賈海生點校：《儀禮注疏》第1冊，浙江大學出版社，2016年，第606頁。

② （漢）鄭玄注，（唐）賈公彥疏，賈海生點校：《儀禮注疏》第1冊，浙江大學出版社，2016年，第465頁。

③ （漢）鄭玄注，（唐）賈公彥疏，賈海生點校：《儀禮注疏》第1冊，浙江大學出版社，2016年，第556頁。

醮儀。卷 76：省牲迎牲殺牲之儀。卷 80：射禽之儀。卷 81：大夫廟門之位、士廟門之位、朝踐之儀、大夫士饋食儀。卷 87：拜儀上、拜儀下。卷 105：射儀。卷 108：大射之位、鄉射之位。卷 114：賓主授受之儀、設壺釋矢之儀、數籌立馬之儀。卷 127：堂上樂圖、樂懸之位。卷 128：行以《肆下》趨以《采齊》之儀、武舞六成之位。卷 129：文舞武舞之位。卷 135：王行五路先後之儀。

五、考訂名物形制功用

“名物”一詞，見於《周禮》者凡 16 次，然而大體歸納起來不外乎兩個意思，一是《周禮・地官・大司徒》所云：“辨其山林川澤丘陵墳衍原隰之名物。”鄭玄釋之曰：“名物者，十等之名與所生之物。”①即名稱物產的意思。二是《周禮》之《小宗伯》《典瑞》《司服》《典路》《司常》《家宗人》《龜人》《司弓矢》諸篇中所謂“辨某某之名物”“辨其名物”之名物，賈公彥一律以名號、物色釋之。孫詒讓《周禮正義》則不同此說，其認爲：“名物，若《爾雅・釋鳥》《釋獸》《釋畜》所説，種別不同，皆辨異之。”②孫詒讓强調名物種別的差異，但是仍未有確指。近現代以來，關於“名物”一詞的解釋更趨準確，陸宗達、王寧二先生之《訓詁與訓詁學》③、華夫先生之《中國古代名物大典》④、劉興均先生之《關於“名物”的定義和名物詞的界定》⑤、王强先生之《中國古代名物學初論》⑥、錢慧真先生之《“名物”考辨》⑦諸文都提出了不少意見。綜合各家之説及當今學者的習慣用法，我們認爲國學傳統中所謂的“名物”，發展到現在，應當更偏向於甚至就是指“物”，比如揚之水先生之《古詩文名物新證》後序中説：“所謂‘名物研究’，可以定義爲研究與典章制度風俗習慣有關的各種器物的名稱

---

① （漢）鄭玄注，（唐）賈公彥疏，彭林整理：《周禮注疏》上册，上海古籍出版社，2010 年，第 334 頁。
② （清）孫詒讓著，汪少華整理：《周禮正義》第 1 册，中華書局，2015 年，第 315 頁。
③ 陸宗達、王寧：《訓詁與訓詁學》，山西教育出版社，2005 年，第 68 頁。
④ 華夫：《中國古代名物大典》，濟南出版社，1993 年，第 3 頁。
⑤ 劉興均：《關於“名物”的定義和名物詞的界定》，《川東學刊》（社會科學版）1998 年第 8 卷第 1 期，第 84~87 頁。
⑥ 王强：《中國古代名物學初論》，《揚州大學學報》（人文社會科學版）2004 年第 8 卷第 6 期，第 53~57 頁。
⑦ 錢慧真：《“名物”考辨》，《敦煌學輯刊》2010 年第 3 期，第 120~125 頁。

和用途。説得更直白一點，便是發現、尋找'物'裏邊的故事。它所面對的是文物：傳世的，出土的。"①間接表明所謂"名物"就是指物。

而這裏我們分析《禮書》內容"考訂名物形制功用"中的名物，當然也是指具體的物，比如衣服、宮室、車馬、尊彝等物品，但是同時也考慮其"名"的方面，即其名稱。則所謂"名物"，大體可以理解爲有名稱之物。《禮書》"考訂名物形制功用"，除了考訂其形制、功用外，實際上還考證其名稱及前人之論説等。我們舉卷114"壺"條爲例來説明：

> 壺頸修七寸，腹修五寸，口徑二寸半，容斗五升。壺中實小豆焉，爲其矢之躍而出也。先儒釋《大戴禮》，謂壺高尺二寸，併頸腹言之。然則壺固無足矣。觀《司尊彝》壺尊與著尊同列，則壺之無足可知。

此條首言壺之大小，次言壺中所實之物及功用，再論壺之無足。整條內容既關乎壺之形制，又論其功用。這是一條目中考訂名物涉及其兩個方面的，有的條目則更爲豐富些，比如卷96考訂器物"卣"，其文曰：

> 《書》曰："秬鬯二卣。"《詩》與《左傳》曰："秬鬯一卣。"《爾雅》曰："彝、卣、罍，器也。"又曰："卣，中尊。"郭氏曰："不大不小。"蓋卣，盛鬯之器也。古者人臣受鬯以卣，不以彝。則鬯之未祼也實卣，則將祼則實彝矣。《周禮·鬯人》廟用修者，謂始禘時。自饋食始，修漆尊也。修，讀曰"卣"。卣中尊，謂獻尊之屬。尊者，彝爲上，罍爲下。然卣盛鬯而獻尊之屬盛齊酒，則卣與獻象異矣。其飾或漆或畫，不可考也。

此條先引《尚書》《詩經》《左傳》《爾雅》之文，明卣爲器物之名。引"卣，中尊"之語，郭璞注曰"不大不小"，是考其形制之大小。孫炎云："尊，彝爲上，罍爲下，卣居中。"②故郭璞所謂不大不小，是指其大小在罍、彝之間。陳祥道曰："蓋卣，盛鬯之器也。"是論卣之用途。又謂"卣盛鬯而獻尊之屬盛齊酒，則卣與獻象異矣"，是考訂卣與獻尊之屬用途不同，卣盛鬱鬯而獻尊盛齊酒，故而其外形亦應不同。此一條中既論器物之名稱、形制，又考其功用及與

① 揚之水：《古詩文名物新證》第2冊，故宮出版社，2013年，第524頁。
② （晉）郭璞著，（宋）邢昺疏，王世偉點校：《爾雅注疏》，上海古籍出版社，2010年，第249頁。

他器之不同，雖稍顯簡略，但幾個方面都有涉及。

當然，《禮書》中除純論先秦名物之形制、功用等之外，尚有部分條目亦梳理某些名物自先秦而下歷代之形制，如卷29"耕壇"條：

> 《國語》曰："司空除壇于藉。"而宋有御耕壇於中阡東陌北，將耕，宿青幕于耕壇之上。北齊於藉田一項，地中通阡陌，作祠壇，又外設御耕壇。後梁有親耕臺，在壇東。帝親耕畢，登臺以觀公卿之推。

文中首引《國語》"司空除壇于藉"之語，明先秦有耕壇。所謂耕壇，乃是天子、諸侯行藉田禮時所用的土臺。考之十三經，天子、諸侯皆有藉田之禮，然未見有耕壇之記載。《禮記·祭義》記天子爲藉千畝，諸侯爲藉百畝，《禮記·祭統》記天子親耕於南郊，諸侯耕於東郊，則可知天子爲藉千畝於南郊，諸侯爲藉百畝於東郊，行藉田之禮時皆親耕。以理推之，天子、諸侯親耕當有祭祀及觀禮之所，此所即《國語》所謂壇也。先秦藉田之禮當設有壇，然其壇爲何壇則不得而知。陳祥道謂耕壇，是以後世之禮推先秦之禮，雖有猜測之嫌，但不爲無據。至南朝宋，耕壇演變爲御耕壇，"御耕壇於中阡東陌北"，是明其所建壇之方位。"宿青幕于耕壇之上"，是明耕壇之形制。北齊亦設有御耕壇，而到後梁則又設親耕臺，乃皇帝親耕畢登之觀公卿推耕之臺，其功用似與耕壇同，是耕壇之又一演變。

上面所舉之例充分說明隨着時間的推移，很多名物的形制、功用乃至名稱都會發生變化。更有甚者，由於去古久遠，先秦有些東西雖見諸文獻記載但語焉不詳，以致後人理解有誤，張冠李戴。《禮書》中梳理名物之沿革，亦有這種情況出現，比如卷18"副、編、次"條之第一段所記：

> 《追師》："掌王后之首服，爲副、編、次，追衡、笄。爲九嬪及外内命婦之首服，以待祭祀、賓客。"《詩》曰："副笄六珈。"《左傳》曰："衡、紞、紘、綖。"《禮記》曰："夫人副褘立于東房。"《士昏禮》："女次純衣。"鄭氏曰：副之言覆，所以覆首爲之飾，其遺象若今步搖矣，服之以從王祭祀。編，列髮爲之，其遺象若今假紒矣，服之以桑也。次，次第髮長短爲之，所謂"髲髢"，服之以見王。王后之燕居亦纚笄而總，王后惟祭服有衡，垂于副之兩旁當耳，其下以紞垂瑱。外、內命婦衣鞠衣、禮衣者服編，衣褖衣者服次。孔穎達曰："王后衡、笄，皆玉爲之。惟祭服有衡，垂于副之兩旁當耳，其下以紞垂瑱。"若編、次，則無衡。於笄言珈，以

玉飾之，惟后、夫人有焉。夫人六珈，后之多寡無文。漢之步搖，以金爲鳳，下有邸，前有笄，綴五采玉以垂下，行則動搖。魏、晉因之，隋改爲花樹之數，唐加大花十二樹，象玄冕十二旒。司馬彪《續漢志》云步搖有黃山題，貫白珠爲桂枝相糾，八雀九華，赤能、天鹿，笄獸，翠羽爲飾。①

　　此條中先考證副、編、次之形制，繼而重點梳理步搖之形制的歷代演變。其列《周禮·天官·追師》之文，明副乃追師所掌。又引《詩經》《禮記》及鄭玄之說，明副"其遺象若今步搖矣，服之以從王祭祀"，闡述了其功用及形制。鄭玄在《追師》注中說副之"遺象若今步搖"，在《禮記·明堂位》"夫人副褘立于房中"注中說"副，首飾也，今之步搖是也"②。故陳祥道即以副爲漢代之步搖，並梳理自漢至唐步搖之形制。然《詩經》中有"副笄六珈"之句，毛亨注曰："副者，后夫人之首飾，編髮爲之。"鄭玄箋曰："珈之言加也，副既笄而加飾，如今步搖上飾。古之制所有，未聞。"③可知鄭玄並不是真實知道先秦副之形制如何，祇是根據前人描述，猜測其形制大概如漢代之步搖。這是鄭玄注解經書中以今釋古的手法，雖言先秦之副似漢之步搖，然未必即是步搖。
　　《後漢書·輿服制》中記曰："步搖以黃金爲山題，貫白珠爲桂枝相繆，一爵九華，熊、虎、赤羆、天鹿、辟邪、南山豐大特六獸，《詩》所謂'副笄六珈'者。諸爵獸皆以翡翠爲毛羽。金題，白珠璫繞，以翡翠爲華云。"④明確說明了步搖形制如《詩經》所謂的"副笄六珈"。而"副笄六珈"實際上是指在副上加笄，笄上又加六種飾物，即副加笄及其上飾物合爲整體類似漢之步搖，而並非副即是漢之步搖。故鄭玄之說稍有偏差，而陳祥道竟襲鄭之誤，未加辨別，直接梳理後世步搖之形制。實際步搖與副尚有區別，副當如毛亨所言，乃編髮爲之，而編成何種樣式，則無從考知了。
　　總的來說，《禮書》所考訂之名物皆有文獻依據，或襲取前人之說，或自爲注解，頗有可取之處。那麼《禮書》具體考訂了哪些名物呢？爲方便起見，

① （宋）陳祥道：《禮書》卷18，國家圖書館藏袁忠徹舊藏本。
② （漢）鄭玄注，（唐）孔穎達正義，呂友仁整理：《禮記正義》中冊，上海古籍出版社，2011年，第1264頁。
③ （漢）毛亨傳，（漢）鄭玄箋，（唐）孔穎達疏：《毛詩正義》第1冊，北京大學出版社，2000年，第217頁。
④ （南朝宋）范曄撰，（唐）李賢等注：《後漢書》第12冊，中華書局，1973年，第3676頁。

我們列表統計，如表3-3。

表 3-3

門類/卷次	所考訂名物之細目①
衣服佩用 卷1~23	冕服、十二章之服、大裘而冕、袞冕、鷩冕、毳冕、希冕、玄冕、褘冕、日月、星辰、山、龍、華蟲、宗彝、藻、火、粉米、黼、黻、諸侯及孤卿大夫之服(上公袞冕、侯伯鷩冕、子男毳冕、王之三公鷩冕、王之孤卿毳冕、王之大夫希冕、諸侯之孤希冕、諸侯之卿大夫玄冕)、褖衣、玄端、素端、綖、武、紐、纓、紘、緌、緌、瑱、衡、笄、鬠笄、皮弁、韋弁、爵弁、裳、五色、間色、緣、虞皇、夏收、商冔、毋追冠、章甫冠、委貌冠、緇布冠(太古冠、後世冠)、子姓冠、既祥冠、惰游冠、不齒冠、大白冠、黃冠、黃衣、深衣、長衣、諸侯大夫士中衣、衽、纚、髦、角、羈、緫(組緫、錦緫、布緫)、明衣裳、黼裘、羔裘、麛裘、鹿裘、狐裘(狐白裘、狐青裘、黃衣狐裘)、貍裘、虎裘、狼裘、熊裘、羆裘、素帶、練帶、革帶、錦帶、縞帶、深衣帶、童子錦紳、鞶鑑、率帶、布帶、烏、屨、繶、絇、純、綦、鞮屨、韤、童子服童子屨、后服(褘衣、揄狄、闕狄、鞠衣、展衣)、褖衣、宵衣、衿衣、景衣、褧衣、副、編、次、纚笄、象揥、佩、衡、褵、璜、衝牙、琚瑀、組綬、批珠、象環、綪結佩、事佩、觿、韘、捍、紛帨、礪、遰、燧、鑒、削刀、鷩刀、劍、劍櫝、夫襶、緌②、繁纓、戟、靺韐、素韠、爵韠、邪幅
建國分土 卷24~28	王城、經涂環涂、王畿、六鄉六遂、都鄙之制、鄉遂都鄙三等之地、尺、步、畮、夫、屋、井、邑、丘、甸、成、縣、都、通、成、終、同、廛、廬、餘夫田、賞田、加田、夏貢、商助、周徹、五溝、五涂
井田卷29	耕田、耕車、耕壇、先農壇、神倉、人耦、牛耦、牛耦、土牛
親蠶之禮 卷30	公桑蠶室、后乘翟車、先蠶壇、躬桑壇、蠶月、曲、植
貢賦徭役 卷31~33	千乘之國、諸侯附庸、圭田、羨卒

① 按：此所統計之細目中有空白者，表示此類中沒有專門論述名物的條目。
② 按：此緌與前所列緌非是一物。

續表

門類/卷次	所考訂名物之細目
體國經野 卷 34	九州、九州所宜、五地所宜
天文曆法 卷 35~36	尚書中星、月令中星、月令二十四氣、契壺漏刻之圖、璿璣、玉衡、測景圖、土圭、十日、十二風
宮室 卷 37~46	天子五門(路門、應門、皋門、雉門、庫門)、觀門、廟屏、天子三朝(外朝、治朝、內朝)、王后夫人朝、朝覲冕服、湯沐之邑、夏世室、商重屋、周明堂、壇壝宮、方明、珠盤、玉敦、桃、茢、內九室、外九室、大次、小次、寢宮、㝱、宁、庭、㘭、檐、位、屏攝、罿、碑、隅、阿、雉、垣、墉、墙、壁、序、賓館、庭燎、市
几席 卷 47~48	熊席、葦席、越席、衽、繐席、漆几、文貝、雕玉
學校制度 卷 48~50	學校、四代學(周、魯)、諸後學、塾、庠、序
玉器符節 卷 51~57	笏、大圭、諸侯荼、大夫笏、士竹本、玉、冒圭、鎮圭、大琮、駔琮(王、后)、公侯伯子男圭璧(桓圭、信圭、躬圭、穀璧、蒲璧)、介圭、繅、四圭有邸、蒼璧、兩圭有邸、黃琮、圭璧、璋邸射、青圭、赤璋、白琥、玄璜、牙璋、中璋、圭瓚、璋瓚、大璋、邊璋、宗廟禮神之玉、穀圭、琬圭、琰圭、璧羨、瑑圭、瑑璋、瑑璧、瑑琮、玉案、環、瑗、八節(玉節、角節、龍節、人節、虎節、符節、管節、旌節)、英蕩、傳、璽
幣帛執摯 卷 58~61	幣帛、筐、篚、匧、皮帛(虎皮、豹皮、孤)、羔、雁、士昏贄鴈、雉、腒、鶩、鷄、童子贄、野外軍中贄(纓、拾、矢)、婦人贄、笄
宗法制度 卷 62~63	大宗、小宗、姓族氏、九族、三族、宗族、
冠禮 卷 64	
婚禮 卷 65~66	媵姪娣

续表

門類/卷次	所考訂名物之細目
宗廟祭祀 卷 67~87	壇、墠、不遷之廟、大寢、小寢、廟飾、虞主、吉主、遷主、社主、祏、匰、坫、六龜、焳、楚焞、蓍櫝、畫爻木、卦板、王齊宫、后齊宫、齊服、尸、三牢、互、盆、簝、骨體、肵俎、腸、胃、膚、脯、腊、魚、鱐、膴、粢盛、田禽、尸次、加爵、焫蕭、茅苴、茅旌、道布、五齊、三酒、鬱鬯、秬鬯、六飲、五飲、脤膰蜃器
郊社群祀 卷 88~94	圜丘、方丘、表貉、四望、社稷(王社、大夫社)、國社、亳社、市社、社主、蜡臘
尊彝、匏爵、鼎俎 卷 95~104	六彝(雞彝、鳥彝、斝彝、黄彝、虎彝、蜼彝)、六尊(犧尊、象尊、壺尊、著尊、大尊、山尊)、烝彝、卣、祀天犧尊、山罍、金罍、大罍、圓壺、方壺、廢禁、棜禁、豐、彝舟、琖、斝、爵、觚、觶、勺(龍勺、疏勺、蒲勺)、斗、鼐、鼎、鼒、鉶、冪(束冪、編冪)、扃(大扃、小扃)、巾(疏布巾、畫布巾、籩豆巾、兼巾)、四代之俎(有虞氏梡、夏侯氏嶡、商椇、周房俎)、虞敦、廢敦、簠簋、豆、籩、竹簋方、登、鑊、錡、釜、鍑、鬲、甗、甑、匕(黍匕、挑匕、疏匕、桑匕)、棘畢、桑畢、醴柶、鉶柶、鼓、槷、鬴(《考工記》鬴、《律歷志》鬴)、洗、罍、槃、匜、枓、盆、筥、篋、笄、簞、笥、匴
射禮 卷 105~113	天子(虎侯、熊侯、豹侯)、畿内諸侯(熊侯、豹侯)、畿内卿大夫麋侯、畿外諸侯(大侯、參侯、干侯)、質(天子熊侯白質、諸侯麋侯赤字、大夫及士布侯)、射服、扑、楅、韋當、物、中(鹿中、兕中、皮樹中、閭中、虎中)、籌、乏、拾、朱極、決、椹質、并夾、弩、弓(彫弓、彤弓、黑弓)、弓、弓韔、弓檠、弓柲、依撻、矢(彤矢、旅矢、矰矢)、矢箙、鏃、矢括
投壺禮 卷 114	觶、馬、籌、筭、壺、鼓
武備 卷 115~116	五兵、殳、矛(酋矛、夷矛、厹矛)、戈、戟、甲、釪、甲裳、胄、介駟
樂舞 卷 117~130	五聲、八音、十二律、管、均、鍾虡、磬虡、大鍾、撞木、大磬、編鍾、編磬、鎛、錞、鐲、鐃、金鐸、木鐸、土鼓、蕢桴、足鼓、楹鼓、晉鼓、靁鼓、靈鼓、路鼓、鼖鼓、提鼓、鼛鼓、鼗鼓、鼙、拊、雅、壎、缶、琴、瑟、柷、敔、止、籈、牘、應、竽、笙、簫、篪、篴、籥、管、簧、樂懸、帗舞、羽舞、皇舞、旄舞、四夷舞、舞衣、朱干、玉戚、翟

续表

門類/卷次	所考訂名物之細目
旗幟 卷 131～134	綏、太常、旂、旗、旝、旄、旜、物、旞、旌、龍旜、翿旌、旌（青旌、鳴鳶、飛鴻、虎皮、貔狐、挈壺）、徽織、
車馬 卷 135～147	五路（玉路、金路、象路、革路、木路）、王后車（重翟、厭翟、安車、翟車、輦車）、夏篆、夏縵、墨車、棧車、役車、大車、柏車、羊車、戎路、廣車、闕車、苹車、輕車、楯車、臨車、衝車、輂、輦、驛車、奇車、軫、轐、轂、軹、輻、牙、輨、轄、軸、輪、軔、蓋、弓、輹、輿、較軾軹軫、軫軥軹、軌、任正、軧、陰板、衡任、前疾、軌轍、軒、茵簀、乘石、綏、帷裳、茀、扃、輔、輻、乘車、將車、卒車、虎幬、羔幬、馬、閑、車（六馬車、四馬車、二馬車）
喪葬 卷 148～150	竹杖、削杖、絰帶、倚廬、堊室

需要特別加以説明的是，表 3-3 中所列名物計有 735 種，但這些衹是《禮書》中十分明確論述的名物，其他尚有附帶提到的，並未統計。因此《禮書》實際上所考訂名物應接近 800 種。

綜上所論，《禮書》之內容大概可歸納爲總結歸納先秦禮制、梳理歷代禮制沿革、論斷個別細節之禮、考證行禮儀節方位、考訂名物形制功用五類。這五類中，論斷個別細節之禮、考證行禮儀節方位、考訂名物形制功用三類，基本能夠與相關條目對應的上，可以用所占條目的數量來量化。而總結歸納先秦禮制、梳理歷代禮制沿革兩類，限於其跨越式的論述方式，雖難以用具體條目的形式來考量其內容之多寡，但根據上文所統計，即使將《禮書》中凡涉及以上兩類的條目都加起來，其數目也不會太多。顯而易見，考訂名物形制功用爲《禮書》之主要內容。由此也可以推知，《禮書》雖爲通禮類著作，制度、儀節、名物都有所涉及，但還是以論名物爲主。因此清代秦蕙田《五禮通考》凡例中説："《禮書》詳於名物，略於傳注。"①那麼我們可以爲陳祥道之《禮書》作一個定性：它是一部以考訂名物爲主的通禮類著作。

---

① （清）秦蕙田：《五禮通考》，《景印文淵閣四庫全書》第 135 册，臺灣"商務印書館"，1986 年，第 62 頁。

第三節 《禮書》總目録、分卷目録、正文條目差異探究

前文已經述及，《禮書》之編排體例之一是總目録總列所有卷次及條目，各卷之卷首總列該卷之條目，卷中正文各個條目依次展開。但是我們將總目録、分卷目録及正文中條目逐一對比，就會發現三者其實並不是統一的，有的甚至存在較大差異，這又是爲什麼呢? 要探究這個問題，有一個前提必須説明，即我們這裏所説的三者有差異，是就元刻本的情況而言。之所以要明確這一點，一方面是因爲元刻本是現存比較接近《禮書》原貌的本子，另外一方面是不同的版本乃至同一版本的不同印本都會有差別，探究總目録、分卷目録、正文條目之間的差異，倘若不排除這些因素，就會使討論的結果産生誤差。

一、總目録、分卷目録、正文條目三者差異

爲了方便探究《禮書》中總目録、分卷目録、正文條目三者不統一的情況，我們先將三者逐一校對，以明確其詳細差異。按照正常邏輯來説，這三者的關係應當是正文條目決定分卷目録及總目録的具體内容及編排次序。但若是按照成書的步驟來推算，總目録應當是三者中最後編定的，是作者對全書總體審視的最後一步。因此我們這裏採用的校對方法是以總目録爲基礎，對校分卷目録及正文條目(詳細校對結果參見本書附録)。通過這樣的校勘之後，我們能得出三種結果，一是總目録與分卷目録的差異，二是總目録與正文條目的差異，三是分卷目録與正文條目的差異。這種分類應當説是比較合理的，但是由於《禮書》中有爲數不少的脱文、衍文、訛字、倒文的情況，就導致這樣的分類顯得有些複雜。事實上，倘若我們注意觀察三者之區別，就會發現大多數情況下分卷目録和正文條目是一致的，二者和總目録有所不同，這種不同往往表現在格式方面。另外，排除脱文、衍文、訛字、倒文等以及格式方面的影響，我們還可以看到部分情況是就文字内容來説的，總目録和正文條目文字相同，而分卷目録則與二者有明顯區別。下面略加分析。

(一)有格式區別的總目録與分卷目録、正文條目之差異

格式上的不同，在《禮書》總目録、分卷目録、正文條目所有差異中所占比重非常大，出現頻率很高。這裏所謂的格式上的差異，具體體現在大小字上

面，即總目録有大小字之别，而相應的分卷目録及正文條目則没有或很少有這種差别。仔細考察，此大小字的不同又分爲幾種情況。

第一種是條目並列情況下的大小字之别。這種情況下總目録與分卷目録、正文條目内容基本上是一致的，之所以説基本一致，是因爲其中也存在異體字、訛字、脱字、衍字、訛字的情況。下面以表格形式舉例説明，如表3-4。

表 3-4

序號	卷數	總目録	分卷目録	正文條目
1	卷 7	虞皇夏收、商冔	虞皇、夏收、商冔	虞皇夏收、商冔
2	卷 10	黄冠黄衣	黄冠、黄衣	黄冠、黄衣
3	卷 13	狐白裘狐青裘、黄衣狐裘	狐白裘、狐青裘、黄衣狐裘	狐白裘、狐青裘、黄衣狐裘
4	卷 42	珠盤玉敦	珠盤、玉敦	珠盤、玉敦
5	卷 55	琬圭琰圭	琬、琰圭	琬圭、琰圭
6	卷 58	幣帛錦帛附	幣帛	幣帛
7	卷 137	夏篆夏縵、墨車、棧車、役車	夏篆、夏縵、墨車、棧車	夏篆、夏縵、墨車、棧車

通過上述所舉之例，可以看出總目録中的相關内容與其對應的分卷目録、正文條目内容基本是差不多的，除了第 5 例中分卷目録脱"圭"字。類似第 5 例的情況，《禮書》中還有不少，但是這種細微的差别並非作者之意，故而這裏不加討論。其大小字的區别，以總目録爲准，其第一個詞爲大字，餘者爲小字，而到了分卷目録及正文條目中，皆作大字。正文中這些條目都是並列的關係，按照圖文對應關係來説，其特點是這幾個條目都是合在一起討論的，屬於一文多圖的情況。那麽由此也可以説明，總目録中這種大小字的並列情況，表示的是這幾條在正文中是合在一起討論的。

第二種是條目概括性的大小字之别。這種情況同第一種類似，區别在於這種情況總目録中有概括性的詞出現，這個詞是大字，後面接小字。而分卷目録、正文條目則没有這個概括性的詞，其内容祇有總目録中的小字，並且皆作大字。舉例如表 3-5。

表 3-5

序號	卷數	總目錄	分卷目錄	正文條目
1	卷 5	瑱天子諸侯卿大夫士	瑱	天子諸侯瑱、卿大夫瑱、士瑱
2	卷 8	緇布冠太古冠、後世冠	太古緇布冠、後世緇布冠	緇布冠、後世緇布冠
3	卷 11	總組總、錦總、布總	組總、錦總、布總	組總、錦總、布總
4	卷 17	后服褘衣、揄狄、闕狄、鞠衣、展衣	后褘衣、揄狄、闕狄、鞠衣、展衣	后褘衣、揄狄、闕狄、鞠衣、展衣
5	卷 37	天子五門路門、應門、皋門、雉門、庫門、觀門	天子五門	路門、應門、皋門、雉門、庫門、觀門
6	卷 95	六彝雞彝、鳥彝、斝彝、黃彝、虎彝、蜼彝	雞彝、鳥彝、斝彝、黃彝、虎彝、蜼彝	雞彝、鳥彝、斝彝、黃彝、虎彝、蜼彝
7	卷 99	勺龍勺、疏勺、蒲勺、櫸勺	龍勺、疏勺、蒲勺、櫸	龍勺、疏勺、蒲勺
8	卷 102	匕黍匕、挑匕、疏匕、桑匕	黍稷匕、挑匕、疏匕、桑匕	黍匕、挑匕、疏匕、桑匕
9	卷 103	䡉《考工記》䡉、《律歷志》䡉	《考工記》䡉、《歷律志》䡉	《考工記》䡉、《律歷志》䡉
10	卷 105	天子三侯虎、熊、豹	天子虎侯、熊侯、豹侯	虎侯天子、熊侯、豹侯

　　以上所舉諸例中，第 1、3、4、5、6 例爲常規情況，即總目錄中皆有一個作大字的總括性的詞，其後接小字具體內容。分卷目錄、正文條目皆爲此小字內容，作大字。第 2、10 兩例是分卷目錄、正文條目換了一種詞語表達，不過意思沒有改變。第 7、8、9 例則存在脫文、衍文、倒文的情況，屬作者本意之外的錯誤。雖然《禮書》這種情況中存在這些不同，但是總的來說有一點可以肯定，即總目錄之概括性的大字是完全出於陳祥道的本意，是其最後編定總目錄時審視全書內容而加上去的。就性質上來說，這種情況表示的仍然是將諸條目合在一起討論，也屬於一文多圖的情況。

第三種是條目合併性的大小字之别。這種情況下總目録中大小字的内容實際上是由正文幾個條目的内容合併而來的，經統計，此類型共出現三次，具體如表 3-6 所列。

表 3-6

序號	卷數	總目録	分卷目録	正文條目
1	卷 106	天子虎、熊、豹侯五正	天子虎侯五正、熊侯五正、豹侯五正	天子虎侯五正、熊侯五正、豹侯五正
2	卷 106	諸侯熊侯、豹侯三正	諸侯熊侯五正、豹侯三正	諸侯熊侯五正、豹侯三正
3	卷 117	十二律上下相生、左右相生圖	律吕旋生爲宮圖、律吕上下相生圖、律吕左右相生圖	律吕旋生爲宮圖、律吕上下相生圖、律吕左右相生圖

以第 1 例來分析，正文條目作"天子虎侯五正""熊侯五正""豹侯五正"，因爲皆是天子之侯，皆有五正，故可以在表述的時候進行合併，衹需要區分虎侯、熊侯、豹侯就可以了，最終有了總目録的"天子虎、熊、豹侯五正"。這實際上是一種表述上的簡化處理，是作者有意爲之。而這種形式所表示的同樣是幾個條目合在一處文字討論的情況。

第四種是總目録有大小字之别，而分卷目録、正文條目中無總目録之小字的情況。舉例如表 3-7。

表 3-7

序號	卷數	總目録	分卷目録	正文條目
1	卷 33	力政以旗致民、以旗致民	力政	力政
2	卷 38	卿大夫二朝内朝、外朝	卿大夫二朝	卿大夫二朝
3	卷 58	幣帛錦帛附	幣帛	幣帛
4	卷 60	皮帛虎皮、豹皮、孤	皮帛	皮帛
5	卷 61	野外軍中贄纓、拾、矢	野外軍中贄	野外軍中贄

由以上所舉諸例可知，這種差别實際上已經不僅涉及格式的問題了，它還包含内容上的差異。具體説來，總目録皆有大小字之别，但是分卷目録或正文條目則没有。非但没有，還把總目録中的小字部分去掉了，僅保留了大字部分。這種情況從内容的角度細分起來，又有兩個小區别，第一個是總目録内容和分卷目録、正文條目内容不同，如第 1、3 之例。第二個是總目録、正文條目内容和分卷目録内容不同，如第 2、4、5 之例。倘若我們仔細考察《禮書》原文，就會發現總目録中的小字部分，其内容在正文中是有所反映的，即存在的。祇不過此小字所表示之條目一方面可能是在正文中難以對應，比如第 1例，正文中"力政"條下有三圖，其圖之標題分别爲"大司徒大軍旅、大田役以旂致萬民""遂人若起野役則以遂之大旗致民""大夫以旗致民"，則此三圖可爲三條目，顯然與總目録之兩個小字條目不完全對應。另一方面也可能是正文中並未形成條目，僅是附帶論及，比如第 3 例。總目録、正文條目與分卷目録不同的情況，則又有其深層原因，我們下文集中討論。

(二)無格式區别的總目録與分卷目録、正文條目之差異

所謂無格式區别，即是指總目録、分卷目録、正文條目並無大小字之别，統一都作大字。這種情況中三者的差異主要表現在以下兩個方面：

第一是分卷目録、正文條目分作兩個條目而總目録中並爲一條的情況。這種情況條目的文字並未發生改變，還是相同的。舉例如表 3-8。

表 3-8

序號	卷數	總目録	分卷目録	正文條目
1	卷 68	壇墠	壇、墠	壇、墠
2	卷 76	互盆簝	互、盆、簝	互、盆、簝
3	卷 83	陰厭陽厭	陰厭、陽厭	陰厭、陽厭
4	卷 84	六飲五飲	六飲、五飲	六飲、五飲
5	卷 96	金罍大罍	金罍、大罍	金罍、大罍

以上諸例實際上説明了總目録中這種合併性質的編排所表示的意義，仍然是在正文中多個條目合在同一處討論。

第二是總目録内容爲歸納性質，而分卷目録、正文條目爲具體論述的情況。舉例來説如表 3-9。

表 3-9

序號	卷數	總目録	分卷目録	正文條目
1	卷 9	天子諸侯始冠之冠	天子始冠之冠、諸侯始冠之冠	天子始冠之冠、諸侯始冠之冠
2	卷 16	童子服、屨	童子服、童子屨	童子服、童子屨
3	卷 78	大夫士斨俎	大夫斨俎、士斨俎	大夫斨俎、士斨俎

以上諸例總目録將分卷目録、正文條目進行總結歸納，加以簡化。而在《禮書》正文中，這些條目都是合在一處討論的，即仍屬於一文多圖的情況。

(三) 分卷目録與總目録、正文條目文字内容的差異

《禮書》中有部分情況是在不考慮脱文、衍文、訛字、倒文及格式不同的前提下，總目録和正文條目文字内容一致，而二者和分卷目録文字内容卻有不同。這種不同表現在三個方面：

一是總目録、正文條目、分卷目録皆有文字，總目録、正文條目内容一致，二者與分卷目録不同，舉例如表 3-10。

表 3-10

序號	卷數	總目録	分卷目録	正文條目
1	卷 3	王之大夫希冕、諸侯之孤希冕	王之大夫諸侯之孤希冕	王之大夫希冕、諸侯之孤希冕
2	卷 24	六卿六遂	鄉制、遂制	六鄉、六遂
3	卷 25	鄉遂都鄙三等之地	鄉遂上中下之别、都鄙上中下地之别	鄉遂都鄙三等之地
4	卷 31	諸侯附庸	五等諸侯附庸公五百里、侯四百里、男一百里、伯三百里、子二百里	諸侯附庸
5	卷 34	十二分	星分、土分	十二分
6	卷 51	士竹本	士筎	士竹本

续表

序號	卷數	總目録	分卷目録	正文條目
7	卷 69	寢廟薦新上、寢廟薦新下	寢廟薦新上、下	寢廟薦新上、寢廟薦新下
8	卷 112	弓韣	臂弣蔽簫隈淵鞃	弓韣
9	卷 123	鼖	應鼓、朔鼓	鼖
10	卷 105	五路玉路、金路、象路、革路、木路	玉路、金路、象路、革路、木路	五路玉路、金路、象路、革路、木路

通過以上諸例可以看出，分卷目録與總目録、正文條目文字内容的差異類型可謂多種多樣。第 1、7 例是分卷目録爲總結性的條目，與總目録、正文條目之具體分説有區别。第 2 例中總目録之"卿"顯然是"鄉"的訛字，這樣總目録和正文條目内容實際是一致的，與分卷目録作"鄉制""遂制"不同。第 10 例是總目録、正文條目有總結性的題目"五路"，且有大小字之别，而分卷目録直接是小字内容，並無題目，故而不同。其餘例子中皆有其特殊之處，尤以第 8 例爲突出，分卷目録内容完全與總目録、正文條目内容無關，不知所云。

二是總目録、正文條目皆無文字，而分卷目録有文字，换一種説法就是總目録、正文皆未設條目，而分卷目録卻有條目。舉例如表 3-11。

表 3-11

序號	卷數	總目録	分卷目録	正文條目
1	卷 6	無	象邸	無
2	卷 9	無	冠	無
3	卷 35	無	壺、箭	無
4	卷 68	無	廟飾	無
5	卷 81	無	旅次	無
6	卷 88	無	大神之辨	無
7	卷 116	無	錕鍜	無
8	卷 119	無	旋蟲	無

三是總目録、正文條目皆有文字而分卷目録没有文字。這種情況出現的次

數不是很多，但是仍然不可忽視。舉例如表 3-12。

表 3-12

序號	卷數	總目録	分卷目録	正文條目
1	卷 29	耕田	闕	耕田
2	卷 79	膴	闕	膴
3	卷 101	竹簋方、登	闕	竹簋方、登
4	卷 14	舩	闕	舩
5	卷 117	五聲、八音	闕	五聲、八音
6	卷 131	綏	闕	綏

　　以上諸例中涉及分卷目録沒有文字的情況時，用的是"闕"字，而上一種情況中總目録、正文條目沒有文字時用的是"無"字，同是沒有文字，爲何用了不同的字呢？總目録、正文條目中沒有文字，表示這個條目在正文中沒有，當然在總目録中也不會有，故用"無"字。而分卷目録中沒有文字，總目録及正文條目中卻有，表示正文中有此條目，按照道理來説，分卷目録也應當有所反映，但是事實是沒有反映出來，故用"闕"字，表示應該存在卻闕失了。

（四）總目録、分卷目録與正文條目文字内容的差異

　　這種情況中，總目録與分卷目録的内容比較一致，而二者同正文條目則有明顯差異。這種差異依據正文條目的不同分成兩種：

　　一是正文條目實際獨立存在，總目録、分卷目録與其有所不同。這個"實際獨立存在"是指正文條目有題目、有集中的内容，而不是在别的條目中附帶論述的。舉例如表 3-13。

表 3-13

序號	卷數	總目録	分卷目録	正文條目
1	卷 3	上公袞冕	上公袞冕	上公龍袞
2	卷 3	侯伯鷩服	侯伯鷩服	侯鷩冕、伯鷩冕
3	卷 3	子男毳冕	子男毳冕	子毳冕、男毳冕
4	卷 74	王齊宫、后齊宫	王齊宫、后齊宫	后齊宫、王齊宫

二是正文條目並不存在，或者正文條目有相關的内容，但是在別的條目下附帶論述的，總目録、分卷目録與其有所差異。舉例如表 3-14。

表 3-14

序號	卷數	總目録	分卷目録	正文條目
1	卷 4	素端	素端	於"玄端"條目内附論之
2	卷 5	醫笄	醫笄	於"笄"條目内附論之
3	卷 47	葦席萑席	葦席、萑席	無"萑席"，於"葦席"條中附論之
4	卷 101	雕匽	雕匽	無

(五)總目録、分卷目録、正文條目文字皆互有差異

《禮書》中也存在總目録、分卷目録、正文條目皆不相同的情況，這種不同既涉及格式方面，也涉及文字内容層面，舉例如表 3-15。

表 3-15

序號	卷數	總目録	分卷目録	正文條目
1	卷 5	瑱天子諸侯卿大夫士	瑱	天子諸侯瑱、卿大夫瑱、士瑱
2	卷 9	諸侯士齊冠	士齊冠	諸侯齊冠、士齊冠
3	卷 18	袗衣	袗玄穎繡黼	袗玄衣穎繡黼黑
4	卷 37	天子五門路門、應門、皋門、雉門、庫門、觀門	天子五門	路門、應門、皋門、雉門、庫門、觀門
5	卷 61	鶩、雞童子贄附	庶人鶩、工商雞、童子贄	鶩、雞
6	卷 89	祀大神祇地示土示之辨	大示地示土示之辨	祀大神示地示土示之辨
7	卷 118	祀祭享天神地示人鬼	祭鬼神祇之律	祀天神、祭地示、享人鬼
8	卷 133	大閱治兵之旗	大閱之旗、治兵之旗	司常中冬大閱、司馬中秋治兵

《禮書》中這種總目録、分卷目録、正文條目互不相同的情況亦有相當數量，值得重視。

綜上所論，《禮書》中總目録、分卷目録、正文條目的差異大體可以分成上面所述五種。其中前兩種是就格式方面來説的，後三種則更側重文字内容方面的不同。當然，這樣的分類方法難免會使部分内容有交叉之處，比如第三種裏有總目録、正文條目皆無文字而分卷目録有的情況，就與第四種中正文條目不存在而總目録、分卷目録則有的情況相交叉，其交叉部分即是正文條目皆不存在這個方面。

另外，以上五種分類實際上也並不能涵蓋《禮書》中總目録、分卷目録、正文條目所有的差異，比如卷 29，總目録闕"耕車"，分卷目録、正文條目不闕。又如卷 88，總目録"郊秋"，分卷目録作"圜丘"，正文條目闕此題目。諸如此類的情況，是很難歸到上述五種中的，幸而這樣的特例並不多，並不影響全局的分類。

二、總目録、分卷目録、正文條目差異産生原因探究

在探究總目録、分卷目録、正文條目差異産生的原因之前，我們需要思考一個問題，總目録、分卷目録、正文條目文字内容方面有没有對錯之分？即我們可否説當三者内容不一致時，哪一個是對的，而其餘的則是錯的？上文討論三者差异時，僅僅是將其差異作了客觀分類，並没有按斷是非。但是當我們分析其差異産生的原因時，判斷二者不同，難免要去樹立一個標準，判斷對錯。具體到《禮書》來説，按常理，三者應該保持一致纔對，而且正文是主體，正文條目應該能決定分卷目録和總目録的内容，這樣我們很容易認爲凡分卷目録、總目録與正文條目不同的地方，就是錯的。這種觀點對不對呢？

倘若我們的校勘目的是使《禮書》成爲一個更加完善的本子，那麼上述觀點無疑是正確的。但是當我們的目的是客觀地分析《禮書》中這三者之間差異産生的原因時，則應該辯證地理解。如果説産生差異的原因是脱文、衍文、訛字等，那麼它應該有一個是非的標準。因爲倘若没有是非對錯的標準，則無法判斷哪一個是衍文，哪一個是脱文。舉卷 23 中一條爲例，總目録"侯國采邑貢賦之法"，分卷目録、正文條目皆作"侯國及采邑貢賦之法"。如果没有標準，我們無法判斷是總目録脱了一個"及"字，還是分卷目録、正文條目衍了"及"字。但是當三者差異比較明顯且數量巨大時，我們則很難用誰對誰錯的標準來衡量了。比如卷 8 當中，總目録"緇布冠太古冠、後世冠"，分卷目録作"太古緇布冠""後世緇布冠"，正文條目作"緇布冠""後世緇布冠"，三者意思

很明顯是相同的，但是文字有差異。倘若以三者應該統一的標准來説，其中一個是對的，則其餘兩個必然是錯的。然而問題是《禮書》中這種三者皆不同的情況爲數不少，陳祥道即使再疏忽也不可能犯如此多這樣的錯誤。所以這種情況下比較妥善的處理方法是不必先定一個誰對誰錯的標準，而是通過仔細的比對分析，看看三者之間差異如此之多，是不是有什麼特別的原因或用意。

首先，對於脱文、衍文、訛字等情況，應該還是以正文條目、分卷目録決定總目録的標準來衡量。這裏説正文條目決定總目録，自然是理所應當的，但是也要考慮正文條目本身有脱文的情況，比如卷18，總目録“霄衣”，正文條目作“霄”，顯然是正文條目脱了個“衣”字，因爲單作一個“霄”字於理不通。那麼分卷目録也能決定總目録，又作何解釋呢？通過前文分類，我們可以知道存在正文條目不存在，但是總目録、分卷目録存在的情況，這個總目録就是從分卷目録來的。另外也有許多總目録與分卷目録相同，而與正文條目不同的情況，也説明了總目録内容是從分卷目録來的，爲分卷目録所決定。然而這個標準裏没有提到分卷目録和正文條目的關係，實際上分卷目録有其特殊性，下文再加討論。

依據上文所定標準，《禮書》中脱文的情況，比如上所舉卷18的情況，又如卷21，總目録“金燧燧、鑑”，正文條目作“金燧”“木燧”“鑑”，顯然是總目録小字脱了一個“木”字。衍文的情況，例如卷八，總目録“冠”，正文條目作“冠制”，考察原文，正文條目第二條仍爲“冠制”，總目録也是，故而這裏作爲第一條的正文條目“冠制”，顯然是衍了一個“制”字。訛字的情況，例如卷115，總目録“矛酋矛、夷矛、厹矛”，正文條目作“酋矛”“夷矛”“厸矛”，總目録之“厹”顯然是訛字。

《禮書》中出現脱文、衍文、訛字等情況的原因可能是刊刻過程中的失誤，因爲元刻本實際是重刻本，在其之前尚有南宋刻本和陳祥道之稿本，在重刻過程中産生一些錯誤也是難免的。當然，也有可能是某些脱文、衍文、訛字的情況在陳祥道之稿本或南宋刻本中就已經産生了，並且沿襲下來，祇是今已無法見到南宋刻本和最早的稿本，不能確知是否這樣，但這種可能性是不能被排除的。另外需要説明的是，由脱文、衍文、訛字等造成的差異畢竟還是少數，影響並不大。

其次，倘若説上述脱文、衍文、訛字等情況造成的差異，是在陳祥道本意之外，那麼大部分總目録、分卷目録、正文條目之間的相互差異，則應該能夠認爲是他有意爲之的。因爲差别如此明顯，差異數量如此之多，如果不是出於有意，很難想象還有其他可能。問題是陳祥道爲什麼要這樣做呢？

我們可以從總目録、分卷目録、正文條目相互之間的比較及各自的特點入手，進一步探究。正文條目是全書的根本所在，總目録的編纂必然是以正文條目爲基礎的，二者之間産生差異，應該説是總目録方面出了問題。通過對總目録的特點進行分析，可以看到，它與正文條目在文字方面絶大部分是相同的，其差異更多的是表現在格式和編排方面。所謂格式方面，指的是大小字的區别；所謂編排方面，指的是總目録將多個條目合併在一起編排，形成一個整體，比如卷3，總目録"子男毳冕"，正文條目作"子毳冕""男毳冕"。又如卷83，總目録"陰厭陽厭"，正文條目作"陰厭""陽厭"。然而無論是格式方面還是編排方面，它們都有一個共同的意義，即它們所反映的實際上都是多個條目在正文當中是合併在一段文字討論的狀況，也就是説，它們所反映的是正文中一文多圖的情況。我們再從《禮書》撰述的步驟來考慮，總目録必然是三者中最後一個形成的，也正因爲如此，它纔能從全局的角度出發，對每一卷的相關條目進行合併編排和區分大小字格式。所以總目録是陳祥道對《禮書》全書整體的最後審視，是對全書結構與條目的最後總結，其特别之處在此，也是其與正文條目差異産生的主要原因所在。當然，總目録的編寫不僅以正文條目爲基礎，也參考了分卷目録的相關内容，而這部分内容又恰好也與正文條目不同，此亦是導致差異産生的原因之一。

與總目録相比，分卷目録則有其特殊性。這種特殊屬性首先表現爲正文條目不存在，而分卷目録中卻列出了；其次是正文條目存在，而分卷目録卻没有列；最后是分卷目録的一些内容存在，但是不同於正文條目。以上三種表現俱於上文分類中之第三類裏詳細舉例，這裏不再贅述。綜合以上情況，我們可以發現分卷目録實際上在很多方面都與正文條目不同，爲什麽會這樣呢？從《禮書》撰寫的過程來考慮，應該説極有可能的情況是陳祥道在撰述每卷正文條目之前，要先列出該卷包括哪些條目，然後纔開始正文的撰寫，在寫作過程中，正文條目的題目極有可能並不完全按照分卷目録中所擬定的名稱，甚至有些條目直接就省略不寫了。當然，這種分卷目録中存在而正文中並没有的條目，其出現的原因也可能和陳祥道對《禮書》的不斷修改完善有關。我們知道元祐四年二月翰林學士許將向朝廷舉薦陳祥道《禮書》時，明確説該書爲100卷，而到了元祐五年十月二十八日范祖禹上奏朝廷，乞行陳祥道所進《禮書》之時，則稱該書爲150卷，説明這一年半時間裏陳祥道還在不斷擴充完善《禮書》。范祖禹的奏書裏明確提到"昨臣僚上言，乞朝廷給紙札，差書吏畫工付陳祥道録進，今聞已奏御降付三省"①，説明元祐五年《禮書》已被謄寫完畢，交給皇

---

① （宋）范祖禹：《范太史集》，《景印文淵閣四庫全書》第1100册，臺灣"商務印書館"，1986年，第249頁。

帝過目，並降付三省看詳。則這一年半時間裏，《禮書》應該是一邊被謄錄，一邊被陳祥道修改完善。我們可以推測，由於時間緊迫，陳祥道祇能規劃好分卷條目，一點點去改進和擴充內容，到最後必須要上交朝廷了，祇好是能完善多少算多少。上交之前編一個總目錄，而分卷目錄則仍予以保留，以期他日再繼續修改完善。祇是陳祥道晚年多病，無暇顧及此書，到了元祐八年便去世了，所以《禮書》的分卷目錄就成了我們現在看到的樣子了。無論是哪種原因，我們僅就《禮書》分卷目錄事實情況來看，都可以肯定作者是有意識地將它與正文條目、總目錄區別開來，其用意應該是把它作爲每卷內容的提綱，是對各卷內容的規劃。

由於分卷目錄寄託了陳祥道的這種特別用意，我們在分析其中出現的某些現象時，需要特別謹慎。比如關於脫文、衍文的判斷，在沒有確鑿依據時，不能輕易判定某條存在脫文、衍文的情況，因爲也有可能是陳祥道本來就是這樣寫的。以卷18爲例，總目錄"景衣襐衣"，分卷目錄作"景衣、襐"，正文條目作"景衣""襐衣"。正文條目和總目錄內容皆作"襐衣"，而分卷目錄則僅有一"襐"字，看似脫了"衣"字，但是"襐"本身就有"襐衣"的意思，古人多用之，比如梁元帝蕭繹《金樓子·立言下》"衣錦尚襐，惡其文之著也"，即以襐代指襐衣。因此這裏不能判定分卷目錄此條一定爲脫文，有可能是，有可能不是。

綜上所述，《禮書》總目錄、分卷目錄、正文條目相互之間存在差異，其原因是多方面的。非出於陳祥道本意的因素，如脫文、衍文、誤字等，固然是其原因之一。但這些差異更多的可能是陳祥道有意造成的，總目錄作爲對全書條目的梳理概括，採用了大小字區分的格式和條目合併的編排方法，目的是反映正文中一文多圖的情況。分卷目錄則是每卷條目的提綱，應該是陳祥道對每卷需要寫什麼內容的規劃，由於《禮書》編纂過程的延續性和進呈朝廷時間的緊迫性，其原貌得以保存。而正文條目是全書的主體，陳祥道在撰述過程中，出於內容多寡有無等特殊原因，並未完全按照分卷目錄的規劃來進行。總而言之，陳祥道對總目錄、分卷目錄的編寫有其特別的用意，而正文條目的撰寫又沒有完全按照分卷目錄的規劃進行，因此導致了三者之間存在差異。

從校勘的角度來說，我們固然可以認爲三者不統一爲一種闕憾。但是從作者陳祥道的特別用意來看，這種差異則很有價值。比如分卷目錄實際是對每卷應該包含哪些內容的規劃，反映了陳祥道理想中《禮書》的樣子。總目錄所反映的《禮書》正文中一文多圖的情況，使人一目瞭然。從版本的角度來看，它也說明了《禮書》最早的版本中，禮圖和文字就是這種對應關係，進而可以確定其圖和文必定是左圖右文式的排布。由此可以推知明末張溥刻本《禮書》圖文分離排布，倘若没有總目録以備查考，就看不出這種圖文對應關係了。

小　　結

　　本章主要闡述《禮書》體例和内容。《禮書》體例，主要從四個方面來分析：一是圖文配合之體例，各版本之間禮圖排布位置有較大差異，禮圖與文字對應關係多種多樣；二是全書總體之體例，採用了兩種編排方法，即外在的以卷次爲序的數字排列和隱含的以門類爲序的歸類排列；三是各門類之體例，其編排大體是先總論，後分説，先講制度，復説儀節，後論名物；四是各段體例，無論是兩段式還是一段式，基本是先羅列相關文獻材料，然後再加論斷，論斷部分低一格。《禮書》内容，主要可歸納概括爲以下幾個方面：一是總結歸納先秦禮制，二是梳理歷代禮制沿革，三是論斷個别細節之禮，四是考證行禮儀節方位，五是考訂名物形制功用。通過分析，可以看到《禮書》中考訂名物的内容占了很大比例，因此可以將該書定性爲一部論名物爲主的通禮類著作。

　　此外，《禮書》總目録、分卷目録、正文條目相互之間存在不少差異，具體表現爲格式、編排、文字内容三個方面有不同。其差異産生的原因，少部分是由寫作或刊刻過程中的失誤造成的。絶大部分差異極有可能是陳祥道有意促成的，有其特别用意。具體來説，總目録是《禮書》撰述的最後一步，是對全書的總體審視，因此在内容上表現出較强的歸納概括性，作了格式方面和編排方面的調整，文字方面由於參考了分卷目録的内容，故而也與正文條目稍有不同。分卷目録應該是三者中最早出現的，是對每卷内容的規劃。又由於《禮書》本身在不斷被增補完善的原因，致使分卷目録表現出較强的特殊性。正文條目是全書的核心，但是陳祥道在撰寫正文過程中，由於每一個條目狀況皆有其特殊性等原因，故而並没有完全按照分卷目録的規劃進行。因此三者互有差異，似乎皆出於陳祥道之特别用意。

第四章 《禮書》歸納禮制研究

　　黄侃先生於其《禮學略説》中云："治《禮》次第，竊謂當以辨字讀、析章句爲先務；次則審名義，次則求條例，次則括綱要。"①"辨字讀、析章句、審名義、求條例"四法，較易理解。而"括綱要"，黄侃先生自己的意思是"以簡明之辭，定異同之説"②，這是就解禮者有不同意見的情況而言的。但是若以研習禮經而非後世注解而言，我們仍可借用黄侃先生"括綱要"的提法，衹要將其意思理解爲歸納禮制、總論禮之大節即可。③因此，若治《禮》之法有緩急、輕重之分，則以緩急而論，固當先務"辨字讀""析章句"，庶可循序漸進；然若以輕重而論，則必以"括綱要"爲重，惟其如此，纔能通觀大局，撮其指要。《禮書》雖是一部以考訂名物形制功用爲主的通禮類著作，但是陳祥道於書中卻處處注意從大處着眼，留意梳理歸納禮制，論明禮之大節，此正所謂"括綱要"。凡此皆陳祥道撰作此書之大旨所在，不可不詳加探究。

第一節　陳祥道之前學者對禮制歸納的探索

　　陳祥道於《禮書》中總結歸納各種禮制的做法，並非個人獨創，其之前學

---

① 黄侃：《黄侃論學雜著》，中華書局，1964 年，第 454 頁。
② 黄侃：《黄侃論學雜著》，中華書局，1964 年，第 463 頁。
③ 按：事實上這種理解也早已見諸學界，比如劉寧先生《讀彭林先生〈中國古代禮儀文明〉》一文，引用黄侃先生"括綱要"之語，謂"彭著在'審名義''求條例''括綱要'等方面都有很好的體現，對禮法儀節的介紹，能執簡馭繁，如喪服制度，這向來是禮學中最爲煩難的内容，彭著介紹喪服之形制，梳理親疏關係，介紹喪服確立之原則，以及親屬關係確立的方式，名義清晰，條例明白。對冠昏喪祭等禮儀的介紹，則尤其能括其節目，明其綱要"（《中國史研究動態》2005 年第 10 期，第 27~29 頁），其對"括綱要"的理解就是梳理歸納禮制，總論禮之大節。

者早有涉及。那麼陳祥道之研究淵源何處？特點何在？有哪些超過前輩學者之處？要回答這些問題，必須先對其之前學者總論禮制的情況有所考察。

一、《禮記》對禮制的歸納

唐代杜佑於《進通典表》中説："夫《孝經》《尚書》《詩》《禮》《易》《傳》，皆父子君臣之要道，十倫五教之宏綱，如日月之下臨，天地之大德，百王是式，終古攸遵。然率多記言，罕存法制。"①意思是先秦儒家經典中多是記言，很少有總結歸納的内容。這個説法有其道理，但是也不盡然。我們認爲，先秦至秦漢時期學者實際已經開始對禮制有所總結了，這是有據可查的，此據主要爲《禮記》。②《禮記》雖然是《十三經》之一，但其被列爲經卻是在唐代的時候，在唐代以前，人們主要還是把它作爲孔子的弟子、門人和儒家後學傳習《儀禮》的"記"來看。③由於《禮記》本質上是"記"，是一部"對《禮經》（包括漢以前已佚者）進行解説、補充和發揮的一些文獻的匯集，包括孔子弟子所記孔子有關禮的言論和孔門相關的論文"④，因此其中有一些總結歸納禮制的内容，也是自然而然的。我們對《禮記》49篇的内容大體作一梳理，就會發現這種歸納禮制的痕跡。王鍔師於《禮記》内容早有分類，引之如下：

> 1. 記禮節條文，補他書所不備，如《曲禮》《檀弓》《玉藻》《喪服小記》《大傳》《少儀》《雜記》《喪大記》《奔喪》《投壺》等；
> 2. 闡述周禮的意義，如《曾子問》《禮運》《禮器》《郊特牲》《内則》《學記》《樂記》《祭法》《祭義》《祭統》《經解》《哀公問》《仲尼燕居》《孔子閒居》《坊記》《中庸》《表記》《緇衣》《問喪》《服問》《間傳》《三年問》《儒行》《大學》《喪服四制》等；
> 3. 解釋《儀禮》之專篇，如《冠義》《昏義》《鄉飲酒義》《射義》《燕義》《聘義》等；
> 4. 專記某項制度和政令，如《王制》《月令》《文王世子》《明堂位》

---

① （唐）杜佑撰，王文錦等點校：《通典》，中華書局，1988年，第20頁。
② 按：先秦時期其他著作也有關於禮制的記載，但是以《禮記》最爲集中且有代表性，故這裏僅以《禮記》爲主要討論對象。
③ 按：作爲"記"的《禮記》分大小戴兩種，皆是對前人之"記"的删選，由於小戴《禮記》更爲後人看重，故我們這裏討論對禮制的歸納專以小戴《禮記》爲宗。
④ 王鍔：《〈禮記〉成書考》，中華書局，2007年，第3頁。

等。①

由此分類可以看出，《禮記》49 篇中除了《冠義》《昏義》《鄉飲酒義》《射義》《燕義》《聘義》等是解釋《儀禮》之專篇，不涉及禮制的歸納，其他篇章或多或少都與禮制有關。其中最成系統的當然是《月令》篇，"《月令》按一年十二月，逐月記載每月的天象特征和天子所宜居處、車馬、衣服、飲食及所當實行的政令等"②。根據楊寬先生的研究，《禮記》之《月令》篇是戰國末期陰陽五行家之作，王鍔師認爲"其實，《月令》衹是作者構想的一篇施政綱領"③，由此可見，《月令》一篇之所以能夠體系大備，是由作者本人的認識和創作目的決定的。《月令》作者明顯具有歸納總結乃至構建禮制的意識，纔能創作出此篇。

《月令》以外，《禮記》中其他篇章明顯體現出禮制歸納的，則以《王制》最爲突出。鄭玄《目録》曰："名曰《王制》者，以其記先王班爵、授禄、祭祀、養老之法度。此於《別録》屬《制度》。"④任銘善先生則歸納此篇所記之事曰："茲篇所記者十事：班爵、禄田、任官、巡守、朝聘、教學、養老、國用、喪祭、職方。"⑤較之鄭玄爲詳。而王鍔師則歸納《王制》內容大概可分爲五部分：一是爵禄制度，二是封國制度，三是職官制度，四是巡守、祭祀、喪葬、田獵制度，五是養老制度，另外，還涉及學校制度、朝聘制度等。⑥ 據此可知，《王制》內容實際是大量關乎禮制歸納的，我們舉其中數例來分析：⑦

(1)王者之制禄爵，公、侯、伯、子、男，凡五等。諸侯之上大夫卿、下大夫、上士、中士、下士，凡五等。孔疏："此一經論爲王者之制禄爵，公侯、卿大夫以下及士之法。"⑧

----

① 王鍔：《〈禮記〉成書考》，中華書局，2007 年，第 4 頁。
② 王鍔：《〈禮記〉成書考》，中華書局，2007 年，第 2 頁。
③ 王鍔：《〈禮記〉成書考》，中華書局，2007 年，第 269 頁。
④ (漢)鄭玄注，(唐)孔穎達正義，呂友仁整理：《禮記正義》上冊，上海古籍出版社，2011 年，第 449 頁。
⑤ 任銘善：《禮記目録後案》，齊魯書社，1982 年，第 11 頁。
⑥ 王鍔：《〈禮記〉成書考》，中華書局，2007 年，第 172 頁。
⑦ 按：《王制》經文之內容，孔穎達疏皆有歸納，最爲簡潔準確，無需再費辭闡述，故下文所舉之例，皆先列《王制》之經文，次列孔穎達對於經文所言制度之總結。
⑧ (漢)鄭玄注，(唐)孔穎達正義，呂友仁整理：《禮記正義》上冊，上海古籍出版社，2011 年，第 449 頁。

（2）天子之田方千里，公侯田方百里，伯七十里，子男五十里。不能五十里者，不合於天子，附於諸侯，曰附庸。天子之三公之田視公侯，天子之卿視伯，天子之大夫視子男，天子之元士視附庸。孔疏："此一節論天子畿內之田，及畿外五等諸侯，及畿內公卿受地多少之法。"①

（3）制：農田百畝。百畝之分，上農夫食九人，其次食八人，其次食七人，其次食六人，下農夫食五人。庶人在官者，其禄以是爲差也。諸侯之下士視上農夫，禄足以代其耕也。中士倍下士，上士倍中士，下大夫倍上士。卿，四大夫禄；君，十卿禄。次國之卿，三大夫禄；君，十卿禄。小國之卿，倍大夫禄；君，十卿禄。孔疏："此一節論制農田有上中下，以禄庶人在官，及士大夫并卿及君之禄。"②

（4）千里之外設方伯。五國以爲屬，屬有長；十國以爲連，連有帥；三十國以爲卒，卒有正；二百一十國以爲州，州有伯。八州八伯，五十六正，百六十八帥，三百三十六長。八伯各以其屬屬於天子之老二人，分天下以爲左右，曰二伯。孔疏："此一節論千里之外設方伯，及連、帥、卒、正兼二伯之事。"③

（5）制：三公一命卷，若有加，則賜也，不過九命；次國之君不過七命；小國之君不過五命。孔疏："此一經論王制三公已下、次國、小國之君爵命之數。"④

（6）天子七日而殯，七月而葬；諸侯五日而殯，五月而葬；大夫、士、庶人三日而殯，三月而葬。三年之喪，自天子達。庶人縣封，葬不爲雨止，不封不樹，喪不貳事。自天子達於庶人，喪從死者，祭從生者。支子不祭。孔疏："此一節明天子以下殯葬日月不同及衣衾牲器之數。"⑤

（7）天子諸侯宗廟之祭，春曰礿，夏曰禘，秋曰嘗，冬曰烝。天子祭天

①　（漢）鄭玄注，（唐）孔穎達正義，吕友仁整理：《禮記正義》上册，上海古籍出版社，2011年，第451頁。
②　（漢）鄭玄注，（唐）孔穎達正義，吕友仁整理：《禮記正義》上册，上海古籍出版社，2011年，第455頁。
③　（漢）鄭玄注，（唐）孔穎達正義，吕友仁整理：《禮記正義》上册，上海古籍出版社，2011年，第468頁。
④　（漢）鄭玄注，（唐）孔穎達正義，吕友仁整理：《禮記正義》上册，上海古籍出版社，2011年，第478頁。
⑤　（漢）鄭玄注，（唐）孔穎達正義，吕友仁整理：《禮記正義》上册，上海古籍出版社，2011年，第512頁。

地，諸侯祭社稷，大夫祭五祀。天子祭天下名山大川，五嶽視三公，四瀆視諸侯。諸侯祭名山大川之在其地者。孔疏："此一節論夏殷天子、諸侯、大夫四時祭宗廟及祭天地山川之事。"①

由以上幾例可以看出，《王制》之作者在總結歸納禮制方面是十分留意的，他時時注意從總體上以由尊至卑的順序來梳理禮制。《王制》整篇無處不表現出其總結歸納禮制的意識，之所以這樣，是同該篇創作主旨或原因分不開的。關於《王制》此篇之創作，任銘善先生所言最善，引之如下：

> 《王制》何爲而作也？《王制》作於戰國之末紀。於時國異教，家異法，君僭號，臣僭禮，亂政丞行，權術方興，蓋《書》闕《詩》亡，禮崩樂壞，《春秋》之教弛而王者之跡息矣。其爲士者憂之，於是各以其道治，捨短取長，著爲文章……憂天下者則尤懼夫王政之不可見，而其言亦浸以不聞也，遂因孟子之義，參比六經，通萬方之略，以成儒者一家之説，徵虞夏殷周而立一王之法，而朝聘之制且兼及晉文之霸，其政不煩，君子亦有取焉。是則《王制》之篇所由作也。②

可見《王制》一篇被創作的目的就是爲了述明先王禮制，保存王政，以起到正禮興樂、對統治者施政進行規範的作用。故而其必從大處着眼，提綱挈領，條理制度，方能言簡而義明。

《月令》《王制》兩篇之外，《禮記》其他篇章也偶有論及禮制歸納者，比如《玉藻》篇，其總結君、大夫、士齊車之飾的等差制度則曰："君羔幝虎犆。大夫齊車鹿幝豹犆，朝車。士齊車，鹿幝豹犆。"③其論天子、諸侯、大夫、士之笏制則曰："笏：天子以球玉，諸侯以象，大夫以魚須文竹。"④其歸納天子、公侯、大夫輅靫上下尊卑之制則曰"靫：君朱，大夫素，士爵韋。圜、殺、直：天子直，公侯前後方，大夫前方、后挫角，士前後正"，"一命緼靫幽衡，

---

① （漢）鄭玄注，（唐）孔穎達正義，呂友仁整理：《禮記正義》上冊，上海古籍出版社，2011年，第520頁。

② 任銘善：《禮記目録後案》，齊魯書社，1982年，第12頁。

③ （漢）鄭玄注，（唐）孔穎達正義，呂友仁整理：《禮記正義》中冊，上海古籍出版社，2011年，第1188頁。

④ （漢）鄭玄注，（唐）孔穎達正義，呂友仁整理：《禮記正義》中冊，上海古籍出版社，2011年，第1215頁。

再命赤韍幽衡，三命赤韍蔥衡"①。其明帶飾之制則曰："雜帶：君朱綠，大夫玄華，士緇辟二寸，再繚四寸。"②其言天子、公侯、大夫、世子、士佩玉及組綬之制則曰："天子佩白玉而玄組綬，公侯佩山玄玉而朱組綬，大夫佩水蒼玉而純組綬，世子佩瑜玉而綦組綬，士佩瓀玫而縕組綬。"③

又比如《禮器》篇曰："禮有以多爲貴者。天子七廟，諸侯五，大夫三，士一。天子之豆二十有六，諸公十有六，諸侯十有二，上大夫八，下大夫六。諸侯七介七牢，大夫五介五牢。天子之席五重，諸侯之席三重，大夫再重。"④又曰："禮有以文爲貴者。天子龍袞，諸侯黼，大夫黻，士玄衣纁裳。天子之冕，朱綠藻，十有二旒，諸侯九，上大夫七，下大夫五，士三。"⑤《內則》篇曰："羹食，自諸侯以下至於庶人無等。大夫無秩膳，大夫七十而有閣。天子之閣，左達五，右達五。公、侯、伯於房中五，大夫於閣三，士於坫一。"⑥

《玉藻》一篇"專記服飾之制：始冠，次衣服，次笏，次韠，次帶，次及后、夫人、命婦之服，其前後又雜記禮節、容貌、稱謂之法。《禮記》中可以考見古人之名物制度者，此篇爲最詳"⑦。由於《玉藻》的這種專門性，其對於服飾制度的歸納是必須涉及的，故涉及的就多些。《禮器》的作者雖言及禮制歸納，但是其重點顯然在於論"制禮得節"，"禮洽天時"，所言廟制、豆數、介牢數等，不過是爲證其所論而舉的例子。而《內則》所言，整篇中祇此一條，恐怕還是作者湊巧論及，並非專門討論。

綜上所述，由於《禮記》篇章是成於眾手，故各個篇章所表現出來的對禮制歸納的重視程度是不一樣的。《月令》《王制》《玉藻》等篇的作者明顯已經具

①　（漢）鄭玄注，（唐）孔穎達正義，吕友仁整理：《禮記正義》中册，上海古籍出版社，2011年，第1220頁。

②　（漢）鄭玄注，（唐）孔穎達正義，吕友仁整理：《禮記正義》中册，上海古籍出版社，2011年，第1220頁。

③　（漢）鄭玄注，（唐）孔穎達正義，吕友仁整理：《禮記正義》中册，上海古籍出版社，2011年，第1230頁。

④　（漢）鄭玄注，（唐）孔穎達正義，吕友仁整理：《禮記正義》中册，上海古籍出版社，2011年，第963頁。

⑤　（漢）鄭玄注，（唐）孔穎達正義，吕友仁整理：《禮記正義》中册，上海古籍出版社，2011年，第974頁。

⑥　（漢）鄭玄注，（唐）孔穎達正義，吕友仁整理：《禮記正義》中册，上海古籍出版社，2011年，第1146頁。

⑦　（清）孫希旦撰，沈嘯寰、王星賢點校：《禮記集解》中册，中華書局，2012年，第774頁。

備了總結歸納禮制的意識，並且著之於文。而其他篇章作者則未必有此意識，所論禮制不成體系規模，也是理所當然。總而言之，《禮記》表現出了對禮制的梳理總結，説明先秦以至漢代的學者對此早有關注，並且成果比較突出。但是我們也要看到，《禮記》中所表現出來的禮制歸納，仍有不足之處，即禮制歸納主題不夠突出，並且相對分散，若要弄清其所論某個禮制之整體狀況，還要費搜檢梳理之力。

二、鄭玄、孔穎達、賈公彥等對禮制的歸納

東漢鄭玄遍注《三禮》，發揮旁通，遂使《三禮》之書，合爲一家之學。歷代對鄭玄注解《三禮》進行研究者不乏其人，而尤以今人張舜徽、李雲光、楊天宇三位先生所論最爲詳細。

張舜徽先生《鄭學叢著》中《鄭氏經注釋例》一章從沿用舊詁不標出處、宗主舊注不爲苟同、循文立訓、訂正衍譌、詮次章句、旁稽博證、聲訓、改讀、改字、徵古、證今、發凡、闕疑、考文、尊經、信緯、注語詳贍、注語互異等十八個方面闡釋鄭玄之經注。① 李雲光先生《三禮鄭氏學發凡》中《鄭氏對禮制之解説》一章從直述其禮以解之、推原其故以解之、別白其事以解之、發明隱略以解之、差約經文以解之、會通群書以解之、考論因革以解之、引述故事以解之、綜計其數以解之、歸納凡例以解之、以其禮之正變説之、以其禮之吉凶説之、以其禮之文質隆殺説之、以其禮之伸降辟嫌説之、以其服之正從恩義説之、以其禮之存亡説之、以異性之禮説之、以異等之禮説之、以異代之禮説之、以王霸之禮説之、以漢新之事況之、以傳疑之法説之、自謂未聞以置之等二十三個方面闡發鄭玄之注禮。② 楊天宇先生《鄭玄三禮注研究》中《論鄭玄〈三禮注〉》一章論鄭玄的注經方法和注經體例，言其採用力求簡約、兼採今古文等方法注經，注經體例包括正字讀、訓名物、釋經文、闡禮義、糾經文之誤衍脱錯等幾個方面。③

綜觀以上三位學者對鄭注的研究，可以看到他們或多或少對鄭玄注解禮的儀節、通例、歷代沿革等方面有所闡發，但都沒有提及其對《三禮》禮制的歸納。難道是因爲鄭玄對《三禮》的研究不涉及這一點嗎？事實並不是這樣，以

---

① 張舜徽著，周國林選編：《張舜徽儒學論集》，四川大學出版社，2010 年，第 33～70 頁。
② 李雲光：《三禮鄭氏學發凡》，華東師範大學出版社，2012 年，第 505～776 頁。
③ 楊天宇：《鄭玄三禮注研究》，中國社會科學出版社，2008 年，第 155～172 頁

筆者所見，即可舉數例：

（1）王之吉服，祀昊天、上帝，則服大裘而冕，祀五帝亦如之。享先王，則袞冕。享先公、饗、射，則鷩冕。祀四望、山川，則毳冕。祭社稷、五祀，則希冕。祭群小祀，則玄冕。（《周禮·司服》）

鄭注："玄謂《書》曰：'予欲觀古人之象，日、月、星辰、山、龍、華蟲作繢，宗彝、藻、火、粉米、黼、黻希繡。'此古天子冕服十二章，舜欲觀焉……王者相變，至周而以日月星辰畫於旌旗，所謂'三辰旂旗，昭其明也'。而冕服九章，登龍于山，登火於宗彝，尊其神明也。九章，初一曰龍，次二曰山，次三曰華蟲，次四曰火，次五曰宗彝，皆畫以爲繢；次六曰藻，次七曰粉米，次八曰黼，次九曰黻，皆希以爲繡，則袞之衣五章，裳四章，凡九也。鷩畫以雉，謂華蟲也，其衣三章，裳四章，凡七也。毳畫虎蜼，謂宗彝也，其衣三章，裳二章，凡五也。希刺粉米，無畫也，其衣一章，裳二章，凡三也。玄者衣無文，裳刺黻而已，是以謂玄焉。凡冕服皆玄衣纁裳。"①

按：《周禮》經文言王之吉服六冕分別於何種祭祀場合穿着，鄭玄則就此經文梳理自舜至周，冕服之章數由十二章變作九章，這是縱向的總結禮制。而對於周代一代之冕服九章，則又分別梳理袞冕、鷩冕、毳冕、希冕、玄冕各服的章數及在衣、在裳之別，這可以說是從橫向總結服章之禮制。

（2）五采繅十有二就，皆五采玉十有二。（《周禮·弁師》）

鄭注："繅不言皆，有不皆者。此爲袞衣之冕十二斿，則用玉二百八十八。鷩衣之冕繅九斿，用玉二百一十六。毳衣之冕七斿，用玉百六十八。希衣之冕五斿，用玉百二十。玄衣之冕三斿，用玉七十二。"②

---

①　（漢）鄭玄注，（唐）賈公彥疏，彭林整理：《周禮注疏》中册，上海古籍出版社，2010 年，第 791 頁。

②　（漢）鄭玄注，（唐）賈公彥疏，彭林整理：《周禮注疏》中册，上海古籍出版社，2010 年，第 1220 頁。

按：鄭玄以此"五采繅十有二就"爲天子袞衣之冕，故推及其鷩衣、毳衣、希衣、玄衣之冕用玉之數。天子五冕冕旒皆有定制，故鄭玄推之，認爲天子五冕皆有前後旒，每旒皆十二玉，不同者，袞冕前後繅各十二就，鷩冕前後繅各九就，毳冕前後繅各七就，希冕前後繅各五就，玄冕前後繅各三就，如此而已。

(3)管仲鏤簋、朱紘，山節、藻梲，君子以爲濫也。(《禮記·禮器》)

鄭注："鏤簋，謂刻而飾之。大夫刻爲龜耳，諸侯飾以象，天子飾以玉。朱紘，天子冕之紘也。諸侯青組紘，大夫士當緇組紘繡邊……宮室之飾，士首本，大夫達棱，諸侯斲而礱之，天子加密石焉。"①

按：此條中鄭玄因釋管仲"鏤簋、朱紘，山節、藻梲"之非禮，故備舉天子以至士簋當刻飾何物，紘當用何顏色，宮室之飾當以何物。其意本在解釋管仲如何僭越禮法，卻有梳理禮制之效。

(4)臺門而旅樹，反坫，繡黼丹朱中衣，大夫之僭禮也。(《禮記·郊特牲》)

鄭注："言此皆諸侯之禮也……禮，天子外屏，諸侯內屏，大夫以簾，士以帷。"②

按：鄭玄此重在解釋大夫"旅樹"如何爲僭禮。孔穎達疏曰："'而旅樹'者，旅，道也。樹，立也。人君當門道立屏，蔽內外爲敬也。"③此解"旅樹"不及錢玄先生之詳明，《三禮辭典》曰："猶今之照壁。以土築墻爲之，在門

---

① （漢）鄭玄注，（唐）孔穎達正義，呂友仁整理：《禮記正義》中冊，上海古籍出版社，2011年，第980頁。
② （漢）鄭玄注，（唐）孔穎達正義，呂友仁整理：《禮記正義》中冊，上海古籍出版社，2011年，第1043頁。
③ （漢）鄭玄注，（唐）孔穎達正義，呂友仁整理：《禮記正義》中冊，上海古籍出版社，2011年，第1044頁。

内，或在門外。亦稱内屏、外屏。周代唯天子、諸侯可用。"①此記大夫旅樹，是僭諸侯禮。鄭玄進一步申説由天子至士之制，孔穎達曰："云'禮，天子外屏，諸侯内屏，大夫以簾，士以帷'者，《禮緯》文。"②則知鄭玄之言實際也是引自他説。

由此可知，鄭玄在注解《三禮》時實際上對禮制歸納也是有所涉及的，但是張舜徽、李雲光、楊天宇三位先生的研究都没提及這一點，也可以從側面説明鄭玄歸納禮制確實很少。這當然與注解這種體例有關，注解之體重點在於解釋字詞，疏通句意，禮制歸納非其要務。另外，鄭玄本人在解釋經文時力求言辭簡約，盡量言簡意賅，也使其很難在《三禮》注文中展開歸納禮制。再進一步説，鄭玄即使在《三禮》注中對禮制有所歸納，也並非着意於此，其歸納禮制還是爲注解經文服務，因此也没有有意識地去關注禮制的總結。

鄭玄之後，陳祥道之前，言禮精博且今存可見者，當推孔穎達主持修撰的《禮記正義》及賈公彦《周禮注疏》《儀禮注疏》。此三書就性質上來説，其實與鄭注無異，都是注解梳理之作。且三書規模宏大，搜檢其内容並非易事。

就《禮記正義》來説，今有張寶三先生《五經正義研究》和陶廣學先生《孔穎達〈禮記正義〉研究》兩部專著，可作參考。張寶三先生《五經正義研究》設《五經正義論考之内容》一章，其中第六節"論考制度"部分分成"論考古制之情況或制度之變革""以今制喻古制"兩個方面來討論，③ 但其所論雖是關於禮制，卻並不涉及《禮記正義》禮制總結方面，而是以其禮制的考證辨明爲主。陶廣學先生《孔穎達〈禮記正義〉研究》亦設《〈禮記正義〉制度考證》一節④，專論禮制，分成吉禮考證、嘉禮考證、凶禮(喪禮)考證、賓禮考證、軍禮考證方面，但是同樣重在研究孔穎達對禮制的考辨，很少涉及禮制歸納。以上兩書之研究實際也從側面説明了《禮記正義》並不屬意於總結梳理禮制，其重點在於注釋疏解，偶有歸納禮制，也是爲了佐助疏解，比如《禮記·曲禮》中言"天子祭天地，祭四方，祭山川，祭五祀，歲徧"，孔穎達疏曰：

> 天子祭天地者，天地有覆載大功，天子王有四海，故得總祭天地，以

① 錢玄、錢興奇:《三禮辭典》，鳳凰出版社，2014年，第642頁。
② (漢)鄭玄注，(唐)孔穎達正義，吕友仁整理:《禮記正義》中册，上海古籍出版社，2011年，第1044頁。
③ 張寶三:《五經正義研究》，華東師範大學出版社，2010年，第290頁。
④ 陶廣學:《孔穎達〈禮記正義〉研究》，揚州大學2013年博士學位論文。

報其功。其天有六，祭之一歲有九：昊天上帝，冬至祭之，一也；蒼帝靈威仰，立春之日祭之於東郊，二也；赤帝赤熛怒，立夏之日祭之於南郊，三也；黃帝含樞紐，季夏六月土王之日亦祭之於南郊，四也；白帝白招拒，立秋之日祭之於西郊，五也；黑帝汁光紀，立冬之日祭之於北郊，六也；王者各稟五帝之精氣而王天下，於夏正之月祭於南郊，七也；四月龍星見而雩，總祭五帝於南郊，八也；季秋大饗五帝於明堂，九也。地神有二，歲有二祭：夏至之日，祭崑崙之神於方澤，一也；夏正之月，祭神州地祇於北郊，二也。或云建申之月祭之，與郊天相對。①

孔穎達此處歷數天地之祭的對象，梳理天有六，分別爲昊天上帝、蒼帝靈威仰、赤帝赤熛怒、黃帝含樞紐、白帝白招拒、黑帝汁光紀，而一年之中有九次祭祀，分別於冬至、立春之日、立夏之日、季夏六月土王之日、立秋之日、立冬之日、夏正之月、四月、季秋祭之。而地神有二，分別爲崑崙之神和神州地祇，分別於夏至之日和夏正之月祭之。祭神州地祇還有可能在建申之月。孔穎達此説總結歸納天地之祭制度較爲分明，但是其起因卻在於解釋"天子祭天地"一句，是爲了疏解其義。

又如《禮記·王制》曰："凡養老：有虞氏以燕禮，夏后氏以饗禮，殷人以食禮，周人脩而兼用之。"孔穎達疏曰：

> 皇氏云："饗有四種。一是諸侯來朝，天子饗之。則《周禮·大行人》職云'上公之禮，其饗禮九獻'是也……二是王親戚及諸侯之臣來聘，王饗之。禮亦有飯食及酒者，親戚及賤臣不須禮隆，但示慈惠，故并得飲食之也。其酌數亦當依命，其牲折俎，亦曰殽烝也……三是戎狄之君使來，王饗之。其禮則委饗也……四是饗宿衛及耆老孤子，則以醉爲度。"②

此文總結饗禮之類型有四種，分別言其行禮對象及等級，並闡明各個饗禮中飲酒之制。孔穎達之梳理引皇侃之言，實際歸納此制者乃皇侃。但無論是皇侃還是孔穎達，其梳理此饗制都不是專門之舉，而是爲"夏后氏以饗禮"這句

---

① （漢）鄭玄注，（唐）孔穎達正義，呂友仁整理：《禮記正義》上册，上海古籍出版社，2011年，第205頁。
② （漢）鄭玄注，（唐）孔穎達正義，呂友仁整理：《禮記正義》上册，上海古籍出版社，2011年，第570頁。

話作注解，論明其禮制背景。

就賈公彥《周禮注疏》《儀禮注疏》而言，《儀禮注疏》中出現歸納禮制的幾率本來就小很多，偶有見之，亦十分精簡，比如《儀禮·聘禮》"公揖入，每門、每曲揖"，賈公彥疏曰："諸侯三門，皋、應、路，則應門爲中門，左宗廟，右社稷，入大門東行，即至廟門，其間得有每門者，諸侯有五廟，大祖之廟居中，二昭居東，二穆居西，廟皆別門，門外兩邊皆有南北隔墙，隔墙中央通門。"①此本爲解釋經文所記儀節，但也起到了梳理諸侯廟制的效果。

而《周禮注疏》中其實也没有多少歸納禮制之處。今人楊學東先生著有《賈公彥〈周禮疏〉研究》，其第三章《〈周禮疏〉的體式與内涵特徵》中論及《周禮注疏》之疏通疑義、融會參證、引録異説、總結經注之例、推闡經注之意、對注文的補充與訂正等幾個方面，②其所論"總結經注之例"一條，頗與禮制相關，但是終究同歸納禮制有别，因此該文實際並没有作這方面的研究。這當然可以從側面反映出賈公彥《周禮註疏》在總結梳理禮制這點上並不突出，難以引起關注。

不過細細搜檢《周禮注疏》，還是能夠發現禮制歸納的相關内容的，比如《小司徒》之疏中有曰："凡出軍之法，先六鄉。賦不止，次出六遂。賦猶不止，徵兵於公邑及三等采。賦猶不止，乃徵兵於諸侯，大國三軍，次國二軍，小國一軍，此軍等，皆出於鄉遂。賦猶不止，則諸侯有遍境出之法，則千乘之賦是也。"③此乃專門辨明出軍由低到高之法，歸納其大概原則。又比如《大行人》疏中有曰："四時分來更迭而徧者，假令侯服年年朝，春東方來，夏南方來，秋西方來，冬北方來；甸服二歲一見，亦春東、夏南、秋西、冬北；男服三歲一見，當朝之歲亦然；采服、衛服、要服皆然。四方四分，更互遞代來而徧。"④此乃總結梳理諸侯朝覲天子之法，春夏秋冬，時會殷同，井然有序。但其歸納實際是爲注釋鄭玄"四時分來，更迭如此而徧"一句所發，並非專門總結。

由此可見，鄭玄、孔穎達、賈公彥雖然爲《禮記》諸作者之後、陳祥道之前

①　(漢)鄭玄注，(唐)賈公彥疏，賈海生點校：《儀禮注疏》第2册，浙江大學出版社，2016年，第656頁。
②　楊學東：《賈公彥〈周禮疏〉研究》，西北大學2015年博士學位論文，第35~52頁。
③　(漢)鄭玄注，(唐)賈公彥疏，彭林整理：《周禮注疏》上册，上海古籍出版社，2010年，第396頁。
④　(漢)鄭玄注，(唐)賈公彥疏，彭林整理：《周禮注疏》下册，上海古籍出版社，2010年，第1442頁。

言禮最精博權威者，但是他們對《三禮》的研究顯然都把重心放在注解經文方面，尤其是孔穎達、賈公彥，不僅要注釋經文，還要解説鄭注，因此對於禮制的歸納總結都不是很突出。鄭玄以至孔穎達、賈公彥等這方面的不足，主要是受限於注疏之體例，不能肆意發揮，但是其本人對於禮制應該是心中有所總結的。

綜上所述，《禮記》中部分篇章體現出了比較明顯的禮制歸納的傾向，表明先秦乃至秦漢時期習禮研禮者對禮制是有所總結的，並且已經建立起了歸納禮制的意識。祇不過其言往往過於簡略，不成規模，有的禮制在《三禮》之中所記還有所不同，也闕乏考辨。鄭玄遍注《三禮》，對於禮制偶爾有所總結，孔穎達、賈公彥等疏解《三禮》經文及鄭注，於此亦有所涉及。然而鄭、孔、賈等皆受制於注解之體例，不能專門對禮制進行闡發總結，因此其言往往或簡略、或分散，其歸納禮制反不如《禮記》中多且集中。但是由《禮記》以至鄭玄、孔穎達、賈公彥，其言禮制總體來看還是較少的，甚至沒有涵蓋《周禮》的一半，此乃陳祥道之前學者禮制歸納的基本狀況。

第二節 《禮書》歸納禮制的方式和具體內容

不同於《禮記》以及鄭玄、孔穎達、賈公彥等注疏，陳祥道之《禮書》是一部專門論禮的通禮類著作，這使得其可以擺脱注解之體的限制，自由地對《三禮》相關內容進行闡發。而禮制歸納正是該書中比較重要的部分，論之如下。

一、《禮書》歸納禮制的方式

《禮書》歸納梳理禮制，最主要的根據是《周禮》《儀禮》《禮記》及鄭注、孔疏，同時參以《大戴禮記》及其他先秦經書、子書。而就其梳理禮制之方式來説，則大體有如下四種。

1. 直接歸納梳理

這種方式具體來説就是陳祥道在正文中直接對禮制加以考證，並作出歸納論斷。比如《禮書》卷46"市制"，陳祥道論之曰：

> 先王之居也，左聖向仁，右義背藏。嚮仁，故面朝；背藏，故後市。朝，王所建。市，后所立。市之制，其廣一夫，其位三方，其旁有門。分之以廛，列之以肆。有泉府以斂賒，有思次、介次以治訟。其祭有禮，其徙有時……古之治市也，每肆一長，二肆一胥，五肆一司稽，

十肆一司暴，二十肆一賈師，一胥師，其法有治教、政刑、量度禁令，而君夫人、世子、命夫、命婦不得過。屬遊飲食者不得行，鬭囂暴亂出入相陵犯者不得作，圭璧、金璋、犧牲、祭器、戎器與不中度量、不中殺伐之類不得粥。其犯禁者，司門舉之於門，質人舉之於市，搏之以司稽，察之以胥師，然後治於司市。其附于刑，則歸于士。凡以阜民財、一民行而已。此所謂以義爲利，不以利爲利也。然市不特立於國中而已。《遺人》："五十里有市，市有候館。"《量人》："營軍之壘、舍，量其市、朝、州涂、軍社之所里。"則道路之與軍師，亦有市矣。天文心爲明堂，東北曲十二星曰旗，旗中四星曰天市。中星衆者實，其中虛則耗。此市之象也。①

關於先秦之市制，《周禮》中言之最詳，比如《內宰》《遺人》《司市》《質人》《司暴》《司稽》《肆長》《量人》《匠人》等篇多有相關記載。此外《禮記·王制》《左傳》《孟子》《孔子家語》等也有零星言語述及。但細審各個篇章關於市制的記載，都祇是涉及一點或數點，且篇章分散，難以從總體上把握市制究竟是怎樣的。比如《內宰》記市制曰："凡建國，佐后立市，設其次，置其敘，正其肆，陳其貨賄，出其度、量、淳、制。祭之以陰禮。"②僅能看出建市之事歸后掌管，內宰佐之設次、置敘、正肆、陳貨賄等。又如《司市》記載曰："掌市之治、教、政、刑、量度、禁令。以次敘分地而經市，以陳肆辨物而平市，以政令禁物靡而均市……大市，日昃而市，百族爲主；朝市，朝時而市，商賈爲主；夕市，夕時而市，販夫販婦爲主……"③能夠比較全面地反映市制的情況，但仍不能形成體系。再如《禮記·王制》記載曰："有圭璧、金璋，不粥於市；命服、命車，不粥於市；用器不中度，不粥於市；兵車不中度，不粥於市……禽獸魚鼈不中殺，不粥於市。"④則僅言何物可於市售賣，何物不可於市買賣，皆難以窺市制之全貌。

而陳祥道則將《周禮》《禮記》《左傳》《孟子》《孔子家語》等材料一一羅列，

---

① （宋）陳祥道：《禮書》卷46，國家圖書館藏袁忠徹舊藏本。
② （漢）鄭玄注，（唐）賈公彥疏，彭林整理：《周禮注疏》上冊，上海古籍出版社，2010年，第248頁。
③ （漢）鄭玄注，（唐）賈公彥疏，彭林整理：《周禮注疏》上冊，上海古籍出版社，2010年，第515~525頁。
④ （漢）鄭玄注，（唐）孔穎達正義，呂友仁整理：《禮記正義》上冊，上海古籍出版社，2011年，第556頁。

綜合分析，總其綱要，以簡潔明晰的語言將市制的總體情況直接加以考證按斷，陳述出來。觀此段文字，先言建市之事掌於后，再陳述市之規制，接着陳述市之管理人員及市之運營規則，最後言市之種類，附論市之象。從市的設置到其運轉機制，再到市的種類分布，陳祥道皆直接於正文中總結歸納出來，簡潔清晰。

2. 運用表譜梳理歸納

運用表譜反映統計數據或成體系的文字內容，具有條理清晰、明白曉暢的優點，因此早在西漢時期，司馬遷於《史記》中就採用了表譜的形式梳理六國歷史。《禮書》中歸納禮制同樣也使用了這種方式，比如卷 49 中論“秀選俊造進士升論之法”，如圖 4-1。

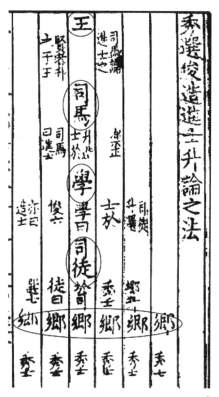

圖 4-1　卷 49“秀選俊造進士升論之法”①

---

① 按：爲了圖表清晰起見，其中“鄉”“司徒”“學”“司馬”“王”加上了圓圈，以示突出。

　　《禮記·王制》中論學校中士之考校升論法曰："命鄉論秀士，升之司徒，曰選士。司徒論選士之秀者而升之學，曰俊士。升於司徒者不征於鄉，升於學者不征於司徒，曰造士。"①又曰："大樂正論造士之秀者以告于王，而升諸司馬，曰進士。"②單純研讀《禮記》之經文，也能夠理清此升論之法大概，但是畢竟經文散落兩處，需要歸納纔能明白。陳祥道亦徵引《王制》之經文，但是梳理其具體禮制使用的卻是表譜，更加直觀。《周禮》記載鄉有六鄉，故陳祥道之圖中秀士有六，對應六鄉。司徒掌六鄉，故表中反映鄉之上是司徒，而秀士升之於司徒則謂選士。"司徒論選士之秀者而升之學"，此學乃指大學。孔穎達曰："身雖升學，亦以學未成，猶給司徒繇役。若其學業既成，免其繇役……升諸司徒則不征於鄉，升之於學則不征於司徒，皆免其繇役者，是爲造成之士。"③意思是升之於大學之士，若仍服司徒繇役，則謂之俊士，以其雖才學優等，但是其學仍未成故也。若升於大學之士學業已成，則可免除繇役，謂之造士，即造成之士也。因此陳祥道於表中説"司徒升選士於學曰俊士，亦曰造士"，實際是有兩種情況。《王制》謂"大樂正論造士之秀者以告于王，而升諸司馬，曰進士"，其意士升之於司馬，必先由大樂正告于王。然陳祥道之表中則是"樂正升造士於司馬曰進士"，"司馬論進士之賢者升之于王"，似與《王制》此文不合。其實陳祥道所言亦有據，《王制》中又曰："司馬辨論官材，論進士之賢者以告于王，而定其論。"孔穎達疏曰：

　　　　"司馬辨論官材"，大樂正論造士之秀者以告于王，王必以樂正所論之狀授與司馬，司馬得此所論之狀，乃更論辨之，觀其材能高下，知其堪任何官，是準擬其官以其材，故云官材也。"論進士之賢者"，謂司馬辨論之後，不堪者屏退，論量進士賢者以告於王。告王之時而正定其論，各署其所長。④

---

　　①　（漢）鄭玄注，（唐）孔穎達正義，呂友仁整理：《禮記正義》上册，上海古籍出版社，2011年，第546頁。
　　②　（漢）鄭玄注，（唐）孔穎達正義，呂友仁整理：《禮記正義》上册，上海古籍出版社，2011年，第547頁。
　　③　（漢）鄭玄注，（唐）孔穎達正義，呂友仁整理：《禮記正義》上册，上海古籍出版社，2011年，第550頁。
　　④　（漢）鄭玄注，（唐）孔穎達正義，呂友仁整理：《禮記正義》上册，上海古籍出版社，2011年，第551頁。

據此可知，士之升論中由司馬以至王這個階段，完整的過程是樂正告王，王授之司馬，司馬論辨其材之後，再告於王。因此陳祥道表中所列，實際是最後司馬論定士之纔能後告之於王的過程。整個秀士到進士升遷的過程，陳祥道通過表譜的形式簡潔完整地呈現出來了。

《禮書》中通過這種方式歸納總結禮制的情況並不十分常見，除了上面所舉之例，還包括卷 17 中論婦人之服等級，卷 35 反映《尚書》中星、《月令》中星、《月令》二十四氣、挈壺漏刻，卷 49 論鄉官書考之法，卷 62 論大宗小宗制度，卷 117 反映五聲、八音、十二律相生關係，卷 118 反映天地辰建旋轉關係，卷 148 反映衣服升數等。

3. 以組合的禮圖輔助闡發

這種方式中，陳祥道對禮制也有所議論闡發，但對禮制歸納卻是通過禮圖的排比羅列來輔助完成的。如卷 3 中論"諸侯及孤、卿、大夫之服"，就是通過一系列禮圖組合來歸納禮制的，這些禮圖標題爲：

> 上公龍袞繅九就，前後九旒，旒九玉，共玉百六十二。繅玉三采：朱、白、蒼。執桓圭。
>
> 侯鷩冕繅七就，前後七旒，旒七玉，共玉九十八。繅玉皆三采，執信圭。
>
> 伯鷩冕繅七就，前後各七旒，旒七玉，共玉九十八。繅玉皆三采，執躬圭。
>
> 子毳冕繅五就，前後各五旒，旒五玉，用玉五十。繅玉皆三采，執穀璧。
>
> 男毳冕繅玉采如子之數，執蒲璧。
>
> 王之三公鷩冕繅八就，前後各八旒，旒八玉，用五百二十八。執圭，射則執璧。《書》曰："周公秉圭以冕覯之。"蓋執信圭，先儒曰執桓圭。
>
> 王之孤毳冕繅六就，前後各六旒，旒六玉，用玉七十二。執皮帛。
>
> 王之卿毳冕繅六就，前後各六旒，旒六玉，用玉七十二。繅玉皆朱綠，執羔。
>
> 王之大夫希冕繅四就，前後各四旒，旒四玉，用玉三十二。繅玉皆朱綠，執鴈。
>
> 諸侯之孤希冕繅玉采如王之大夫，執皮帛。
>
> 諸侯之卿玄冕繅三就，前各三旒，旒三玉，用五十八。執羔。
>
> 諸侯之大夫玄冕再命之大夫繅再就，用玉八。一命之大夫繅一就，用

玉二。執瑁。

通過這幾個禮圖的標題，我們可以很清晰地看出諸侯、王之孤卿大夫、諸侯之孤卿大夫，按照等級，從上到下，分別穿着何種冕服，乃至其各冕服形制，全都一目瞭然。而對於這些禮圖組合所反映出的禮制，陳祥道並不是没有議論，他將這些圖後的注解文字總爲一段，論之曰：

> 《典命》上公九命，衣服以九爲節，《司服》所謂"公之服，自袞冕而下如王之服"是也。侯伯七命，衣服以七爲節，《司服》所謂"侯伯之服，自鷩冕而下如公之服"是也。王之三公八命，其卿六命，其大夫四命，及其出封，皆加一等。蓋八命加一等則是三公一命袞，而衣服以九爲節也。其未出封則八命，與侯伯同七章之服矣。公與侯伯同七章之服，則卿六命，與子男同五章之服矣。觀《司服》孤之服自希冕而下如子男之服，卿大夫之服自玄冕而下如孤之服，公之孤四命而服三章之希冕，大國之卿三命，大夫再命而服一章之玄冕，則王之公卿大夫，其衣服各降命數一等，可知也。①

此段議論大體理清了由上公以至諸侯之大夫冕服之等差情況，但是其主要言公、侯、伯、子、男、三公等命數差異，未將其與各個冕服之制結合起來論述，究竟還是不便。而通過將幾個禮圖組合羅列的方式，則既可以反映冕服本身的形制，也可以明確地反映出等級上的差別，可謂一舉兩得。

據陳祥道之梳理，可見公、侯、伯、子、男冕服之制是固定的，以其命數有定。而諸臣之服則不隨命數。陳祥道之總結稍顯簡略，清人秦蕙田有所闡發，最爲條理，引述如下：

> 蕙田案：侯國諸臣之服，與諸侯之服不同。諸侯之服章數依命數，而諸臣之服不隨命數也。故公之孤四命而服希冕三章，若王朝諸臣之服，以義推之，則王之三公八命宜服七章之鷩冕，卿六命服五章之毳冕，大夫四命服三章之希冕，士之三命、再命同服無章之玄冕可知也。陳氏謂王朝之卿大夫皆降其命一等同諸侯章服，極是。②

---

① （宋）陳祥道：《禮書》卷3，國家圖書館藏袁忠徹舊藏本。
② （清）秦蕙田：《五禮通考》，《景印文淵閣四庫全書》第136冊，臺灣"商務印書館"，1986年，第590頁。

秦蕙田總結諸臣命數可變，然服章七、五、三之數卻不可變易，故其命數於服章之對應稍有變化。以秦氏之梳理與《禮書》此處諸圖標題之總結相比較，正可一一對應，並且秦蕙田也明確肯定了陳祥道此説。

《禮書》中這種歸納反映禮制的方式除了此例之外，還包括卷 5 天子、諸侯、卿大夫、士瑱制，卷 14 天子、諸侯、大夫、士帶制，卷 15 王及后舄制，卷 19 天子、諸侯、大夫佩制，卷 23 天子、諸侯、大夫、士韍及韎韐之制，卷 26 井田之制，卷 32 侯國及采邑貢賦之法，卷 44 王、諸侯、卿大夫士及后、夫人、卿大夫士之妻寢制，卷 53 王、公侯伯、子男之繅制，卷 67 天子、諸侯、附庸、大夫、適士、官師廟制等。

4. 通過羅列文獻材料間接闡述

運用這種方式時，陳祥道自己不著一言，而是通過大量引用羅列相關典籍記載及前人之説，間接反映出所要闡述的禮制。舉卷 24 "王及諸侯城郭之制" 爲例：

> 《典命》："上公九命爲伯，其國家、宮室、車旗、衣服、禮儀皆以九爲節。侯伯七命，其國家、宮室、車旗、衣服、禮儀皆以七爲節。子男五命，其國家、宮室、車旗、衣服、禮儀皆以五爲節。"上公，謂王之三公，有德者加命爲二伯。二王之後亦爲上公。國家，國之所居，謂城方也。公之城盖方九里，宮方九百步。侯伯之城盖方七里，宮方七百步。子男之城盖方五里，宮方五百步。《量人》："掌建國之法，以分國爲九州，營國城郭。"《掌固》："掌脩城郭溝池樹渠之固。"《匠人》：營國，方九里，旁三門。營，謂丈尺其大小。天子十二門，通十二子。國中九經九緯，經涂九軌。王宮門阿之制五雉，宮隅之制七雉，城隅之制九雉。阿，棟也。宮隅、城隅，謂角浮思也。雉長三丈，高一丈，度高以高，度廣以廣。經涂九軌，環涂七軌，野涂五軌。門阿之制，以爲都城之制。宮隅之制，以爲諸侯之城制。環涂以爲諸侯經涂，野涂以爲都經涂。《詩·文王有聲》曰："築城伊淢，作豐伊匹。"淢，淢溝也。匹，配也。《箋》云："方十里曰成。淢，其溝也。廣深各八尺。文王受命而猶不自足，築豐邑之城，大小適與成偶，大於諸侯，小於天子之制。"《左傳》："祭仲曰：'都城過百雉，國之害也。方丈曰堵，三堵曰雉。一雉之牆長三丈，高一丈。侯伯之城方五里，徑三百雉，故其大都不得過百雉。先王之制，大都不過三國之一，中，五之一，小，九之一，今京不度，非制也。'"《春秋》隱七年、宣九

年、定六年皆書城中城。《孟子》曰："三里之城，七里之郭。"《尚書大
傳》："古者百里之國，三十里之遂，二十里之郊，九里之城，三里之宫；
七十里之國，二十里之遂，九里之郊，三里之城，一里之宫；五十里之
國，九里之遂，三里之郊，一里之城，以城爲宫。"玄或疑焉，《周禮》：
"匠人營國，方九里。"謂天子城也。今大國九里，則與天子同。《春秋傳》
曰："中，五之一，小，九之一。"以推此説，小國大都之城三十三步三分
之一，非也。然則大國七里之城，小國三里之城焉，爲近可也。或者天子
實十二里城，諸侯大國九里，次城七里，小國五里。①

此條總論王及諸侯城郭之制，周天子及各諸侯等級不同，其城郭之規制也
不同。這裏首先引用了《周禮》之《典命》《量人》《掌固》《匠人》諸篇，詳細説明
了各階層有等級上的劃分，故其城郭之制亦有差别。這個差别依《匠人》所記，
具體表現爲周王王宫門阿的規制是高五雉，宫隅高七雉，城隅高九雉。城中南
北方向的道路寬九軌，環城道路寬七軌，城外道路寬五軌。而周王之子弟及卿
大夫的采邑，其城邑城隅的高度爲周王門阿之高，爲五雉。諸侯城隅的高度相
當於周王宫隅之高，爲七雉。而諸侯城内南北方向道路的寬度爲周王環城道路
之寬，即七軌。周王之子弟及卿大夫城邑之南北道路寬度則祇相當於王城外道
路的寬度，爲五軌。另外，《匠人》言周天子都城九里，而《尚書大傳》卻言百
里諸侯國都城九里，七十里諸侯國都城三里，五十里諸侯國都城一里，與《匠
人》相互矛盾。故而鄭玄也感到疑惑，於是存其異説，認爲天子實際都城也有
可能是十二里，諸侯大國九里，次城七里，小國五里。陳祥道大概也無法判
斷，故而未作辯駁。但是總的來説，此條内容論及城郭制度存在等級差别，是
非常明晰的。

以上所述四種《禮書》歸納闡發禮制的方式，當然要以第一種爲主，但是
第四種通過羅列材料來間接闡明禮制的方式，《禮書》中也經常用到，其所占
比例並不小。這種方式的優點是可以使讀者掌握大量材料，迅速明了何種制度
出自何處。然而其闕點也十分突出，即僅僅依靠材料的羅列，很難表現出邏輯
性，讀者不易理出頭緒。有些材料中所言會出現互相矛盾的情況，陳祥道也不
加論斷，則讀者很難辨别其是非。第二種、第三種方式在《禮書》中僅有數次
運用，並不突出。

---

① （宋）陳祥道：《禮書》卷 24，國家圖書館藏袁忠徹舊藏本。

二、《禮書》歸納禮制之内容及釋例

《禮書》全書所歸納之禮制涉及的方面較多，爲簡明起見，我們這裏先以表格的形式將這些禮制反映出來，然後再舉其中一些略作分析，以見其大概，如表4-1。

表 4-1

序號	禮制	卷次	序號	禮制	卷次
1	天子以至卿大夫冕服等差制度	卷 1	24	天文曆法制度	卷 35
2	冕服十二章、九章制度	卷 2	25	天子、諸侯内門制	卷 37
3	諸侯及孤、卿、大夫冕服等差制度	卷 3	26	天子、諸侯、卿大夫朝制	卷 38
4	諸侯祭服制度	卷 4	27	王及諸侯、大夫、士寢廟制	卷 43
5	縗旒之制	卷 4	28	寢宮之制	卷 44
6	紘制	卷 5	29	布席之制	卷 47
7	瑱制	卷 5	30	鄉官書攷之法	卷 49
8	飾帶之制	卷 14	31	秀選俊造進士升論之法	卷 49
9	王、后吉服與舄、屨相配之制	卷 15	32	簡不帥教之法	卷 49
10	婦人服制	卷 17	33	用筮之制	卷 51
11	佩玉及組綬之制	卷 20	34	用玉之制	卷 52
12	戴制	卷 23	35	大宗小宗之制	卷 62
13	王及諸侯城郭之制	卷 24	36	昭穆之制	卷 69
14	六鄉六遂之官	卷 24	37	牧牲官職	卷 75
15	都鄙之制	卷 25	38	用牲之制	卷 76
16	制井田之法	卷 26	39	立社之制	卷 92
17	井牧之制	卷 26	40	射侯制度	卷 105
18	貢賦制度	卷 31	41	射樂制度	卷 108
19	夏、商、周服制	卷 32	42	懸樂制度	卷 127
20	徭役制度	卷 33	43	車制	卷 135
21	方伯連帥之職	卷 33	44	用馬之制	卷 147
22	軍制	卷 33	45	喪服升數制度	卷 148
23	體國經野、辨方正位之制	卷 34			

下面對其中所論禮制舉例分析。分析之體例，皆在《禮書》所歸納之禮制名稱之下，列《禮書》歸納禮制之具體內容，筆者再加按語略作考辨，附帶說明陳氏歸納總結該禮制所用之方式。若前文對某些禮制已有論述，則僅列禮制名稱和按語。

1. 天子以至卿大夫冕服等差制度（卷1）

> 掌王之吉凶衣服，辨其名物與其用事。王之吉服：祀昊天、上帝，則服大裘而冕，祀五帝亦如之。享先王，則袞冕。享先公、饗、射，則鷩冕。祀四望、山川，則毳冕。祭社稷、五祀，則希冕。祭羣小祀，則玄冕……公之服，自袞冕而下如王之服。侯伯之服，自鷩冕而下如公之服。子男之服，自毳冕而下如侯伯之服。孤之服，自希冕而下如子男之服。大夫之服，自玄冕而下如孤之服。士之服，自皮弁而下如大夫之服。（《周禮·司服》）

按：天子之吉服有六種，分別爲大裘而冕、袞冕、鷩冕、毳冕、希冕、玄冕。而公、侯伯、子男、孤、卿大夫、士之服，則各有等差。《周禮·司服》載之甚明，祇不過所記內容散落兩處，陳祥道將其摘取在一處，條理分明。

然自天子以至士之服制整體的等差制度，用文字描述終究不夠直觀。今人閻步克先生所著《服周之冕——〈周禮〉六冕禮制的興衰變異》中有一表格①，列各級服制，頗爲簡潔，可作參考，引之如下：

天子	公	侯伯	子男	孤	卿大夫	士
大裘冕	袞冕	鷩冕	毳冕	希冕	玄冕	韋弁、皮弁、冠弁
	袞冕	鷩冕	毳冕	希冕	玄冕	韋弁、皮弁、冠弁
		鷩冕	毳冕	希冕	玄冕	韋弁、皮弁、冠弁
			毳冕	希冕	玄冕	韋弁、皮弁、冠弁
				希冕	玄冕	韋弁、皮弁、冠弁
					玄冕	韋弁、皮弁、冠弁
						韋弁、皮弁、冠弁

---

① 閻步克：《服周之冕——〈周禮〉六冕禮制的興衰變異》，中華書局，2009 年，第82 頁。

此表中韋弁、皮弁、冠弁三種弁服與本書所討論的內容不相干涉，可以不論。而其中由天子以至卿大夫，冕服之制逐級降低，正是反映了陳祥道所總結的禮制。因此若將二者結合來看，則尤其明白直觀。

2. 冕服十二章、九章制度（卷 1）

> 冕服之作尚矣，《書》稱舜曰："予欲觀古人之象作服，日、月、星辰、山、龍、華蟲作繪，宗彝、藻、火、粉米、黼、黻，絺繡。"則黼、黻而上，象服也。象服有冕。《禮記》曰：有虞氏皇而祭，夏后氏收而祭，殷人冔而祭，周人冕而祭。則皇、收而下，皆冕也。孔子稱禹致美乎黻冕，《書》稱伊尹以冕服奉嗣王，《詩》稱商之孫子常服黼冔，則夏、商服章，蓋與古同矣。古之服章十有二，而日、月、星辰、山、龍、華蟲繪於衣，宗彝、藻、火、粉米、黼、黻繡於裳。則星，五星也。辰，十二次也。華蟲，雉也。宗彝，虎彝、蜼彝也。粉米，粉其米也。黼，白黑文也。黻，黑青文也。蓋日、月、星辰，在天成象者也；山、龍、華蟲、虎蜼、藻、火、粉米、黼、黻，在地成形者也。在天成象者，道之運乎上；在地成形者，道之散乎下。道固始終於東北，故山、龍而降。始山終黻，莫不有序，何則？山居東北，冬春交也。龍，春也；華蟲，夏也；虎，秋也；蜼，冬也。周而復始。則藻，春也；火，夏也；粉米，中央也；黼，秋冬交也；黻，冬春交也。龍與華蟲，陽之陽也，故繪而在衣；虎與蜼，陽之陰也，故繡而在裳。然則古者合三辰以在服，備十二章以則天數，故章與四時相順，後世判三辰以在旗，而服止九章，以法陽數，故章與四時相變。鄭康成謂周服九章，登龍於山，升火於宗彝，以尊其神明，理或然也。

按：陳祥道於此梳理冕服服章制度，引《尚書》《禮記》《詩經》之文，稱舜以至夏、商服章皆爲十二，分別是日、月、星辰、山、龍、華蟲六章繪於衣，宗彝、藻、火、粉米、黼、黻六章繡於裳，並闡明各個章紋的寓意。十二章齊備，以則天數，周而復始，故與四時相順。而到了周代，服章之數則爲九，乃因移日、月、星辰三章於旗幟之上故也。其服章之順序亦稍有變動，"登龍於山，升火於宗彝"，即服章之次爲龍、山、華蟲、火、宗彝、藻、粉米、黼、黻。九章之服升龍所代表之春於山所代表之冬春之交之上，升火所代表之夏於藻所代表之春之前，是變亂春夏秋冬之序，故九章與四時相變，以法陽數爾。此乃陳祥道直接闡發禮制之法。

3. 諸侯及孤、卿、大夫冕服等差制度（卷3）

按：前文已論，陳祥道以禮圖的排比羅列來輔助闡明由上公以至諸侯之大夫冕服等差之制。

4. 諸侯祭服制度（卷4）

> 《玉藻》曰：“諸侯玄端以祭，禪冕以朝。”鄭氏謂諸侯祭宗廟之服，惟魯及二王之後衮冕，餘皆玄冕。考之《雜記》“大夫冕而祭於公，弁而祭於己，士弁而祭於公，冠而祭於己”，以其致隆於公，不敢與己同其服，則諸侯以鷩、毳、希冕祭於王，端冕祭於己，宜矣。然《玉藻》“玄端以祭”，言其服也。玄端無章，則三旒之冕可知。鄭氏易“端”爲“冕”，過矣。

按：陳祥道此處其實重在批駁鄭玄之説，但是也順帶闡發了諸侯祭服之制。結合《玉藻》《雜記》兩文來看，諸侯助祭於王，當服鷩冕、毳冕、希冕，而自祭於己之宗廟，則服玄端。此諸侯祭服之制，諸家皆無異議。

但是玄端究竟是指什麽，陳祥道與鄭玄之説卻有不同。鄭玄易“端”爲“冕”，認爲玄端即是玄冕。陳祥道則以爲玄端即是無章之服，配三旒之冕，鄭玄改字訓解有誤。依陳祥道之説，此“玄端”實際是指端衣，其下文亦有論證，其文曰：

> 古者端衣或施之於冕，或施之於冠。《大戴禮》曰：“武王端冕而受丹書。”《樂記》曰：“魏文侯端冕而聽古樂。”荀卿曰：“端衣玄裳，絻而乘路。”此施於冕者也。《冠禮》：“冠者玄端，緇布冠，既冠易服，服玄冠玄端。”《特牲禮》：“主人冠端玄。”《内則》：“子事父母，冠緌纓，端韠韡。”劉定公曰：“吾端委以治民。”董安于曰：“臣端委以隨宰人。”公西華曰：“宗廟之事，如會同，端章甫。”以至晉侯端委以入武宮，晏平仲端委以立于虎門，此施之於冠者也。蓋玄端，齋服也，諸侯與士以爲祭服。《玉藻》“玄端以祭”，《特牲》“冠端玄”是也。①

陳祥道將衣裳與冠的配合分别論之，着端衣可配冕，亦可配冠。其所舉諸例，涉及天子、諸侯、卿大夫、士，最後論端衣即玄端乃是齋服，諸侯與士以

---

① （宋）陳祥道：《禮書》卷4，國家圖書館藏袁忠徹舊藏本。

之爲祭服，並以《玉藻》“玄端以祭”爲證，從側面説明了此玄端乃是端衣。陳氏此説雖舉例豐富，但是以《玉藻》“玄端”爲端衣，仍然還是没有直接的證據，以經無明文，衹能推測，故不夠有説服力。鄭玄改字説亦出於臆測，未必正確。後世言禮者頗有論之，但是皆不能提供充足的證據，故此問題暫可存疑。

5. 繅旒之制（卷4）

> 《弁師》：王之五冕，五采繅十有二就。諸侯之繅斿九就，① 瑉玉三采，其餘如王之事。繅斿皆就。諸侯及孤卿大夫之冕，各以其等爲之，掌其禁令。鄭氏曰：“繅，雜文之名也。合五采丝爲之繩，垂於延之前後各十二，所謂‘邃延’也。”繩每一匝貫五采玉。諸侯繅斿皆就，皆三采也。每繅九成，則九旒也。侯伯繅七就，子男繅五就，孤繅四就，卿繅三就，大夫繅再就，理或然也。

按：此言天子、公、侯伯、子男、孤、卿、大夫繅斿之制，各有等差。陳祥道據《弁師》經文，直接論定天子以至大夫之繅皆五采，而天子之冕前後各垂繅十二，每繅十有二就，貫五采玉十二，共計用玉二百八十八。公之冕前後垂繅九，每繅九就，貫三采玉，共計用玉一百六十二。侯伯、子男、孤、卿、大夫依次降差。

但是陳祥道此論尚有未盡之處，可引鄭玄之注補之。《弁師》言“五采繅十有二就，皆五采玉十有二”，鄭玄注曰：

> 繅不言皆，有不皆者。此爲衮衣之冕十二斿，則用玉二百八十八。鷩衣之冕繅九斿，用玉二百一十六。毳衣之冕七斿，用玉百六十八。希衣之冕五斿，用玉百二十。玄衣之冕三斿，用玉七十二。②

依鄭此意，可知天子衮衣之冕、鷩衣之冕、毳衣之冕、希衣之冕、玄衣之冕皆是前後垂繅十二根，衹不過衮冕每繅貫玉十二，鷩冕每繅貫玉九，毳冕每

---

① 按：鄭玄注曰：“侯當爲‘公’字之誤也。”此説良是，故下文陳祥道言“諸侯繅斿皆就”之“侯”亦當爲“公”。

② （漢）鄭玄注，（唐）賈公彦疏，彭林整理：《周禮注疏》中册，上海古籍出版社，2010年，第1220頁。

繅貫玉七，希冕每繅貫玉五，玄冕每繅貫玉三而已。鄭玄此説，後世有不從者，經無明文，故不可考其然否，但足可補陳祥道之未備。天子五冕繅斿如此，諸侯、孤、卿大夫可依此推之。

6. 紘制（卷 5）

《弁師》王之五冕皆朱紘。《禮記》："天子爲藉，冕而朱紘；諸侯爲藉，冕而青紘。"《士冠禮》："緇布冠，青組纓。皮弁笄，爵弁笄，緇組紘，纁邊。"蓋朱者，正陽之色，天子以爲紘。青者，少陽之色，諸侯以爲紘。緇者，陰之色，而士以爲紘。卿大夫冕弁之紘，無所經見。

按：此陳祥道直接論斷天子、諸侯、士之紘制。紘即冠帶。《弁師》王之五冕朱紘，鄭玄注曰："朱紘，以朱組爲紘也。紘一條，屬兩端於武。"賈公彦疏曰：

云"紘一條，屬兩端於武"者，謂以一條繩，先屬一頭於左旁笄上，以一頭繞於頤下，至向上，於右相笄上繞之。是以鄭注《士冠禮》云："有笄者，屈組以爲紘，垂爲飾。無笄者，纓而結其條。"彼有笄，據皮弁、爵弁。此五冕皆有笄，與彼同。此言屬於武者，據笄貫武，故以武言之，其實在笄。[1]

賈公彦此論紘之形制最爲分明。紘作爲冠帶，祇有一條繩，一端繫於笄上，繞頤下，向上，另一端繫於笄之另一頭。用紘者必有笄，無笄則以兩條繩在頤下結之，謂之纓。

陳祥道搜集《周禮》《儀禮》《禮記》散落之經文，梳理出天子以至士之紘制，主要是顏色的區别，並且闡發了其顏色差别的原因，是明其義理。紘制並不複雜，經文所記甚明，祇不過要費搜集梳理之工而已。鄭玄於《禮記·禮器》注中，[2] 賈公彦於《儀禮·士冠禮》中，[3] 其實都已經有所搜集，不過

① （漢）鄭玄注，（唐）賈公彦疏，彭林整理：《周禮注疏》中册，上海古籍出版社，2010 年，第 1220 頁。

② （漢）鄭玄注，（唐）孔穎達正義，吕友仁整理：《禮記正義》中册，上海古籍出版社，2011 年，第 980 頁。

③ （漢）鄭玄注，（唐）賈公彦疏，賈海生點校：《儀禮注疏》第 1 册，浙江大學出版社，2016 年，第 259 頁。

二人重點都祇在於注解，故而與陳祥道相比，闕少的是這種梳理禮制的意識。

關於大夫之紘，陳祥道以經文無據，故存而不論。《禮記·禮器》曰：“管仲鏤簋、朱紘。”鄭玄注曰：“朱紘，天子冕之紘也。諸侯青組紘，大夫士當淄組紘纁邊。”孔穎達疏曰：“云‘大夫士當淄組紘纁邊’者，案《士冠禮》‘淄組紘纁邊’，是士也。天子諸侯用純，大夫當用雜，故宜與士同也。”①鄭、孔之説亦屬猜測，但是可備爲一家之言，補《禮書》所闕。

7. 瑱制（卷5）

> 天子諸侯瑱玄紞，黃纊。
> 卿大夫瑱玄紞青纊。
> 士瑱玄紞，素纊。

按：此乃陳祥道以組合禮圖的方式來闡發天子以至士之瑱制。於此三圖之後，陳祥道論辨曰：

> 瑱以充耳，紞以垂瑱。《周官·弁師》王之五冕皆玉瑱。《詩》於衛夫人言“玉之瑱也”，於衛武公言“充耳琇瑩”，於衛之臣言“褎如充耳”。《齊詩》言充耳以素、以青、以黃，尚之以瓊華、瓊瑩、瓊英。則瑱不特施於男子也，婦人亦有之；不特施於冕也，弁亦有之。故《詩》言“充耳琇瑩”，繼之以“會弁如星”。《喪禮》士無冕而瑱用白纊，則弁亦有之可知也。士瑱用白纊，即《詩》所謂“充耳以素”者也。人君用黈纊，即詩所謂“充耳以黃”者也。毛氏以“充耳以素”爲士之服，“充耳以青”爲卿大夫之服，“充耳以黃”爲人君之服，於説是也。②

將此論辨與其前禮圖結合，則天子以至士瑱制，允稱條理。天子以玉，諸侯以石，士以象牙。瑱皆玄紞，天子諸侯瑱黃纊，卿大夫瑱青纊，士素纊，或曰白纊，此天子以至士瑱制之大概。

然關於瑱制仍有數事不可不留意，需特別闡釋。第一，《三禮辭典》曰：

---

① （漢）鄭玄注，（唐）孔穎達正義，呂友仁整理：《禮記正義》中册，上海古籍出版社，2011年，第980頁。

② （宋）陳祥道：《禮書》卷5，國家圖書館藏袁忠徹舊藏本。

"冕弁兩側垂以塞耳者。天子以玉，諸侯以石，士以象牙爲之。其形圓而略長。瑱亦稱充耳、塞耳。瑱以紞上繫于笄，紞與瑱通謂之充耳。"①據此可知，瑱用來塞耳，則要以紞繫著垂下，紞的另一端連著笄。瑱或用玉，或用石，或用象牙、角。

第二，陳祥道説到"黃纊""青纊""白纊"，則纊爲何物？《儀禮·士喪禮》曰："瑱用白纊。"鄭注曰："纊，新綿。"②則纊乃是新綿。《孔子家語》曰："人君冕而前旒，所以蔽明；黈纊塞耳，所以蔽聽。"則纊亦有黃者。此言"黈纊塞耳"，塞耳者乃是以瑱，何以言用纊？瑱與纊究竟是何關係？孔穎達曾有解釋，他於《春秋左傳正義》中曰：

> 《家語》云："水至清則無魚，人至察則無徒。故人君冕而前旒，所以蔽明；黈纊塞耳，所以蔽聽。"又《詩》云"玉之瑱也"。禮以一條五采橫冕上，兩頭下垂，繫黃絮。絮下又縣玉爲瑱以塞耳。③

據此，孔穎達言"兩頭下垂"，當是指紞④。紞下垂處繫黃絮，應是指繫黃纊了。"絮下又縣玉爲瑱以塞耳"，則纊下繫瑱。如孔此説，則瑱之形制，紞下繫纊，纊下懸瑱。黃既然是指纊色黃，則素、青亦皆指纊色。此與鄭玄之説殊不合，《詩經·著》曰："俟我於著乎而，充耳以素乎而，尚之以瓊華乎而。俟我於庭乎而，充耳以青乎耳，尚之以瓊瑩乎而。俟我於堂乎而，充耳以黃乎而，尚之以瓊英乎而。"鄭玄注曰："君子揖之時也，我視君子，則以素爲充耳。謂所以懸瑱者，或名爲紞，織之，人君五色，臣則三色而已。"⑤注下文"充耳以青乎而""充耳以黃乎而"謂"青，紞之青""黃，紞之黃"，是以素、青、黃爲紞之色，孔穎達於此疏中附從鄭説，並未批駁。實際上，鄭玄之説與

① 錢玄、錢興奇：《三禮辭典》，鳳凰出版社，2014年，第996頁。
② （漢）鄭玄注，（唐）賈公彥疏，賈海生點校：《儀禮注疏》第2冊，浙江大學出版社，2016年，第944頁。
③ （周）左丘明傳，（晉）杜預注，（唐）孔穎達疏：《春秋左傳正義》第4冊，北京大學出版社，2000年，第1689頁。
④ 按：紞本是繫於笄上，孔穎達言橫於冕上，不知何據。然本书重在探討纊，故孔穎達所言紞制如何，並不影響本文探討，可以不論。
⑤ （漢）毛亨傳，（漢）鄭玄箋，（唐）孔穎達疏：《毛詩正義》第1冊，北京大學出版社，2000年，第389頁。

毛亨也不相同，毛亨認爲"素，象瑱"，"青，青玉"，"黃，黃玉"①，是以素、青、黃爲充耳之物即瑱的顏色。由此可知，毛亨、鄭玄、孔穎達對素、青、黃三色解釋皆不相同，間接引出了素、青、黃三色究竟是指何物之色的問題。

陳祥道顯然是讚同孔穎達之説的，他在《禮書》中對毛亨、鄭玄的觀點皆有批判，其文曰：

> 毛氏以"充耳以素"爲士之服，"充耳以青"爲卿大夫之服，"充耳以黃"爲人君之服，於説是也。然以素爲象瑱，青爲青玉，黃爲黃玉，而用瓊華以飾象，則是士瑱用二物，與餘瑱不類，非禮意也。鄭氏……紞所以垂充耳，而充耳不在紞，謂紞爲充耳，非也。②

毛亨既然言士瑱爲象瑱，又言"瓊華，美石，士之服也"③，則士瑱一種用二物，與人君、卿大夫之瑱不類，故陳祥道批其有誤。而鄭玄以紞爲充耳，明顯有誤，故陳祥道駁之亦甚當。此外，陳祥道對瑱中之纊亦有所論證，他説：

> 《春秋傳》曰："縛之如一瑱。"則縛纊以爲瑱，自古然也。其制蓋皆玄紞以垂之，瓊玉以承之。承之，《詩》所謂"尚之"也。梁制垂以珠瑱。班固賦曰："雕玉瑱以居楹。"礎石亦謂之瑱，則瑱居纊下可知也。④

考陳祥道之文，引《春秋傳》"縛一如瑱"⑤，謂"縛纊以爲瑱"，此説實際稍有不當。因《春秋傳》原文"夏，齊侯將納公，命無受魯貨。申豐從女賈，以幣錦二兩，縛一如瑱"，杜預注曰："縛，卷也。急卷使如充耳，易懷藏。"⑥

---

① （漢）毛亨傳，（漢）鄭玄箋，（唐）孔穎達疏：《毛詩正義》第 1 册，北京大學出版社，2000 年，第 389 頁。

② （宋）陳祥道：《禮書》卷 5，國家圖書館藏袁忠徹舊藏本。

③ （漢）毛亨傳，（漢）鄭玄箋，（唐）孔穎達疏：《毛詩正義》第 1 册，北京大學出版社，2000 年，第 389 頁。

④ （宋）陳祥道：《禮書》卷 5，國家圖書館藏袁忠徹舊藏本。

⑤ 按：今見《春秋左傳正義》皆作"縛一如瑱"，而陳祥道作"縛之如一瑱"，或爲誤記。

⑥ （周）左丘明傳，（晉）杜預注，（唐）孔穎達疏：《春秋左傳正義》第 4 册，北京大學出版社，2000 年，第 1689 頁。

則"縛一如瑱"其實是將幣錦卷起來形如瑱，如陳祥道之説，則是將纊卷起來作爲瑱，是不準確的。陳祥道又引班固《西都賦》之文，以礎石可訓作瑱，礎石居下，兩物類比，則瑱亦居下。此言本無錯，但是即使證明了瑱居下，卻不足以證明瑱上有纊。故陳祥道此處論證實際不夠有説服力。而經文無據，今之出土文物又無可作證，故毛、鄭、孔三説暫可存疑。

第三，陳祥道言天子以至士瑱皆玄紞，然鄭玄卻説："謂所以懸瑱者，或名爲紞，織之，人君五色，臣則三色而已。"①孔穎達爲之申説曰：

> 《魯語》敬姜云："王后親織玄紞。"織線爲之，即今之條繩，必用雜綵線爲之，故言"織之，人君五色，臣則三色"。直言人君與臣，不辨尊卑之異，蓋天子諸侯皆五色，卿大夫士皆三色，其色無文，正以人君位尊，備物當具五色，臣則下之，宜降以兩。且此詩刺不親迎，宜陳人臣親迎之事。經有素青黃三色，故爲臣則三色。②

觀此文字，孔穎達實際也承認五色、三色之説，經無明文，無據可徵。但是經文中卻明確有"王后親織玄紞"的記載，可證紞至少有玄色者，儘管如此，孔穎達還是曲從鄭説，爲之申論，謂五色、三色乃人君、人臣宜用，不言及玄色，已然有誤。陳祥道以《魯語》所記"王后織玄紞"駁之，謂"未聞有五色、三色之別也"，所駁有理。

綜上所述，可知陳祥道之觀點，就瑱之組成來説，紞下皆纊，纊下懸玉、石或象牙爲充耳。就顏色來説，玄紞皆爲玄色，纊有黃、青、素之别。

8. 飾帶之制(卷14)

> 飾帶，君朱緑，大夫玄華，士緇。故《儀禮·士冠》主人朝服緇帶，冠者爵弁、皮弁、緇布冠，皆緇帶，則士帶練而飾以緇也。……朱者，正陽之色。緑者，少陽之雜。玄與緇者，陰之體。華者，文之成。天子體陽而兼乎下，故朱裏而禅以朱緑；諸侯雖體陽而不兼乎上，故飾以朱緑而不朱裏；大夫體陰而有文，故飾以玄華；士則體陰而已，故飾以緇。

---

① (漢)毛亨傳，(漢)鄭玄箋，(唐)孔穎達疏：《毛詩正義》第1册，北京大學出版社，2000年，第389頁。

② (漢)毛亨傳，(漢)鄭玄箋，(唐)孔穎達疏：《毛詩正義》第1册，北京大學出版社，2000年，第389頁。

按：此言飾帶之制，實際見於《禮記·玉藻》原文：“雜帶：君朱綠，大夫玄華，士緇辟二寸，再繚四寸。”①陳祥道衹不過是直接引用，並闡發其義理而已。而朱綠、玄華、緇之色，鄭玄已有解釋：“雜，猶飾也，即上之紳也。君紳帶，上以朱，下以綠，終之。大夫紳垂，外以玄，内以華。華，黄色也。士紳垂之下，外内皆以緇，是謂緇帶。”②可補祥道所未備。

9. 王、后吉服與舄、屨相配之制(卷15)

王之吉服九而舄三，赤舄配冕服而黑絇繶純，白舄配皮弁服而青絇繶純，黑舄配冠弁服而赤絇繶純。后之吉服六而舄、屨各三，玄舄配褘衣而黄絇繶純，青舄配揄狄而白絇繶純，赤舄配闕狄而黑絇繶純，黄屨配鞠衣而白絇繶純，白屨配展衣而黑絇繶純，黑屨配緣衣而青絇繶純。

按：陳祥道此總結王、后服與舄、屨相配之制最爲明白。其所推論實際上本於鄭玄，鄭玄於《周禮·屨人》注中曰：

玄謂凡屨舄，各象其裳之色……王吉服有九，舄有三等。赤舄爲上冕服之舄。《詩》云：“王錫韓侯，玄袞赤舄”，則諸侯與王同。下有白舄、黑舄。王后吉服六，唯祭服有舄。玄舄爲上，褘衣之舄也。下有青舄、赤舄。鞠衣以下皆屨耳。③

觀此段文字，可知陳祥道之結論實際上是在鄭玄基礎上擴展而成，衹不過較之鄭玄更爲條理詳細。

10. 婦人服制(卷17)

后：褘衣、揄翟、闕翟、鞠衣、展衣、緣衣
三夫人及三公之妻、伯之妻：揄翟、闕翟、鞠衣、展衣、緣衣

---

① (漢)鄭玄注，(唐)孔穎達正義，吕友仁整理：《禮記正義》中册，上海古籍出版社，2011年，第1220頁。
② (漢)鄭玄注，(唐)孔穎達正義，吕友仁整理：《禮記正義》中册，上海古籍出版社，2011年，第1220頁。
③ (漢)鄭玄注，(唐)賈公彦疏，彭林整理：《周禮注疏》上册，上海古籍出版社，2010年，第291頁。

子男之夫人：闕衣、鞠衣、展衣、緣衣

九嬪、公之孤侯伯子男之卿之妻：鞠衣、展衣、緣衣

公之卿大夫、子男之大夫之妻：展衣、緣衣

女御、公侯伯子男之士之妻：緣衣

按：此乃陳祥道以表譜的形式總結歸納自后以至士妻之服制，這裏爲方便起見，將表譜轉化成文字表述出來。婦人服制，當以后之服最爲齊備，《周禮·内司服》曰："掌王后之六服，褘衣，揄狄，闕狄，鞠衣，展衣，緣衣。"鄭玄注曰："玄謂狄當爲翟……褘衣畫翬者，揄翟畫搖者，闕翟刻而不畫，此三者皆祭服。從王祭先王則服褘衣，祭先公則服揄翟，祭群小祀則服闕翟。"①據此可知，后之服有六，而其祭服占三。《内司服》又曰："辨外内命婦之服，鞠衣，展衣，緣衣。"鄭玄注曰："内命婦之服：鞠衣，九嬪也；展衣，世婦也；緣衣，女御也。外命婦者：其夫孤也，則服鞠衣；其夫卿大夫也，則服展衣；其夫士也，則服緣衣。三夫人及公之妻，其闕狄以下乎？侯伯之夫人揄狄，子男之夫人亦闕狄，唯二王後褘衣。"②鄭玄之言基本上也能夠説清后以下内外命婦之服了，衹是不夠條理，究竟還是以注解爲主，意不在總結。陳祥道則爲之梳理，層次更加分明。

11. 佩玉及組綬之制（卷20）

《玉藻》："天子佩白玉而玄組綬，公侯佩山玄玉而朱組綬，大夫佩水蒼玉而純組綬，世子佩瑜玉而綦組綬，士佩瓀玟而縕組綬。"

按：《玉藻》之文總結天子至士佩玉及組綬之制甚爲明了，陳祥道直接引用其語。

12. 韍制（卷23）

天子韍色朱而體直，其繪龍、火、山，上有頸肩，旁與上有紃，下有紃，中有紃。

① （漢）鄭玄注，（唐）賈公彦疏，彭林整理：《周禮注疏》上册，上海古籍出版社，2010年，第277頁。
② （漢）鄭玄注，（唐）賈公彦疏，彭林整理：《周禮注疏》上册，上海古籍出版社，2010年，第281頁。

　　諸侯韍在國則朱，朝王則赤韍，其體前後方，其繪火、山，頸肩紕、純、紃，與天子同。

　　大夫韍大夫之韍，其色赤，其體前方，後挫角，其繪山，此助祭冕服之韍也。若祭於己，則朝服，用素韍。

　　士韍幹士前後正。

　　按：此乃陳祥道以禮圖組合的形式來輔助闡發禮制，於正文中亦有議論，其文曰：

　　韠之作也，在衣之先，其服也在衣之後，其色則視裳而已。《禮記》言君朱、大夫素、士爵韋者，祭服之韠也。……韠之爲物，以其芾前則曰韍；以其一巾足矣，故曰韠……天子之韠直，其，其會龍、火與山。諸侯前後方，其會火以下。大夫前方挫角，其會山而已。①

　　此言天子、諸侯、大夫及士韍之制，也算詳明，但是與用禮圖的方法歸納相比，則顯得稍微囉嗦了。

　　13. 王及諸侯城郭之制（卷 24）

　　按：前文已述，此乃陳祥道以羅列材料之法闡述禮制。

　　14. 六鄉六遂之官（卷 24）

　　一鄉五州，二十五黨，百二十五族，五百閭，二千五百比。自比長下士以上，其官三千五十。六鄉之官，凡一萬八千三百三十六。一遂五縣，二十五鄙，百二十五酇，五百里，二千五百鄰。自里宰下士以上，其官六百五十六。六遂之官，凡三千九百三十六，惣二萬二千二百七十二人。

　　按：陳祥道此言六鄉、六遂之官，本於《周禮》經文。六鄉之官，《周禮·大司徒》曰：“令五家爲比，使之相保；五比爲閭，使之相受；四閭爲族，使之相葬；五族爲黨，使之相救；五黨爲州，使之相賙；五州爲鄉，使之相賓。”②以此計之，一鄉之中州、黨、族、閭、比之數，正如陳祥道所言。而陳

---

　　①　（宋）陳祥道：《禮書》卷 23，國家圖書館藏袁忠徹舊藏本。
　　②　（漢）鄭玄注，（唐）賈公彥疏，彭林整理：《周禮注疏》上冊，上海古籍出版社，2010 年，第 367 頁。

祥道知六鄉之官總計一萬八千三百三十六者，乃是以《周禮·地官·司徒》所記之自比長以上共三千零五十個職官而論，故人數如此衆多。

而六遂之官，《周禮》曰："遂大夫，每遂中大夫一人。縣正，每縣下大夫一人。鄙師，每鄙上士一人。酇長，每酇中士一人。里宰，每里下士一人。鄰長，五家則一人。"鄭玄注曰："縣、鄙、酇、里、鄰，遂之屬別也。"①此則陳祥道之本。然六遂之官最下者乃鄰長，而陳祥道計官則是自里宰以上數之，其原因大概是"鄰長，五家則一人者，是不命之士爲之"②。

15. 都鄙之制（卷25）

> 先王之建都鄙，以處子弟、公卿、大夫，大者百里，其次七十里，其下五十里，而其外有封疆溝樹之固，其内有城郭、市朝、社稷、宗廟之别，使之朝夕涖事。王朝而退食於家，其家不出王城，而都鄙乃在三百里以至五百里之内，此猶民之廛里在國而授田在鄉也……其城制不以宫隅而以門阿，其經涂不以環涂而以野涂，其鄉不設三而立兩，其射侯不射三而射二，其守節不以玉而以角，其達節不以金而以竹，則其邑謂之都鄙，宜矣。然有社稷臣民，其實國也，故亦曰"縣内之國"與"内諸侯"。

按：陳祥道此乃直接闡釋都鄙之制。都鄙之制，錢玄先生於其《三禮辭典》中亦有論之，可與陳氏之説相互印證，其文曰：

> 都鄙，王畿之内，公、卿、大夫之采邑和王子弟之食邑。《周禮·天官·大宰》："以八則治都鄙。"鄭玄注："都之所居曰鄙。都鄙，公、卿、大夫之采邑，王子弟所食邑。"按《周禮》之制，王畿方千里，王城居中央。由中央向四周，一百里爲郊，二百里爲州，三百里爲野，四百里爲縣，五百里爲都。公、卿、大夫之采邑及王子弟之食邑多在縣、都之内。王畿至都而止，都之外有疆界，即鄙，故都鄙連稱。③

---

① （漢）鄭玄注，（唐）賈公彥疏，彭林整理：《周禮注疏》上册，上海古籍出版社，2010年，第321頁。

② （漢）鄭玄注，（唐）賈公彥疏，彭林整理：《周禮注疏》上册，上海古籍出版社，2010年，第321頁。

③ 錢玄、錢興奇：《三禮辭典》，鳳凰出版社，2014年，第776頁。

　　錢玄先生所論都鄙重在訓解其意思，概括比較簡明，且從大處着眼，但也僅僅是敘其大概而已。而陳祥道則更加具體詳細地闡釋了都鄙采邑之城制，包括其門阿、經途、設鄉之數乃至射侯、守節等，皆一一辨明，但是没能從整個王畿的行政建制的角度來定位都鄙的位置。將二者之說結合來看，則都鄙之制更加清楚。

　　由以上所舉之例，大概可以看出《禮書》歸納禮制比較用力，大自王朝統御天下之制，小至服章器用之等級制度，皆納入其中。當然，陳祥道畢竟也不能窮盡周禮，所論禮制有未備之處，亦可據鄭、孔等説補充。

第三節　《禮書》禮制歸納之特點及評價

　　通過對《禮書》歸納禮制具體内容的梳理，我們可以看到其具有比較突出的特點，值得闡明。而其對於禮制的歸納，又與《禮記》、鄭玄、孔穎達、賈公彦等不同，别有意義，對後世也有所影響，需要表彰。

一、《禮書》歸納禮制之特點

1. 注重對禮器制度的歸納

　　根據上文所述《禮書》歸納禮制之具體内容，可以發現其中大部分禮制與禮器相關。上文表 4-1 中所列 45 種禮制，與禮器名物相關就有冕服、冕服章數、祭服、繅旒、紘、瑱、帶、婦人服、佩玉及組綬、韍、内門、寢宮、席、笏、玉、牲、射侯、車、馬、喪服等，共計 20 種，占了將近一半。因此我們可以得出這樣的結論，即《禮書》十分注重對禮器名物制度的歸納。

　　所謂禮器，《禮記·樂記》曰："故鐘、鼓、管、磬，羽、籥、干、戚，樂之器也。屈伸俯仰，綴兆舒疾，樂之文也。簠簋、俎豆、制度、文章，禮之器也。升降、上下、周還、裼襲，禮之文也。"①將"樂之器"與"禮之器"對舉，"樂之器"全爲器物，則此"禮之器"中之"制度"實際應指器之形制大小之類，"文章"當指器之圖案紋飾之類，而非後世一些學者所説的"一個王朝的禮樂法

---

　　①　（漢）鄭玄注，（唐）孔穎達正義，吕友仁整理：《禮記正義》中册，上海古籍出版社，2011 年，第 1476 頁。

度與典章制度"。由此，禮器實際上是指禮的物質的形態。①

而與禮器相關的制度，亦應屬於禮制的範疇。清人黃以周於其《禮書通故》中早就使用了"禮器制度"的概念，今人吳十洲先生則對"禮器制度"作了更詳細的闡發，足資借鑒：

> 所謂"禮器制度"基本上可以認爲是，相對固定的、規範的統治者與統治集團内部或宗族内部根據禮俗、祖制約定而成的禮器分配規則。是"文物典章制度"中偏重用器物的一種。禮器制度從屬於先秦時代的王權與分封制度，及貴族等級制度，體現了宗法制社會中統治集團上層的價值觀念與信念，其興衰過程也相一致。②

由吳先生之論述，推及《禮書》，則可以發現該書中所論禮制實際上還可再作細緻的劃分，除了橫向的宗法、宗廟祭祀、學制、職官、軍制等制度的並列關係外，還有縱向的各種禮制的從屬關係，如前表中所列各項禮器制度實際上從屬於宗法、宗廟祭祀等制度之下。禮器名物制度最鮮明的特徵就是突出等級性，什麼階層的人能用什麼規格的禮器，都十分分明，等級森嚴。

《禮書》中所涉及之禮器制度較多，最直接的原因當然是由該書性質所決定的，其是一部以論名物爲主的通禮類著作。此外，在整個禮制系統中，禮器名物所占的比重應該説十分大，那麼與其相應的制度也必然不少，禮器制度在《禮書》中體現出比例上的優勢，同這個也有關。但以上兩點都不是決定性的原因，真正起決定作用的應是陳祥道本人對禮器制度的重視。他在《禮書》中有意識地對禮器制度進行歸納梳理，這一點與鄭玄、孔穎達、賈公彦等論禮器制度十分不同。鄭、孔、賈等人根本就沒有形成歸納禮制的意識，他們論及禮器之制度時，重點在於考證和解釋，大多衹是就事論事，往往不成系統，和陳祥道的有意識爲之不能相比。

此外，將《禮書》與秦蕙田《五禮通考》、黃以周《禮書通故》及錢玄先生《三禮通論》相比較，尤其能夠突出其注重禮器制度歸納的特點。同爲通禮類之作，秦蕙田《五禮通考》並非不言及禮器制度，衹不過其重點卻在一個"考"字，而且不誇張地説，其所考禮器制度最後往往主張陳祥道之説，此點下文專

---

① 按：正因爲禮器是禮中物質形態的東西，故而我們這裏討論《禮書》對禮器制度的歸納，使用的是禮器的寬泛的意義，即凡名物用之於禮者，皆歸於禮器之類。

② 吳十洲：《兩周禮器制度研究》，商務印書館，2016 年，第 33 頁。

論。黃以周《禮書通故》全書分五十目，具體包括《禮書通故》《宮室通故》《衣服通故》《卜筮通故》《冠禮通故》《昏禮通故》《見子禮通故》《宗法通故》《喪服通故》《喪禮通故》《喪祭通故》《郊禮通故》《社禮通故》《群祀禮通故》《明堂禮通故》《宗廟禮通故》《肆獻祼饋食禮通故》《時享禮通故》《改正頒朔禮通故》《籍田躬桑禮通故》《相見禮通故》《食禮通故》《飲禮通故》《燕饗禮通故》《射禮通故》《投壺禮通故》《朝禮通故》《聘禮通故》《覲禮通故》《會盟禮通故》《即位改元禮通故》《學校禮通故》《選舉禮通故》《職官禮通故》《井田通故》《田賦通故》《職役通故》《錢幣通故》《封國通故》《軍禮通故》《田禮通故》《御禮通故》《六書通故》《樂律通故》《刑法通故》《車制通故》《名物通故》《禮節圖表》《宗法表》《井田表》《學校表》《六服朝見表》《禮節圖》《名物圖》《敘目》。觀諸目之設，專門論及禮器者則在於《名物圖》，然其專論名物形制，於制度卻基本不涉及。王文錦先生《禮書通故·點校前言》曰："黃氏著述的主要旨趣，並不在於資料的彙集編纂，而着眼於辨析是非其資料的纂輯是服從于辨析是非的。"①由此可見，雖與《禮書》同爲通禮類著作，《禮書通故》並不非常關注禮器制度。

而與錢玄先生《三禮通論》相比較，《禮書》注重禮器制度的特點更加突出。《三禮通論》中專設"制度編"，所論制度包括"封建、職官""祿田、賦稅、田租""軍制及軍賦""學制""刑法制度""宗法制度""宗廟祭祀""郊社及群祀"，完全是形而上層面的制度，與禮器制度這種形而下層面的制度毫不關涉，可見其對禮器制度並不是很關注。

因此我們可以説，古往今來之通禮類著作對禮器制度進行深入闡發的，無出《禮書》之右者。

2. 歸納禮制往往附帶考辨或闡發義理

《禮記》由於其"記"的性質，故所歸納禮制實際上就是記錄下來而已，並沒有作考辨或闡發義理。但是綜合《三禮》乃至其他經書、子書來看，其中某些禮制是不一致的，需要作出考證。《禮書》在歸納禮制的同時，往往有所考辨，也經常闡發其禮制之內涵，此其特點之一。比如其卷 46 總結"市制"曰：

> 古之治市也，每肆一長，二肆一胥，五肆一司稽，十肆一司暴，二十肆一賈師，一胥師，其法有治教、政刑、量度禁令，而君夫人、世子、命夫、命婦不得過。屬遊飲食者不得行，鬭囂暴亂出入相陵犯者不得作，圭璧、金璋、犧牲、祭器、戎器與不中度量、不中殺伐之類不得粥。其犯禁

① (清)黃以周撰，王文錦點校：《禮書通故》第 1 冊，中華書局，2007 年，第 2 頁。

者，司門舉之於門，質人舉之於市，搏之以司稽，察之以胥師，然後治於司市。其附于刑，則歸于士，凡以阜民財、一民行而已。此所謂以義爲利，不以利爲利也。然市不特立於國中而巳。《遺人》："五十里有市，市有候館。"《量人》："營車之罍、舍，量其市、朝、州涂、軍社之所里。"則道路之與軍師，亦有市矣。天文心爲明堂，東北曲十二星曰旗，旗中四星曰天市。中星衆者實，其中虛則耗。此市之象也。①

此段總結歸納市制，既已明其制度，於是又闡明"屬遊飲食者不得行，鬬囂暴亂出入相陵犯者不得作，圭璧、金璋、犧牲、祭器、戎器與不中度量、不中殺伐之類不得粥。其犯禁者，司門舉之於門，質人舉之於市，搏之以司稽，察之以胥師，然後治於司市。其附于刑，則歸于士，凡以阜民財、一民行而已"之原因，即"以義爲利，不以利爲利也"，是爲其義理。然後又以《遺人》《量人》之文，考證道路、軍師亦有市，市不特立於國中。

又比如其論"簡不帥教之法"曰：

《王制》曰："命鄉簡不帥教者以告，耆老皆朝于庠，元日習射上功，習鄉上齒，大司徒帥國之俊士與執事焉；不變，命國之右鄉簡不帥教者移之左，命國之左鄉簡不帥教者移之右，如初禮；不變，移之郊，如初禮；不變，移之遂，如初禮；不變，屏之遠方，終身不齒。"又曰"王太子、王子、羣后之太子、卿大夫元士之適子、國之俊選，皆造焉"，"將出學，小胥、大胥、小樂正簡不帥教者以告于大樂正，大樂正以告于王。王命三公、九卿、大夫、元士皆入學；不變，王親視學；不變，王三日不舉，屏之遠方：西方曰棘，東方曰寄，終身不齒"。然則鄉簡不帥教者，至于四不變，然後屏之，小樂正簡國子之不帥教，止於二不變，則屏之者，先王以匹庶之家爲易治，膏粱之性爲難化。以其易治，故鄉遂之所考，常在三年大比之時；以其難化，故國子之出學，常在九年大成之後。三年而攷，故必在於四不變，然後屏之；九年而簡焉，則雖二不變，屏之可也。古之學政，其輕者有觵撻，其重者不過屏斥而已。若夫萬民之不服教，其附于刑者，歸于士。②

① （宋）陳祥道：《禮書》卷46，國家圖書館藏袁忠徹舊藏本。
② （宋）陳祥道：《禮書》卷49，國家圖書館藏袁忠徹舊藏本。

此文先引《王制》之文，闡明簡不帥教之法分四不變而屏之遠方和二不變而屏之遠方兩種情況，然後進一步分析之所以有此差別，是因爲鄉學三年一次考校，而國學則九年一考校。三年時短，故許其有更多次機會，而九年時長，兩個九年猶不能變，是膏粱之性難化，屏之可也。此爲陳祥道考證闡發其義理之處。

二、《禮書》歸納禮制之評價

對於《禮書》歸納禮制之評價，我們主要從其文本外的價值和其文本本身對後世的影響兩個方面展開。

1.《禮書》歸納禮制的價值

就價值方面來說，首先是要將《禮書》置於其成書之時代來看，自《禮記》而後，諸家治禮者往往將精力用於注解經書之上，而對於跳脫出來從總體上審視先秦禮制，進行歸納總結，多不甚留意，因此自漢至唐，大概沒有一部總結《三禮》禮制的專門之作。① 我們甚至可以說，自鄭玄以至賈公彥，其間治禮者無數，所謂皓首窮經，不過是大多學者淹沒於浩渺之注疏中而已。而歸納禮制實具有提綱挈領、撮其指要之功，從此法入則可縱覽全局，知其源流，習禮研禮自可事半功倍。至陳祥道《禮書》出，方接續《禮記》之總結禮制做法，重新拾起此一研究《三禮》之良方，此《禮書》歸納禮制在研究方法上的價值。

其次，北宋中期學術思潮開始轉變，學者力求擺脫前代研究經書以注疏爲主的桎梏，尋求新的突破點。張舜徽先生即言宋人研究經學"不甘心做漢唐注疏家的奴隸，而必直求之古人原書，自立新解。這種精神，是二千年間宋代學者獨有的精神，也是學術進步的主要因素"②。陳祥道在《禮書》中歸納禮制的做法，無疑也是對漢唐注疏學術風氣的一種突破，並且其歸納禮制的同時往往注意闡發義理，這全不同於鄭、孔之注解。考《禮書》之成書，正是北宋學術思潮開始轉變之時，陳祥道可謂順應時勢，乃至言其爲潮流引導者亦不爲過，此《禮書》歸納禮制在學術思潮方面的價值。

最後，我們前文探求《禮書》的成書時已經提及該書的創作與政治時勢密切相關，並且陳祥道之弟陳暘於《樂書》自序中追述陳祥道之作《禮書》即曰：

---

① 按：此言"大概"者，乃是因今存可考之文獻未見有此類著作，但是卻不能保證其間已經亡佚者未有歸納禮制之作。

② 張舜徽著，張君和選編：《張舜徽學術論著選》，華中師範大學出版社，1997年，第194頁。

"臣先兄祥道是時直經東序，慨然有志禮樂。上副神考修禮文、正雅樂之意，既而就《禮書》一百五十卷。"①表明陳祥道本人也想藉此書表達其強烈的政治訴求。從這個角度來看《禮書》中的禮制歸納，則其又別有一番意義了。

我們從學術爲經世致用的目的來看，考證字詞句意顯然不能達到要求，而能夠裨於實用的自非理清制度、考明義理莫屬。王安石就曾言"經術正所以經世務"②，故其撰《三經新義》《説文》等主要是推求義理，南宋趙彥衛即曰："王荆公《新經》《説文》，推明義理之學。"③實際上整個"宋學學者均有很强的經世致用追求，無論是通過經典詮釋而建構義理之學，還是直接從歷史、現實中探討經世之學、治世之方，宋學均十分關注並希望最終解決宋代政治、經濟、軍事、教育、法律問題，包括革新政令、抗擊外辱、民生日用的治國平天下問題"④。在這種背景下，要解決各種社會實際問題，尤其是政治革新，必定要從儒家經典中求取經驗。陳祥道創作《禮書》既然爲了輔助皇帝"修禮文、正雅樂"，則僅僅是考訂名物形制，尚不足以自托，唯有追述先秦禮制，言明其義理，並歷數歷代典章，纔真正可以提供借鑒。從這個層面來説，《禮書》之歸納禮制確實是有很强的現實意義的。

2.《禮書》歸納禮制的影響

《禮書》禮制歸納的影響實際也是其文本本身價值的體現，説明其内容是受到後世肯定的。而宋代以至清代，言禮制最爲齊備且權威者，非秦蕙田《五禮通考》莫屬，因此我們通過考察《五禮通考》吸納《禮書》所歸納禮制的狀况，以判明《禮書》這方面的影響，應該説是比較有代表性和説服力的。

秦蕙田《五禮通考》卷帙浩繁，搜檢不易，考其對《禮書》禮制歸納的徵引情况，難以一一羅列，這裏分情况舉例以見之。

第一種情况是《五禮通考》論禮制全部引用《禮書》内容，不加考辨，亦不引他家之説，表明完全信服《禮書》之結論。此類可舉數例，比如《五禮通考》卷67"服冕"中論瑱制，其文曰：

　　瑱以充耳，紞以垂瑱。《周官·弁師》王之五冕皆玉瑱。《詩》於衛夫人言"玉之瑱也"於衛武公言"充耳琇瑩"，於衛之臣言"褎如充耳"。《齊

---

① （宋）陳暘：《樂書》，《中華再造善本》，國家圖書館出版社，2013年。
② （元）脱脱：《宋史》，中華書局，1977年，第10544頁。
③ （宋）趙彥衛：《雲麓漫鈔》，中華書局，1996年，第135頁。
④ 朱漢民：《宋儒義理之學新詮》，《哲學研究》2016年第12期，第42頁。

詩》言充耳以素、以青、以黃，尚之以瓊華、瓊瑩、瓊英，則瑱不特施於
男子也，婦人亦有之，不特施冕也，弁亦有之。故《詩》言"充耳琇瑩"，
繼之以"會弁如星"。《喪禮》士無冕而瑱用白纊，則弁亦有之可知也。士
瑱用白纊，即《詩》所謂"充耳以素"者也。人君用黈纊，即《詩》所謂"充
耳以黃"者也。毛氏以"充耳以素"爲士之服，"充耳以青"爲卿大夫之服，
"充耳以黃"爲人君之服，於説是也。然以素爲象瑱，青爲青玉，黃爲黃
玉，而用瓊華以飾象，則是士瑱用二物，與餘瑱不類，非禮意也。鄭氏以
素爲素紞，青爲青紞，黃爲黃紞，人君五色，人臣三色。然《魯語》"王后
織玄紞，夫人加紘綖，内子爲大帶，命婦成祭服，列士之妻加以朝服"，
則夫人以至士妻，特有所加而已，其織玄紞一矣，未聞有五色、三色之别
也。又紞所以垂充耳，而充耳不在紞，爲紞爲充耳，非也。《春秋傳》曰：
"縳之如一瑱。"則縳纊以爲瑱，自古然也。其制蓋皆玄紞以垂之，瓊玉以
承之。承之，《詩》所謂"尚之"也。梁制垂以珠瑱，班固賦曰："雕玉瑱以
居楹。"礎石亦謂之瑱，則瑱居纊下可知也。賈公彦曰："古者瑱不用纊，
士死則用白纊。"然士之襲禮，皮弁、褖衣、緇帶、韠韐、竹笏之類，皆
用生時之物，孰謂瑱用白纊特死者之飾哉？《檀弓》小祥用角瑱。《楚語》
曰："巴浦之犀、犛、兕、象，其可盡乎，其又以規爲瑱？"則古者之瑱，
亦以象與角爲之。①

　　此段文字即是全部摘引自《禮書》卷 5 中"天子諸侯瑱、卿大夫瑱、士瑱"
條下陳祥道之按斷，一字不差，表明信服之至。又比如同樣是卷 67"冕服"中，
論紞制，亦是全部引用《禮書》之文。再比如其卷 68 論帶制，除了引用《詩經》
《左傳》《國語》《大戴禮記》《爾雅》《釋名》等經典中關於帶的相關記載外，後世
諸家之説，則僅引用了《禮書》卷 14"天子素帶、諸侯素帶、大夫素帶、士練
帶"條中的按斷部分，也即陳祥道對帶制總結歸納的部分，可見其對陳祥道之
説的信服。諸如此類，不可勝數。
　　第二種情況是《五禮通考》論禮制並引諸家之説，但是卻於引文後之按語
中肯定陳祥道《禮書》之説最有道理。比如其卷 108 論"諸侯廟制"，引《禮記·
王制》之文，又引鄭注、孔疏並陳祥道《禮書》之説，最後於按語中説：

　　① （清）秦蕙田：《五禮通考》，《景印文淵閣四庫全書》第 136 册，臺灣"商務印書
館"，1986 年，第 597 頁。

蕙田案：陳氏謂"王者始受命所立，不過四廟"，與疏不同。朱子《答汪尚書》曰："政和之制，二昭二穆之上，通數高祖之父，以備五世。"夫既非始封之君，又已親盡而服絕矣，乃苟可以備。夫五世而祀之，於義何所當乎？陳氏爲優。①

孔穎達此諸侯之廟制，謂"若異姓始封，如太公之屬，得立五廟，從諸侯禮"，陳祥道駁之曰："然王者始受命所立，不過四廟，諸侯初封，蓋亦廟止高祖而已，謂'得立五廟'，無是禮也。"②秦蕙田讚同陳祥道之說，並引朱熹《答汪尚書》之語以爲佐證，斷言"陳氏爲優"。

又比如《五禮通考》卷234"軍禮"中附論圭田、餘夫之制，除列《周禮·遂人》《孟子》之文，亦引賈公彦疏及陳祥道《禮書》之說，最後於按語中曰：

蕙田案：陳氏解"餘夫如之"甚確。蓋上地田二十五畝，萊十二畝半；中地田二十五畝，萊亦二十五畝；下地田二十五畝，萊五十畝也。③

可見秦蕙田於賈公彦、陳祥道二說之中尤其肯定陳祥道之說。凡此之類，亦往往有之。

第三種情況是《五禮通考》論禮制引用《禮書》之文，亦引諸家之說，此正其凡例中所謂"考制必從其朔，法古貴知其意。而議禮之家，古稱聚訟。權衡審度，非可臆決。徐本於經文缺略、傳注糾紛之處，必詳悉考訂，定厥指歸。茲特兼收異說，并先儒辨論，附於各條之後，以備參稽。或並存闕疑，於治經之學，不無補裨"④。這種情況下秦蕙田一般是不對所引諸家之說作考辨的，而是自爲一說，諸家之論祇是作爲參考之異說而羅列。

比如其卷131論天子諸侯外朝、治朝、燕朝三朝之制，先引《三禮》《左傳》《國語》等經典之文，復引後世言禮諸家之說以爲參考，不獨引《禮書》卷38"天子三朝"之文，亦引吳紱、葉時之說，諸家之說共引，雖其後有秦蕙田

---

① （清）秦蕙田：《五禮通考》，《景印文淵閣四庫全書》第137冊，臺灣"商務印書館"，1986年，第583頁。

② （宋）陳祥道：《禮書》卷67，國家圖書館藏袁忠徹舊藏本。

③ （清）秦蕙田：《五禮通考》，《景印文淵閣四庫全書》第141冊，臺灣"商務印書館"，1986年，第370頁。

④ （清）秦蕙田：《五禮通考》，《景印文淵閣四庫全書》第135冊，臺灣"商務印書館"，1986年，第62頁。

之按語，但是並不就所引諸說展開辯駁，而是自己論證禮制，表明對於諸家之說"權衡審度，非可臆決"，故而並存以備參考。

又比如其卷 170"學禮"中論入學考校之法，除引《禮記·學記》《周禮·春官·大胥》等之文外，還引張載、朱熹並陳祥道《禮書》卷 49"鄉官書考之法"之文，將《禮書》之說與張、朱並列，可見推重。

第四種情況是《五禮通考》論制度引諸家之說，亦引陳祥道《禮書》之文，但是最後按語中於陳祥道觀點並不讚同，並有所辯駁。比如其卷 46 論"四望山川"之制，專門立"附辨《禮書》望兼上下之神"一條，其先引《禮書》並楊復之說，其文曰：

> 陳氏《禮書》：天子四望，達於四方。魯三望，太山、河、海而已。《書》曰："海、岱及淮爲徐州。"諸侯之望，皆其境內之名山大川也。望雖以名山大川爲主，而其實兼上下之神。故《詩》於柴望言"懷柔百神，及河喬嶽"。《周禮》於望皆言祀而不言祭。又《典瑞》四望與山川異玉，《大司樂》四望與山川異樂。《左氏》曰："望，郊之細也。"又曰："望，郊之屬也。"《公羊》曰："方望之事，無所不通。"則望兼上下之神可知矣。鄭司農釋《大宗伯》曰："四望，日、月、星、海。"杜預釋《左傳》曰："望祀分野之星及封內山川。"許慎曰："四望，日月、星辰、河海、大山。"其說蓋有所受之也。鄭康成釋《大宗伯》曰："四望，五嶽、四瀆。"釋《大司樂》又兼之以司中、司命、風師、雨師，釋《舞師》又以四望爲四方。其言異同，不可考也。望之禮有二，而其用不一。《男巫》掌望祀、望衍。鄭氏讀"衍"爲"延"，謂望祀有牲與粢盛，望衍用幣，致神而已。然鄭氏於《大祝》衍祭，亦以爲延祭，禮文殘闕，不可考也。
>
> 楊氏復：四望之說，惟鄭氏注《小宗伯》云："四望、五岳、四鎮、四瀆。"其說爲是，蓋言望祭天下之名山大川也。所謂"懷柔百神"者，言合祭四方名山大川之神，故云百神，非必兼上下之神也。舜即位，類于上帝，禋于六宗，望于山川，偏于群神。類也，禋也，望也，各是一事，非望兼上下之神可知也。①

秦蕙田於此二說按斷曰：

① （清）秦蕙田：《五禮通考》，《景印文淵閣四庫全書》第 136 冊，臺灣"商務印書館"，1986 年，第 3 頁。

蕙田案:《小宗伯》四郊之兆各爲一壇,以望祀一方之名山大川。《舜典》"望于山川",《典瑞》"兩圭有邸以祀地,旅四望",《司服》"王祀四望山川則毳冕",是四望爲祭山川而屬地祇也。《春秋》僖公三十一年:"四卜郊,不從,乃免牲,猶三望。"《公羊傳》曰:"天子有方望之事,無所不通。三望者何?祭太山、河、海也。"鄭康成以魯境不及河,乃以淮易之。《左傳》哀公六年:"楚昭王曰:'三代命祀,祭不越望。江、漢、睢、漳,楚之望也。'"《爾雅》:"梁山,晉望也。"皆祭山川名望之証也。鄭衆以四望爲日、月、星、海,許慎以爲日月、星辰、河海、太山,賈逵、服虔、杜預以三望爲魯分野之星及國中山川,陳氏《禮書》因謂兼上下之神,非也。《大宗伯》以血祭祭五岳,以埋沈祭山林川澤。《王制》、《説苑》"天子祭天下名山大川,五岳視三公,四瀆視諸侯。山川視子男"。蓋四望,祭山川之大且遠者;山川,則凡近且小者,就而祭之也。《公羊》"方望之事,無所不通",是言天子之疆域,無所不屆,非謂其兼上下之神也。楊信齋駁之,當矣。①

此論"天子四望"之望的對象,陳祥道謂"望雖以名山大川爲主,而其實兼上下之神"。南宋時已有楊復駁之在先,謂望祇是望祭天下之名山大川,非必兼上下之神,並舉舜即位,類於上帝,禋於六宗,望於山川,徧於群神爲例,言類也,禋也,望也,各是一事,則望不必兼上下之神。秦蕙田印證楊復之説,復加辯駁,認爲陳祥道所言不當。

但是相較於前面三種情況來説,這種批駁陳祥道觀點的現象在《五禮通考》中並不經常出現。退一步講,秦蕙田對《禮書》有所駁正,也從側面反映了他對該書的重視。

綜上所述,由《五禮通考》中展現出來的徵引《禮書》歸納禮制的四種情況來看,該書舉凡論及禮制之處,往往要引用陳祥道之説,並且大多數情況下是讚同陳説的。若遇有《禮書》言禮制不當者,秦蕙田還會特別加以考證,這些都反映出了對該書的重視。因此,《禮書》歸納禮制對於《五禮通考》論述禮制是有不小影響的,這可以間接反映出該書之禮制歸納是頗受後世重視的。

---

① (清)秦蕙田:《五禮通考》,《景印文淵閣四庫全書》第 136 册,臺灣"商務印書館",1986 年,第 3 頁。

小　結

　　本章主要闡述《禮書》文字内容中歸納禮制的部分。首先，對陳祥道之前學者歸納禮制的情況進行了梳理，指出在《禮記》相關篇章中是存在歸納禮制的現象的，個别篇章如《王制》，其歸納禮制尤其突出，表現出了先秦以至秦漢時期學者已經建立起歸納禮制的意識了。但是自鄭玄以至孔穎達、賈公彦，其間言禮者無數，卻大多囿於注疏之學，不能跳脱出來，採用歸納禮制的方法研究禮學。其次，對《禮書》歸納禮制的方式進行了總結，認爲主要採用了四種方式，分别是：直接歸納梳理，運用表譜來梳理歸納，以組合的禮圖來輔助闡發，通過羅列文獻材料間接闡發。將《禮書》歸納禮制的具體内容列表統計，並選取其中部分進行釋例闡發。最後，對《禮書》歸納禮制的特點和評價作了論述。概括《禮書》禮制歸納最突出的特點有兩個，一是注重對禮器制度的歸納，二是歸納禮制時往往附帶考辨或闡發義理。對《禮書》歸納禮制的評價主要從兩個方面展開，一個是就其文本外的意義來看，其歸納禮製作爲研究《三禮》的方法，接續《禮記》，啓發後來者；其歸納禮制注重考辨和闡發義理，與當時的學術思潮轉變相呼應，甚至可以説引領潮流；從經學致用的角度來看，《禮書》歸納禮制有其實用價值，合乎政治需要，具有現實意義。另一個從其文本本身的影響來看，以秦蕙田《五禮通考》徵引《禮書》所論禮制爲例來闡發。《五禮通考》對《禮書》禮制的徵引主要分爲四種情況，一是論禮制全引陳祥道之説，不引他家之言，表明完全信從《禮書》之歸納；二是論禮制並引諸家之説，但是於按語中獨肯定《禮書》之説，表明對《禮書》歸納禮制的推尊；三是並引諸家之説，包括《禮書》之言，但並不辯證孰是孰非，乃是並存以備考之意；四是引諸家之説及陳祥道之言，但並不同意陳説，特爲之駁正。四種情況綜合來看，《五禮通考》基本凡論及禮制處皆引《禮書》之説，且以肯定其説爲主，鮮少有批駁其誤者。以《禮書》論禮制對《五禮通考》的影響推而廣之，可以想見其歸納禮制的影響必是很大的。

第五章　《禮書》禮圖研究

　　《禮書》之禮圖是其重要構成部分，在《禮書》問世之時，范祖禹等人或稱《禮書》爲《禮圖》，可見該書之圖的份量。前人對《禮書》禮圖雖有評價，但皆過於簡略，尚需深入探究。

第一節　禮圖及禮圖著作述略

　　中國古代對圖譜尤其是圖的應用，早在文字產生之前就已經開始了，並且中國文字的形成也是建立在圖像的基礎上的。文字產生以後，圖像和文字結合也是必然的趨勢，中國古代自古就有"河出圖，洛出書"的傳説，以"圖書"連稱，就是圖文結合的現象。圖譜的應用範圍，在先秦時期就已經很廣泛了，在《周禮》中出現了 15 次"圖"字，"除'秋官'小司寇和大行人所云'以圖國用，而進退之'，'春朝諸侯，而圖天下之事'，圖裏指'考績之言'，'圖謀之意'外，圖與周官中的十四種職官相關聯"①。南宋時期鄭樵於其《通志》中設《圖譜略》，在《圖譜略》之《索象》《原學》《明用》三篇中集中闡發了其圖譜之學的思想，可謂發前人所未發，意義重大。

　　鄭樵所論，是就全部圖譜而言，具有總括性，但是涉及某一類圖譜，如禮圖之類，則顯然不夠細緻。事實上，禮圖雖然從屬於圖譜之類，但是其所涵蓋的範圍也是非常廣闊的。鄭樵在《圖譜略·明用》篇中，根據圖譜的應用範圍分了十六類：天文、地理、宮室、器用、車旂、衣裳、壇兆、都邑、城築、田里、會計、法制、班爵、古今、名物、書(文字音韻)②，劉豐先生説："這十六個方面中，宮室、器用、車旂、衣裳、壇兆、班爵、名物等，顯然都屬於禮

---

①　劉克明、周德鈞：《〈周禮〉與古代圖學》，《文獻》1997 年第 1 期，第 181~191 頁。
②　(宋)鄭樵撰，王樹民點校：《通志二十略》，中華書局，1995 年，第 1828 頁。

學研究的内容，即使在其他領域，也有一些内容涉及到禮。"①這個其他領域也可以包括天文、都邑、城築等。因此禮圖雖然從屬於圖譜之類，但是其内容包含甚廣，應該説它是圖譜類，尤其是圖類之中最主要的一種。

圖譜之學有鄭樵之論在先，清代章學誠的推進在後，世人尊崇者甚多，亦可謂蔚爲大觀。然而禮圖之學則問津者少，雖然歷代皆有禮圖之作，專門爲之總論者卻鮮見。今人張富祥先生《宋代文獻學研究》中對宋代禮圖成就稍有論述，② 然尚顯寬泛。劉豐先生《北宋禮學研究》一書闢專節論宋代的禮圖學，③ 多是沿襲張説，新見者少。其餘單篇論禮圖者偶有見之，亦不成系統。因此對中國古代禮圖之學作一全面系統總結，實爲當務之急。囿於本章主旨，筆者當然無意作專文研究，但是尚可略爲論述，一來可以作爲定位《禮書》之禮圖在禮圖學史上地位的鋪墊，二來可以抛磚引玉。

一、名物類禮圖和儀節類禮圖的名稱及二者區別

1. 名物類禮圖和儀節類禮圖的名稱

一般説來，禮圖可以分爲名物類和儀節類兩種。當然，對於二者的名稱，不同禮圖之作有不同稱呼。比如清代《欽定三禮義疏》呼之曰禮器圖、禮節圖，黄以周於其《禮書通故》第五十《敘目》篇中則曰：

> 進退有度，揖讓有節。允矣皋文，《禮圖》秩秩。或糾楊謬，或言賈失。正之以經，禮節乃密。述《儀節圖》第四十八。四卷。
> 禮器有圖，昉自高密。阮諶、張鎰，繼起復述。崇義增修，椠槧失實。疑疑信信，抱殘守闕。述《名物圖》第四十九。四卷。④

黄氏將禮圖分爲名物圖和儀節圖兩種。然其《敘目》言儀節圖，正文中卻用的是"禮節圖"的名稱，這是黄氏自己混淆不分，自亂其例。張濤先生《尋圖讀經，事半功倍》⑤一文，則將禮圖分爲儀節圖和禮器圖兩類。

嚴格説起來，不同稱呼表示的意義是稍有差别的，"禮器圖"和"名物圖"

---

① 劉豐：《北宋禮學研究》，中國社會科學出版社，2016年，第17頁。

② 張富祥：《宋代文獻學研究》，上海古籍出版社，2005年，第511~518頁。

③ 劉豐：《北宋禮學研究》，中國社會科學出版社，2016年，第15~41頁。

④ （清）黄以周撰，王文錦點校：《禮書通故》第6册，中華書局，2007年，第2721頁。按："阮湛"之湛當作"諶"，原文有誤。

⑤ 張濤：《尋圖讀經，事半功倍》，《文匯報》第T16版，2015年，第1~2頁。

兩個概念所表示的收録範圍是不同的，因爲並非所有器物都可稱作禮器。就整個禮圖的分類來說，竊以爲稱禮器圖不如稱名物圖，因禮器圖所包含的範圍相對狹窄，而名物圖則基本能涵蓋三禮中所涉及的絶大部分名物、器物。比如陳祥道《禮書》中繪有宮室、學校、車馬、兵器等圖，就很難用禮器圖的概念來容納。

而“禮節圖”和“儀節圖”等，包括楊復、張惠言所用之“儀禮圖”名稱，則大體相當，不過仍有不可不細論之者。楊復《儀禮圖》中有喪服表、冕弁表等，張惠言《儀禮圖》中有冕弁冠服表、喪服表、衰服變除表等，皆“表”之類，亦穿插於儀節圖中，這固然是出於方便實用的目的，但是究竟稍顯體例不精。黄以周《禮書通故》則無此弊，其固然將“表”之類歸入儀節圖中，但表是表，圖是圖，區分還是很明確的。其書第四十八目中論冕服表、弁冠服表、婦服表、喪服升數表、喪服表、變除表、宗法表、學校表等，皆明確於諸表之首冠以“禮節圖表”幾字，而於諸儀節方位圖則明確冠以“禮節圖”幾字，可見區分得很清楚，不相混淆。因此我們認爲，寬泛地說，儀節圖可以包括表和圖兩種，但嚴格來說，表和圖有別，尤其是涉及儀節圖產生的時間問題時，要將二者區別對待。表之產生自然早了，《史記》中即有表，但是儀節圖的產生時間，恐怕就要往後推了，二者極大概率不是同一時間產生的。爲行文方便，本書對儀節類禮圖一律使用“儀節圖”的叫法，祇在特別需要時纔稱“禮節圖”或“儀禮圖”。

2. 名物圖和儀節圖的具體區別

自南宋楊復作《儀禮圖》以來，古人對名物圖和儀節圖的區別是明確的，反而是到了現在，研究禮圖者尚少，人們對二者的差異及關係往往並未深思，以致言禮圖往往混爲一談。比如今師顧堂影印本張惠言《儀禮圖》之“影印説明”中有曰：

> 《隋書·經籍志》已著録《喪服圖》《五服圖》《五服圖儀》《喪服禮圖》《三禮圖》等書，檢《經義考》目録，其“儀禮類”中書名含“圖”字者竟多至二十六種。今存禮圖以宋聶崇義《三禮圖》爲最古，惜僅繪宮室名物，繼有楊信齋《儀禮圖》《儀禮旁通圖》，始爲《儀禮》十七篇分别繪其儀節，並附以宮室名物，然昧於方位，仍多疏舛。[1]

---

[1]　(清)張惠言：《儀禮圖》，師顧堂叢書影印本，浙江古籍出版社，2016 年，第 1 頁。

此文先泛泛而敘張惠言之前的各種禮圖之作，最後落在楊復《儀禮圖》上，駁其疏舛，意在下文突出張惠言《儀禮圖》之優，看似明白，但是實際上反映了作者對名物類禮圖和儀節類禮圖認識上的含混不清。《隋書·經籍志》所録《喪服圖》《五服圖》《五服圖儀》《喪服禮圖》《三禮圖》等書，其中《三禮圖》應該説是名物類禮圖，因竇儼《新定三禮圖序》中明確説到"於是博采《三禮》舊圖，凡得六本。大同小異"①，即此《三禮圖》爲聶崇義參考之一，"大同小異"，故應與聶圖同樣，爲名物圖。而其他幾書，皆早已亡佚，難以考知，但從書名來看，也未必是嚴格意義上的儀節類禮圖，很有可能是上文所論的"表"之類。我們不能因其書名中帶"圖"字即認定其爲儀節圖，要知道《欽定儀禮義疏》中"妻爲夫黨服圖""丈夫婦人爲宗子服圖""臣從君服圖"等，雖帶"圖"字，實際上卻都是表。此外，即使是屬於"儀禮類"中的禮圖之作，也不見得就全是儀節圖，也可能有名物圖，比如張惠言《儀禮圖·喪服》就涉及斬衰、明衣、重等名物圖。而此段"影印説明"中最大的問題在於作者沒有意識到名物圖和儀節圖實際是各成體系的，以致將二者不作區別，混作一論。名物圖和儀節圖彼此之間有一定關聯，但是區別更大，下面試爲論之。

從本質上來説，禮圖之名物圖和儀節圖雖然都是爲解禮而作，但二者實際是兩種完全不同的創作方式的表達。名物圖是一種具象的思維，人們要認識圖中所繪名物的具體形制、各個部件的構成，乃至依據其圖來製作實物，都要求圖中之物越細緻逼真越好，越具體形象越好，越能展現立體形態越好。因此在繪製名物圖時，創作者的思路首先是要把所繪之物表現得更真實，儘量讓人一看即明其形制。

而儀節圖則有所不同，其圖之功用在於反映行禮時行禮之場所、行禮者的方位面向、禮器的擺放位置次序，乃至行禮者之儀節。首先來説，創作者要解決一個空間的問題，即如此衆多的建築、行禮者、禮器都是要占據空間的，倘若用寫實的手法來呈現儀節，是非常困難的，乃至不可能實現其儀節圖的功用。如今我們看到的楊復《儀禮圖》之後的這類禮圖自然不會出現圖中建築、行禮者、禮器等全都寫實的情況，那是因爲人們已經意識到寫實的手法是行不通的。但是這種意識並非突然就形成的，在此之前，總要有人去嘗試和探索，

---

① （宋）聶崇義纂輯，丁鼎點校解説：《新定三禮圖》，清華大學出版社，2006年，第1頁。

纔最終形成這種意識。這個嘗試和探索至少要經歷兩大過程，第一是最初要有人想到用儀節圖的方式去闡釋經文所記禮節，第二是有人確實用了寫實的手法來描繪展現《儀禮》等所記之儀節，證明了這種方法確實是不可行的。

　　第一個問題是誰最先想到並解決的，文獻沒有明確記載，古今之人往往指爲楊復"初創"，肯定是不對的，尚待考證。而第二個問題，古人尚且未去細心考察，何論今人。但實際上某些文獻中確實留下了這種探索的痕跡，陳祥道《禮書》之宋刻元明遞修本中部分禮圖即是用寫實的手法來展現儀節的，比如卷 50"視學養老之禮"、卷 50"鄉飲酒之禮"等，舉其圖於後，以見其大概(如圖 5-1、圖 5-2)。

 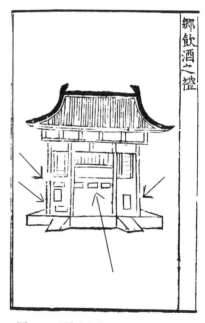

圖 5-1 《禮書》卷 50"視學養老之禮"　　　圖 5-2 《禮書》卷 50"鄉飲酒之禮"

《禮記・文王世子》記視學養老之禮曰：

　　天子視學，大昕鼓徵所以警衆也。衆至，然後天子至，乃命有司行事，興秩節，祭先師、先聖焉。有司卒事反命，始之養也。適東序，釋奠於先老，遂設三老、五更、群老之席位焉。適饌，省醴、養老之珍具，遂發咏焉。退，脩之以孝養也。反，登歌《清廟》。既歌而語，以成之也……下管《象》，舞《大武》，大合衆以事，達有神，興有德也。①

明確了行禮之所乃東序，行禮者乃天子、諸老等，行禮之所有三老、五更、群老之席位等，行禮之儀節有祭先師先聖、釋奠、歌、舞等。觀陳祥道《禮書》所繪之圖，行禮之所東序畫了實實在在的建築，行禮者之一人也是寫實的，此二者即占去圖中幾乎全部空間，其餘祭先師先聖、釋奠、歌、舞等儀節就無從展現了。惟圖中三處長方形框框（圖 5-1 箭頭所指之處）似乎表示三老、五更、群老之席位，算是勉强將部分行礼之具表現出來。"鄉飲酒禮"之圖也差不多，由於將建築畫成了實體，占據過多空間，基本上無法再展現其他，祇有部分席位（圖 5-2 箭頭所指之處）纔可以展現。

由此可知，想要用圖畫的方式將儀節展現出來，不將行禮中所涉及的建築、行禮者、大部分行禮之具等抽象爲平面圖，是很難或者不能達到反映儀節的目的的。

儀節圖的抽象必然要求建築、行禮者、大部分禮器等的簡化、符號化、平面化，但是簡潔、簡化並不等於抽象。我們往更早時期去追，比如先民們留下的岩畫，寥寥數筆即勾勒出動物的形象，簡化之極，即使不加任何説明，人們依然能夠辨明其所要畫的是一種動物、人或建築之類，因其仍然是有具體形象的。但是倘若我們將建築中的堂、室、席位等僅用一個方框來表示，不加任何説明，那就基本不可能知道它們具體所指，因爲它們已經抛棄了具體的、立體的形象，抽象爲由線條、符號組成的平面了。所以儀節圖中對建築、某些禮器等的抽象化必然是要求簡潔、簡化的，但並非簡潔、簡化的圖畫就是抽象的，這一點是需要特別加以説明的。也正因爲儀節圖中這種對建築、某些禮器的抽象化，故而要求其與文字配合纔能展現其圖所要表達的意思。比如元刻本《禮書》中就存在這樣的圖，舉其卷 64"陳服設筵及加冠之儀""孤子冠""庶子冠"等如圖 5-3、圖 5-4、圖 5-5。

此三圖實際是四個儀節，陳服設筵、加冠、孤子冠、庶子冠，我們僅能憑藉圖之題目知道其爲何圖，但是圖中無一文字，實在不能發揮其作爲儀節圖的功用。倘若連這個題目都沒有，那麼我們就完全不知其所云了。

儀節圖中除了把建築、部分禮器抽象化爲線條、符號等組成的平面圖外，還要把行禮者、大部分禮器轉變成文字，並安排在相應的位置，以使其方位次

---

① （漢）鄭玄注，（唐）孔穎達正義，吕友仁整理：《禮記正義》中册，上海古籍出版社，2011 年，第 866 頁。

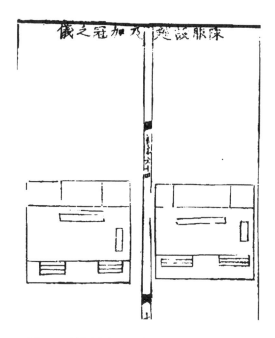

圖 5-3　《禮書》卷 64"陳服設筵及加冠之儀"

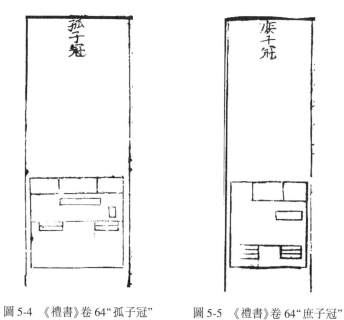

圖 5-4　《禮書》卷 64"孤子冠"　　　圖 5-5　《禮書》卷 64"庶子冠"

序與經文所記相合。這從某種意義上來說也是一種抽象化的過程，同名物圖有別。

綜上所論，禮圖之名物圖和儀節圖在創作的思維方式上根本就是不同的，不僅不同，甚至還是相反的。名物圖要越形象、越立體、越細緻越好，而儀節圖則要儘量讓建築平面化，讓行禮者、禮器等文字化或符號化，二者基本是往兩個相反的方向發展的。若是在儀節圖中將二者強相融合，則就會出現兩敗俱傷的情況，如前文所舉陳祥道《禮書》中"視學養老之禮""鄉飲酒之禮"二圖，既不能很好地反映儀節，也無從展現名物。陳祥道以後之名物類禮圖和儀節類禮圖著作中基本上是將二者分別論述的，少有混雜者，縱使有也是很少的名物之圖，不會占去很多空間。因此可以說名物類禮圖和儀節類禮圖是各成體系的，各有其發展脈絡。

二、禮圖之名物圖與儀節圖的發展演變

禮圖之名物圖和儀節圖有別，各成系統，故而其發展演變也可分別闡發。

1. 禮圖之名物圖發展演變的幾個階段

名物圖之作，必然是很早的了，先民於岩畫中所畫動物、植物、器物圖案等皆可謂之名物圖。然禮圖之名物圖與泛泛而言之名物圖有別，其必是爲注解《周禮》《儀禮》《禮記》等禮書而作，或者是與三禮之書所涉名物相關的，最好是成規模的，個別一二之圖也勉強可算。

名物類禮圖最早作於何時、何人？有指爲東漢鄭玄者，如《隋書·經籍志》記曰："《三禮圖》九卷，鄭玄及後漢侍中阮諶等撰。"①《宋史·聶崇義傳》記當時史部尚書張昭之奏議曰："自言周顯德三年與田敏等按《周官》玉人之職及阮諶、鄭玄舊圖，載其制度。"②明確說鄭玄有禮圖。清代黃以周《禮書通故》曰："禮器有圖，昉自高密。"③高密即是指鄭玄。而《四庫全書總目》則曰：

考《禮》圖始於後漢侍中阮諶，其後有梁正者，題諶圖云："陳留阮士信，受學於潁川綦母君，取其說爲《圖》三卷，多不案《禮》文，而引漢事，與鄭君之文違錯。"正稱《隋書·經籍志》列鄭元及阮諶等《三禮圖》九卷。《唐書·藝文志》有夏侯伏朗《三禮圖》十二卷，張鎰《三禮圖》九卷。《崇文總目》有梁正《三禮圖》九卷。《宋史》載史部尚書張昭等奏云："《四部

① （唐）魏徵、令狐德棻撰：《隋書》第4冊，中華書局，1982年，第924頁。
② （元）脫脫：《宋史》，中華書局，1977年，第12795頁。
③ （清）黃以周撰，王文錦點校：《禮書通故》第6冊，中華書局，2007年，第2721頁。

書目》内有《三禮圖》十二卷，是開皇中敕禮部修撰。其圖第一、第二題云梁氏；第十後題云鄭氏。今書府有《三禮圖》亦題梁氏、鄭氏。"則所謂六本者，鄭元一、阮諶二、夏侯伏朗三、張鎰四、梁正五、開皇所撰六也。然勘驗鄭《志》，元實未嘗爲《圖》。殆習鄭氏學者作《圖》，歸之鄭氏歟？①

《四庫全書總目》梳理了前人關於論鄭玄作禮圖的材料，以鄭《志》勘驗，認爲鄭玄未嘗有禮圖之作，蓋後人假託其名，始作禮圖者乃東漢阮諶。其説有據，然言假託，僅屬猜測，不能坐實。

今人喬輝先生有《鄭玄撰〈三禮圖〉真僞考》②一文，總前人之説，認爲鄭玄撰《三禮圖》可信，主要從五個方面展開論證：其一，後世學者以鄭玄撰《三禮圖》爲實；其二，諸家承認《隋書》所載是實；其三，文獻多徵引鄭玄《三禮圖》之内容；其四，比勘鄭玄《三禮注》和叔孫通《漢禮器制度》、文獻所載鄭玄《三禮圖》内容；其五，撰圖有據可依。喬輝先生之文徵引材料廣博詳實，但是推論尚有不足，其結論亦未敢信爲必然。以筆者之見，文獻有闕，尚不足徵，故而關於鄭玄是否曾作《三禮圖》的問題，還需進一步考證，暫且存疑。

首先創作名物類禮圖者已經難於考實，但是後續之作者尚可知曉，以文獻有徵故也。通觀文獻之記載及歷代名物禮圖之作，大體可以將此類禮圖的發展分爲三個階段。

第一個階段從時間上來説大體是北宋中期以前，這一階段禮圖名物圖的創作最明顯的特徵是主要依據經書、禮書及鄭注之記載繪圖。阮諶、夏侯伏朗、張鎰、梁正等所作早已亡佚，但聶崇義《新定三禮圖》有取於諸人之圖，故仍可略窺其面貌，大體皆以三禮、諸經及鄭注所記爲據。稍晚於聶崇義的陳祥道所作《禮書》中之名物圖亦皆類此，少有背離。

這一階段諸家作圖主要依據典籍記載的原因也很容易理解，一是去古已遠，先秦器物大多失傳，不可得見其真容，而出土器物又少，故僅能依據禮經及鄭注等推測其大概，加以繪圖。二是這一時期學者們普遍尊崇經書，謹守鄭注，對於少數出土的器物可證禮圖之失者，亦不加信任。故中間雖有王肅者流以出土之器物説禮者，不被認可。王肅云："大和中，魯郡於地中得齊大夫子尾送女器，有犧尊，以犧牛爲尊。然則象尊，尊爲象形也。"孔穎達對於王肅此説就認爲："王肅此言，以二尊形如牛象，而背上負尊，皆讀犧爲羲，與

---

① （清）永瑢等：《四庫全書總目》上册，中華書局，1965年，第176頁。

② 喬輝：《鄭玄撰〈三禮圖〉真僞考》，《文藝評論》2011年第10期，第154～156頁。

毛、鄭義異，未知孰是。"①是尚能存疑，不至否定。而到了聶崇義、陳祥道這
裏，其繪圖仍是依據傳統之說，畫作尊腹之上繪牛、象之形的樣子，顯然是不
認可王肅之說。陳祥道在《禮書》中說："王肅謂昔魯郡於地中得大夫子尾送女
器，有犧尊，以犧牛爲尊，則象尊，尊爲象形耳，此又不可考也。"②明確對王
肅之言提出了質疑。

由於此時期諸家繪畫禮圖謹守經書及鄭注記載，鮮少目驗真實先秦器物，
故而其闕陷也是很明顯的，即繪圖往往有臆想者，乃至完全錯誤者，所繪之圖
並不完全符合其器物歷史真實面貌。上文所述之犧尊、象尊即是如此，事實證
明王肅的意見還是對的，聶崇義、陳祥道之圖皆非。再比如大圭之圖，大圭又
名"珽"，《周禮·考工記·玉人》記曰："大圭長三尺，杼上，終葵首，天子服
之。"鄭玄注曰："王所搢大圭也，或謂之珽。終葵，椎也。爲椎於其杼上，明
無所屈也。杼，殺也。《相玉書》曰：'珽玉六寸，明自炤。'"③聶崇義、陳祥
道之圖皆以此爲據，所畫之大圭形制如圖 5-6、圖 5-7、圖 5-8。

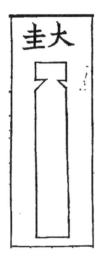

圖 5-6　《新定三禮圖》卷 10"大圭"　　　　圖 5-7　《禮書》卷 51"大圭"

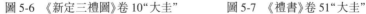

① （漢）毛亨傳，（漢）鄭玄箋，（唐）孔穎達疏：《毛詩正義》第 3 冊，北京大學出版
社，2000 年，第 1666 頁。

② （宋）陳祥道：《禮書》卷 95，國家圖書館藏袁忠徹舊藏本。

③ （漢）鄭玄注，（唐）賈公彥疏，彭林整理：《周禮注疏》下冊，上海古籍出版社，
2010 年，第 1624 頁。

圖 5-8　《中國古玉器圖典》①

　　後世戴震《考工記解》、黄以周《禮書通故》、錢玄先生《三禮通論》之大圭圖皆與圖 5-6、圖 5-7 大同小異。然以今之出土圭玉來看，數量亦多矣，卻無一與二圖相似者，故今人不能不有疑，顧莉丹、汪少華先生即撰《說"珽"之形制》一文②，以傳世文獻爲依託，結合考古發掘材料，考證大圭之形狀當作尖首狀，如圖 5-8《中國古玉器圖典》所示之形。其文廣徵博引，推理詳盡，可自圓其説，亦能證聶崇義、陳祥道二圖之誤。

　　名物類禮圖發展演變的第二個階段，時間上大體始於北宋中期，主要表現爲古器物學興起及其器物圖之作對傳統名物類禮圖的衝擊，以及新作禮圖對古器物和古器物圖的借鑒。

　　此古器物主要是指青銅器、玉器之類，在先秦時期，此類器物種類繁多，隨着時代變遷，很多被埋於地下。由漢至唐，先秦古器物間有出土，但是不受重視，原因一是出土器物畢竟不多，未能構成影響力；二是相關思潮及著作未能興起，學者們尚未意識到其學術價值。但是到了北宋中期以後，情況就發生了巨大改變。起因是北宋時開始以官府的名義搜集古銅器，統治者大力倡導

①　古方：《中國古玉器圖典》，文物出版社，2007 年，第 107 頁。
②　顧莉丹、汪少華：《説"珽"之形制》，《南方文物》2010 年第 3 期，第 67~74 頁。

"文物之治"，並以古器物爲模本仿製新器。由此隱没民間及埋藏地下的古器物被發現的數量大大多起來，葉夢得在其《避暑録話》中説得十分具體直白：

> 宣和間，内府尚古器。士大夫家所藏三代秦漢遺物無敢隱者，悉獻於上。而好事者復争尋求，不較重價，一器有直千緡者。利之所趨，人競搜別山澤，發掘塚墓，無所不至，往往數千載藏，一旦皆見，不可勝數矣。吴珏爲光州固始令，光，申伯之國，而楚之故封也，間有異物，而以僻遠，人未之知。乃令民有罪，皆入古器自贖。既而罷官，幾得五六十器，與余遇汴上，出以相示。其間數十器尚三代物。後余中表繼爲守，聞之微用其法，亦得十餘器，乃知此類在世間未見者尚多也。范之才爲湖北察訪，有給言澤中有鼎，不知其大小，而耳見於外，其間可過六七歲小兒。亟以上聞，詔本部使者發民掘之。凡境内陂澤悉乾之，掘數十丈，訖無有。之才尋見謫。①

可見由於統治者之所好，民間發掘及買賣古器物的風氣興盛起來，古器物的數量更是大大增多，其中不乏先秦禮器。曾機在爲王俅《嘯堂集古録》所作的後序中也談到："元祐以竣，地不愛寶，頹堤廢墓，埋鼎藏敦，所觸呈露，由是《考古》《博古》之書生焉。"②

大批量古器物的發現促成了相關古器物圖録典籍的誕生，比如劉敞的《先秦古器圖記》、歐陽修的《集古録》、李公麟和吕大臨分別所著的《考古圖》，以及北宋徽宗時期官修的《宣和博古圖》等，大大增加了人們對先秦禮器的認識。同時也湧現出了一批對古器物有所研究的學者，最終導致了專門之學古器物之學及金石學的興起。

在這種背景下，學者們對先秦器物的形制漸漸有了全新的認識，對傳統的根據經書記載而繪製出來的名物類禮圖也開始有所懷疑，首當其衝的就是聶崇義之《新定三禮圖》。早在北宋元祐七年（1092）的時候，就已經有陸佃撰寫了《禮象》一書，以補救聶崇義《新定三禮圖》之失。其書最大的特點就是大量利

---

① （宋）葉夢得撰，徐時儀校點：《避暑録話》，上海古籍出版社，2012年，第144頁。

② （宋）王俅：《嘯堂集古録》，《景印文淵閣四庫全書》第840册，臺灣"商務印書館"，1986年，第89頁。

用先秦古器，"凡尊爵鼎彝之類，皆取當時秘府及公卿家所藏古器爲據"①。
南宋林希逸在其《鬳齋考工記解》卷上中引林光朝之語曰："聶崇義所作《三禮
圖》全無來歷。穀璧即畫穀，蒲璧即畫蒲，皆以意爲之也。不知穀璧祇如今腰
帶夸上粟文，觀《博古圖》可見。"②對《三禮圖》内容十分不以爲然，甚至説其
"全無來歷"。

　　而事實上，北宋末年朝廷就已經棄《三禮圖》不用，而改用《宣和博古圖》
之類的書了。《玉海》卷五十六記載曰：

　　　　政和五年六月丁巳，校書郎賈安宅言："崇義圖義皆諸儒臆説，王普
　　謂崇義出於臆度，未嘗親見古器。於經無據，國子監三禮堂實存圖繪，下至郡
　　縣學間亦有之，不足示學者。宜詔儒臣編次，方今禮樂新製器用，宜繪於
　　圖，著其義，具後成書頒焉。"詔《三禮圖》及郡縣學繪畫圖像並改正，舊
　　所繪兩壁《三禮圖》並毀去。宣和元年五月二十七日，詔諸州祠祭器，令
　　禮制局繪圖頒絳，依圖製造。③

　　政和五年(1115)賈安宅的言論很有代表性，反映了當時新興的古器物圖
已經取得了絶對的優勢，以致朝廷下令將繪於國子監及郡縣學的《三禮圖》圖
像悉數毀去。根據出土器物所繪的古器物圖最終壓倒了以傳世文獻爲根據的名
物圖，從某種意義上説，這也可以算作出土文物材料否定傳世文獻的一次短暫
的勝利。

　　古器物學及相關器物圖的興起，不僅大大衝擊了聶崇義《新定三禮圖》之
類傳統禮圖，還帶來了更爲深遠的影響。這種影響一方面表現爲後人對傳統名
物類禮圖著作不再那麽相信了，總抱有批判的眼光來看待它們，比如後世凡論
聶崇義《三禮圖》者，往往言其多臆想。另一方面的表現是後人創作禮圖時，
不會再全部因循經書及鄭注之説，也會參考出土古器物及古器物圖，以其爲本
進行摹畫。這種做法發展到極致的表現，就是名物類禮圖之作基本全部採用古
器物及《考古圖》《宣和博古圖》之圖進行繪圖。

---

　　①　張富祥：《宋代文獻學研究》，上海古籍出版社，2005年，第514頁。
　　②　(宋)林希逸：《鬳齋考工記解》，《景印文淵閣四庫全書》第95册，臺灣"商務印
書館"，1986年，第32頁。
　　③　(宋)王應麟：《玉海》，《景印文淵閣四庫全書》第944册，臺灣"商務印書館"，
1986年，第494頁。

這類名物禮圖有兩部代表性著作，一部是明初修撰的《大明集禮》，其中有部分名物圖，基本來自古器物或《博古圖》之圖。另一部就是明代劉績所作之《三禮圖》四卷，《四庫全書總目》論此書內容曰：

> 是書所圖，一本陸佃《禮象》、陳祥道《禮書》、林希逸《考工記解》諸書，而取諸《博古圖》者爲尤多，與舊圖大異……所采陸、陳諸家之說，如齊子尾送女器出於魏太和中，犧尊純爲牛形，王肅據以證鳳羽婆娑之誤；齊景公器出於晉永康中，象尊純爲象形，劉杳據以證象骨飾尊之非；蒲璧刻文如蒲荇敷時，穀璧如粟粒，其器出於宋時，沈括據以正蒲形、禾形之謬。此書並採用其說，亦足以備一解。①

可見劉績之禮圖雖間有參考陳祥道《禮書》者，但絕大多數仍是以《博古圖》爲宗，尤其是前人已經有過討論的比較知名的犧尊、象尊、蒲璧、穀璧等出土之器，劉績全都採納，以之爲准來繪圖。

名物類禮圖發展演變的第三階段，時間上主要是指清代時期，可稱爲名物類禮圖創作的反思總結時期。清代學者總前代之成果，對宋代以來興起的以出土古器物及古器物圖譜爲依據繪製禮圖的方法，產生了懷疑和批判。其原因有二，一是出土古器物之名實關係不能使人盡信。出土古器物的命名主要是宋人所爲，但是這些命名能否和禮書中所記載的禮器對應得上，則往往難以斷定。因爲很多古器物本身並無銘文，或者縱有銘文，也未指出其器爲何器，換句話說就是這些古器物不能自名，那麼在命名的時候就衹能依據經、注、疏之描述來判斷這些器物的名稱了，這樣往往會產生偏差，未必能夠一一對應。有關這一點，歷代以來都有論斷，此不贅述。

二是隨着上自朝野，下至民間對古器物收藏的狂熱風潮的湧動，以及眾多學者對古器物價值的肯定，市利者仿造古器的事情亦屢見不鮮，其作僞手段高超者，真假難辨，由此導致了部分古器物圖錄所收古器實爲僞造，從而大大降低了學術考證價值。比如"薛尚功《歷代鐘鼎彝器款識法帖》著錄的封比干墓銅盤、王厚之《鐘鼎款識》著錄的師旦鼎也都是僞器"②。

因此，純粹依照古器物或古器物圖錄來繪製禮圖，並不是完全可靠的。清代學者正是認識到了這一點，所以在評價前人禮圖時，更加客觀。比如四庫館

---

① （清）永瑢等：《四庫全書總目》上冊，中華書局，1965 年，第 176 頁。
② 丁孟：《中國青銅器真僞識別》，遼寧人民出版社，2016 年，第 119 頁。

臣針對明代劉績《三禮圖》評判曰：

> 　　考漢時去古未遠，車服禮器猶有存者，鄭康成圖雖非手撰，要爲傳鄭
> 學者所爲。阮諶、夏侯伏朗、張鎰、梁正，亦皆五代前人，其時儒風淳
> 實，尚不以鑿空臆斷相高。聶崇義參考六本，定爲一家之學，雖踵謬沿
> 譌，在所不免，而遞相祖述，終有典型。至《宣和博古圖》所載，大半揣
> 摩近似，强命以名，其間疏漏多端，洪邁諸人已屢攻其失。績以漢儒爲妄
> 作，而依據是圖，殊爲顛倒。①

　　此文歷數漢唐以來傳統禮圖之作，對阮諶、夏侯伏朗、張鎰、梁正、聶崇
義等之禮圖予以肯定，對《宣和博古圖》之類古器物圖頗不以爲然，表明到了
清代時期，學者們已經對宋明古器物圖不再狂熱，能夠客觀看待，發現其問
題。對劉績《三禮圖》不顧漢唐經注疏之説，一依《博古圖》爲據作圖，十分不
滿，認爲其本末倒置。
　　《四庫全書總目》對劉績《三禮圖》的這番評價具有代表性，體現出學者們
對依據經注和依據出土古器物繪圖兩種方式的取捨。對以經注爲據的名物類禮
圖重新肯定其價值，追述漢唐，這也與清代乾嘉學術尊崇漢學的風氣是一致
的。但對於古器物圖，也並没有完全否定，仍然認爲其中一些圖是有道理的。
因此我們可以看到，清代禮圖之作中既有傳統以經注爲據的禮圖，又有以古器
物爲據的禮圖，前者占絶大多數，後者偶有出現，如《欽定三禮義疏》之禮器
圖中鼎、鉶、卣、爵等圖，一看便知是以古器物爲據（如圖5-9、圖5-10、圖
5-11、圖5-12）；又如黄以周《禮書通故》中壺尊、山尊、卣、爵、鼎等圖，也
大抵如此。
　　綜上所述，禮圖之名物圖的發展演變大體分成以上所述三個階段。以經
書、禮書及鄭注爲據的禮圖，其細節往往難以十分精確，部分禮圖也有臆想的
成分。而以出土器物及《博古圖》等爲模本的禮圖，細節能夠做到詳細精巧，
但是由於其器多爲後世命名，未必能與典籍記載相契合，且不乏作僞者，故不
見得準確。清人之做法堪稱允當，以傳統禮圖爲主，對於可定其實之古器物，
亦酌情入圖，取長補短，相互補充。

---

①　（清）永瑢等：《四庫全書總目》上册，中華書局，1965年，第176頁。

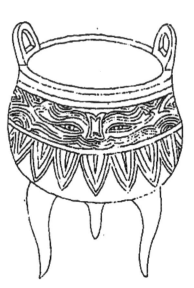

圖 5-9 《儀禮義疏》卷 42 鼎　　　　圖 5-10 《周官義疏》卷 64 鉶

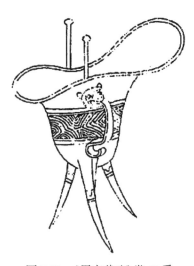

圖 5-11 《周官義疏》卷 64 卣　　　　圖 5-12 《周官義疏》卷 64 爵

2. 禮圖之儀節圖的發展演變

儀節類禮圖的撰繪比之名物類禮圖顯然要複雜困難許多，而且這種圖首先必須在創作手法上要完成由具象、立體到抽象、平面的轉化，故而我們有理由相信它的産生時間要比名物類禮圖晚，甚至晚得多。

最早創作儀節圖的人是誰，難以説清。《四庫全書總目》評楊復之《儀禮圖》曰：“諒其刱始之難工可也。”①是肯定楊復在儀節圖方面有創始之功。黄侃先生於其《禮學略説》中亦曰：“楊復《儀禮圖》詳繪《禮經》各篇陳設之方位，功亦勤矣。後來張、黄諸圖，自當益加詳密，而楊氏創始之功，亦未可抹殺也。”②亦持楊復初創之論。但是楊復本人於其《儀禮圖》之序中早有明言，曰：“嚴陵趙彦肅嘗作特牲、少牢二禮圖，質諸先師，先師喜曰：‘更得冠昏圖及堂室制度並考之，乃爲佳爾。’蓋儀禮元未有圖，故先師欲與學者考訂以成之也。”③説明楊復之前尚有趙彦肅曾作儀節圖。而清代陳澧則認爲趙彦肅之前更有他人嘗爲儀節圖，其於《東塾讀書記》中曰：

> 鄭、賈作注、作疏時，皆必先繪圖，今讀注疏，觸處皆見其蹤跡。如《士冠禮》“筮人許諾，右還，即席，坐”，注云：“東面受命，右還北行就席。”疏云：“鄭知東面受命者，以其上文有司在西方東面，主人在門東西面。今從門西東面主人之宰命之，故東面受命可知也。知右還北行就席者，以其主人在門外之東南，席在門中，故知右還北行，乃得西面就席坐也。”如此之類，乃顯而易見者。又如《燕禮》“主人盥洗象觚”，注云：“取象觚者東面。”疏云：“以膳篚南有臣之篚，不得北面取，又不得南面背君取，從西階來，不得篚東西面取，以是知取象觚者東面也。”此必鄭有圖，故知東面取；賈有圖，故知不得北面南面西面，而必東面也。④

陳澧所舉之例，除上述引文中《士冠禮》《燕禮》經文之注疏外，尚有《大射》“挾以耦左還，上射於左”、《鄉飲酒禮》“主人實爵介之席前，西南面獻介”、《鄉射禮》“司馬出於下射之南，還其後，降自西階”等之注疏，以文字較

---

① （清）永瑢等：《四庫全書總目》上册，中華書局，1965 年，第 160 頁。
② 黄侃：《黄侃論學雜著》，中華書局，1964 年，第 451 頁。
③ （宋）楊復：《儀禮圖》，清康熙 12 年通志堂刊本。
④ （清）陳澧著，鐘旭元、魏達純點校：《東塾讀書記》，上海古籍出版社，2012 年，第 129 頁。

多，思路皆同，故不一一謄録。陳澧之觀點，皮錫瑞於其《經學通論》之《論讀儀禮重在釋例尤重在繪圖合以分節三者備則不苦其難》篇中亦有引述，並十分認同。①

以上即是古人對儀節類禮圖最早創作者的基本認識，以陳澧之觀點最爲激進，但是頗有漏洞，難以自圓其説。且不言陳澧之論祇是以注疏之文推測當時有禮圖，並没有實際的證據；亦不論正史乃至雜史、筆記等都没有鄭玄、賈公彥曾繪製或見過儀節圖的記載，陳澧自己所撰之文本身就前後矛盾。他於同一篇中又曰：

> 楊信齋作《儀禮圖》，厥功甚偉，惜朱子不及見也。《通志堂經解》刻此圖，然其書巨帙，不易得。故信齋此圖，罕有稱述者。張皋文所繪圖，更加詳密，盛行於世。然信齋創始之功，不可没也。楊信齋《儀禮圖》序云："嚴陵趙彦肅嘗作《特牲》《少牢》二禮圖，質諸先師，先師喜曰：更得冠昏圖及堂室制度並考之，乃爲佳爾。"據此，則始爲圖者，趙彦肅也。②

文中陳澧論楊復作《儀禮圖》之功，並考楊復之前已有趙彦肅作禮圖，稱趙彦肅爲始作儀節類禮圖者，這個説法就和前文鄭、賈必有圖參考的觀點自相矛盾。因此陳澧言鄭玄、賈公彥曾繪製或見過儀節圖的説法尚待考證，並不見得事實如此。

《四庫全書總目》、黄侃先生等稱楊復《儀禮圖》爲初創，顯然是不對的，因其前尚有趙彦肅。趙圖早佚，楊復之書尚存，故今人往往言楊復之圖爲今存可見的最早的儀節圖，這種説法其實也是錯誤的。以筆者之考察，比之楊復早一百年左右的陳祥道已經撰繪儀節類禮圖了，並且其圖今皆存於《禮書》之中，可見可考，故陳祥道《禮書》中之儀節圖纔是今存可見最早的此類禮圖。此外，筆者大膽推測《禮書》中之儀節圖甚至有可能就是最早的此類禮圖，陳祥道纔是真正有初創之功者。

儀節類禮圖産生的時間及初創者尚待確鑿證實，可暫且不論。但自宋代以來的諸儀節圖之作卻皆有典可查，其發展演變過程尚可探究。本書僅就其有代表性者略加介紹如下。

---

① （清）皮錫瑞《經學通論·三禮》，中華書局，2011 年，第 31 頁。
② （清）陳澧著，鍾旭元、魏達純點校：《東塾讀書記》，上海古籍出版社，2012 年，第 131 頁。

（1）北宋陳祥道《禮書》之儀節圖。

論儀節圖首先當推北宋陳祥道《禮書》之圖。陳祥道之圖至今尚無論之者，《禮書》中此儀節類禮圖共計 64 幅，分爲成熟的儀節圖和不成熟的儀節圖兩種，前者 31 幅，後者 33 幅。其圖最大特點在於並不依《儀禮》17 篇之次序逐個繪圖，而是重在考證，所繪之圖往往需綜合《周禮》《儀禮》《禮記》所記纔能得出，頗能補後世禮圖所不備者，詳細論證見下文。

（2）南宋楊復《儀禮圖》。

南宋楊復之《儀禮圖》十七卷。楊復自序中明確說明了其作此書的原因和書的內容，其文曰：

> 學者多苦《儀禮》難讀……雖然，莫難明於《易》，可以象而求；莫難讀於《儀禮》，可以圖而見。圖亦象也。復曩從先師朱文公讀《儀禮》，求其辭而不可得，則擬爲圖以象之，圖成而義顯。凡位之先後秩序，物之輕重權衡，禮之恭遜文明，仁之忠厚懇至，義之時措從宜，智之文理密察，精粗本末，昭然可見……蓋《儀禮》元未有圖，故先師欲與學者考訂以成之也。復今所圖者，則高堂生十七篇之書也。釐爲家鄉、邦國、王朝喪祭禮，則因先師《經傳通解》之義例也。附《儀禮旁通圖》於其後，則制度、名物之總要也。①

據此可知，楊復作禮圖之直接原因是讀《儀禮》而難通其辭，故畫圖以輔助理解。恰好其師朱熹亦有作儀節圖之意，遂承其願，以《儀禮》17 篇爲據，而其義例則本於朱熹之《儀禮經傳通解》。全書總計 205 圖，分爲冠禮、士昏禮、士相見禮、鄉飲酒禮、鄉射禮、燕禮、大射儀、聘禮、公食大夫禮、覲禮、喪服、士喪禮、既夕禮、士虞禮、特牲饋食禮、少牢饋食禮、有司徹等 17 卷，與《儀禮》之篇目卷次全同，並且録《儀禮》之經文，實際就是依據《儀禮》經文逐一繪圖。楊復於《儀禮圖》後又別爲《儀禮旁通圖》1 卷，總論制度、名物，寫作之緣由，蓋因其師言"更得冠昏禮及堂室制度並考之，乃爲佳爾"。此《儀禮旁通圖》之具體情況，張富祥先生考察甚明，茲引其説："《儀禮旁通圖》1 卷，凡分宮廟、冠弁、牲鼎禮器三門，門下又有小類，或有圖，或無圖，而以表譜居多，共有 25 圖。正文部分皆先録《儀禮經傳通解》原文，然後繪

---

① （宋）楊復：《儀禮圖》，清康熙十二年通志堂刊本。

圖，圖下詳加考證説明。"①

對於楊復《儀禮圖》的評價，今所見者，以《四庫全書總目》之言最爲深入，其文曰：

其於是經，可謂用心勤摯。惟是讀《儀禮》者，必明於古人宮室之制，然後所位所陳，揖讓進退，不失其方。故李如圭《儀禮集釋》、朱子《儀禮經傳通解》皆特出《釋宮》一篇，以總契大綱，使衆目皆有所麗。是書獨廢此一門，但隨事立圖，或縱或橫，既無定向；或左或右，僅列一隅。遂似滿屋散錢，紛無條貫。其見於宮廟門僅止七圖，頗爲漏略。又遠近廣狹，全無分數，如序外兩夾，劉熙《釋名》所謂"在堂兩頭，故曰夾"是也，圖乃與房室竝列，則《公食大夫禮》宰東夾北，西面，疏云"位在北堂之南"，《特牲饋食禮》豆、籩、鉶在東堂，注云"房中之東，當夾北"者，皆茫然失其處所矣。門與東西塾同在一基，圖乃分在東隅、西隅，則《士虞禮》七俎在西塾之西無其地，及《士冠禮》擯者負東塾之類，皆非其處所矣。如斯之類，殊未能條理分明，然其餘諸圖，尚皆依經繪象，約舉大端，可粗見古禮之梗概，於學者不爲無裨。一二舛漏，諒其創始之難工可也。②

《四庫全書總目》論楊復《儀禮圖》爲儀節圖"創始"雖有誤，然評價該書之得失確有道理。其言儀節圖之作，當先明宮室之制，然後所繪纔能不失其方，誠爲不刊之論。楊復之圖未列此門，故有"遠近廣狹，全無分數"之失。然而其圖畢竟是"依經繪象，約舉大端"，有功於學林，不可抹殺。

(3)清代《欽定儀禮義疏》之"禮節圖"。

楊復之後爲儀節圖成規模者，乃乾隆敕撰之《欽定儀禮義疏》之"禮節圖"四卷。其體例爲右圖左文式，即先畫禮圖，後接文字一行曰"右某某圖"，然後再另起一段爲按語。

《四庫全書總目》言此書"禮節圖"曰："儀節用楊復《儀禮圖》本，而一一刊其謬譌，拾其疏脱。"③可知其圖實取自楊復《儀禮圖》，並且有所訂正。其圖雖僅四卷，然圖之分類排序仍依《儀禮》十七篇爲類爲次，惟其《士喪禮》圖

---

① 張富祥：《宋代文獻學研究》，上海古籍出版社，2005 年，第 515 頁。
② （清）永瑢等：《四庫全書總目》上册，中華書局，1965 年，第 160 頁。
③ （清）永瑢等：《四庫全書總目》上册，中華書局，1965 年，第 162 頁。

分上、下兩篇，闕《既夕禮》篇名。以楊復《儀禮圖》對照查檢，實則該《士喪禮》下篇當爲《既夕禮》。另外，《欽定儀禮義疏》卷四十七"喪服"篇中有本宗五服之圖、爲人後者爲其本宗服圖、女子子適人者爲其本宗服圖、妻爲夫黨服圖、宗子服圖、天子諸侯正統旁期服圖、大夫降服之圖、臣爲君服之圖、臣從君服圖、尊卑弔服圖、母黨相爲服圖、妻黨相爲服圖、妾爲君之黨服圖、公士大夫士爲妾服圖、出母嫁母服圖、五服變除升數之圖、経帶差次並變除圖，共計 17 幅圖，雖名曰圖，實際是表。

《欽定儀禮義疏》之"禮節圖"雖取自楊復《儀禮圖》，然楊圖共計 205 幅，此書則僅 198 幅。之所以有這種差異，是因爲《欽定儀禮義疏》編者增删調整了一些禮圖。如其於卷四十五《陳服器及即位迎賓之圖》後之附文中曰：

> 案原圖陳服器、即位爲一圖，迎賓、加冠、受醴、見母、送賓爲一圖，未免錯雜，今改陳服、即位、迎賓爲一圖，三加儀繁，自爲一圖，受醴以下又爲一圖，分二爲三，庶幾閱者便焉。①

編者以楊復《儀禮圖》中迎賓、加冠、受醴、見母、送賓等諸儀節僅繪一圖，錯雜紛亂，不足以盡之，故將迎賓之儀合於前陳服器、即位圖中，將加冠之儀獨立一圖，將受醴、見母、送賓諸儀節合爲一圖，是改楊復之兩圖爲三圖，此乃其增圖者也。

而楊復《儀禮圖》卷十一中有裁辟領四寸圖、辟領四寸爲左右適圖、裁衽圖、別用布橫長一尺六寸廣八寸塞闊中爲領圖、反摺向前圖、兩衽相疊圖、衰衣前圖、衰衣後圖、裳制、斬衰冠、齊衰冠、首経、腰経等 13 幅示意圖和名物圖，此皆《欽定儀禮義疏》"禮節圖"所無者，因其移置於"禮器圖"中了，此乃調整者也。

此外，《欽定儀禮義疏》"禮節圖"中對楊復原圖之次序、圖之名稱、圖之内容等都有所改動。改圖之次序者，如卷四十五"一人舉觶爲旅酬始圖"後文曰："案原圖此下有主人迎遵之節，據經附載篇末而不在此，今準朱子《儀禮經傳通解》例，依經次移後。"②又如卷四十五"無算爵圖"後文曰："案楊氏此

---

① （清）乾隆敕撰：《欽定儀禮義疏》，《景印文淵閣四庫全書》第 107 册，臺灣"商務印書館"，1986 年，第 540 頁。

② （清）乾隆敕撰：《欽定儀禮義疏》，《景印文淵閣四庫全書》第 107 册，臺灣"商務印書館"，1986 年，第 564 頁。

圖本在《鄉飲酒禮》，但彼經第言無算爵而儀節無文，楊特移此經經文及注説以入彼經，于彼爲贅，于此爲闕，故爲改正移附于此。"①改圖之名稱者，如卷四十五"筮日圖"，圖後文曰："案此一節朱子《儀禮經傳通解》以'筮日'爲目，其義已該，楊復圖易之曰'筮于廟門'，文雖繁而義未盡，特依朱子改之。"②又如卷四十六"夕幣圖"，圖後文曰："案此一節經言'夕幣'，朱子《經傳通解》亦曰'夕幣'，楊圖易之曰'授使者幣'，今依朱子本改正。"③改圖之内容者，如卷四十七"徹大斂奠圖"後文曰："主人在阼階上，祝由其北，則亦當在階下。楊圖在門内之中，又闕殯及主人，尤舛也，今改。"④又如卷四十八"迎尸侑圖"後文曰："案經言攝酒而不言設尊，則仍故尊也。又言設尸俎則仍設于雍爨也。今補雍爨于門外。"⑤

綜上所述，《欽定儀禮義疏》之"禮節圖"雖取於楊復《儀禮圖》，但是對其進行了爲數不少的增删補正，乃至調整次序。其更改之依據，除經文及鄭注、孔疏外，最主要的還有朱熹《儀禮經傳通解》和敖繼公《儀禮集説》，《四庫全書總目》中也明確交代了這一點："惟元敖繼公《儀禮集説》，疏通鄭注而糾正其失，號爲善本。故是編大旨以繼公所説爲宗，而參核諸家以補正其舛漏……所分章段則多從朱子《儀禮經傳通解》，而以楊復、敖繼公之説互相參校。"⑥故而我們在其各個"禮節圖"後之按語中經常能看到其言參考朱熹或敖繼公之説。總體而言，《欽定儀禮義疏》之"禮節圖"不盲從楊復之圖，作了很多訂補的工作，其圖又出於手繪，更顯精確美觀，誠可謂後出轉精，頗值得仔細研究。惜乎楊復之圖探究者本就少，更何況此編之圖了。

(4)清代張惠言《儀禮圖》。

清代張惠言所著之《儀禮圖》六卷，書成於嘉慶三年(1798)，然至嘉慶十

① （清）乾隆敕撰：《欽定儀禮義疏》，《景印文淵閣四庫全書》第 107 册，臺灣"商務印書館"，1986 年，第 584 頁。

② （清）乾隆敕撰：《欽定儀禮義疏》，《景印文淵閣四庫全書》第 107 册，臺灣"商務印書館"，1986 年，第 537 頁。

③ （清）乾隆敕撰：《欽定儀禮義疏》，《景印文淵閣四庫全書》第 107 册，臺灣"商務印書館"，1986 年，第 609 頁。

④ 《欽定儀禮義疏》，《景印文淵閣四庫全書》第 107 册，臺灣"商務印書館"，1986 年，第 659 頁。

⑤ 《欽定儀禮義疏》，《景印文淵閣四庫全書》第 107 册，臺灣"商務印書館"，1986 年，第 717 頁。

⑥ （清）永瑢等：《四庫全書總目》上册，中華書局，1965 年，第 162 頁。

年(1805)始得阮元資助刊刻，其時張惠言已歿。該書首列宮室、衣服兩目，明其治《儀禮》當先通宮室，次曉冠服之意。然後繼之以儀節圖，以《儀禮》十七篇爲次。

後人往往將張惠言之圖與楊復《儀禮圖》相比較，以二者同名，又皆依《儀禮》之篇目次序作圖故也。概而言之，二者之差別最大者表現在繪圖目的不同。楊復之圖主要是爲了輔助理解《儀禮》經文，故而繪圖時亦録《儀禮》經注原文，經注文字幾乎占據大半。而張惠言之圖則更多的是出於實際應用的考慮，具有較强的現實性，故不録《儀禮》經文，而以圖爲主，“力求藉圖表解決問題，第令考釋文字必不可少，亦多安插於圖中相應位置，罕見獨立於外者”①。張惠言試圖通過構築具體詳細的禮圖來幫助習禮者掌握禮儀，這也是其經世致用思想的體現。

後人大多認爲張惠言《儀禮圖》要優於楊復《儀禮圖》，第一是張惠言之圖首列宮室、冠服圖，使人先明宮室之制，曉儀節之位，如此再看後面之儀節圖，則通暢明了，略無阻滯。而楊復之圖則獨捨此，可謂於法不當。第二是張惠言對楊復之圖有所繼承，但也有所發展，黄侃先生於其《禮學略説》中即云張圖比之楊圖“自當益加詳密”。第三，張惠言《儀禮圖》徵引的各家之説遠超楊復，可謂博採衆長。阮元爲其所作之序也指出了這一點：“兼采唐、宋、元及本朝諸儒之義，斷以經注。”②今人王志陽先生《論楊復〈儀禮圖〉與張惠言〈儀禮圖〉之關係》③、鄧聲國先生《論張惠言的〈儀禮〉研究》④兩文，對張惠言禮圖之優都有較爲詳盡的論述，可資參考。

當然，張惠言《儀禮圖》也有不足之處，如鄧聲國先生所指出的“禮圖所對應的《儀禮》篇目記載有誤”，某些器物“僅有文字説明而無圖例繪製，與全書通例不符，亦與全書稱名不相吻合”，“‘宮室圖’‘儀節圖’‘器物圖’三種圖例雜錯出現，體例不夠嚴謹”⑤等。

(5)清代黄以周《禮書通故》之“禮節圖”。

黄以周《禮書通故》體大思精，其中第四十八目設“禮節圖”，亦有相當規

①　蔣鵬翔：《儀禮圖·影印説明》，師顧堂本《儀禮圖》，浙江古籍出版社，2016年，第2頁。

②　(宋)楊復：《儀禮圖》，師顧堂叢書影印本，浙江古籍出版社，2016年，第2頁。

③　王志陽：《論楊復〈儀禮圖〉與張惠言〈儀禮圖〉之關係》，《中南大學學報》(社會科學版)2015年第2期，第248~255頁。

④　鄧聲國：《論張惠言的〈儀禮〉研究》，《知與行》2016年第9期，第63~68頁。

⑤　鄧聲國：《論張惠言的〈儀禮〉研究》，《知與行》2016年第9期，第63~68頁。

模。黃以周自言作此類禮圖的原因曰：

> 禮節有圖，昉于趙彦肅、楊信齋，堂階龘具，榘矱全非。近張皋文圖，較有度數。然室居堂五之一，其地狹隘，何以行禮。西房有北堂，既乖經典之文；堂墉連兩房，亦昧序內之位。碑如洗深，射時何以設楅；闈在廟東，冠時何以見母。門衹一闑，既沿舊誤；塾復有堂，更逞肊見。以宮室之大判言，違失若爾，況小節之出入乎，此"禮節圖"之所以作也。①

可見黃以周是因爲對前人之圖並不滿意，故而作此"禮節圖"。黃以周之圖往往有按語，單行成文者少，大多是以小字的方式於圖中注明，故此"禮節圖"基本上是純以圖爲主，輔以注解。其圖並無明確文字標明分類，然細審之，大體亦是以《儀禮》之篇目次第爲序。

《禮書通故》全部"禮節圖"共計 165 幅，其中一些禮圖頗有不同於前人者，如昏禮中對席之圖（見圖 5-13、圖 5-14），此二圖表示的是《士昏禮》中夫婦於室中對席行禮時各種器物的陳設佈局情況，黃以周以楊復、張惠言等圖皆有錯誤，

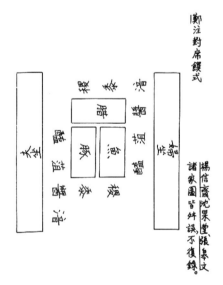

圖 5-13 《禮書通故》"鄭注對席饌式"圖

---

① （清）黃以周撰，王文錦點校：《禮書通故》第 5 册，中華書局，2007 年，第 2088 頁。

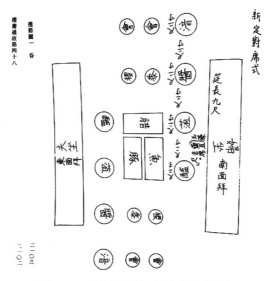

圖 5-14　《禮書通故》"新定對席式"圖

故而不録，於此依鄭玄之注文畫圖。然鄭注簡略，衹言各物大體方位，故所繪出的圖也簡略，僅能表現出各物之排列次序方位，其相去幾何，則無從知曉，未必準確。而黃以周詳細爲之考證，席之大小、各器物間的距離等，皆一一注明，並引《玉藻》"齊，豆去席尺"之文以表明其根據，定名"新定對席式"。此即黃以周之圖非常有特色之處，表明其尊崇鄭注，又對其中所涉細節之處詳加考證，展現於圖中。

　　總體來説，黃以周《禮書通故》之"禮節圖"較之楊復及張惠言《儀禮圖》更注重考證禮儀之細節，對張惠言之圖有多處訂正。黃以周作圖承前人之成果，又能出新意，足稱一家，不可忽視。

　　綜上所述，自北宋陳祥道《禮書》之部分成熟的儀節圖而下，歷代此類禮圖之形式大體是固定的，區別衹在於各家之儀節圖各有特色而已。因此我們説，就目前可見的文獻來看，我國古代禮圖之儀節圖的發展演變並沒有出現很大的變動，基本上是一脈相承。

　　3. 禮圖之名物圖和儀節圖在現代的新面貌

　　禮圖之名物圖和儀節圖很好地幫助了古代學者及習禮者理解《三禮》經文，功不可没。但是我們也應該看到，此兩類圖本身仍有一些不足之處，是古人很難克服的。

就名物類禮圖來説，不管是傳統的名物圖還是根據出土器物及器物圖所繪的禮圖，在刊刻流傳中都面臨一些問題。其中比較突出的一個是顏色的問題，我們知道先秦有些東西隨着等級的不同，是有色彩上的區別的，比如衣服、冠冕之類。傳統的雕版印刷大多是墨印，祇有黑白兩色，無法反映出顏色上的區別。雖然能夠通過文字説明來彌補這個不足，但是畢竟看圖的時候需要通過想象來還原圖的真實樣子，還是頗爲吃力的。另外，雕版刊刻，乃至手繪，都不能夠非常立體地呈現器物的面貌，這也是古人解決不了的問題。

就儀節圖來説，儀節圖畢竟還是静態的，而儀節卻是動態的，這樣就使得圖不能完全勝任呈現儀節的任務。另外有些儀節涉及的人物、禮器非常多，這時候儀節圖就難以面面俱到了。再有就是繪圖難免要和技法聯繫起來，繪畫水平的高低有時也會造成細節上的偏差。雖然這一點並不會對儀節圖的正確與否帶來很大影響，但是也不能忽視。

中國古代禮圖發展到現在，呈現出了一些新的面貌，古人難以克服的相關問題也能夠解決了。名物圖方面，主要是考古成果及照相技術相結合，發展出新的器物學的專門學問。另外，攝影及 3D 動畫技術也能夠實現對器物立體式的呈現，細節方面更加精緻準確。

儀節圖方面，從水平上來看説，應該説我們與古人相比，還存在很大差距。這種差距一方面表現在我們對《儀禮》儀節的理解不及古人，基本沒有繪製出多少新的儀節圖。另一方面表現在對古人所繪的儀節圖，沒有加以十分的重視，未能產生多少突出的研究成果。但是從技術上來説，我們擁有比古人優越得多的條件。中國古代儀節圖是静止的，"這對於强調踐履的禮學來説誠爲闕憾"①。而現代的攝像設備及 3D 動畫技術可以彌補這一不足，通過真人演繹攝製成録像或直接製作爲動畫，讓静止的禮圖活動起來，可以説是中國古代儀節圖在現代的一次飛躍。這樣的技術同時突破了平面式儀節圖的限制，可以使建築等立體化、形象化。此外，它在某種意義上來説也打破了古代禮圖之名物圖和儀節圖難以融合的矛盾，因爲解決了空間的問題。行禮場所之建築、行禮者、禮器、行禮之動作方位等，都可以立體呈現，乃至全方位、多角度呈現，給人以真實化的感受，的確是儀節圖發展方面的一次革新。

不過要製作這種動態的禮圖，需要以對《儀禮》中每個細節都有準確的理解爲前提，還需要依托大量的人力、財力、物力，所以至今取得的成果還有限。其中最早的成果應該是臺灣實施的《儀禮》復原實驗，其大體情形如下：

---

① 張濤：《尋圖讀經，事半功倍》，《文匯報》第 T16 版，2015 年，第 1~2 頁。

　　民國五十四年(1965)，東亞學術計劃委員會主任委員李濟博士倡導用復原實驗的方法研究《儀禮》，成立"儀禮復原實驗小組"，爲東亞學術計劃委員會專題研究之一。該計畫以臺靜農教授爲小組召集人，由孔德成教授指導臺大中國文學研究所以及考古人類學研究所學生從事集體研究，計分成六個專題：儀節、服飾、器物、宮室、車馬、民俗。

　　專題的研究方法，是結合考古學、古器物學、民族學的觀念與文獻，並參酌歷代學者的研究心得，經謹慎考證，始下結論，每一專題均撰有研究報告，由沈其麗、吳宏一、吳達芸、施隆民、章景明、張光裕、陳瑞庚、陳靜遠、曾永義、黃啟方、黃然偉、劉文獻、鄭良樹諸先生執筆，總計約五十萬字，陸續發表於東亞學術計劃委員會年報，其後又由臺灣"中華書局"刊印成"儀禮復原叢書"。

　　民國五十八年(1969)，孔德成先生又據上述研究成果，領導拍攝"士昏禮"黑白影片，以連續影像，將儀節具體地表現出來，改進了傳統禮圖的不連續性，爲古禮研究打開新紀元，廣受學界重視。①

　　該《儀禮》復原實驗計劃僅僅復原了《士昏禮》，就因經費難以維繫等原因而作罷。不過當時拍攝的影片一直留存，歷經三十年時間，損壞日甚，到了20世紀90年代末，"僅能以錄影帶方式勉強放映，於研究成果之傳播，不無限制"。所以後來由臺灣大學中國文學系教授葉國良先生主持，"以原影片爲藍本，稍作補充修正，再加入顏色考證的成果"，最終製作成了彩色的《士昏禮》影片。影片製作人對該動畫還原工作認識很深，並有所總結：

　　　目前電腦科技日新月異，若能以3D動畫重製，不僅可以延續以往的研究成果，並且還有以下幾種優點：
　　　一、彩色取代黑白，更有利古禮研究成果之表達。
　　　二、播放時可隨時停格、放大、列印，極便教學。
　　　三、複製CD，效果良好，價格低廉，有利廣泛傳播。
　　　四、將部分成果公布於網際網絡中，可供社會大衆觀賞，加強社會大衆對古禮及古文化的認識。
　　　五、繪成的人物、車馬、器具可以複製，再加利用，以拍攝更多古禮

———————

①　按：見臺灣《儀禮·士昏禮》3D動畫復原片頭介紹。

或古代歷史之3D動畫影片。①

繼臺灣《儀禮》復原實驗之後，"清華大學中國禮學研究中心在嘉禮堂的資助下，2012年啟動《儀禮》復原項目"②。該課題後來成功申報成爲2014年度國家社科基金重大項目"《儀禮》復原與當代日常禮儀重建研究"，截至目前，已經復原出《士冠禮》和《鄉射禮》，並有相關視頻和刊物成果問世。

綜上所述，隨着科技的進步，中國古代禮圖的創作方式也發生了巨大的變化，這種變化固然使禮圖更加形象化、立體化、視頻化，但同時也應注意的是不能割裂禮圖與經書、禮書的聯繫，仍然要重視傳世典籍的記載，對於出土器物用作禮圖者，仍要審慎對待。

三、中國古代禮圖著作考略

中國古代禮圖著作爲數不少，應對其進行梳理，以見古人在此領域的探索。這方面相關研究專著尚未出現，但是一些論文已經有所涉及了，如買靳先生《中國古代〈儀禮〉圖譜學綜述研究》③、李小成先生《三禮圖籍考》④等，可資借鑒，但是兩文仍然未能盡之，故還須再作總結。

現存最早的禮圖之作是確定無疑的，即宋初聶崇義《新定三禮圖》。在聶崇義之前亦有禮圖著作，見於《隋書·經籍志》之記載："《三禮圖》九卷，鄭玄及後漢侍中阮諶等撰。"⑤《經義考》曰："阮諶受禮學於綦毋君，取其說爲圖三卷，多不按禮文而引漢事，與鄭君之文違錯。"⑥"如果《隋志》記載無誤，則鄭玄已有三禮圖之作，後阮諶有續作，至隋時，後人將鄭玄和阮諶之書彙編在一起，名《三禮圖》九卷"⑦，然而自聶崇義之書問世後，該書便漸漸不見記載了，最後亡佚。

---

①　按：見臺灣《儀禮·士昏禮》3D動畫復原片頭介紹。

②　張德付：《〈儀禮〉復原與禮學研究》，《山西檔案》2014年第6期，第130~131頁。

③　買靳：《中國古代〈儀禮〉圖譜學綜述研究》，《吉林工程技術師範學院學報》2011年第10期，第45~48頁。

④　李小成：《三禮圖籍考》，《唐都學刊》2012年第1期，第80~83頁。

⑤　(唐)長孫無忌等：《隋書經籍志》，商務印書館，1957年，第19頁。

⑥　(清)朱彝尊：《經義考》，《景印文淵閣四庫全書》第679冊，臺灣"商務印書館"，1986年，第246頁。

⑦　王鍔：《宋聶崇義〈新定三禮圖〉的價值和整理——兼評丁鼎先生整理的〈新定三禮圖〉》，《孔子研究》2008年第2期，第76~87頁。

自鄭玄而下，禮圖著作見於記載者，亦可謂多矣。《隋書·經籍志》①《舊唐書·經籍志》②《新唐書·藝文志》③《宋史·藝文志》④《明史·藝文志》⑤《清史稿·藝文志》⑥及朱彝尊《經義考》等，皆有著錄。然著錄最全且詳細者，當屬王鍔師之《三禮研究論著提要》。對這些禮圖著作進行一一考證，此僅根據《三禮研究論著提要》之記載，簡單羅列其書名及作者等相關信息如下，以方便查考：

周禮類：0045《周官禮圖》14 卷，作者不詳，今佚；⑦ 0046《周官郊祀圖》2 卷，作者不詳，今佚；0057《周禮禮器圖》宋王洙撰，今存佚不詳；0058《周禮纂圖》宋陳祥道撰，今佚；0064《周禮圖》10 卷，宋龔原撰，今佚；0075《周禮本制圖論》宋吳沆撰，今佚；0084《周禮井田譜》20 卷，宋夏休撰，今存佚不詳；⑧ 0112《周禮丘乘圖説》1 卷，宋項安世撰，今佚；0123《周禮井田圖説》宋魏了翁撰，今佚；0133《周禮十五圖》宋王與之撰，今佚；0140《周禮開方圖説》1 卷，宋鄭景炎撰，今佚；0154《周禮圖説》作者不詳，今佚；0175《周禮圖》元俞言撰，今佚；⑨ 0195《讀禮疑圖》6 卷，明季本撰，今存；0200《周禮圖説》2 卷，明王應電撰，今存；0234《考工記圖解》2 卷，宋林希逸撰，明張鼎思補圖，屠本畯補釋，今存；0305《周官圖》4 卷，清王文清、吳廷華纂修，今存；0322《考工記圖釋》2 卷，清汪宜耀撰，今存佚不詳；0332《考工記圖注》2 卷，清戴震撰，今存；0336《周禮敘數圖》6 卷，清陳兆熊撰，今存佚不詳；0337《周禮指掌

---

① （唐）長孫無忌等：《隋書經籍志》，商務印書館，1957 年，第 15~19 頁。
② （後晉）劉昫等：《舊唐書》，中華書局，1975 年，第 1971~1975 頁。
③ （宋）歐陽修、宋祁撰：《新唐書》，中華書局，1975 年 2 月，第 1434 頁。
④ （元）脱脱：《宋史》，中華書局，1977 年，第 5048~5053 頁。
⑤ （清）張廷玉等：《明史》，中華書局，1974 年，第 2357~2361 頁。
⑥ （清）趙爾巽等：《清史稿》，中華書局，1988 年，第 4233~4240 頁。
⑦ 按：此處羅列之禮圖著作，如無特別説明，皆出自《三禮研究論著提要》（增訂本）。因爲數不少，故不一一注明其出處頁碼，但是加上其在原書中的序號，以方便查檢。
⑧ 按：朱彝尊《經義考》所此之樓鑰後序有言曰：“又皆圖以示人，如指諸掌。”故知爲禮圖之作。（《景印文淵閣四庫全書》第 678 册，臺灣“商務印書館”，1986 年，第 635 頁）
⑨ 按：朱彝尊《經義考》曰：“俞氏言《周官禮圖》14 卷，未見。按：俞氏未詳何人，書見葉氏《菉竹堂目》。”（《景印文淵閣四庫全書》第 678 册，臺灣“商務印書館”，1986 年，第 585 頁）

圖考》1卷，清陳兆熊撰，今佚；0368《考工記車制圖解》2卷，清阮元撰，今存；0370《周官圖説》6卷，清李錫書撰，今存佚不詳；0381《周禮井田圖考》清胡匡衷撰，今存佚不詳；0391《周官義疏及井田宮室圖制》清徐宣撰，今存佚不詳；0423《井田圖解》清徐興霖撰，今存佚不詳；0428《鳧氏圖説》1卷，清鄭珍撰，今存佚不詳；0473《井田圖考》2卷，清朱克己撰，今存佚不詳；0496《周禮圖説》6卷，清齊世南撰，今存佚不詳；0521《鳧氏爲鍾圖説補義》1卷，民國陳矩撰，今存；0540《考工記導讀圖譯》今人聞人軍撰；0545《考工記圖解》4卷，（日）川合衡撰，今存。

儀禮類：0565《喪服譜注》1卷，漢鄭玄撰，今佚；① 0575《喪服圖》三國蜀譙周撰，今佚；0578《喪服天子諸侯圖》1卷，三國吳射慈撰，今佚；0583《喪服圖》1卷，晉崔遊撰，今佚；0595《喪服圖》1卷，晉蔡謨撰，今佚；0619《喪服圖》1卷，南朝齊王儉撰，今佚；0651《喪服圖》1卷，賀遊撰，今佚；0663《喪服禮圖》1卷，作者不詳，今佚；0666《五服圖》1卷，作者不詳，今佚；0667《五服圖儀》1卷，作者不詳，今佚；0668《戴氏喪服五家要記圖譜》5卷，作者不詳，今佚；② 0669《喪服君臣圖儀》1卷，作者不詳，今佚；0675《冠服圖》作者不詳，今佚；0685《五服圖》唐張薦撰，今佚；0689《五服圖》10卷，唐仲子陵撰，今佚；0713《儀禮圖》宋朱熹撰，今存佚不詳；0719《士冠士昏饋食禮圖》宋趙彦肅撰，今佚；③ 0729《儀禮圖》17卷《儀禮旁通圖》1卷，宋楊復撰，今存；0732《冠婚喪祭圖》宋楊明復撰，今佚；0750《冕弁冠服圖》元張頤撰，今佚；0759《泮宮射禮圖譜》明許士元撰，今佚；0773《鄉射禮集要圖説》1卷，明傅鼎撰，今存；0776《昏禮圖》1卷，明王廷相撰，今存佚不詳；0777《鄉射禮圖》1卷，明王廷相撰，今存佚不詳；0790《鄉射圖解》1卷，明聞人詮撰，今佚；0795《鄉射序次圖説》1卷，明駱問禮撰，今佚；0806《鄉飲圖説》1卷，明馮應京撰，今佚；0807《鄉飲圖考》1卷，明何棟如撰，今佚；0812《儀禮會通圖》2卷，明陳林撰，今佚；0813《禮經圖》1卷，明胡賓撰，今佚；0817《射禮圖注易覽》1卷，明林文奎撰，今佚；0848《喪服

---

① 按：以鄭玄有《喪服》注，故疑此爲禮圖之作。
② 按：朱彝尊《經義考》曰：“戴氏失名《喪服五家要記圖譜》，《七録》，五卷，佚。”（《景印文淵閣四庫全書》第678册，臺灣“商務印書館”，1986年，第703頁）則此書應爲戴氏所作，不知其名。
③ 按：朱彝尊《經義考》著録此書名作《饋食禮圖》。

圖》清陳天佑撰，今存佚不詳；0876《儀禮圖》不分卷，清王紹蘭撰，今
存；0878《古宮室圖》1 卷附《古冠服圖》1 卷，清呂宣曾撰，今存佚不
詳；0923《儀禮圖說》17 卷，清張校均撰，今存佚不詳；0927《儀禮喪服
經傳分釋圖表》2 卷，清莊有可撰，今佚；0943《儀禮圖》6 卷，清張惠言
撰，今存；1016《儀禮禮事圖》17 卷，清吳之英撰，今存；1017《禮器圖》
17 卷，清吳之英撰，今存；1079《新定松氏儀禮圖》2 卷，（日）邨松安撰，
木直等校，今存。

　　禮記類：1147《梁月令圖》1 卷，作者不詳，今佚；1188《月令圖》1
卷，唐王涯撰，今佚；1199《名堂定制圖》1 卷，宋李覯撰，今存；1202
《王制井田圖》1 卷，宋阮逸撰，今佚；1230《井田王制圖》1 卷，宋余希文
撰，今佚；① 1244《明堂圖說》1 卷，宋朱熹撰，今存佚不詳；1248《投壺
圖》1 卷，宋方承養撰，今佚；1280《月令圖》1 卷，宋劉先之撰，今佚；
1298《明堂定制圖序》1 卷，宋姚舜折撰，今佚；1313《深衣圖說》1 卷，宋
舒岳祥撰，今佚；1315《禮記舉要圖》1 卷，宋代，作者不詳，今存；1314
《禮記纂圖注義》13 卷，元彭廉夫撰，今存佚不詳；1342《深衣圖辨》1 卷，
元王幼孫撰，今佚；1352《深衣圖考》3 卷，元汪汝懋撰，今佚；1359《禮
記纂圖》作者不詳，今佚；1393《深衣圖說》1 卷，明鄭瓛撰，今佚；1397
《深衣圖論》1 卷，明王廷相撰，今佚；1427《深衣圖說》1 卷，明吳顯撰，
今佚；1428《投壺譜》1 卷，明李孝先撰，今佚；1578《廟制圖考》4 卷，清
萬斯同撰，今存；1620《匯圖禮記節本》10 卷，清汪基撰，今存；1639《月
令氣候圖說》1 卷，清李調元撰，今存；1750《禮記制度示掌圖》，清王皓
撰，今存；1758《名堂圖考》1 卷，清熊羅宿撰，今存佚不詳；1798《深衣
圖說》1 卷，清許克勤撰，今存。

　　三禮總義類：2030《三禮圖》9 卷，漢鄭玄、阮諶撰，今佚；2031《五
綜圖》1 卷，漢鄭玄撰，今佚；2044《三禮圖》12 卷，隋夏侯伏朗撰，今
佚；2049《三禮圖》9 卷，唐張鎰撰，今存輯佚本；2050《梁氏三禮圖》1
卷，梁正撰，今存輯佚本；2051《三禮圖集注》20 卷，宋聶崇義撰，今存；
2052《禮象》15 卷，宋陸佃撰，今佚；② 2063《補正三禮圖》38 卷，宋楊杰
撰，今存佚不詳；2070《三禮圖》12 卷，宋鄭氏撰，今佚；2072《三禮圖駁
議》20 卷，作者不詳，今佚；2076《韓氏三禮圖說》2 卷，元韓信同撰，今

----

① 　按：朱彝尊《經義考》著錄此書名作《王制井田圖》。
② 　按：朱彝尊《經義考》此書歸入“禮記類”中。

存；2090《三禮圖》4卷，明劉績撰，今存；2131《統宗圖》清梅鈁撰，今
佚；2169《三禮圖》3卷，清孫星衍、嚴可均撰，今存佚不詳；2171《三禮
圖考》清龔麗正撰，今佚；2178《三禮圖》3卷，清孫馮翼撰，今存；2180
《宮室圖説》4卷，清何濟川撰，今存；2203《三禮圖全譜》無名氏撰，今
存；2214《三禮儀式圖解》3卷，清郇向魯撰，今存佚不詳。

　　通禮類：2298《五宗圖》無名氏撰，今佚；2325《禮書》150卷，宋陳祥
道撰，今存；2392《五宗圖説》1卷，清萬光泰撰，今存；2396《群經宮室
圖》2卷，清焦循撰，今存；2398《群經冠服圖考》3卷，清黃世發撰，今
存；2413《禮圖》清馬徵撰，今存佚不詳；2429《周政三圖》3卷，清吳之
英撰，今存。

　　雜禮書類：2494《周室王城明堂宗廟圖》1卷，祁諶撰，今佚；2497
《月令圖》1卷，作者不詳，今佚；2507《紹熙州縣釋奠儀圖》1卷，宋朱熹
撰，今存；2513《五服圖解》1卷，元龔端禮撰，今存；2578《昭穆圖》明
劉閔撰，今佚；2629《文廟禮樂器圖考》2卷首1卷末1卷，清蕭大成撰，
今存；2643《舊存祭祀圖説》作者不詳，今存；2646《文舞圖譜》1卷《禮器
樂器全圖》1卷，作者不詳，今存。

　　上面所列，皆可謂禮圖方面的專門之作，除此之外，歷代注解三禮之書中，
亦有非禮圖專著，但是其中也附有禮圖者。此類解禮研禮之著作尤以清代居多，
其中附圖較多者，如乾隆十三年鄂爾泰等奉敕所撰《周官義疏》四十八卷、《儀禮
義疏》四十八卷及《禮記義疏》八十二卷，號稱《欽定三禮義疏》，每書之中都集中
收有禮圖，《儀禮義疏》之中兼具禮器和禮節兩類禮圖，《周官義疏》和《禮記義
疏》則僅有禮器圖一種。黃以周之《禮書通故》裏也集中收録了大量禮圖，該書
"凡五十卷，後三卷中有服制表，喪服表，三百餘幅禮器圖，二十四幅宮室圖，
以及按照《儀禮》經文編次的近二百幅行禮方位圖"①。朱軾《儀禮節略》十七卷，
有圖三卷。徐乾學《讀禮通考》一百二十四卷，"書中附五服圖若干與列表相配
合；五服的穿戴及所執的杖等；士喪禮行禮方位圖二十余幅；士虞禮方位圖十餘
幅；宮室圖約二十幅；禮器圖若干(其中喪禮祭祀所用較多)"②。曹元弼《禮經

---

　　① 買靳：《中國古代〈儀禮〉圖譜學綜述研究》，《吉林工程技術師範學院學報》2011年
第10期，第45~48頁。
　　② 買靳：《中國古代〈儀禮〉圖譜學綜述研究》，《吉林工程技術師範學院學報》2011年
第10期，第45~48頁。

學》，"書中附有七幅宮室圖，二十余幅禮服圖，及喪服表若干"①。

另外，尚有不少解禮之書中亦附有禮圖，但是數量不多，如任啟運《朝廟宮室考附田賦考》有宮室圖九幅，孫星衍《明堂考》有宮室圖八幅，鄭珍《儀禮私箋》有前人士昏禮對席圖六幅和公食大夫禮正饌加饌圖一幅，于鬯《讀〈儀禮〉日記》中有射侯圖若干，等等。説明到了清代時期，學者們藉助禮圖來注解經書，已經成爲一種較爲常見的方法了。

中國古代禮圖著作情況大抵如此，近現代以來，禮學一度沒落，禮圖之學更是蕭索，故而未見有相關新作問世，誠爲遺憾。近年來隨着禮學漸興，禮圖研究已經開始得到重視，必能産生更多成果。

第二節 《禮書》禮圖統計歸類與研究

陳祥道《禮書》曾經一度以其另一個名稱爲世人所熟知熟用，即《禮圖》。如范祖禹《薦陳祥道儀禮解劄子》中曰："昨進《禮圖》一百五十卷，已蒙朝廷藏之秘閣。"②李廌《師友談記》曰："嘗爲《禮圖》一百五十卷。"③皆稱《禮書》爲《禮圖》。范祖禹、李廌二人與陳祥道同一時代，他們都稱《禮書》爲《禮圖》，可見當時之人對《禮書》的定位是一部以圖爲主的書。這種定位不無道理，因爲《禮書》中確實有大量禮圖。遺憾的是北宋以後，學者普遍對《禮書》文字比較重視，對其禮圖卻鮮有提及，因此有必要再加研究分析。

一、《禮書》禮圖體例及統計歸類

《禮書》禮圖的體例還是比較明確的，一般來説，該書中一幅完整的禮圖包括題目、説明文字和圖像三個部分（如圖5-15所舉鞠衣、展衣之例），題目爲大字單行，説明文字爲小字雙行，或多或少，不一而足。但是同時書中也大量存在一個禮圖中僅有題目和圖像兩個部分而沒有説明文字的情況。因此我們可以説《禮書》中禮圖必備之兩個部分是題目和圖像。

---

① 賈靳：《中國古代〈儀禮〉圖譜學綜述研究》，《吉林工程技術師範學院學報》2011年第10期，第45~48頁。

② （宋）范祖禹：《范太史集》，《景印文淵閣四庫全書》第1100册，臺灣"商務印書館"，1986年，第289頁。

③ （宋）李廌撰，孔凡禮點校：《師友談記》，中華書局，2002年，第32頁。

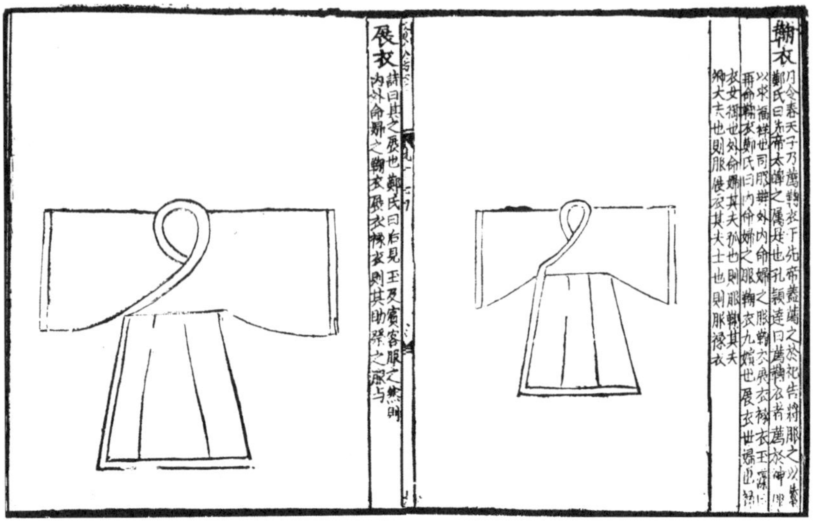

圖 5-15 　《禮書》卷 17"鞠衣""展衣"

　　具體統計下來，《禮書》中有禮圖 770 幅，這是將其中闕圖的部分也算進來得出的數字。其中所闕之圖爲卷 20 之男子事佩、婦人事佩二圖，卷 34 九州圖，卷 36 十日圖，卷 57 玉節、角節二圖，卷 105 天子虎侯、熊侯、豹侯三圖，卷 126 簨圖，卷 128 行以肆夏趨以采齊之儀、武舞六成之位二圖，卷 149 括髮、免、髽、笄、竹杖、削杖六圖，卷 150 絰帶絞帶、衰辟領負板之制、倚廬、堊室四圖等。

　　緣何能夠判斷出元刻本某處闕圖呢？首先是禮圖的體例，此外還要考慮禮圖要占據空間的因素。綜合這兩個條件，我們判定某處闕圖，表現爲此處有明確的題目，並且爲畫圖留出了空間。舉卷 20 男子事佩、婦人事佩之圖爲例（如圖 5-16），該圖中有題目，有説明文字，並且留出了繪圖的空間，明顯是闕圖。造成闕圖的原因，當然跟版本有關，筆者所據之底本畢竟不是最早的版本，陳祥道一開始所定之圖有可能在重刻流傳中毀壞了，又無法補全，故而空闕。也有可能是一開始《禮書》中某些圖即有空闕，當然這種可能性比較小，而且這種説法也要謹慎對待，因爲它意味着《禮書》可能並不是一本徹底完成的書。

　　《禮書》中 770 幅禮圖，其圖之内容與條目文字的内容是統一的，因此按照這種標準來來説，它的分類與前文所敘之 25 類（衣服佩用、建國分土、井田、親蠶之禮、貢賦徭役、體國經野、天文曆法、宫室、几席、學校制度、玉

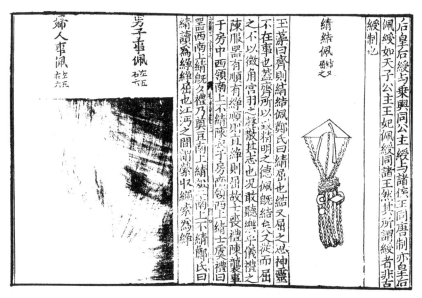

圖 5-16　元刻本《禮書》卷 20"男子事佩""婦人事佩"

器符節、幣帛執摯、宗法制度、冠禮、婚禮、宗廟祭祀、郊社群祀、尊彝匏爵鼎俎、射禮、投壺禮、武備、樂舞、旗幟、車馬、喪葬），在順序和類別上應該都是一致的。但是我們這裏還是采取另一種標準來歸納其類別，那就是傳統的名物圖、儀節圖及表譜等分類方法。這樣分類的原因，一是《禮書》自身有相當一部分條目並未配備禮圖，而且其中有禮圖的則名物圖、儀節圖交錯，比較混雜；二是其他專門禮圖著作或有專章論禮圖的著作，如聶崇義《新定三禮圖》、楊復《儀禮圖》《欽定三禮義疏》、黃以周《禮書通故》、張惠言《儀禮圖》等，皆是以名物圖、儀節圖、表譜等爲類，《禮書》之圖不如此分類，則在相互比較研究時會因爲分類標準不統一而帶來不便，甚至難以比較。明確了分類之後，即可作如下分類論述。

（一）名物圖

前文我們已經討論過名物圖和禮器圖的概念，禮所涉及的範圍非常廣泛，其中之名物絕非用"禮器"二字可以完全涵蓋，故而使用"名物"的概念更具有包容性。當然，歷代禮圖著作對名物圖和禮器圖兩個概念的使用各有其特點，如黃以周《禮書通故》用名物圖的概念，而《欽定禮記義疏》則名之爲禮器圖。不同的概念體現出了不同的擇圖標準，使用名物圖名稱的著作往往收圖衆多，涉及社會生活方方面面的器物、植物乃至動物；而使用禮器圖的則更顯得精專一些，往往祇涉及三禮之一禮乃至某篇某物，收圖不多。就《禮書》而言，其爲通禮類著作，收圖廣泛，自當以名物圖爲類。

聶崇義《新定三禮圖》之禮圖依次分爲冕服圖、后服圖、冠冕圖、宮室圖、投壺圖、射侯圖(上、下)、弓矢圖、旌旗圖、玉瑞圖、祭玉圖、匏爵圖、鼎俎圖、尊彝圖、喪服圖(上、下)、襲斂圖、喪器圖(上、下)共計 16 大類。黃以周《禮書通故》之禮圖分類，"一曰宮室，二曰衣服，三曰玉瑞符節，四曰尊彝鼎俎諸名物，五曰樂器，六曰射器，七曰兵器，八曰車制，九曰喪服喪器"①，共計 9 大類，而大類之下又包括若干小類。《禮書》之名物圖分類，與《新定三禮圖》《禮書通故》有同有異，具體情況如下：

一曰衣服圖，此所謂衣服，既包含首之所戴、身之所著、腳之所穿，又包括相關配飾；其圖既涵蓋男子、婦人之衣服，又細緻到衣服之各個部件。但是其中不包括喪服、兵甲及射服等，此皆自成一類。《禮書》之衣服圖具體包括：十二章之服、大裘而冕、袞冕、鷩冕、毳冕、希冕、玄冕、上公龍袞、侯鷩冕、伯鷩冕、子毳冕、男毳冕、王之三公鷩冕、王之孤毳冕、王之卿毳冕、王之大夫希冕、諸侯之孤希冕、諸侯之卿玄冕、諸侯之大夫玄冕、諸侯祭服、玄端、綖、武、紐、纊、紘、緌、天子諸侯瑱、卿大夫瑱、士瑱、衡、笄、皮弁、韋弁、裳、冠制、毋追冠、委貌冠、緇布冠、後世緇布冠、天子始冠之冠、諸侯始冠之冠、諸侯齊冠、士齊冠、子姓冠、既祥冠、惰游冠、不齒冠、大白冠、黃冠、黃衣、深衣、長衣、諸侯中衣、大夫士中衣、袗、纚、角、羇、組紞、錦紞、布紞、明衣、明衣之裳、黼裘、羔裘、麑裘、鹿裘、狐白裘、狐青裘、黃衣狐裘、貍裘、虎裘、狼裘、熊裘、羆裘、天子素帶、諸侯素帶、大夫素帶、士練帶、革帶、居士錦帶、弟子縞帶、深衣帶、童子錦紳、鞶鑑、率帶、布帶、王冕服赤舄、皮弁服白舄、冠弁服黑舄、后褘衣玄舄、揄狄青舄、闕狄赤舄、鞠衣黃屨、展衣白屨、緣衣黑屨、繶、絇、綦、繟、童子服、童子屨、后褘衣、揄狄、闕狄、鞠衣、展衣、緣衣、士緣衣、霄衣、袗玄衣、景衣、褖衣、象揥、天子佩、諸侯佩、大夫佩、衡、瑗、璜、衝牙、琚瑀、組綬、玭珠、象環、婦人佩、綪結佩、男子事佩(闕圖)、婦人事佩(闕圖)、觿、韘、捍、紛帨、礪、遰、金燧、木燧、鑒、刀、削刀、鷩刀、劍、劍櫝、夫襀、繜、繁褻、天子韍、諸侯韍、大夫韍、士韎韐、素韠、爵韠、邪

---

① (清)黃以周撰，王文錦點校：《禮書通故》第 6 冊，中華書局，2007 年，第 2257頁。

幅、朝覲冕服、齊服、孤玄冕、五色，共計 159 幅。其中之"五色"本爲描述顏色的，以其無可分類，故而就近列之於此。

二曰宮室圖。由於《禮書》本身並沒有指出哪些禮圖可劃歸宮室圖的範圍之內，故而我們在歸納此類時需要參考別家之説，以明確宮室圖的範疇。聶崇義《新定三禮圖》中之宮室圖收圖十四幅，分別是：明堂、宮寢制、王城、九服、律呂相生之圖、圜丘樂、方丘樂、禘祫樂、大宗子、小宗子、四等附庸、井田、遂（溝洫同）、明堂（此秦法，故重出）。① 清代乾隆敕撰之《欽定禮記義疏》中收圖衆多，依瞿林江先生《〈欽定禮記義疏〉研究》一文之歸納，② 其宮室圖包括月令中星圖、九畿、邦畿、千乘國、井邑丘甸縣都、朝市廛里圖、名堂圖、社稷、天子七廟、壇、墠、諸侯五廟、天子五門三朝、黼扆、門制、辟雍、泮宮等，共計 17 幅。稍晚之黃以周《禮書通故》中"宮室"類收王宮周城五門、諸侯軒城三門、伏生書傳路寢、天子諸侯廟制、天子諸侯大夫寢制、士庶人正寢、正寢屋式、楣梁落時虒、梁 1、梁 2、峻式、瓦屋、臺門、兩觀、黼扆、夏世室、殷重屋周初明堂、周明堂 1、周明堂 2、盛德明堂、明堂月令九疇數、（明堂月令）生成數、鄭注明堂五行 1、鄭注明堂五行 2、壇墠宮、廟寢等共計 26 幅圖。③ 錢玄先生《三禮通論》中宮室類列了六種，④ 多有配圖，其分類亦可資參考，六種分別是：都城中城、房屋結構、堂序房室、門塾庭階、寢廟深廣、璧雍明堂。縱觀以上諸書，可以明確判定聶崇義《新定三禮圖》中明堂、宮寢制、王城、明堂（秦制）四圖爲宮室之類無疑，其餘十圖則不能歸入此類。《欽定禮記義疏》中月令中星圖、九畿、邦畿、千乘國、井邑丘甸縣都似亦不可歸入宮室類。惟黃以周《禮書通故》與錢玄先生《三禮通論》所定宮室圖範圍較爲一致，但是其中亦不包括倚廬、堊室等特殊宮室，因其自可歸爲一類，與此等有別。

由此可以確定《禮書》中宮室圖具體如下：王及諸侯城郭之制、經涂環涂、都鄙三等之制、耕壇、先農壇、神倉、倉、公桑蠶室、先蠶壇、躬桑壇、天子五門、諸侯三門、屏、廟屏、天子三朝（外朝、治朝、内朝）、卿大夫二朝（内

① （宋）聶崇義纂輯，丁鼎點校解説：《新定三禮圖》，清華大學出版社，2006 年，第 109~135 頁。

② 瞿林江：《〈欽定禮記義疏〉研究》，南京師範大學 2015 年博士學位論文，第 228~229 頁。

③ （清）黃以周撰，王文錦點校：《禮書通故》第 6 册，中華書局，2007 年，第 2258~2293 頁。

④ 錢玄：《三禮通論》，南京師範大學出版社，1996 年，第 155~185 頁。

朝、外朝)、夏世室、商重屋、周明堂、壇墠宫、王及諸侯寢廟制、大夫士寢廟制、内九室、外九室、九次、王六寢、后六宫、諸侯三寢、夫人三宫、卿大夫士二寢、卿大夫士之妻二寢、宸、庭、屏攝、碑、門制、賓館、市制、周四代學、魯四代學、諸侯學、塾、庠、序、天子七廟、諸侯五廟、附庸五廟、大夫三廟、適士二廟、官師一廟、壇、墠、不遷之廟、祧、后齊宫、王齊宫、尸次、社稷、王社、大夫以下社，共計 63 幅。

《禮書》此 63 幅宫室圖中，有一部分其内容實際上主要是以講宫室制度爲主，而論名物爲次。比如王及諸侯城郭之制圖、王及諸侯寢廟制圖、市制圖、天子七廟圖、諸侯五廟圖、附庸五廟圖等。

三曰玉瑞符節圖。聶崇義《新定三禮圖》中將此類分成"玉瑞圖"和"祭玉圖"兩大類，黄以周《禮書通故》則定爲玉瑞符節一大類，但是其中細分爲"玉"和"節"兩個小類。《禮書》中禮圖較多，細分較繁，定爲一類爲宜，具體包括笏、大圭、諸侯荼、大夫笏、士竹本、冒圭、鎮圭、大琮、王駔琮、后駔琮、上公桓圭、侯信圭、伯躬圭、子穀璧、男蒲璧、介圭、王繅、公侯伯繅、子男繅、聘玉繅、問諸侯繅、四圭有邸、蒼璧、兩圭有邸、黄琮、圭璧、璋邸射、青圭、赤璋、白琥、玄璜、牙璋、中璋、圭瓚、璋瓚、大璋1、穀圭、大璋2、琬圭、琰圭、璧羨、瑑圭、瑑璋、瑑璧、圭以馬、璋以皮、璧以帛、琮以錦、琥以繡、璜以黼、玉案、環、瑗、玉節(闕圖)、角節(闕圖)、龍節、人節、虎節、符節、管節、旌節、英蕩、傳、璽等，共計 64 幅。

《禮書》此玉瑞符節圖中不止玉、節，還包括與玉、節相關的名物，如繅、皮、帛等。此分法亦自有依據，聶崇義《新定三禮圖》"玉瑞圖"中就包括王者圭玉繅藉(舊圖)、疏義繅藉、又一説繅藉、諸侯繅藉、穀璧·蒲璧繅藉(同制)諸圖，黄以周《禮書通故》玉、節圖中衣包括繅、組、束帛之類。

四曰尊彝匏爵鼎俎圖。此類圖内容以禮器、食器及其相關器具等爲主，聶崇義《新定三禮圖》將其設爲"匏爵圖""鼎俎圖""尊彝圖"三大類分別論之，黄以周《禮書通故》則以"尊彝鼎俎諸名物"一類歸之，錢玄先生《三禮通論》"名物編"中未有此類，在"飲食"類下設有"器皿"一節，其内容大體關乎尊彝鼎俎等。我們這裏根據《禮書》自身的情況，將此類以"尊彝匏爵鼎俎圖"名之，其具體之圖如下：珠盤、玉敦、雞彝、鳥彝、斝彝、黄彝、虎彝、蜼彝、犧尊、象尊、壺尊、著尊、大尊、山尊、卣、祀天犧尊、金罍、大罍、圜壺、方壺、廢禁、椸、豐、彝舟、瑴、斝、爵、觚、觥1、龍勺、疏勺、蒲勺、斗、罷、鼎、鬵、鍘、束冪、編冪、大扃、小扃、疏布巾、畫布巾、籩豆巾、兼巾、有虞氏梡、夏侯氏嶡、商棋、周房俎、敦、廢敦、簠、簋、豆、匰1、籩、竹簋

方、登、鑊、錡、釜、鍑、鬲、甗、甒、黍匕、挑匕、疏匕、桑匕、棘畢、桑
畢、醴柶、銅柶、鼓、槃、《考工記》鬴、《律歷志》鬴、洗、罍、槃、匜、枓、
盆、筥、篚、笲、簞、笥、匴2、甂2、熊席、越席、祧、《周禮》五几、《書》
四几，共計95幅。黃以周《禮書通故》將几、席之圖列於"尊彝鼎俎諸名物"類
之後，故本書亦從其分類。

五曰宗廟祭祀器用圖。《新定三禮圖》及《禮書通故》皆未設此類，其他相
關禮圖著作中亦無此名目，筆者根據《禮書》所收禮圖之內容，將其歸類並命
名。此類圖主要包括如下：筐、筥、幣帛、虞主、吉主、師行載主、匵、坫、
六龜、燋、楚焞、菆欂、畫爻木、卦板、尸、互、盆、簪、舉肺、祭肺、大夫
腒俎、士腒俎、脯、腊、魚、粢盛、茅菹、茅蒩、道布、鬱鬯、秬鬯、屍器、
方明、桃、茢，共計35幅。由此類圖之內容可以看出，所謂"器用"不僅指器
物，還包括祭祀所用之膳牲、薦羞。

《新定三禮圖》雖未設此類，但是仍收錄了相關禮圖，祇是歸類有所不同。
其所收龜、燋、楚焞、菆欂、畫爻木、卦版諸圖，歸之"弓矢圖"類。《禮書通
故》中亦收有菆欂、畫卦版、龜、燋、楚焞、筐、互、盆、簪等圖，分別歸入
不同的類別之中。而"方明"之圖，《新定三禮圖》歸入"祭玉圖"中，《禮書通
故》歸入"玉器符節"類中，是二者統一之處。嚴格來說，方明之爲物，雖飾以
六玉，但是其性質上實際是"主"之類，故而我們在《禮書》中將其劃歸"宗廟祭
祀器用圖"之類。

六曰贄圖。所謂"贄"，是指相見時所贈之禮物。《新定三禮圖》《禮書通
故》皆不涉此類，《禮書》中其具體內容爲：皮帛(虎皮、豹皮)、羔、雁、士昏
用鴈、雉、腶、鶩、雞、野外軍中贄(纓、拾、矢)、笲，共計13幅。

七曰射及投壺器圖。聶崇義《新定三禮圖》將射禮與投壺的禮圖分別論之，
分成三個部分，一是投壺圖，二是射侯圖(上、下)，三是弓矢圖。黃以周《禮
書通故》則未涉及投壺器之圖。《禮書》則射禮、投壺禮之器皆有涉及，順序上
也前後相接，可合併而論，以"射及投壺器圖"名之，其具體內容如下：天子
虎侯(闕圖)，熊侯(闕圖)、豹侯(闕圖)、畿內諸侯熊侯、豹侯、畿內卿大夫
麋侯、畿外諸侯大侯、參侯、干侯、天子虎侯五正、熊侯五正、豹侯五正、諸
侯熊侯五正、豹侯三正、大夫麋侯三正、士豻侯二正、天子熊侯白質、諸侯麋
侯赤質、大夫布侯、士布侯、射服、楅、韋當、物、鹿中、兕中、皮樹中、閭
中、虎中、篝1、乏、拾、朱極、決、椹質、並夾、弩、彤弓、彤弓、黑弓、
弓、弓韣、弓檠、弓柲、依撻、彤矢、玈矢、矰矢、矢箙、鏃、矢括、馬、篝
2、笲、壺、鼓，共計56幅。當然，此56幅圖中仍然有若干並不是純爲名物

圖的，它們也關乎制度，比如天子虎侯五正、諸侯熊侯五正、大夫麋侯三正之類。

八曰樂器舞具圖。聶崇義《新定三禮圖》不專列樂、舞器具圖之類，黄以周《禮書通故》則專列樂器，不涉舞具。《禮書》中二者兼有，具體如下：鍾虡、磬虡、大鐘、撞木、大磬、編鐘、編磬、鎛、錞、鐲、鐃、金鐸、木鐸、土鼓、蕢桴、足鼓、楹鼓、晉鼓、靁鼓、靈鼓、路鼓、鼖鼓、提鼓、鼛鼓、鼗鼓、鼖、拊、雅、塤、缶、琴、瑟、柷、敔、止、甌、牘、應、竽、笙、簫、篪、籈、龠、管、簧、帗舞、羽舞、皇舞、旄舞、四夷舞、朱干、玉戚、翟、共計 54 幅。其中帗舞、羽舞、皇舞、旄舞雖是舞名，其實圖中所繪則爲舞具，如圖 5-17 所示。

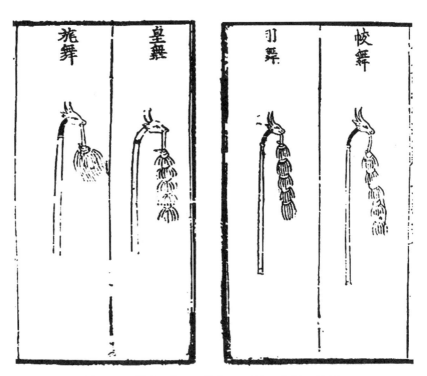

圖 5-17 《禮書》卷 129 "帗舞" "羽舞" "皇舞" "旄舞"

聶崇義《新定三禮圖》雖不專列樂器舞具之類，但是亦收有鼓足、建鼓、鼖鼓、靁鼓、靈鼓、路鼓、鼖鼓、鼛鼓、晉鼓、金錞、金鐲、金鐃、金鐸、赤盾(朱干也)、玉戚、帗舞、羽舞、皇舞共計 18 幅圖，歸入 "射侯圖(下)" 中。

而黃以周《禮書通故》則將干、戚二圖歸入“兵器”圖之類中。

九曰旌旗圖。《新定三禮圖》《欽定三禮義疏》及《禮書通故》皆有所涉及。《禮書》此類具體内容包括：力政(大司徒大軍旅大田役以旗致萬民、遂人若起野役則以遂之大旗致民、大夫以旂致民)、綏、太常、旂、旗、旃、旐、旛、物、旞、旌、龍旛、翿旌、青旌、鳴鳶、飛鴻、虎皮、貔貅、挈壺、徽織，共計22幅。其中“力政”中三圖，看其名稱似爲儀節之類，實際其重點在辨别不同情況下所用之旗的差别，還是講名物，故當屬此。

十曰車馬圖。《新定三禮圖》不收車馬之圖，《禮書通故》收“車制”圖14幅。《禮書》之車馬圖具體包括車制、重翟、大車、輦、輂、安車、軫、轐、轂、軹、輻、牙、輨、轄、軸、輪、軔、蓋、弓、輹、輿、較軾輢軫、軫輢軹、軌、任正、輈、陰板、衡任、前疾、乘石、綏、帷裳、茀、扃、輔、輄、虎幬、羔幬、六馬車、四馬車、二馬車、后乘翟車等，共計42幅。

需要説明的是，此42幅圖主要是車的各個部件，而其中之“車制圖”僅繪一輛車於圖上，説明文字則更多傾向於對古代各種車的總括，因此嚴格來説，其内容應屬制度方面。另外，聶崇義《新定三禮圖》中雖未收車馬之類，但是有“墨車”“厭翟車(金飾諸末)”二圖，歸於“后服圖”中，有一“車蓋”圖，歸入“旌旗圖”之中，是其與《禮書》分類上的不同。

十一曰兵器圖。《新定三禮圖》不列兵器之類，《禮書通故》專設“兵器”圖，收圖19幅。《禮書》兵器圖具體内容爲殳、酋矛、夷矛、厹矛、戈、戟、甲、釪、甲裳、胄、介駟，共計11幅。但是實際上其兵器圖之數目應該還要再多一些，比如弓、刀、劍之類，亦有繪圖，衹是我們前文將弓分到射器圖中了，刀、劍分到衣服圖中了。因爲這些東西在多種場合都用到，故而論及其歸類，有重合是正常的。這裏爲了避免麻煩，還是依《禮書》自身之劃分來歸類。與《禮書》相比，黃以周《禮書通故》之19幅兵器圖分别爲弓、弩、矢、矢箙、干、戚、殳、矛、戈、戟、劍、削(刀)、甲、釪、甲裳、今甲一、今甲二、今甲三、胄，就表現出了十分强的集中性。從某種意義上來説，二者不同的歸類方法也反映出了他們之間不同的思路及意圖。

十二曰疆域貢賦圖。《新定三禮圖》《禮書通故》皆不設此類，其他禮圖著作亦未見此名目。然而仔細分析此類之内容，可發現其與錢玄先生《三禮辭典》中“疆域”類大多相合。[1] 而貢賦則與疆域息息相關，故而合二者爲一類，以“疆域貢賦圖”名之。但這裏仍然要特别注意的是此“疆域圖”名稱十分容易

---

① 錢玄、錢興奇：《三禮辭典》，鳳凰出版社，2014年，第1315~1316頁。

讓人將其與表示國土疆域的地圖相混淆，實際二者是有明顯區別的。《禮書》中此類禮圖具體包括如下：王畿、六鄉、六遂、縣、都、千乘之國、禹貢五服、周九服、侯國及采邑貢賦之法、九州(闕圖)、湯沐之邑，共計 11 幅。

十三曰農桑圖。《新定三禮圖》《禮書通故》皆無此類，這裏劃分此類禮圖的依據是錢玄先生《三禮辭典》，其中明確了哪些内容可以歸入農桑之中。就《禮書》而言，此類具體包括鄉遂都鄙三等之地(上地、中地、下地)、十寸之尺、八寸之尺、步、畮、夫、屋、井、邑、丘、甸、成、通、成、終、同、墅、廬、餘夫田、賞田、夏貢、商助、周徹、五溝、五涂、圭田、籍田、耕車、人耦、牛耦、土牛、曲、植等，共計 35 幅。

十四曰天文曆法圖。此類在《禮書》中較爲集中，並且十分明確，具體爲尚書中星、月令中星圖、月令二十四氣、挈壺漏刻之圖、璿璣、玉衡、測景圖、土圭、十日(闕圖)、十二風、水平法、爲規識日法等，共計 12 幅。當然，其中水平法、爲規識日法二圖以制度爲主。

十五曰喪服喪器圖。《新定三禮圖》中設"喪服圖上""喪服圖下""襲斂圖""喪器圖上""喪器圖下"五卷三類，共計 85 幅圖，足見其重視程度。《禮書通故》中專設"喪服喪器圖"一類，收圖 49 幅。相比之下，《禮書》此類則僅收括髮、免、髽、笄、竹杖、削杖、経帶、倚廬、堊室共計 9 幅圖，而且此 9 幅全部闕圖。

綜上所述，《禮書》中之名物圖大概可分成此十五類。以上十五類禮圖之排列順序大體以其在《禮書》中的先後位置爲次，同時兼顧主要和次要的關係。其内容既爲名物圖，則它們與第三章中所列的"考訂名物細目"多有重合，因爲二者大多本身就是圖文配合的關係。當然以上諸圖中也有非關名物而依然收列的，主要是爲了分類方便的考慮，比如宫室圖中的"王及諸侯城郭之制"，疆域貢賦圖中的"侯國及采邑貢賦之法"，農桑圖中的"十寸之尺""八寸之尺""步"等，多爲論制度，這類圖如集中起來再設一"制度圖"類則略顯繁雜，故而一併在名物圖中論之。

(二)儀節圖

《禮書》包含相當數量的儀節圖，並且有其特殊性。根據其圖之形式方面的特點，可分成兩大類來展開論述。

第一類是其圖之形式大體和後世楊復《儀禮圖》、《欽定儀禮義疏》禮節圖、張惠言《儀禮圖》等相似或相同，是真正意義上的反映儀節的禮圖。此所謂"真正意義上的儀節圖"，是指該種儀節圖的形式是抽象的、概括的。所謂"抽象”，是指儀節圖中之宮室、户牖、庭階等皆用綫條或符號表示，而其中之器物及陳設位置皆以文字來標識或説明。我們舉《禮書》卷 86 之“大夫餕禮”圖爲例來説明（如圖 5-18 所示①），此圖中之廟室用方框表示，户、牖則用文字指示其位置。餕禮所陳設之豆、鉶、敦黍、羊俎皆用文字標識並指明其擺放位置次序，主人、賓長所在區域以方框標識出來，亦皆以文字表示其所處位置，再配以簡潔文字説明其如何行禮。整幅禮圖全部以平面圖的形式表現，抽象、概括，簡潔明了。

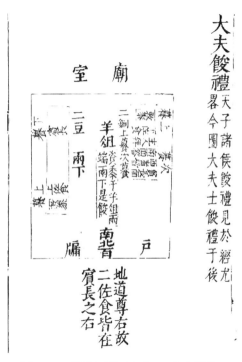

圖 5-18　明刻本《禮書》卷 86“大夫餕禮”

經統計，這種儀節圖具體包括：陳服設筵及加冠之儀（卷 64②）、孤子冠（卷 64）、庶子冠（卷 64）、禘禮（卷 71）、祫禮（卷 71）、時祭之祫（卷 72）、天

---

① 按：元刻本與明刻本《禮書》此圖内容、形式相同，但明刻本比較清晰，故以其爲例。

② 按：以“名物圖”數量較多，故不標明卷次。而“儀節圖”及“表譜”數量少且分散，故注明卷次。

子諸侯卜祭於廟堂(卷72)、大夫士卜祭於廟門(卷72)、誓戒(卷74)、田獵(卷80)、尸次(圖2,卷81)、大夫饋食儀(卷81)、士饋食儀(卷81)、大夫餕禮(卷86)、士餕禮(卷86)、祭日祊(卷87)、明日祊(卷87)、表貉(卷91)、蜡臘附(卷93)、大射之位(卷108)、鄉射之位(卷108)、賓主授受之儀(卷114)、設壺釋矢之儀(卷114)、數筭立馬之儀(卷114)、堂上樂(卷127)、樂懸(卷127)、諸侯軒懸(卷127)、鄉飲樂(卷127)、武舞六成之位(闕圖,卷128)、文舞武舞之位(卷129)、車位(卷146),共計31幅。

這裏需要説明的是"武舞六成之位"圖在元刻本中是闕圖,之所以能夠判定其爲儀節圖,是因爲明刻本、《四庫》本補足了其圖,可以爲據(見5-19)。

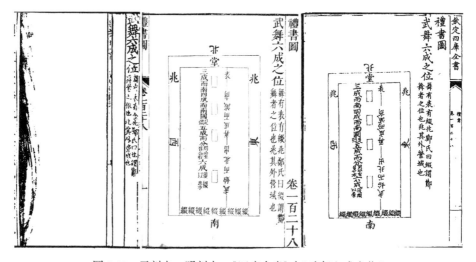

圖5-19　元刻本、明刻本、《四庫全書》本"武舞六成之位"

第二類禮圖與第一類不同,原因在於它們並不能算作真正的儀節圖,其圖中所繪的內容是具象的,完全説明不了行禮中器物的擺放位置、人物的儀節方位,實際上可以説毫無意義。我們可以通過將《禮書》此類圖與楊復《儀禮圖》相對比來説明這點,舉卷64"士冠筮日之儀"圖爲例(圖5-20、圖5-21)。

陳祥道《禮書》中"士冠筮日之儀"圖爲反映儀節的禮圖,通過與其相配合的文字內容可以判定。但是圖中僅繪有一座具象的廟門,行禮之人居於何所,行禮之器物置於何處,皆不能反映。而楊復所繪之圖,則十分清晰,整個禮節中所涉及的儀節方位都能表達出來。這就是二者形式上的差異,也是《禮書》中此類圖不能稱作真正意義上的儀節圖的原因所在。

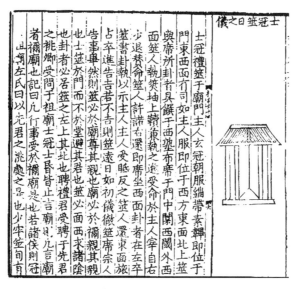

圖 5-20　《禮書》卷 64 "士冠筮日之儀" 圖

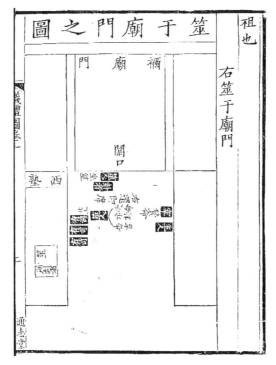

圖 5-21　楊復《儀禮圖》"筮於廟門之圖"

此類儀節圖具體包括如下：六服朝覲之禮（卷 39）、諸侯朝天子送逆之節（卷 39）、明堂朝諸侯之位（卷 41）、聘儀（卷 42）、士庶子宿衛制（卷 44）、虎士五隸守衛之制（卷 44）、視學養老之禮（卷 50）、鄉飲酒之禮（卷 50）、釋幣（卷 59）、族燕之禮（卷 63）、士冠筮日之儀（卷 64）、卜法（卷 73）、蓍（卷 73）、筮法（卷 73）、繫幣（卷 73）、飾牲（卷 75）、射禽之儀（卷 80）、大夫廟門之位（卷 81）、士廟門之位（卷 81）、陰厭（卷 83）、陽厭（卷 83）、受嘏（卷 83）、祼（卷 85）、雩祀（卷 90）、祭日（卷 90）、祭月（卷 90）、四望（卷 91）、釋奠（卷 94）、主皮之射（卷 107）、貫革之射（卷 107）、祭侯禮（卷 109）、行以肆夏趨以采齊之儀（闕圖，卷 128）、車戰之法（卷 139），共計 33 幅。其中“行以肆夏趨以采齊之儀”圖闕，查明刻本、《四庫全書》本、郭氏校經堂本、廣州學源堂本皆闕此圖，因此難以確定其具體情形。既然不能確知其圖如何，故而保守將其列入第二類中。

這一類禮圖所繪之內容特點比較鮮明，皆為具象的，此具象之表現也是多種多樣的，有為建築的，有為器物的，甚者有為動物的，乍看之下似乎是名物圖，但根據其相應文字之內容，可以判定作者之意其實是想要表現儀節，因此勉強也算儀節圖。我們舉幾例來分析說明，如圖 5-22、圖 5-23、圖 5-24、圖 5-25。

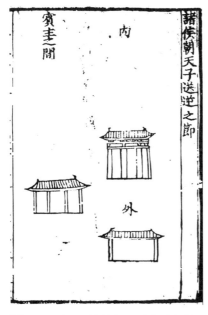

圖 5-22 卷 39“諸侯朝天子送逆之節”

圖 5-23 卷 80“射禽之儀”

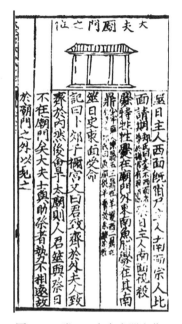

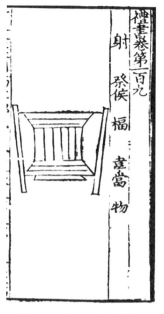

圖 5-24　卷 81"大夫廟門之位"　　　　圖 5-25　卷 109"祭侯禮"

圖 5-22 至圖 5-24 依次爲"諸侯朝天子送逆之節""射禽之儀""大夫廟門之位""祭侯禮"，觀其圖名稱，爲儀節圖無疑。而細審其與圖相配合之解説文字，亦爲言儀節，下面分别論之。"諸侯朝天子送逆之節"解説文字曰：

《行人》：上公之禮，其朝位賓主之間九十步；侯伯之禮，其朝位賓主之間七十步；子男之禮，其朝位賓主之間五十步。皆廟中將幣，三享。齋僕、朝覲、宗遇皆乘金路，其法儀各以其等爲車送迎之節。《郊特牲》曰觀禮"下堂而見諸侯，自夷王始"也。蓋春朝、夏宗、秋觀、冬遇，其送迎之禮雖同，然朝、宗於朝以春夏者，萬物交際之時。故諸公東面，諸侯西面。諸侯西面，以象生氣之文，而王於堂下見之，所以通上下之志也。觀、遇於廟以秋冬者，萬物分辨之時。故諸侯一於北面，以象殺氣之質，而王於堂上見之，所以正君臣之分也。夷王當觀而下堂，故記者譏之。①

---

① （宋）陳祥道：《禮書》卷 39，國家圖書館藏袁忠徹舊藏本。

觀此段文字，引《行人》之文，明上公、侯伯、子男朝見天子之位分別在賓主之間九十步、七十步、五十步，是爲方位。"皆廟中將幣，三享。齋僕、朝覲、宗遇皆乘金路，其法儀各以其等爲車送迎之節"，又引《郊特牲》"下堂而見諸侯"，是爲儀節。而此圖即是以此引文爲依據所繪，就其所要表達的意義來説，爲儀節圖無疑。

"射禽之儀"圖注解文字有曰："《馭法》曰：'逐禽左。'秦詩曰：'公曰左之。'則禽之入防，虞五狚奉辰牲，而御者從左以逐之，君從左以射之。《詩》曰：'悉率左右，以燕天子。'則亦驅左右之禽以趨於右也。"①此言射禽之時御者將禽驅趕到右邊，而君則從左以射之，是講射禽之儀節。

"大夫廟門之位"圖之文字有曰："筮日，主人西面。既宿尸，主人南面，宗人北面，請期。鄭氏曰：'大夫不西面者，尊於諸官，有君道也。'祭日，主人南面，視殺。爨特牲，牲爨在廟門外，東南。魚腊爨在其南。"②講大夫於廟門處舉行筮日、祭日、爨特牲等諸禮儀時，參與者行禮之儀節方位及禮器之擺放位置，其内容是純粹的儀節之類。

"祭侯禮"圖所配合之文字中，陳祥道論斷曰："祭侯，獻獲者，獲者以祭侯。獲者北面拜受爵，乃適右个、左个，中南面而祭侯。終則左个之西北三步，東面而卒爵。"③所謂"祭侯禮"，是指射禮中祭射侯之禮，其禮由獲者行之。陳祥道所言即獲者行此禮時之具體儀節。

通過上面的分析，可以看到無論是從圖之題目還是所配文字之内容來看，此類禮圖所想要反映的都是儀節方位方面的内容。但是觀"諸侯朝天子送逆之節"圖，僅繪三座建築，標明内外，没有題目和所配文字的話，簡直不知所云；"射禽之儀"圖僅繪有一鹿，從圖上完全看不出半點儀節的意思；"大夫廟門之位"圖也祇是畫了廟門，不見標示行禮之人及禮器擺放位置；"祭侯禮"圖甚至闕少題目，祇繪一侯，特別容易被誤解爲名物圖。此四圖的共同特徵是其圖不能或很難反映出儀節，但其題目和所配文字都表明作者的本意是想繪一幅儀節圖。此類中其他禮圖基本與此四圖相同，主旨都是力圖反映儀節。基於這個特點，我們仍將此類圖歸於儀節圖一類，但是因其圖之不成熟性，故而將其

---

① （宋）陳祥道：《禮書》卷 80，國家圖書館藏袁忠徹舊藏本。
② （宋）陳祥道：《禮書》卷 81，國家圖書館藏袁忠徹舊藏本。
③ （宋）陳祥道：《禮書》卷 109，國家圖書館藏袁忠徹舊藏本。

與真正意義上的儀節圖區別開來。

綜上所述,《禮書》中之儀節圖分爲此兩類,其實質是成熟的儀節圖和不成熟的儀節圖的區別。所謂"不成熟的儀節圖",是指此類圖仍未將具象化的事物轉變爲抽象化的禮圖,故而其圖表現出來的仍然是具體的名物之象,而非抽象化的線條及符號。

(三)表譜

前文述禮圖之類別,已經明確有圖之類,有表之類,二者不同,自當分別論之。就《禮書》而言,其中圖、譜二者並有,禮圖占據絕對優勢,數量巨大,爲了表述方便,本書直接將表譜一類也算作一種禮圖。況且這樣處理也有先例,黃以周《禮書通故》第四十八就收有冕服表、弁冠服表、婦服表、宗法表、井田表、學校表等表譜,歸於"禮節圖"(即儀節圖)類中,可以爲據。

《禮書》中之表譜,實際上主要是表,具體包括如下:后服(卷17)、三夫人及三公之妻伯之夫人服(卷17)、子男之夫人服(卷17)、九嬪公之孤侯伯子男之卿之妻服(卷17)、公之卿大夫子男之大夫之妻服(卷17)、女御公侯伯子男之士之妻服(卷17)、方伯連帥之職表(卷33)、鄉官書考之法(卷49)、秀選俊造進士升論之法(卷49)、簡不帥教之法(卷49)、大宗小宗(卷62)、姓族氏譜(卷62)、五齊三酒(卷84)、六飲五飲(卷84)、五祀(卷94)、五聲(卷117)、八音(卷117)、十二律上下相生圖(卷117)、十二律左右相生圖(卷117)、天地辰建旋轉圖(天左旋十二辰右轉,卷118)、天地辰建旋轉圖(地右轉二建左旋,卷118)、祀天神祭地示享人鬼(卷118)、閑車(卷147)、天子十二閑(卷147)、邦國六閑(卷147)、家四閑(卷147),共計26圖。

當然,這26幅表譜並不像史書及其他禮圖著作中的表那樣宏大而複雜,它們大多非常簡短,所描述的事物之間的關係更加簡單明了,可以説是一種比較初級的關係圖,此處略舉數例,以見其大概,如圖5-26、圖5-27、圖5-28、圖5-29。

此所舉四表譜分別爲后服、姓族氏、五齊三酒、天子十二閑,由圖可見,其所表示之關係簡潔易懂,如后服圖,"后"下面接其六服之名稱,表示的是后服有哪些。稍複雜者,如天子十二閑,需要與其所配合之注解文字相互參詳,纔能更加明白,其文字部分曰:

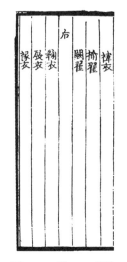

圖 5-26 卷 17"后服"

圖 5-27 卷 62"姓族氏"

圖 5-28 卷 84"五齊三酒"

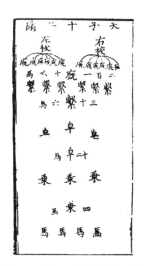

圖 5-29 卷 147"天子十二閑"

　　蓋天子十二閑，馬六種，每馬一圉，每乘一師，三乘馬十二匹。三皂
爲繫，三十六匹。六繫爲廄，二百一十六匹。六廄成校，校有左右，則十
二廄合三千四百五十六匹。①

────────────

①　（宋）陳祥道：《禮書》卷 147，國家圖書館藏袁忠徹舊藏本。

"天子十二閑"，所謂閑，養馬之所也，每廄爲一閑。《周禮·夏官·校人》曰："凡頒良馬而養乘之。乘馬一師四圉，三乘爲皁，皁一趣馬。三皁爲繫，繫一馭夫。六繫爲廄，廄一僕夫。六廄成校，校有左右。"①"圉"，養馬曰圉，這裏指圉人。師，指圉師，是圉人的頭目。下面"趣馬""馭夫""僕夫"，皆爲養馬、馭馬者。四馬爲一乘，故圖中最下面一行四個"馬"字，倒數第二行實際是"乘，四馬"，意思是一乘有四馬。"三乘爲皁"，即一皁有十二匹馬。故圖中倒數第三行三個"乘"字，而其上一行爲"皁，十二馬"。"三皁爲繫"，故圖中倒數第五行有三"皁"字，其上一行"繫，三十六馬"，表示一繫有三十六匹馬。"六繫爲廄"，則一廄當有馬二百一十六匹，故而圖中倒數第七行有六"繫"字，而其上一行爲"廄，二百一十六馬"。"六廄成校，校有左右"，是説六廄爲一校，而校又分左校和又校，反映在圖中就是正數第二行的樣子。合計下來，天子十二閑，即十二廄，共有馬三千四百五十六匹。

另外，《禮書》此類表譜中還有幾幅稍微特別一些的，主要是五聲、八音、十二律上下相生圖、十二律左右相生圖、天地辰建旋轉圖(天左旋十二辰右轉)、天地辰建旋轉圖(地右轉二建左旋)六圖。其特別之處在於它們形式上並不是很像表譜，舉例如下(見圖5-30、圖5-31、圖5-32)。

圖5-30 卷117"五聲"

圖5-31 卷117"八音"

① (漢)鄭玄注，(唐)賈公彥疏，彭林整理：《周禮注疏》中册，上海古籍出版社，2010年，第1252頁。

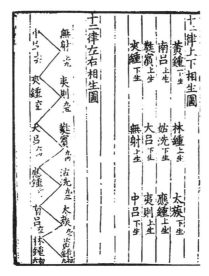

圖 5-32　卷 117"十二律左右相生圖""十二律上下相生圖"

此所舉四圖並没有表譜的形式，也不像表譜那樣明顯地呈現出某些事物的相互關係，但是仔細審視各圖，倘若不歸於表譜之類，則又很難定位爲别的類型。因此我們這裏作權宜之變，也劃歸表譜類中。

綜上所述，《禮書》中之禮圖大體可以分爲名物圖、儀節圖、表譜三類。名物圖則又可細分爲衣服圖、宫室圖、玉瑞符節圖、尊彝匏爵鼎俎圖、宗廟祭祀器用圖、贄圖、射及投壺器圖、樂器舞具圖、旌旗圖、車馬圖、兵器圖、疆域貢賦圖、農桑圖、天文曆法圖、喪服喪器圖十五種。儀節圖分爲兩種，一種是真正意義上的儀節圖，一種是不成熟的儀節圖。表譜之類共計 26 幅，大多比較簡單明了。由三類禮圖的統計數據可以看出，名物圖占據了大部分，這與《禮書》作爲一部論名物爲主的通禮類著作的定位相契合。

二、《禮書》名物圖對《新定三禮圖》之沿襲與補正

《禮書》中禮圖如此衆多，繪製必定頗爲不易。根據《續資治通鑑長編》的記載，元祐四年二月，許將舉薦陳祥道《禮書》一百卷，然後纔有朝廷給紙札，差書吏畫工付陳祥道録進之事，説明在此之前，陳祥道已經完成了《禮書》的大部分内容，其中包括相當數量的禮圖。可見陳祥道必定是精於繪圖的，否則難以克成此功。由於有相關經文及注解的記載，我們認爲陳祥道是可以通過文

字的描述來繪製禮圖的。但是《禮書》中禮圖數量如此龐大，如果説全是他自出機杼所繪，那是萬萬讓人難以相信的。陳祥道之前亦有禮圖著作傳世，實際上陳氏繪圖時對這些禮圖也有所借鑒，比如《禮書》卷1"大裘而冕"條中曰："按周禮大裘之冕無旒，其服羔裘也。準《禮圖》以羔正黑者爲之。"①又如卷8"毋追冠"條有曰："《禮圖》謂毋追有覆杯之狀，於意或然。"②那麼陳祥道究竟借鑒了哪些禮圖之作，他是如何繪製出相應禮圖的，其與前人禮圖又有何不同呢？

　　就《禮書》之名物圖的創作來説，其直接的借鑒應該是聶崇義的《新定三禮圖》，因爲聶崇義圖完成後被畫於國子監之牆壁上，而陳祥道恰恰又曾任國子監直講，有機會仔細閲讀研究聶圖。通過對《禮書》諸名物圖的一一審查，可以發現它對《新定三禮圖》的確是有沿襲繼承關係的。《四庫全書總目》也早有論及，陳祥道之《禮書》於"近世聶崇義之圖，或正其失，或補其闕"③，説明了《禮書》對聶圖之圖有批駁補正的意義。下面分別闡述。

（一）《禮書》名物圖對《新定三禮圖》的沿襲

　　《禮書》對《新定三禮圖》的沿襲表現在幾個方面，就圖文關係來説，《禮書》與《新定三禮圖》皆是圖文配合，左書右圖，一脈相承。就繪圖之依據上來説，二者也並没有什麼區別。而《禮書》對《新定三禮圖》的沿襲繼承，最爲突出的一點是名物圖的內容方面，我們通過比對可以發現《禮書》中很多名物圖都和《新定三禮圖》之圖相似或完全相同。

　　經過統計，二者比較相似的名物圖有袞冕、鷩冕、毳冕、希冕、玄冕、上公袞冕、侯伯鷩冕、子男毳冕、笋、繅、明堂、九服、編鍾、編磬、瑟、竽、柷、敔、燋、楚焞、著罇、畫交木、卦板、桓圭、信圭、躬圭、蒲璧、玉繅、四圭有邸、圭璧、玄璜、白琥、方明、方明壇、雞彝、鳥彝、斝彝、黃彝、虎彝、蜼彝等，其中燋、楚焞、著罇、卦板等圖，《禮書》與《新定三禮圖》基本一模一樣（見圖5-33、圖5-34）。而雞彝、鳥彝等八彝之圖，二者也大體相似，編排順序相同。因此就名物圖來説，可以明顯地看出《禮書》對《新定三禮圖》的沿襲借鑒，甚至可以説有的圖是完全照着聶崇義之圖摹畫的。

---

①　（宋）陳祥道：《禮書》卷1，國家圖書館藏袁忠徹舊藏本。

②　（宋）陳祥道：《禮書》卷8，國家圖書館藏袁忠徹舊藏本。

③　（清）永瑢等：《四庫全書總目》上冊，中華書局，1965年，第179頁。

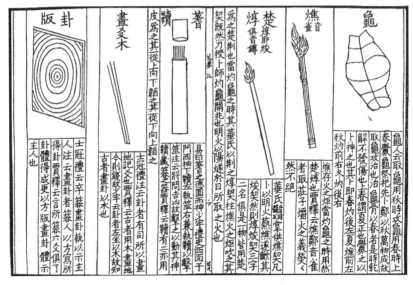

圖 5-33 《新定三禮圖》之燋、楚焞、蓍韇、卦板圖①

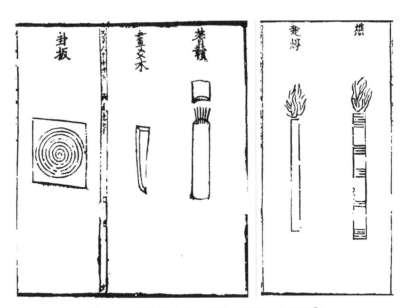

圖 5-34 《禮書》之燋、楚焞、蓍韇、卦板圖②

---

① （宋）聶崇義：《新定三禮圖》卷 8，宋淳熙二年鎮江府學刻公文紙印本。
② （宋）陳祥道：《禮書》卷 73，國家圖書館藏袁忠徹舊藏本。

(二)《禮書》名物圖對《新定三禮圖》的補正

陳祥道《禮書》之名物圖除了與聶崇義《新定三禮圖》相同或相似者外，還有很多是不同的，這些不同者又主要可分爲三種情況。

第一種情況是《新定三禮圖》有圖而《禮書》無圖者，比如《新定三禮圖》中有《喪服圖》上、《喪服圖》下、《襲斂圖》、《喪器圖》上、《喪器圖》下共計五卷，涉及名物圖八十餘幅，皆是《禮書》所無者，此《禮書》之名物圖尤爲不足者。由於本書重在探討《禮書》名物圖對《新定三禮圖》的補正，故這種情況暫且不作詳細討論，下文再敘。

第二種情況是《禮書》有圖而《新定三禮圖》無圖者，此即《四庫全書總目》所謂“或補其闕”者也。通過前文對《禮書》名物圖的統計來看，無論是在數量上還是在種類上，其圖都要遠超聶崇義之圖。這些超出聶崇義之書所收範圍的名物圖，顯然可以作爲對聶圖的補充，即補其所無。

《禮書》名物圖對《新定三禮圖》的補充最主要體現在“衣服配飾”和“車馬”兩類，這兩類都是聶圖所未涉及但又很重要。尤其是車馬類禮圖的補充，意義更爲突出，因爲傳世文獻對先秦車馬制度和相關部件記載頗多，往往難以弄明白，再加上近年先秦車馬實物出土甚多，有些部件如何稱呼也需要加以辨明，有了禮圖，就可以相互印證，能夠解決很多細小但是重要的形制方面的問題。除此之外，即使是《新定三禮圖》所涉及之名物圖，《禮書》也爲其補充了大量的文獻材料。

第三種情況是《禮書》和《新定三禮圖》都設有相同的名物之圖，但是兩圖的具體內容有所差別。這種差別自然反映了陳祥道和聶崇義對同一名物的不同認識，這些認識可能有些聶崇義是對的，陳祥道是錯的；也可能陳祥道是有道理的，而聶崇義之說有誤；也有可能一些圖因爲典籍記載的闕失等原因，二者所繪各有其道理，難以考證孰是孰非。以本書主旨重在考察陳祥道對聶崇義之圖的訂正，故非關此旨者暫且不論。又限於學力，有些圖明知二者不同，但實在難以決斷是非，此亦不論。下面僅就可明確判定陳祥道之圖優於聶圖者，加以分析，以見陳祥道所圖之精。

1. 戟

聶崇義《新定三禮圖》卷 9 和陳祥道《禮書》卷 116 俱有“戟”圖，然其形制有別，二者之圖如圖 5-35、圖 5-36。

《周禮·考工記》記曰：“戟廣寸有半寸，內三之，胡四之，援五之，倨句中矩，與刺重三鋝。”鄭注曰：“戟，今三鋒戟也。內長四寸半，胡長六寸，援

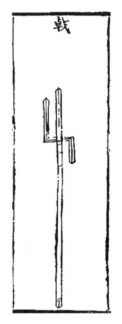

圖 5-35　《新定三禮圖》卷 9"戟"　　　圖 5-36　《禮書》卷 116"戟"

長七寸半。三鋒者，胡直中矩，言正方也。鄭司農云：'刺謂援也。'玄謂刺者，著祕直前如鐏者也。戟胡横貫之，胡中矩，則援之外句磬折與？"①聶崇義《新定三禮圖》全引此《考工記》之文及鄭注，遂畫作此狀。然陳祥道《禮書》之戟圖之形制卻有不同，其圖後附文有曰：

> 《考工記》戟廣寸有半寸，内三之，四寸半；胡四之，六寸；援五之，七寸半。倨句中矩，與刺重三鋅。蓋戟有三鋒，刺則鋒之直前者也，胡則正方中短而下垂者也，援則磬折而上達者也。賈公彥曰："必知三鋒胡向下者，三鋒皆向上者，無用也。"觀《春秋傳》言衛公戟其肘，史言戟手罵之，則援上嚮可知也。晉人以戟鈎欒樂而殺之，宋狂狡倒戟以出鄭人於井，則胡之下垂可知也。②

---

① (漢)鄭玄注，(唐)賈公彥疏，彭林整理：《周禮注疏》下册，上海古籍出版社，2010 年，第 1584 頁。
② (宋)陳祥道：《禮書》卷 116，國家圖書館藏袁忠徹舊藏本。

　　陳祥道亦引《考工記》之文，但並未沿襲聶崇義之圖，而是獨自展開考證。其引"晉人以戟鈎欒欒而殺之，宋狂狡倒戟以出鄭人於井"之事，足證戟之援、胡、刺三者不全向上，此即可判定聶崇義之圖爲誤，以其三者全向上也，無法對應史文所載以戟"鈎"之功用，僅此一點即可見陳祥道考證之審慎過於聶崇義。然陳祥道以戟可鈎，遂謂戟之胡爲下垂，則實屬臆想。陳祥道所繪之圖與鄭玄之説是比較接近的，但鄭玄謂"戟，今三鋒戟也"，是以今例古，本就錯了。以今之考古發掘出的戟來看（見圖 5-37），西周乃至東周時期戟的形制與鄭玄所見之三鋒戟差別還是很大的。

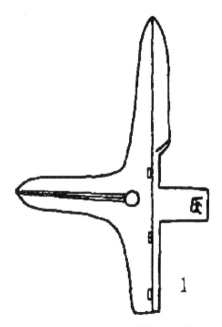

圖 5-37　考古出土之戟標本圖①

　　此外，關於戟之内、胡、援、刺等各個部位的具體所指，恐怕陳祥道所論亦有失誤。關於這個問題，後世探究亦多，清人孫詒讓在《周禮正義》中所論可謂總前人之説，② 又能結合出土之戟以論證，有新見，惜乎無圖，理解起

---

　　① 按：該戟出土於濬縣辛村，爲西周時期戟之典型形制。
　　② （清）孫詒讓著，汪少華整理：《周禮正義》第 10 册，中華書局，2015 年，第 3922～3925 頁。

來猶有不便。現代出土之戟既多，人們對其形制及發展演變也有比較清晰的認識，其中井中偉先生《先秦時期青銅戈·戟研究》①和顧莉丹先生《〈考工記〉兵器疏證》②兩文，考證詳實，且配圖豐富，足可證陳祥道之失。然以《禮書》此圖與《新定三禮圖》之圖相比，陳祥道之圖雖有誤，仍比聶崇義所繪强過許多。

2. 穀璧

聶崇義《新定三禮圖》卷 10 曰"穀璧"，陳祥道《禮書》卷 53 曰"子穀璧"，名稍有異，實乃一物，如圖 5-38、圖 5-39。

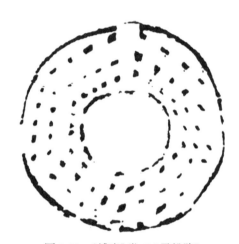

圖 5-38 《新定三禮圖》卷 10"穀璧"　　　　圖 5-39 《禮書》卷 53"子穀璧"

《周禮·大宗伯》記曰："子執穀璧，男執蒲璧。"鄭注曰："穀所以養人，蒲爲席，所以安人。二玉或以穀爲飾，或以蒲爲琢飾。"③聶崇義以《周禮》及鄭玄注之文，遂畫蒲璧上爲蒲草之飾，穀璧上"琢穀稼之形爲飾"④。陳祥道《禮書》之圖則與之不同，其紋飾畫作穀粒狀。陳氏此圖後附文未作説明，然

---

①　井中偉：《先秦時期青銅戈·戟研究》，吉林大學 2006 年博士學位論文，第 12~14 頁。

②　顧莉丹：《〈考工記〉兵器疏證》，復旦大學 2011 年博士學位論文，第 44~75 頁。

③　(漢)鄭玄注，(唐)賈公彦疏，彭林整理：《周禮注疏》中册，上海古籍出版社，2010 年，第 681 頁。

④　(宋)聶崇義纂輯，丁鼎點校解説：《新定三禮圖》，清華大學出版社，2006 年，第 301 頁。

其"穀圭"圖紋飾亦畫作穀粒，圖後明確説"蓋穀圭以穀爲文"①，表明陳祥道認爲"穀"當指穀粒而非穀稼。陳祥道之觀點在當時實際是得到了支持的，比如沈括《夢溪筆談》談到當時有出土之穀璧，批評了聶崇義之圖，謂其璧紋飾正是"如粟耳"。後世明代劉績、清代《四庫全書總目》等皆從其説，表明對陳祥道之圖是認同的。而根據當今出土材料來看，有穀璧實物，亦有部分汉画像砖之穀璧圖(見圖5-40)，皆可證陳祥道所圖不妄，較之聶崇義之圖更爲準確。

圖 5-40　漢畫像磚懸璧圖(拓本)②

3. 琮

聶崇義《新定三禮圖》卷10、卷11分別繪有驵琮、大琮、黄琮，陳祥道《禮書》卷53、卷54亦繪有大琮、王驵琮、后驵琮、黄琮，皆爲琮，然兩書之圖相去甚遠，如圖5-41。

———————————————

① (宋)陳祥道：《禮書》卷55，國家圖書館藏袁忠徹舊藏本。
② 按：此漢畫像磚1985年出土於河南西華縣斧柯村。

圖 5-41   (圖中①②③分別爲《新定三禮圖》大琮、駔琮、黃琮，④⑤⑥⑦分
別爲《禮書》大琮、王駔琮、后駔琮、黃琮，⑧爲上海福泉山良渚
文化遺址出土之琮俯視圖)

《周禮・大宗伯》記曰："以黃琮禮地。"鄭注曰："琮八方，象地。"賈公彦
疏曰："云'琮八方象地'者，天圜以對地方，地有四方，是八方也。"①《周
禮・考工記・玉人》記曰："大琮十有二寸，射四寸，厚寸，是謂内鎮，宗后
守之。"鄭注曰："射，其外鉏牙。"賈疏曰："云'射其外鉏牙'者，據八角鋒，
故云鉏牙也。"②聶崇義引此文，贊成鄭玄琮體八角之説，故其圖琮則有八角。
然陳祥道有不同見解，其書"大琮"條中亦引《玉人》之文及鄭注、賈疏，駁之
曰："然地體方而四隅有維，蓋所射者四角而已。《考工記》曰：'土以黃，其
象方。'則八角之説，未之聞也。"③陳祥道以《考工記》載地爲方，且地有四方，
天圜對地方，則琮之射或曰角應僅有四，故其圖各種琮皆四角。

陳祥道之説及其圖無疑是正確的，以今之考古出土之琮(見圖 5-41-⑧)考
之，其射正作四角，其俯視圖正是四方形，陳祥道之圖與之相合。琮自秦代以
後便逐漸不再使用了，故東漢鄭玄應是未見其實物，謂之八角，實屬臆測。陳

①   (漢)鄭玄注，(唐)賈公彦疏，彭林整理：《周禮注疏》中册，上海古籍出版社，
2010 年，第 688 頁。

②   (漢)鄭玄注，(唐)賈公彦疏，彭林整理：《周禮注疏》下册，上海古籍出版社，
2010 年，第 1630 頁。

③   (宋)陳祥道：《禮書》卷 53，國家圖書館藏袁忠徹舊藏本。

祥道不盲從鄭注，以禮文推之，故能判其真僞。然陳祥道之圖猶有未盡者，即琮之中央爲圓形且有孔，其圖未能表現出來。大概陳祥道亦不能得見實物，經文中也未提及，故不知其中央爲圓形有孔，是以不畫，亦可諒也。

4. 觚

《新定三禮圖》卷 12 設"觚"圖，陳祥道《禮書》卷 98 亦有"觚"圖，然二者形制不同，如圖 5-42、圖 5-43。

圖 5-42 《新定三禮圖》"觚"

圖 5-43 《禮書》"觚"

觚之爲物，經書中時見之，然皆未言其形制，鄭注亦不涉及。聶崇義繪此觚乃是參酌前人之圖，其文曰：

> 舊《圖》云："觚銳下，方足，漆赤中，畫青雲氣通飾其厄。"又觚者，寡也，飲當寡少也。二升曰觚，口徑四寸，中深四寸五分，底徑二寸六分，今圓足。①

據此文可知，聶崇義引舊《圖》之説，太過簡略，不能知曉觚之整體模樣。而其所言亦語焉不詳，表明他實際對觚之具體形制並不清楚，所繪之圖估計是直接沿襲前人。陳祥道《禮書》中觚圖與聶崇義之圖不同，兩者最大差別有二：一爲觚是否有耳，一爲觚有無棱。

先説觚是否有耳這個問題，聶崇義、陳祥道皆未論及，聶圖有耳，陳圖無

---

① （宋）聶崇義纂輯，丁鼎點校解説：《新定三禮圖》，清華大學出版社，2006 年，第 371 頁。

耳。清代《欽定周禮義疏》《欽定儀禮義疏》皆有觚圖，與陳祥道之圖同，然其論曰："案酒器有觚、有觶、有角、有散，是數者考其形則體圜足方，諸器略同，唯觶無耳，觚與角、散皆有耳。"①明確説觚有耳，然圖卻無耳，此是《欽定周禮義疏》《欽定儀禮義疏》自惑也。其言觚有耳，亦不詳何據。以現今出土之觚來看（圖5-44、圖5-45），其形制絶大部分無耳，絶少數有耳。今人王文娟先生有《商周青銅觚研究》一文，收集傳世銅觚199件，舉圖數十，有耳者止上海博物館藏斜角雷紋觚一件，餘者皆無耳。② 由此可見，先秦時期觚之形制主要是無耳者爲主，此陳祥道之圖優於聶圖之一。

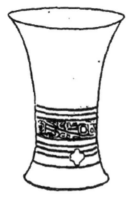 

圖5-44　出土商代銅觚③　　　　圖5-45　上海博物馆藏有耳觚

　　其次，觚有無棱？聶圖所繪之觚爲圜，無棱，陳祥道之圖有棱。聶崇義未有解説，陳祥道《禮書》中論曰："先儒言諸觴皆形制同而升數異，然爵如雀，觚不圜，孔子曰："觚不觚，觚哉！觚哉！"古者破觚爲圜，殳體八觚，壇有八觚。則諸觴形制安得而同哉？"④謂觚非圜者，故而畫作有棱之狀。陳祥道認爲觚有棱，論證分析是其小字之按語，共四個方面，然其言過簡，不好理解，下面一一爲之闡發：

　　《論語》中記孔子言觚，陳祥道《論語全解》解此句曰："有觚之實然後有觚

　　① （清）《欽定周官義疏》，《景印文淵閣四庫全書》第99册，臺灣"商務印書館"，1986年，第562頁。
　　② 王文娟：《商周青銅觚研究》，西北大學2005年碩士論文，第75~81頁。
　　③ 按：此銅觚出土於河南新鄭望京樓。
　　④ （宋）陳祥道：《禮書》卷98，國家圖書館藏袁忠徹舊藏本。

之名，有觚之名而無觚之實，則觚不觚矣，尚得謂之觚哉。《詩》有南箕北斗之喻，楊子雲有象龍之論，凡皆譏其有名無實者也。孔子之時，實不稱名者多矣，故其歎如此。"①大意是孔子感嘆觚不觚的原因是此觚有名無實，不是觚之應有形制，故不得稱觚。那麼觚之應有形制如何呢？朱熹說得更加明白，其注《論語》此句曰："觚，棱也，或曰酒器，或曰木簡，皆器之有棱者也。不觚者，蓋當時失其制而不爲棱也。觚哉觚哉，言不得爲觚也。"②其意與陳祥道同，即認爲觚之應有形制是有棱的。

"破觚爲圜"，此句出自《史記·酷吏列傳》，其文曰："漢興，破觚而爲圜，斲雕而爲朴，網漏於吞舟之魚，而吏治烝烝，不至於姦，黎民艾安。"《集解》曰："《漢書音義》曰：'觚，方。'"《索隱》曰："應劭云：'觚，八棱有隅。高祖反秦之政，破觚爲圜，謂除其嚴法，約三章耳。'"③訓"觚"爲"方"之義，故而陳祥道認爲"觚"既作器名，則其形制應與方有關，非是圜形，方即是指有棱。

"殳體八觚"，此句起於"殳書"。《說文解字》曰："自爾秦書有八體，一曰大篆，二曰小篆，三曰刻符，四曰蟲書，五曰摹印，六曰署書，七曰殳書，八曰隸書。"④陳祥道《禮書》卷115"殳"條中亦引徐鉉之語曰："書於殳也，殳體八觚，隨其勢而書之。"⑤所謂"殳書"爲何，如今學界仍在爭論，此則不作考辨。我們主要關注"殳體八觚"是什麼意思，問題的關鍵顯然是在"殳"，《說文解字》釋"殳"字曰："《周禮》：'殳以積竹，八觚，長丈二尺，建於兵車，車旅賁以先驅。'"⑥可知殳是以積竹爲之，段玉裁曰："以積竹者，用積竹爲之。《漢書》昌邑王道買積竹杖，文穎曰：'合竹作杖也。'"⑦即殳是用竹子合起來做成的杖。那麼殳的形體是八觚，應該就是指有八棱，以今之出土之殳來看，確有八棱者，比如1978年隨縣曾侯乙墓出土之殳。陳祥道以殳有八觚，觚作棱解，故觚之爲器，當有棱。

---

① (宋)陳祥道：《論語全解》，《景印文淵閣四庫全書》第196冊，臺灣"商務印書館"，1986年，第111頁。
② (宋)朱熹：《四書章句集注》，中華書局，1983年，第90頁。
③ (漢)司馬遷撰，顧頡剛等點校，趙生群等修訂：《史記》第10冊，點校本二十四史修訂本，中華書局，2013年，第3777頁。
④ (清)段玉裁：《說文解字注》，浙江古籍出版社，2009年，第758頁。
⑤ (宋)陳祥道：《禮書》卷115，國家圖書館藏袁忠徹舊藏本。
⑥ (清)段玉裁：《說文解字注》，浙江古籍出版社，2009年，第118頁。
⑦ (清)段玉裁：《說文解字注》，浙江古籍出版社，2009年，第118頁。

"壇有八觚"，出自《漢書·郊祀志》，其文曰："既定，衡言：'甘泉泰畤紫壇，八觚宣通象八方。'"服虔曰："八觚，如今社壇也。"師古曰："觚，角也。"①意思是壇有八角，觚即是角，實際就是棱。此與上例同，以觚有棱義，故其爲器應有棱。

根據此四個方面的分析，我們知道陳祥道認爲觚有棱的依據，主要是觚字本身有"棱"的意思，從這一點出發，其器既然名"觚"，應當是有棱的。

以今之考古成果來看，據王文娟先生考察，"今日所言之觚，也未必都有棱的。觚有很多形制，商代晚期，銅觚發展漸趨鼎盛的時候，有棱的確實占了很大一部分，但在其濫觴期和衰落期，無棱的也很常見，而且無棱的觚產生得早，消失得晚"②。由此可知，有棱觚鼎盛之時在商代晚期，周承商制，西周早期乃至中期之觚應該也是有棱的。到了孔子的時代，無棱觚興起，宗廟用之，故孔子感嘆這種觚並非真正的觚，不得稱爲觚。這實際上是孔子不知早期之觚本就是無棱的，但卻從側面證明了西周之觚是有棱的。陳祥道所繪之觚有棱，正符合周制。

綜上所述，陳祥道《禮書》之名物圖同聶崇義《新定三禮圖》相比較，可以明顯地看出二者的前後繼承關係。《禮書》中相當一部分名物圖，借鑒乃至完全複製《新定三禮圖》的圖像。而就二者禮圖的數量上來說，《禮書》之圖遠超《新定三禮圖》，其中許多禮圖都是聶崇義所未涉及的，可以說《禮書》之圖補充了聶圖所闕。當然，《禮書》中喪葬部分的禮圖有闕，聶圖不闕，二者亦可互補。除此之外，《禮書》名物圖對聶崇義某些圖有駁正之功，通過前文所舉幾例可以看出，在某些早已不能得見實物的器物形制考訂方面，陳祥道比聶崇義顯然要技高一籌，所繪之圖往往更加符合器物之本來面貌，《四庫全書總目》所謂"或正其失"，並非虛言。

三、《禮書》儀節圖的特點和文獻價值

通過前文對禮圖之儀節圖發展演變的分析，我們知道歷代儀節圖之作都各有特點。而《禮書》儀節圖產生時間早，特點更爲鮮明，其文獻價值也更加不凡。下面分別論之。

1. 《禮書》儀節圖的特點

《禮書》儀節圖的第一個特點是隨文立圖，具有分散性，通過上文對其分

---

① （漢）班固撰，（唐）顏師古注：《漢書》第 4 冊，中華書局，1964 年，第 1256 頁。
② 王文娟：《商周青銅觚研究》，西北大學 2005 年碩士論文，第 5 頁。

佈卷次的統計可以看出這點。這種分散性是由《禮書》全書的整體架構設想造成的，該書一百五十卷，爲通禮類著作，以論名物爲主，述儀節、制度爲輔。大體以衣服、疆域、宮室、井田、玉瑞符節、學校制度、宗法、祭祀、冠禮、婚禮、射禮、投壺禮、樂舞、旗幟、車馬、喪葬等爲類，大類下統屬小類，小類下分成一個個條目，每個條目自成一文，配之以圖。闡述儀節皆需服從這個設想，因此隨文立圖。並且如冠禮、婚禮、射禮、投壺禮等集中論禮儀的章節，其文也並非依《儀禮》經文展開，故而配圖亦根據需要，這一點與楊復《儀禮圖》、張惠言《儀禮圖》依《儀禮》經文次序作圖頗爲不同。

第二個特點是各個儀節圖的詳略程度差別較大。《禮書》之 31 幅儀節圖中，有的十分簡略，有的詳細程度一般，有的則十分精詳。其簡略之極者，如卷 64 "陳服設筵及加冠之儀" "孤子冠" "庶子冠" 三圖（如圖 5-46），無一說明文字，僅繪宮室、庭階、席位等於圖上，賓主及冠者、加冠之服器、行禮之方位等，全無注解。故而明末張溥重刻《禮書》時，於此三圖之後又增 "陳服設筵之圖" "加冠之圖" 二圖，① 以補前三圖之疏失。

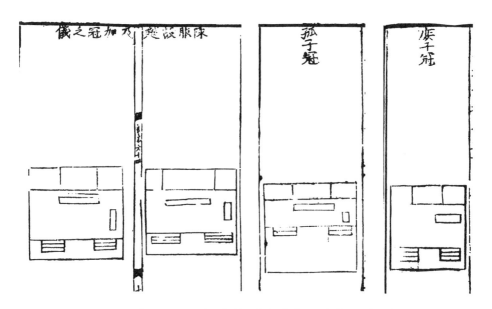

圖 5-46 《禮書》卷 64 "陳服設筵及加冠之儀" "孤子冠" "庶子冠"

---

① 按：明末張溥重刻《禮書》時，於其禮圖有較多的增、刪、改、換，改動非常多，實際上已不衹是重刻，而是更近於補正。

　　《禮書》儀節圖之十分詳細者，如"大射之位"一圖（見圖 5-47），反映的是大射禮舉行前賓主之席、射具、樂器、饌具等陳設之方位次序，其詳細程度，比之楊復《儀禮圖》和張惠言《儀禮圖》相應之圖，亦不遑多讓。據《儀禮·大射》記載，舉行大射前的第三天，"司馬命量人量侯道與所設乏"，"設乏各去其候西十，北十"，"命量人、巾車張三侯"①；舉行大射的前一天，"樂人宿懸於阼階東，笙磬西面，其南笙鐘，其南鑄，皆南陳。建鼓在阼階西，南鼓。應鼙在其東，南鼓。西階之西，頌磬東面，其南鐘，其南鑄，皆南陳。一建鼓在其南，東鼓。朔鼙在其北。一建鼓在西階之東，南面。簜在建鼓之間。鞀倚

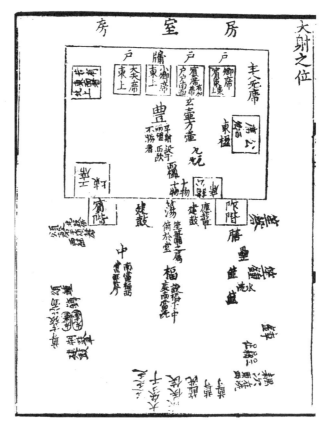

圖 5-47　《禮書》卷 108"大射之位"

---

　　①　（漢）鄭玄注，（唐）賈公彥疏，賈海生點校：《儀禮注疏》第 1 册，浙江大學出版社，2016 年，第 558 頁。

於頌磬西紘"①；而到了舉行大射禮的那天天亮的時候，陳設更爲複雜：

> 司宮尊於東楹之西兩方壺，膳尊兩甒在南，有豐……尊士旅食於西鐏
> 之南，北面，兩圜壺。又尊于大侯之乏東北兩壺獻酒。設洗于阼階東南，
> 罍水在東，篚在洗西，南陳。設膳篚在其北，西面。又設洗于獲者之尊西
> 北，水在洗北，篚在南，東陳。小臣設公席於阼階上，西鄉。司宮設賓席
> 于戶西，南面，有加席。卿席賓東，東上。小卿賓西，東上。大夫繼而
> 〔西〕，東上。若有東面者，則北上。席工于西階之東，東上。諸公阼階
> 西，北面東上。②

由此可知，大射之前陳設有乏、三侯、笙磬、笙鐘、鐏、建鼓、應鼙、頌
磬、鐘、朔鼙、蕩、方壺、膳尊、豐、圜壺、獻酒、洗、罍、篚、公席、賓
席、卿席、大夫席、工席等物，其陳設之次序一如經文所記。觀《禮書》此"大
射之位"圖，除"朔鼙"一物未曾反映出來，其餘所有器具皆如經文記載，且排
布位置、次序並無錯亂。而反觀楊復《儀禮圖》及張惠言《儀禮圖》二書，其有
關大射陳設之圖分別爲卷7"大射禮圖"、卷3"饌具入位"③，皆漏畫陳於堂上
之"豐"，反不如《禮書》之圖更爲精詳。

《禮書》儀節圖第三個特點是其目的重在考證儀節。我們知道楊復《儀禮
圖》以《儀禮》經文爲次，繪圖"各詳其儀節陳設之方位"，目的主要是説明解讀
經文。而張惠言之《儀禮圖》雖然也以經注爲依據，但其目的卻是"通過構築具
體詳細的禮圖來幫助習禮者掌握禮儀，雖和楊復《儀禮圖》有交集，但其出發
點卻是着力於實現禮圖的實用性和可操作性"④。

陳祥道作儀節圖與楊復、張惠言二人之目的皆有不同，其意重在考證。比
如他於"大夫饋食儀""士饋食儀"二圖上注解曰："天子諸侯饋食之儀，見於經
者尤略，今圖大夫士禮於後。賈公彥曰：'天子諸侯大夫士，雖同名饋食，仍
有少別。何者，天子諸侯食前，仍有饋獻一，是饋熟陰厭，陽厭，尸入室，乃

---

① （漢）鄭玄注，（唐）賈公彥疏，賈海生點校：《儀禮注疏》第1册，浙江大學出版
社，2016年，第561頁。

② （漢）鄭玄注，（唐）賈公彥疏，賈海生點校：《儀禮注疏》第1册，浙江大學出版
社，2016年，第563~565頁。

③ （清）張惠言：《儀禮圖》，清嘉慶十年（1805）刻本。

④ 王志陽：《論楊復〈儀禮圖〉與張惠言〈儀禮圖〉之關係》，《中南大學學報》2015年
第2期，第248~255頁。

獻。大夫士則饋熟與黍稷爲陰厭,陽厭前無饋獻,以此爲異耳。'"①説明繪製此圖的目的不僅是解釋經文,更是爲了考證天子諸侯饋食之禮與大夫士此禮之不同。又如"大夫餕禮"之圖,其圖中注解曰:"天子諸侯餕禮見於經尤略,今圖大夫士餕禮於後。"②目的也是以大夫士之禮類推天子諸侯之餕禮。又如"樂懸"之圖,圖中注解曰:"樂懸見於經者尤略,今姑推《儀禮》大射、燕禮、鄉射鐘磬之位,存其大概於此。"③明確説明了繪製此圖是爲了推知所陳設之樂器的類型、方位、次序等,其根據亦非直接的《儀禮》經文,而是綜合《儀禮》中大射、燕禮、鄉射諸禮的樂懸情況,考證推知。

以上三個方面是陳祥道《禮書》儀節圖最主要的特點,除此之外,它還有其他的一些特別之處,比如多樣性,主要表現是既存在符號、線條與文字相結合的發展非常成熟的禮圖,以上面所舉"大夫餕禮"之類的圖爲代表;又有純文字的禮圖,如卷114"賓主授受之儀"圖、卷127"樂懸"圖等。

2.《禮書》儀節圖的文獻價值

《禮書》儀節圖首要的文獻價值當然是其產生的時間早,並且如今仍存世。楊復之《儀禮圖》成於紹定元年(1228),趙彥肅雖早於楊復創作了《特牲》《少牢》二禮圖,但是以其曾將二圖呈於朱熹來看,也差不多祇比楊復之圖稍早一點,因楊復爲朱熹學生,楊、趙二人基本可算同時代之人。而據《范太史集》記載:"陳祥道用之,精禮學。元祐五年十月二十八日劄,乞行其所進《禮書》。"④可知《禮書》於元祐五年已經創作完成,則其儀節圖產生的時間比楊復《儀禮圖》要早一百三十年左右,比趙彥肅之圖,也要早至少一百年。自清代陳澧於其《東塾讀書記》中推測鄭玄、賈公彥作注疏時已有儀節圖以來,⑤ 學界對這個問題未有更多關注,即儀節類禮圖究竟於何時問世,並没有一個確切

---

① 《禮書》卷81。按:《禮書》此引賈公彥之語,文字疏舛甚多。其原文見於《周禮注疏》,文曰:"天子諸侯大夫士,雖同名饋食,仍有少別。何者,天子諸侯尸食前,仍有饋獻二,是饋熟陰厭,陰厭後,尸入室食,乃獻。大夫士則饋熟與黍稷爲陰厭,陰厭前無饋獻,以此爲異耳。"((漢)鄭玄注,(唐)賈公彥疏,彭林整理:《周禮注疏》上册,上海古籍出版社,2010年,第180頁)

② (宋)陳祥道:《禮書》卷86,國家圖書館藏袁忠徹舊藏本。

③ (宋)陳祥道:《禮書》卷127,國家圖書館藏袁忠徹舊藏本。

④ (宋)范祖禹:《范太史集》,《景印文淵閣四庫全書》第1100册,臺灣"商務印書館",1986年,第571頁。

⑤ (清)陳澧著,鍾旭元、魏達純點校:《東塾讀書記》,上海古籍出版社,2012年,第129頁。

的答案。且陳澧之説並未得到重視，一直以來，人們都認爲楊復之《儀禮圖》是最早的，已經形成了定見。《禮書》之儀節圖的發現至少確鑿地將儀節圖産生時間又往前推了一百多年，甚至可以大膽地説，《禮書》之儀節圖就是這個類型最早的禮圖。① 推本溯源，糾正誤説，該書儀節圖之意義豈不重大。

其次，《禮書》之儀節圖可補後世儀節類禮圖著作所不備者，尤其是對楊復《儀禮圖》和張惠言《儀禮圖》的補充。就楊復《儀禮圖》來説，《禮書》的禘禮、祫禮、時祭之祫、天子諸侯卜祭於廟堂、大夫士卜祭於廟門、誓戒、田獵、尸次、大夫餕禮、士餕禮、祭日祊、明日祊、表貉、蠟臘附、堂上樂、樂懸、諸侯軒懸、鄉飲樂、文舞武舞之位、車位共計 20 幅儀節圖，皆是其所無者。就張惠言《儀禮圖》來説，《禮書》的孤子冠、庶子冠、禘禮、祫禮、時祭之祫、天子諸侯卜祭於廟堂、大夫士卜祭於廟門、誓戒、田獵、尸次、大夫餕禮、士餕禮、祭日祊、明日祊、表貉、蠟臘附、堂上樂、樂懸、諸侯軒懸、鄉飲樂、文舞武舞之位、車位共計 22 幅儀節圖，是其不具備者。當然我們可以説此三書的主旨各有不同，故而其所收之圖存在差異，談不上補充不補充。但《禮書》諸儀節圖亦皆從三禮中來，並非向壁虛造，尤其是其大夫士餕禮、樂懸、鄉飲樂諸圖，非綜合經文加以考證無以繪出，即使不談對其他禮圖之作有無補充，它對整個三禮研究之禮圖至少有增添新儀節圖之功，僅此一點便不容忽視其重要性。

此外，《禮書》之儀節圖與其他儀節類禮圖著作相互參酌，可訂正他書禮圖之闕漏乃至有誤者。比如前文所述大射前之陳設圖，楊復《儀禮圖》及張惠言《儀禮圖》皆未畫堂上之"豐"，而《禮書》儀節圖則有，三書參看，闕漏立見。

四、《禮書》儀節圖爲初創的可能及論證

通過上文的分析，我們已經確定《禮書》之儀節圖是現存可見的最早的儀節類禮圖，比楊復之圖還要早一百多年。那麼最早的儀節類禮圖究竟是誰創作的？《禮書》之儀節圖有沒有可能就是最早的？關於第一個問題，前文已經有所討論，即清代陳澧於其《東塾讀書記》中提出了鄭玄最早創作儀節圖的猜想，但是他同時又説南宋趙彥肅纁是初創者，其觀點本身就前後矛盾，難以服人。更何況其言鄭玄爲初創的根據是通過對鄭玄注文的分析，推想鄭玄作注時必有

---

① 按：此説並非無據，陳澧《東塾讀書記》推測鄭、賈作注疏時有圖，未必可靠，況且文獻記載亦有闕失。

圖，這樣的推論並没有直接的文獻證據，不具備説服力。因此我們認爲，陳澔之説不過是臆想，並不靠得住。

關於第二個問題，既然没有確鑿文獻證明陳祥道之前還有别的儀節類禮圖，那麼《禮書》儀節圖作爲今存可見最早的此類禮圖，有没有可能實際上就是最早的呢？筆者以爲這種可能性是非常大的，下面試作論證。

(一)陳祥道之前存在儀節圖的可能極小

要論證陳祥道《禮書》之儀節圖是否爲初創，首先要考察陳祥道之前及同時代的禮圖著作是否涉及儀節類禮圖，若有涉及，則陳祥道之圖顯然不能稱之爲初創。

首先來説，見於《隋書·經籍志》《舊唐書·經籍志》《新唐書·藝文志》記載的禮圖之作，必然在陳祥道之前。《隋書·經籍志》所記最多，具體包括《周官禮圖》十四卷、鄭玄注《喪服譜》一卷、蔡謨《喪服譜》一卷、賀詢《喪服譜》一卷、王儉《喪服圖》一卷、賀遊《喪服圖》一卷、崔逸《喪服圖》一卷、《五服圖》一卷、《五服圖儀》一卷、《喪服禮圖》一卷、鄭玄及阮諶《三禮圖》九卷、祁諶《周室王城明堂宗廟圖》一卷、戴氏《喪服五家要記圖譜》五卷、《喪服君臣圖儀》一卷、《冠服圖》一卷、《五宗圖》、《月令圖》一卷。《舊唐書·經籍志》所記僅有三種，爲謝慈《喪服天子諸侯圖》二卷、崔遊《喪服圖》一卷、夏侯伏朗《三禮圖》十二卷。《新唐書·藝文志》則僅載有一種，乃張鎰《三禮圖》九卷。

此外，根據《三禮研究論著提要》所載，尚有漢鄭玄《五宗圖》一卷、《周官郊祀圖》二卷，三國蜀譙周《喪服圖》，唐張薦《五服圖》、唐仲子陵《五服圖》一卷、《梁月令圖》一卷、唐王涯《月令圖》一卷、梁正《梁氏三禮圖》一卷，[1] 皆爲宋代以前之禮圖著作。

北宋時期亦有一部分禮圖之作是在陳祥道之前或與之同時代的，以陳祥道生於 1042 年、卒於 1093 年來算，比其稍早或同時代的禮圖之作具體如下：聶崇義《新定三禮圖》、王洙(997—1057)《周禮禮器圖》、阮逸《王制井田圖》[2]、李覯(1009—1059)《明堂定制圖》、陸佃(1042—1102)《禮象》、龔原(約1043—1110)《周禮圖》等。

---

[1]　按：以上諸書，上一節敍歷代禮圖著作時皆有羅列，可以查檢，故此處亦不注明頁碼。

[2]　按：阮逸之具體生卒年不詳，但是《宋史》中有景祐年間(1034—1038)阮逸典樂事的記載，據此知其比陳祥道稍早。

綜觀以上所列之書，漢、三國、晉、隋、唐、北宋等各朝代皆有，單純從書名上來看，似乎這些禮圖著作没有一部跟儀節有關。諸多《喪服圖》《喪服譜》，類比後世同類禮圖，它們爲表譜或名物圖的可能性非常大，基本不可能是儀節圖。其餘的《周官禮圖》《五宗圖》《冠服圖》《月令圖》《周室王城明堂宗廟圖》《王制井田圖》《明堂定制圖》《周禮圖》幾書，如今有的不能得見，觀其書名應該也是名物圖之類。那麽就剩下幾部《三禮圖》和聶崇義《新定三禮圖》及陸佃《禮象》了。

聶崇義《新定三禮圖》如今仍存世，其爲名物圖無疑。阮諶、夏侯伏朗等《三禮圖》早就亡佚，不能目驗。但是聶崇義《新定三禮圖》前有竇儼所作之序，稱聶崇義作此書時"博采《三禮》舊圖，凡得六本"①，《四庫全書總目》考證此"六本"曰：

> 考《禮圖》始於後漢侍中阮諶，其後有梁正者，題諶圖云："陳留阮士信，受學於潁川綦母君，取其説爲《圖》三卷，多不按《禮》文，而引漢事，與鄭君之文違錯。"正稱《隋書·經籍志》列鄭玄及阮諶等《三禮圖》九卷。《唐書·藝文志》有夏侯伏朗《三禮圖》十二卷、張鎰《三禮圖》九卷。《崇文總目》有梁正《三禮圖》九卷。《宋史》載吏部尚書張昭等奏云："《四部書目》内有《三禮圖》十二卷，是開皇中敕禮部修撰。其圖第一、第二題云梁氏；第十後題云鄭氏。今書府有《三禮圖》亦題梁氏、鄭氏。"則所謂六本者，鄭玄一、阮諶二、夏侯伏朗三、張鎰四、梁正五、開皇所撰六也。②

可知前文所列鄭玄、阮諶、夏侯伏朗、張鎰、梁正五種《三禮圖》即是聶崇義所參考之書。竇儼又稱聶崇義所采之六本《三禮圖》"大同小異"③，據此可知諸《三禮圖》應該與聶崇義《新定三禮圖》相同，皆爲名物圖。

陸佃之《禮象》，"今原書已佚，惟有一些論禮之篇章存於其《陶山集》中，可知其書之梗概"④。宋代陳振孫《直齋書録解題》記此書曰："《禮象》十五卷，陸佃撰。以改舊圖之失，其尊、爵、彝、舟，皆取公卿家及秘府所藏古遺器，與聶圖大異。岷隱戴先生分教吾鄉，作閣齋館池上，畫此圖於壁，而以'禮

①　(宋)聶崇義纂輯，丁鼎點校解説：《新定三禮圖》，清華大學出版社，2006年，第1頁。

②　(清)永瑢等：《四庫全書總目》上册，中華書局，1965年，第176頁。

③　(宋)聶崇義纂輯，丁鼎點校解説：《新定三禮圖》，清華大學出版社，2006年，第1頁。

④　王鍔：《三禮研究論著提要》(增訂本)，甘肅教育出版社，2007年，第401頁。

象'名閣，與論堂《禮圖》相媲云。"①據此可知《禮象》所繪皆爲尊、爵、彝、舟之類器物，也是名物圖。

綜上所述，前文所列的所有陳祥道之前的禮圖著作，基本上可以説是名物圖或表譜之類，爲儀節圖的可能性非常小。這樣的話，我們仍然要猜測是否存在其他未見載於諸史《經籍志》及《三禮研究論著提要》的儀節類禮圖呢？爲此筆者檢索《史記》《漢書》《後漢書》《三國志》《晉書》《宋書》《南齊書》《梁書》《陳書》《魏書》《北齊書》《周書》《隋書》《南史》《北史》《舊唐書》《新唐書》《舊五代史》《新五代史》等共計19部宋代以前之正史，其正文加上相關注解文字，出現"禮圖"二字者凡61次，但沒有一次是跟儀節圖有關的，幾乎全是涉及名物方面的。因此，倘若宋代以前真的存在儀節類的禮圖，其對於理解《儀禮》顯然是有很大幫助的，必定會引起重視。但是宋前史書中竟無一筆提到這種禮圖，可見其不存在的可能性非常大。

(二)宋代以前及宋代能否産生儀節圖的條件分析

上文我們對相關文獻記載及存世禮圖之作兩個方面進行考察，基本否定了陳祥道之前有儀節圖創作的可能性。下面再從經學、禮學發展史的角度，展開學理上的推論。

首先，儀節圖這種禮圖應該説對應的主要是《儀禮》，從經學史和禮學史的角度來看，《儀禮》一經由於其難讀，故而相較於其他諸經來説，研習者一直不多。到了隋唐時期，尤其是唐代，《儀禮》之傳承很艱難，皮錫瑞之《經學歷史》述唐代經學曰：

> 唐以《易》、《書》、《詩》、三《禮》、三《傳》合爲九經，取士。《禮記》《左傳》爲大經，《毛詩》《周禮》《公羊》爲中經，《周易》《尚書》《儀禮》《穀梁》爲小經。以經文多少分大中小三等，取士之法不得不然。開元八年，國子司業李元瓘上言："三《禮》、三《傳》及《毛詩》《尚書》《周易》等，並聖賢微旨，生人教業。……今明經所習，務在出身。咸以《禮記》文少，人皆就讀。《周禮》經邦之軌則，《儀禮》莊敬之楷模；《公羊》《穀梁》，歷代宗習。今兩監及州縣，以獨學無友，四經殆絶。事資訓誘，不可因循。"開元十六年，楊瑒爲國子祭酒，奏言："今明經習《左氏》者十無二

---

① （宋）陳振孫撰，徐小蠻、顧美華點校：《直齋書録解題》，上海古籍出版社，1987年，第50頁。

三。……又《周禮》《儀禮》《公羊》《穀梁》殆將絶廢……請量加優獎。"據此二説，則唐之盛時，諸經已多束閣。①

可知到了盛唐時期，《儀禮》雖然已被列爲九經之一，並且是科舉考試所用之書，地位尊崇，但是以其內容堅深，實際上問津者少。另外唐代明經科課試之法，"專考記誦，而不求其意"②，也導致了廣大士人對《儀禮》不求甚解，自然難以開闢新的研習方法，比如繪製儀節圖。韓愈《讀儀禮》曰："余嘗苦《儀禮》難讀，又其行於今者蓋寡，沿襲不同，復之無由，考之於今，誠無所用之。"反映了當時《儀禮》的尷尬境遇，即雖被尊爲經典，但沒有可以施用的地方。這些原因都導致了《儀禮》之學暗黯，乃至幾近絶滅。在這種《儀禮》之研習者本就很少的情況下，能夠出現創製儀節圖的人就更加困難了。

其次，從注解經書的方法上來看，東漢末年，鄭玄解釋《儀禮》，雜採今古文，逐字逐句解説，是爲注解之法。自此而後，三國時期王肅亦能注解經書，雖專與鄭玄作對，但解説經書的方法並無創新，仍是解釋字句。南北朝時期，經學雖分爲南學、北學，但是"禮則同遵於鄭氏"，在"注"的基礎上發展出了"疏"的方法，實質上仍然是注解，不過是連前人之注也加以解釋而已。至隋唐時期，注解《儀禮》之法皆沿襲前人，仍爲注疏，並沒有新的突破。

作爲一種解釋《儀禮》的方法，注疏是非常必要的，也是很基礎的工作。但是由於注疏之法有着太深遠的傳統，而且歷代下來累積了豐碩的成果，再加上"疏"這種方法使得文字內容大大增多，人們研讀《儀禮》時往往會湮没於注疏的汪洋大海之中，很難再有餘暇去另闢蹊徑。另外，注疏的內容容易使研讀者專注於狹窄的字句章節，從而忽視了從整體上對某個禮儀進行審視。而作爲一幅儀節圖來説，整體性又是其必不可少的條件。我們舉《儀禮·士冠禮》筮日之儀爲例，該禮節之經文從"士冠禮，筮於廟門"起，至"若不吉，則筮遠日，如初儀"止，共計十二句話，是一個完整的禮節，祇需要一幅圖就能將其內容呈現出來。但是賈公彥之疏亦分成十二小節分別疏解，文字數量巨大，無形中割裂了此禮節的整體感，研習者如無清醒的思路，很難從全局的角度來審視，也就不能想到要繪製一幅完整呈現這個禮節的圖。因此可以説，同樣是解釋《儀禮》的方法和思路，注疏的方法在某種程度上阻礙了以儀節圖解經這種方法的産生和發展。

---

① （清）皮錫瑞著，周予同注釋：《經學歷史》，中華書局，2014 年，第 210 頁。
② （清）皮錫瑞著，周予同注釋：《經學歷史》，中華書局，2014 年，第 211 頁。

　　到了北宋初期，經學的發展並沒有發生太大的變化，創製儀節圖的條件似乎仍然不夠完全具備。皮錫瑞《經學歷史》分析這一時期的經學狀況曰：

　　　　經學自唐以至宋初，已陵夷衰微矣。然篤守古義，無取新奇；各承師傳，不憑胸臆；猶漢、唐注疏之遺也。宋王旦作試官，題爲"當仁不讓於師"，不取賈邊解師爲衆之説，可見宋初篤實之風。《困學紀聞》云："自漢儒至於慶曆間，談經者守訓故而不鑿……"據王應麟説，是經學自漢至宋初未嘗大變。①

　　可見宋代初期學者仍篤守漢、唐注疏之風，並未有突破。但是到了北宋慶曆年間以後，經學研究的風氣開始發生了轉變，這種轉變是儀節類禮圖產生的重要條件。王應麟《困學紀聞》記當時之情況曰：

　　　　自漢儒至於慶曆間，談經者守訓故而不鑿。《七經小傳》出而稍尚新奇矣，至三經義行，視漢儒之學若土梗。古之講經者，執卷而口説，未嘗有講義也。元豐間，陸農師在經筵始進講義。自時厥後，上而經筵，下而學校，皆爲支離曼衍之詞，説者徒以資口耳，聽者不復相問難，道愈散而習愈薄矣！陸務觀曰："唐及國初，學者不敢議孔安國、鄭康成，況聖人乎！自慶曆後，諸儒發明經旨，非前人所及，然排《繫辭》，毀《周禮》，疑《孟子》，譏《書》之《胤征》《顧命》，黜《詩》之《序》。不難於議經，況傳注乎！"②

　　王應麟此言旨在批評慶曆以後學者非毀漢、唐之學風，今天看來，這種批評也未必盡然。撇開這一層主旨不談，我們從文中所描述的現象可以看到，當時經學研究的風氣確實發生了很大的改變。張舜徽先生於其《論宋代學者治學的廣闊規模及替後世學術界所開闢的新途徑》一文中對這種轉變是大加肯定的，他說："宋人研究經學的特殊精神，在於不依傍古人，注重個人的創造和發明。首先，表現在他們對幾部經典的敢於大膽懷疑，這在前面已經說過了。其次，便是拋棄一切漢唐舊説，不甘心做漢唐注疏家的奴隸，而必直求之古人

---

① （清）皮錫瑞著，周予同注釋：《經學歷史》，中華書局，2014年，第220頁。
② （宋）王應麟著，（清）翁元圻等注，欒保群、田青松、呂宗力校點：《困學紀聞》中冊，上海古籍出版社，2008年，第1094頁。

原書，自立新解。這種精神，是二千年間宋代學者獨有的精神，也是學術進步的主要因素。"①張先生此言誠然，從儀節圖產生的條件的角度來看，宋人正是有了這種敢於拋棄漢唐舊說而必直求之古人原書的精神，纔能脱離繁雜的注疏之學的束縛，用新的眼光去審視研究《儀禮》。也因爲宋人不依傍古人，注重個人的創造發明，敢於自立新解，纔能找到通過繪製儀節圖研讀《儀禮》的方法。因此我們説，宋代能夠創製出儀節圖所擁有的重要條件之一就是這種敢於突破前人窠臼、敢於創新的學風。

此外，就儀節圖繪製本身所需要的條件來説，宋人有得天獨厚的優勢。通過前文所舉對《儀禮・士冠禮》筮日之儀禮圖之例的分析，我們可以看到一幅儀節圖能夠被繪製出來，首要的且必要的條件是明確該圖之內容對應的經文文字包括哪些，即該圖內容在經文中是從哪裏起到哪裏止。這實際上是《儀禮》經文分節的工作，衹有分好了節，纔能確定一個完整的禮節的起止，纔能進而繪製出禮圖。而這個分節的工作，唐人章疏的注解方式已經做好了，宋人衹需拿來用便是。

綜上所述，從經學、禮學發展的角度來説，宋代以前及北宋初期基本不具備產生儀節圖的條件。衹有到了北宋中期，經學研究風氣轉變，學者力求創新，並且前人已經爲儀節圖的繪製掃清了障礙，這個時候產生出儀節圖，是禮學研究發展水到渠成的事。

(三)《禮書》之儀節圖本身具有初創性特徵

前文已經明確，判定一幅禮圖是否爲真正意義上的儀節圖，要看其是否具有抽象性、平面化等特點。我們大體可以確定，一幅真正意義上的儀節圖絶不可能是突然產生的，它必然會有一個由產生到發展再到成熟的過程，而這個過程實質上就是將具象的東西轉化爲抽象的平面圖的過程。最早嘗試做這種轉化工作的人必定是難以一步到位的，肯定會留下很多轉化的痕跡。而《禮書》之儀節圖恰恰就能反映出這種痕跡。

在儀節圖的創作中，首先要面臨的是行禮場所怎麼畫的問題，這個場所基本都跟建築有關，必須要將立體的建築抽象化爲平面圖，這是創製儀節圖的一個重點和難點。在我們今天看來，這是很容易的，但對最早嘗試做這種事的古人來説，必是極其困難的，因爲這實際上是思維方式的一種巨大變化，是將三

---

① 張舜徽著，張君和選編：《張舜徽學術論著選》，華中師範大學出版社，1997 年，第 194 頁。

維立體的東西用二維平面展現出來。

如果就單純地將建築轉化爲平面圖來説，古人是可以做到的，事實上早在漢代時期就已經有這樣的例子了，比如 1973 年發掘的馬王堆三號墓出土了一幅帛畫"駐軍圖"，其圖中心有一個三角形要塞，要塞之建築即是畫成平面的（見圖 5-48）。這種宏觀地單純將建築畫成平面的現象在《禮書》中也有表現，比如卷 41"明堂朝諸侯位"之圖（見圖 5-49）。將其與"駐軍圖"相比，可發現兩者對建築繪畫的處理方式基本沒有不同，説明儘管上千年已經過去了，人們關於建築的畫圖觀念及手法並沒有發生太大的變化。

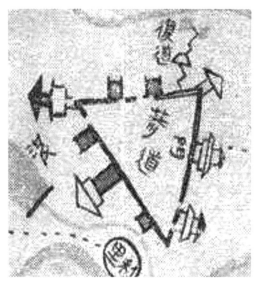
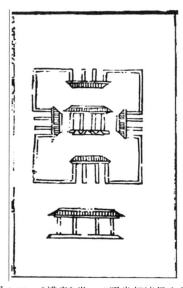

圖 5-48　馬王堆三號墓帛畫"駐軍圖"細節摹本　　圖 5-49　《禮書》卷 41"明堂朝諸侯之位"

就禮圖之儀節圖中所涉及的建築來説，情況則有所不同。禮圖中的建築往往是行禮的場所，行禮中涉及的行禮者、禮器等都要在場所内排布，這樣的話圖上的建築倘若再畫成形象的——儘管它是平面的，就沒辦法留出空間畫别的了，這一點前文已經論及。因此儀節圖首先要實現建築繪畫的簡化、抽象化，纔能進行下一步的工作。這個簡化和抽象化不可能突然産生，總要有人先嘗試將建築畫成具體的、形象的，發現是行不通的，纔能想到抽象化的方法。而《禮書》中就有這種探索的痕跡，仔細審視《禮書》之儀節圖，可以發現其絶大部分的建築沒有成功抽象化，依然保留了形象具體的狀態，舉卷 39"諸侯朝天子送逆之節"、卷 50"視學養老之禮"如圖 5-50、圖 5-51 所示。

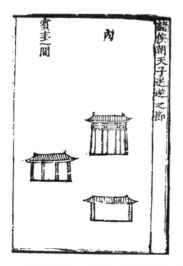

圖 5-50　《禮書》卷 39"諸侯朝天子送逆之節"　　圖 5-51　《禮書》卷 50"視學養老之禮"

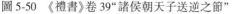

　　《禮書》諸儀節圖的建築繪成具體的、形象的形式，絕不可能是出於陳祥道本人的喜好，建築繪製得這麼形象具體，不惟難以展現行禮之儀節方位，而且不利於刊刻。我們猜測陳祥道如此繪畫的原因，很大的可能就是因爲他尚未很好地解決具體事物抽象化爲平面圖的問題。將其某些圖與楊復所作之圖作個對比，就能很容易地説明這一點了，比如"大夫三廟"圖（如圖 5-52、圖 5-53 所示）。

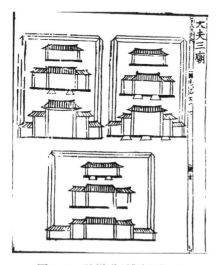

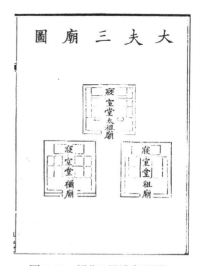

圖 5-52　陳祥道《禮書》卷 67　　　　圖 5-53　楊復《儀禮旁通圖》

兩幅圖中同是大夫三廟,不考慮三廟的排布,單純看其中之建築,楊復之圖的建築全部抽象化爲平面圖,能夠再附上文字加以更細緻的説明。由此可以證明,當儀節圖發展到一定成熟階段後,是可以很好地處理繪圖中思維的轉化問題的,從而能夠繪製出抽象且簡潔明了的平面式禮圖。陳祥道之思維則尚未能徹底完成這種轉化,故而其禮圖中絕大部分建築表現爲具象的、立體感的,這可以説是其儀節圖爲初創階段的表現之一。

此外,《禮書》之儀節圖具有儀節類禮圖初創階段的特徵,還可以從其他方面反映出來,比如《禮書》除了有前文所説的真正意義上的和具象的兩種儀節圖,還有一些其他形式的力求表現儀節的禮圖,包括純文字式的、半具象半抽象式的,如圖5-54、圖5-55、圖5-56所示。

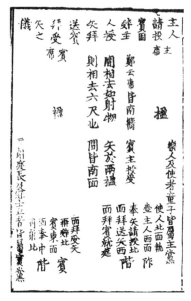

圖5-54 卷114 賓主授受之儀

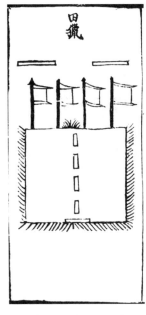

圖5-55 卷80 田獵

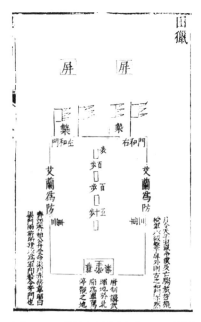

圖5-56 明刻本《禮書》卷80 田獵圖

此"賓主授受之儀"圖，完全用文字表達出來，但其排布上則實際是以圖的形式安置文字的。其中的楹、阼階、賓階、主席、賓席等全部用文字表示，並不以方框或符號圈出來，雖是如此，我們仍可以看到其中儀節圖的意思。這裏陳祥道完全省略了線條、符號等，似乎是爲了解決建築等抽象爲平面圖的問題時，乾脆省略立體的建築等的干擾，而純以文字説明並展示這種空間關係。這實際上是有點"矯枉過正"的意思了，難以將建築等抽象化，就不做這個工作，徑直用文字説明，這是陳祥道的聰明之處，也是無奈之處。類似的圖尚有卷 71 之禘禮圖、祫禮圖，卷 72 時祭之祫圖，卷 74 誓戒圖等。

而此"田獵"圖（見圖 5-55），將其與明刻本《禮書》之圖（見圖 5-56）相對比，便可知其特別之處。張溥在重刻《禮書》時對此圖進行了改造，增加了文字説明，將其中"艾蘭爲防"之表示艾蘭草的部分直接去掉了。這實際是一個具象之物抽象化的問題，陳祥道原圖中就用具象的艾蘭草圍在四周，表示"艾蘭爲防"的意思，也不加文字説明。另外，根據《周禮》所記，大田役要以旗致民，則圖中所畫四個類似旗幟的東西表示的就是旌旗，這也算是具象的。陳祥道所繪整幅田獵圖就是一個半具象半抽象式的，可以看出他其實是有意識地想要繪製成楊復《儀禮圖》式的禮圖，衹是尚未完善，展現的是儀節圖由產生到成熟的過渡階段的特徵。

由此可見，陳祥道《禮書》之儀節圖，表現形式是多種多樣的，這種多樣性反映的其實是陳祥道在繪製儀節圖時所作的多種嘗試，這種嘗試則間接説明了他在繪製此類禮圖時並沒有意識到楊復《儀禮圖》式的儀節圖纔是最適合表現儀節方位的禮圖。他應該是自己創新，没有參考前人之圖，當時可能也没有此類禮圖作參考。

綜上所述，我們從三個方面展開推論，一是通過考察文獻記載及傳世的陳祥道之前的禮圖著作，判定其類型，相當程度地否定了其中有儀節圖的可能性；二是通過對儀節圖產生的條件的分析，認爲北宋初期及以前不具備產生此類禮圖的條件，北宋中期即陳祥道所處時代纔條件成熟；三是對《禮書》儀節圖本身進行考察分析，認爲其儀節圖比較符合此類禮圖初創階段應有的特徵。綜合以上三點，推斷陳祥道《禮書》儀節圖不僅是今存可見最早的此類禮圖，而且應該本身就是最早的儀節圖。當然，以上推論都是建立在目前没有確鑿的直接文獻證明還有更早的儀節圖之作的前提下的，若日後文獻有徵，當可使此研究再進一步。

第三節　明張溥重刻本《禮書》對原書禮圖改造之探究

在對《禮書》禮圖的研究中，我們不能不關注到其元刻本與明張溥重刻本在禮圖方面的差異問題。明末張溥重刻《禮書》之序稱以宋刻本爲底本，實際上這個宋刻本極有可能就是元刻本。一般來説，重刻某書時作些改動是正常的，比如校勘後增字、删字、改字，以達到後出轉精之目的。但重刻時出現大幅度調整體例和改動内容的情況，還是比較少見的。而明末張溥在重刻《禮書》時就對原書作了較大的改動，這種改動既有體例上的調整，又有内容上的增删，尤其是關於禮圖的部分，對其體例、内容都進行了比較大的改造，可以説與元刻本《禮書》禮圖已經大有不同。那麼張溥究竟作了哪些改動？爲什麼要做這些改動？改動之後對《禮書》禮圖造成了怎樣的影響？怎麼評價這些改造？下面分别討論。

根據我們對《禮書》版本的比對研究，可以確定張溥重刻《禮書》時對禮圖的改造主要體現在兩個方面，一是體例，二是内容。對體例的調整比較直觀且容易發現，而對内容的改造則十分繁雜且難以察覺，故後世並無論之者，尤需注意。

一、張溥刻本對原書禮圖體例之改造

就體例方面而言，明張溥刻本《禮書》將原書圖在文中、圖文配合、右圖左文的體例，改爲圖文分離，將所有禮圖集中排布於正文之前，仍依原書卷次排列的情況。具體來説就是某圖原屬某卷，改變後仍歸於某卷，某卷内圖之先後也依原書之次序排列。這種體例上的改動幅度很大，因此産生了一些與原書不一致的情況，具體表現如下①：

(1)卷25"中地""下地"兩圖原本依次置於"上地"之後，明刻本置於"屋"圖後。

(2)卷26"夫""屋"二圖原本依次位於該卷"晦"圖之後，明刻本置於卷25"上地"圖之後。

(3)卷74"尸"圖原本位於該卷"齊服"圖後，明刻本置於卷70"站"圖之後。

---

① 按：以下所論明刻本《禮書》禮圖情況，是以日本内閣文庫藏本爲準。

（4）卷74“王齊宫”“后齊宫”二圖原本依次先後排列，明刻本將此二圖次序互换。

（5）卷110“雕匲”圖原本位於該卷“豆”圖後，明刻本將其移至該卷末。

這幾處與原書不一致的情况，應該説是由刊刻之疏忽造成的，並非張溥有意使其錯亂。

總體上來説，張溥對《禮書》禮圖體例上的改變，使得圖文分離，大大增加了閲讀的不便，因此招致了孫星衍的强烈批評，他説：“張溥刻本移其圖在文前，去其結銜，倒其表序，其妄如此。”①正因爲張溥的這個做法大有不妥，後世以其爲底本的《四庫全書》本、校經堂本、學源堂本《禮書》都對禮圖體例作了不同程度的修正，但是終究都没能恢復到宋刻元明遞修本本來的面貌。張溥爲什麽要做這種體例上的調整呢？主要的原因應該是爲了刊刻的方便，另外他對《禮書》禮圖的内容也做了一些改動，最明顯的是增加了一些圖，如果按照原來的體例刊刻，這些多出來的圖就没有文字與其相對應，也就没辦法安置，而改了體例以後則能夠解決這個問題。

二、張溥刻本對原書禮圖内容之改造

就内容方面而言，明刻本《禮書》對原書禮圖的改造幅度較大。《禮書》禮圖本身的體例分爲題目、注解文字、圖像三個部分，爲了表述方便，我們分成兩個部分來分析張溥對《禮書》禮圖的改造，一個是對題目、注解文字、圖像三個部分全部都有變動的情况，集中論述，這樣不會割裂一幅禮圖的完整性；另一個是僅改其中之二或之一的情况，分類闡發，這樣可以顯得有條理。

（一）題目、注解文字、圖像三者俱改者

對三者都加改變的情况，分爲補圖、增圖、闕圖三種。所謂補圖，是指元刻本《禮書》某處該有圖但是闕了，張溥爲之補上。需要説明的是，這種情况在元刻本中實際是有題目的，否則無法知道其有圖，但這裏也將其視爲三者俱闕。所謂增圖，是指元刻本本無此圖，張溥重刻時增加上。所謂闕圖，是指元刻本本有其圖，張溥重刻時將其圖删去了。下面分别統計：

（1）補圖者：卷34“九州”、卷34“十二分”（補2圖）、卷36“璿璣”、卷36“十日”、卷77“骨體”、卷105“虎侯”、卷128“武舞六成之位”。

①　（清）孫星衍撰，焦桂美、沙莎標點：《廉石居藏書記》，《中國歷代書目題跋叢書》第3輯，上海古籍出版社，2008年，第170頁。

（2）增圖者：卷 6"爵弁"、卷 56
"璪琮"、卷 64"陳服設筵之圖"、卷 64
"加冠之圖"、卷 88"圜丘"、卷 88"方
丘"、卷 89"祀明堂"、卷 96"山罍"、
卷 99"櫸勺"、卷 127"搏拊柷"、卷
127"搏拊敔"。

（3）闕圖者：卷 117"十二律上下
相生圖"、卷 131"太常"、卷 132"旗"。

這三種情況合起來共計有 22 幅
圖，其中闕圖者 3 幅，應該說是明刻
本刊刻之誤，本不當脫漏的。

其補圖者 8 幅，可謂全都十分精
妙，其中尤有價值者，乃卷 77"骨
體"、卷 105"虎侯"、卷 128"武舞六成
之位"三圖，如圖 5-57、圖 5-58、圖
5-59 所示。

圖 5-57　卷 77"骨體"

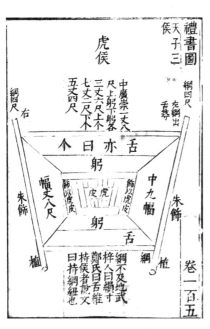

圖 5-58　卷 105"虎侯"

圖 5-59　卷 128"武舞六成之位"

　　《禮書》卷 77 "骨體" 條中有文曰："凡
預祭者皆在所掌，故割羞正體繫之。夫肱
骨三，肩、臂、臑也。股骨三，肫、胳、
觳也。脊骨三，正脊、脡脊、橫脊也。脅
骨三，代脅、長脅、短脅也。正脊之前則
膉也，肫之上則髀也。"①所言牲體各個部
位之名稱，若無圖示，則非常難以明白。
張溥所補之圖一一爲之指出，以文對圖，
一目瞭然。卷 105 之 "虎侯"、卷 128 之 "武
舞六成之位" 二圖亦皆如此，無圖則難明其
制，得張溥之補圖則清晰明白。

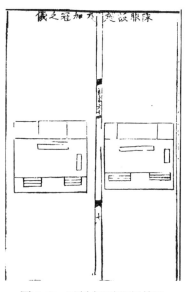

圖 5-60　元刻本 "陳服設筵及
加冠之儀"

　　其增圖者 11 幅，卷 64 "陳服設筵之圖"
"加冠之圖" 二圖尤爲突出，因元刻本《禮
書》中本有 "陳服設筵及加冠之儀" 圖，張溥
重刻時予以保留，但是仍增此二圖，緣由
何在？舉此三圖如圖 5-60、圖 5-61 所示。

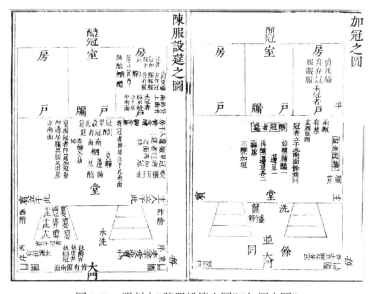

圖 5-61　明刻本 "陳服設筵之圖" "加冠之圖"

---

①　(宋)陳祥道：《禮書》卷 77，國家圖書館藏袁忠徹舊藏本。

據圖所示，元刻本中"陳服設筵及加冠之儀"圖本爲兩圖，一爲加冠前之陳設圖，二爲加冠之儀圖。但是此二圖僅繪堂室之框架，無一文字説明，禮器陳於何處，行禮者立於何方，全然不知，雖有儀節圖之名，實則未有其實。張溥重刻《禮書》本就對其禮圖多加修訂，涉及儀節之圖，往往就其圖而增損之，然此二圖實在簡陋狹促，於原圖無法增加許多內容，故而直接另立新圖，原圖仍予以保留。

無論如何，張溥刻本《禮書》中所補之圖和所增之圖皆元刻本所無者，僅此一點，便可見出張溥對原書禮圖改造力度之大，更何況其所改之圖還不止於此。

(二) 三者改其中之二或之一者

在這一類中，我們將兩個版本進行比較，找出其差異，但是首先要排除異體字的情況，異體字實際並不影響文意，不能突出張溥改圖的現象。除此之外，偶爾也會出現二者某字不同的情況，可能是誤刻，也可能是張溥故意改的。經筆者判斷其爲誤刻者，則下文統計中不予列出，祇列張溥故意改者。

由於這種情況並非對一幅禮圖的三個部分都加改動，而是祇改了其中之二或之一，沒有辦法在不割裂禮圖完整性的前提下對其加以描述，所以我們將打破一幅禮圖的整體性，從題目、注解文字、圖像三個方面分別加以論述。

1. 對題目的改造

張溥對各禮圖題目的改動大致分爲幾種情況，第一是補題目，即元刻本闕題目者，張溥刻本予以補充。具體包括：卷5"鬠笄"、卷10"深衣"、卷35"壺箭"、卷37"諸侯三門"、卷41"明堂朝諸侯之位"、卷58"幣帛"、卷61於"笄"前增"婦人贄"爲總題目、卷70"社主"、卷92於"太社"圖增"社稷"爲總題目、卷92"亳社"（2幅）、卷106於"天子虎侯五正"圖增"賓射"爲總題目、卷109"祭侯禮"、卷117"律管"、卷118"天地辰建旋轉圖"、卷127"堂上樂圖"、卷131"綏"。

第二是改題目，即將元刻本之題目改了名稱。具體包括：卷11將"角"改作"髦"，卷18將"霄"改作"霄衣"，卷22將"削刀"改作"削"，卷24將"王及諸侯城郭之制"改作"王城"，卷38將"外朝"改作"治朝"，卷57將"璽"改作"璽書"，卷61將"用雁"改作"贄雁"，卷92將"社稷"改作"太社"，卷92將"王社"改作"太稷"，卷97將"梜"改作"梜棜"，卷99將"龍勺"改作"俄勺"，卷 100 將“疏布”改作“疏布巾”，卷 101 將“匲”改作“雕匲”，卷 106 將“畿内卿大夫麋侯”改作“畿内郷大夫麋侯”，卷 106 將“大夫麋侯三正”改作“大夫麋侯二正”，卷 147 將“四馬車”改作“六馬車”。

第三是闕題目，即元刻本本有題目，而明刻本卻没有了。具體包括：卷 70“脯”、卷 116“釬”。

明刻本《禮書》對禮圖題目改動的情況，補題目者 14 幅，改題目者 16 幅，闕題目者 2 幅，共計 32 幅。其中 2 幅闕題目的情況，應當説是由刊刻之誤造成，並非張溥本意。其 14 處補題目者，皆可謂十分確當，因其圖後有相應文字，可以爲據。而其所改之 16 處題目，絶大多數是改對了的，也改之有據。比如卷 18 將“霄”改作“霄衣”，卷 100 將“疏布”改作“疏布巾”等，尤其是所改的卷 106 和卷 147 兩幅圖的題目，糾正了元刻本中的錯誤。

卷 106“大夫麋侯三正”改作“大夫麋侯二正”，一個根據是元刻本《禮書》第 106 卷卷首目録中即作“大夫麋侯二正”。另外，《禮記·射義》之孔疏有曰：

> 凡賓射之侯謂之正。鄭注《大射》云：“正者正也，亦鳥名。齊魯之間名題肩爲正。”然則天子賓射用五正、三正、二正之侯，畿内諸侯賓射用三正之侯，卿、大夫用二正之侯，士亦用二正之侯，又飾以釬。畿外諸侯以下賓射，其侯無文，約《大射》諸侯既同天子張三侯，則賓射亦同。天子用五正、三正、二正之侯；其卿、大夫射亦三正、二正之侯；士射二正之侯。①

據此可知，所謂“正”即是賓射之侯，無論是畿内諸侯賓射還是畿外諸侯賓射，大夫之射皆用二正之侯，則張溥所改甚是。

卷 147 將“四馬車”改作“六馬車”，並將圖像中的四馬改作六馬。首先，元刻本中總目録、分卷目録皆作“六馬車”，可以爲據。其次，該卷内已有另一幅“四馬車”之圖，若此亦爲“四馬車”，則二者重複，這是顯而易見的。最後，此圖之後的文字中詳細地討論了六馬車、四馬車、二馬車的問題，言夏禮天子之馬六，周禮則損之以四，故此圖題目亦當爲六馬車。張溥所改正確。

---

① （漢）鄭玄注，（唐）孔穎達正義，吕友仁整理：《禮記正義》下册，上海古籍出版社，2011 年，第 2318 頁。

　　但是張溥也有改錯者，如卷 11 將"角"改作"髦"，實際原圖中已經有"髦角羈"作爲"角"和"羈"二圖的總題目了（如圖 5-62 所示），張溥所改是變亂題目。又如卷 22 將"削刀"改作"削"，顯然是脫了一個"刀"字。卷 99 將"龍勺"改作"俄勺"，於《禮書》之文字無可考，三禮經文亦不見記載，不知據何而改，但是所改明顯有誤。

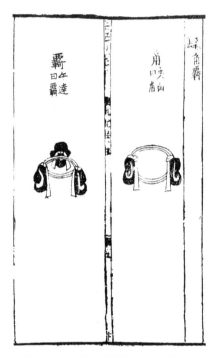

圖 5-62　元刻本《禮書》卷 11 髦角羈

　　總的來説，張溥刻本《禮書》對於原書題目的改造，是非常值得肯定的，尤其是其所補 14 個題目及改正的部分題目，確有後出轉精之效。
　　2. 對注解文字的改造
　　明刻本《禮書》對禮圖注解文字的改造比較明顯，並且數量也比較多，概括來説，可分爲增加注解文字、改動注解文字、刪除注解文字幾種情況。所謂增加注解文字，是指元刻本本無某些文字，明刻本增加了。所謂改動注解文字，是指明刻本將原書某些文字加以改動變換。所謂刪除注解文字是指元刻本中本有注解文字，明刻本中將其刪去。爲簡單明了起見，下面以表格形式分別統計，如表 5-1、表 5-2、表 5-3。

（1）增字者統計。

表 5-1　明刻本《禮書》禮圖增字統計

卷次	禮圖名	增字具體情況
卷 1	鷩冕	"九旒"前增"冕"字
卷 2	毳冕	"七旒"前增"冕"字
卷 2	希冕	"五旒"前增"冕"字
卷 2	玄冕	"三旒"前增"冕"字
卷 3	諸侯之卿玄冕	"各三旒"前增"後"字
卷 5	鬠笄	增"桑爲之，長四寸，緫中"①
卷 10	深衣	增"鄭氏云：'用十五升布，鍛濯灰治。'蓋以《雜記》'朝服十五升'，深衣其類也，故云然"
卷 13	貍裘	增"青"字
卷 13	虎裘	增"黃"字
卷 13	狼裘	增"黃"字
卷 13	熊裘	增"緇色"
卷 17	揄狄	段末增"其色青"
卷 17	闕狄	段末增"其色赤"
卷 17	鞠衣	段末增"其色黃，無雉，餘同褘衣制"
卷 17	展衣	段末增"其色白，無雉，餘同褘衣制"
卷 17	緣衣	增"纁袡，素裏，色紫，無雉，餘同褘衣制"
卷 17	士緣衣	增"赤袡，素裏，色紫，無雉，餘同褘衣制"
卷 21	礪	增"金青"
卷 22	刀	增"柄飾以木"
卷 22	鸞刀	增"前有鸞，後有和"
卷 26	畮	增"步百爲畮"
卷 26	夫	增"畮百爲夫"

---

①　按：這種直接説明增何内容的情況，是因爲原圖中無注解文字，明刻本增之。下皆同。

续表

卷次	禮圖名	增字具體情況
卷26	屋	增"夫三爲屋"
卷26	井	增"屋三爲井"
卷26	邑	增"四井爲邑"
卷26	丘	增"四邑爲丘"
卷26	甸	增"四丘爲甸,方八里,凡六十四井,五百七十六夫之地"
卷26	成	增"甸旁加一里爲溝洫,則爲十里之成,凡百井,九百夫之地。以五百七十六夫出税,餘三百二十四夫治溝洫"
卷26	縣	增"四甸爲縣,方十六里,旁加爲三十里"
卷26	都	增"四縣爲都,方三十二里,旁加爲四十里"
卷26	通	增"四都方八十里,旁加十里,則方百里爲同,同十成。成百井,則同一萬井,九萬夫之地。井田之法備於此也"
卷26	成	增"《司馬法》曰:'井十爲通,通十爲成,成十爲終,終十爲同。'井十爲通,則九十夫之地三分去一,止六十夫。又有不易、一易、再易□□率三夫受六夫之地惟三十家"
卷26	終	增"成十爲終,九千夫之地"
卷26	同	增"終十爲同,方百里。然《考工記》'十里爲成,百里爲同',則同,十成也。《司馬法》則十成爲終,十終爲同者,先儒謂終者,據同一畛終頭爲言。然則十成爲終,其地也;十終爲同,其畛"
卷28	商助	"十畮"前增"七"字
卷35	尚書中星	"柳星"下增"張"字
卷38	天子三朝	增"諸侯三朝附"
卷40	商重屋	段末增"與夏世室同而其屋兩重耳"
卷48	周四代學	增"辟癰在國,虞庠在國之西郊,今圖辟癰之制如此"
卷58	幣帛	增"帛錦附"
卷61	筲	增"音煩,一音皮彦,器名,以葦若竹爲之,其行如筥,衣之以青繒,以盛棗、栗、股、修之屬"
卷70	虞主	增"主制不一,今從何休之説"

续表

卷次	禮圖名	增字具體情況
卷 70	吉主	增"練主用栗刻而諡之，以辨昭穆"
卷 73	卜法	增"用龜之腹骨"
卷 92	社稷	增"王社、大社附"
卷 97	廢禁	增"飾以朱"
卷 97	棜禁	段末增"飾以朱"
卷 97	豐	增"飾以朱"
卷 100	束冪	增"茅爲之，束其本，飾以朱"
卷 100	編冪	增"茅爲之，編其中，飾以朱"
卷 100	大扃	增"飾以朱"
卷 100	小扃	增"飾以朱"
卷 100	疏布巾	增"白色"
卷 100	畫布巾	增"畫斧"
卷 100	籩豆巾	增"纁裹"
卷 100	有虞氏梡	增"色朱，而没四足皆直"
卷 100	夏侯氏嶡	增"色朱，形與前同，加以橫距"
卷 100	商棋	增"色白，四足曲，下有橫距"
卷 101	廢敦	"無足"後增"無飾"
卷 103	《考工記》鬴	增兩段。一曰"亦謂之釜，重一鈞，容六斗四升"，二曰"耳三寸，實一升。鄭氏曰：'耳在旁，可舉也。'賈公彦曰：'謂覆之所受臀一寸，實一豆。'杜子春云：'覆之，其底深一寸。'"
卷 103	《律歷志》鬴	增兩段。一曰"重二鈞，容十斗"，二曰"上三斛升合下二斗，雖在耳，布覆，與計同，故亦謂之鬴斛。上下皆圜，其外以圜函方，欲其聲之圜也。爲升合口口其聲之不韻也。鍾之有乳，意亦若此"
卷 104	洗	增"洗之爲制，高三尺，口徑一尺五寸，足徑三尺。士以鐵爲之，大方以上銅爲之，諸侯白金飾，天子黃金飾，此不可考。然《禮》坐奠觶與洗，則洗之尺蓋有所傳然也"

续表

卷次	禮圖名	增字具體情況
卷104	罍	增"鄭釋《儀禮》謂罍,水器,尊卑皆用。金罍大小異,然謂之罍,蓋飾以雲雷之象。孔穎達釋《詩》謂金罍,金飾龜目"
卷104	槃	增"既夕、特牲禮皆匜錯於槃中,南流。《内則》曰:'敦牟巵匜。'鄭釋《儀禮》以匜爲酒漿器,則匜之所用,不適於一也。流池一口也,設匜必南流,則盥者北面矣。觀《特牲少牢禮》尸入,奉槃者東面,奉匜者西面,奉單巾者南面,于槃北乃沃尸盥,則盥者北面可知。《説文》曰:'匜似羹魁,柄中有道,可以注水。'"
卷104	枓	增"《考工記》:'梓人爲勺一升。'枓,勺類也。鬱、矢、泲、丑。斗與此枓同"
卷104	盆	增"《士喪》盆盥"
卷104	筥	增"《説文》曰:'筥,筲也。'宋魏之間謂箸筲爲筥,則其制圓而長矣。米筥蓋亦類此"
卷106	畿内卿大夫麋侯	"上下躬"後增"上下"二字
卷107	射服	增"大夫鷩冕,燕射皮弁"
卷110	乏	增"《鄉射》獲者既爵,司馬受爵,獲者執其薦,使人執俎從之。辟設于乏南,遷設薦俎就乏,明己所得禮"
卷111	并夾	增"形制類鍼"
卷111	弩	增"發弦之處謂之機"
卷112	弓	增"臂、弣、蔽、簫、隈淵、茭附"
卷114	觥	增"角觥"
卷114	鼓	增"或方或圓,與《投壺篇》所畫同"
卷119	大鍾	增"鍾之制,旁有兩欒,正有兩面,而面皆有帶,間有枚,則鍾體固不圜而衡角之間無帶矣。賈公彦曰'鍾如鈴而不圜'是也。鄭氏曰:'帶介於衡角之间。'誤也"
卷120	大磬	增"後長二律尺八寸,博九寸,厚二寸。弦者,兩頭相望者也。兩弦之間三尺三寸七分半。前長三律二尺七寸,博六寸,厚三寸"

续表

卷次	禮圖名	增字具體情況
卷 123	鼛	增"應鼓號應鼛，朔鼓號朔鼛"
卷 131	綏	增"《明堂位》曰：'有虞氏之綏。'鄭注謂綏注□□尾于杠首，蓋方是時未有旒縿，杠、旗杆飾以朱"
卷 134	契壺	增"契鬱、契奮附"
卷 137	大車	增"大車，牛車也。鄭氏曰：'大車，平地載任之車，轂長半柯者也。'《説文》曰：'輨，大車轊也。'"
卷 145	茀	增"簟茀、翟茀"

　　根據以上統計，明刻本《禮書》禮圖注解文字增字共計 82 處，即張溥爲原書 82 幅圖增加了注解文字。從數量上來説，增加文字 82 處，並且多數不是一字兩字，多者可至兩段百字左右，算是較大的改動了。

　　從内容上來説，張溥所增之文字主要可以分爲幾種類型，一是考證類，如卷 10 深衣、卷 26 成、卷 26 同、卷 61 笋、卷 104 洗、卷 104 槃、卷 131 綏等條目中之注解；二是説明類，如卷 5 鬈笋、卷 13 之裘服、卷 26 之土地單位、卷 17 之后服、卷 100 之冪扃巾等條目，皆説明其名物之顔色、大小、容積等形制；三是附注類，表示某圖後或其後之文字内實際還附論與之相關之圖或名物，如卷 38 "天子三朝" 下附諸侯三朝，卷 58 "幣帛" 下附帛錦，卷 92 "社稷" 下附王社、大社，卷 134 "契壺" 下附契鬱、契奮等；四是補單個字之類，如卷 1、卷 2 幾條增 "冕" 字，卷 28 "商助" 增 "七" 字，卷 35 "尚書中星" 增 "張" 字。張溥爲各圖所增之文字基本上是很有貢獻的，可擴充禮圖的内容，惟卷 35 "尚書中星" 所增之 "張" 字實爲衍文，是其失誤處。

　　從《禮書》禮圖的體例上來説，張溥增加注解文字是很有意義的。前文已經説明，《禮書》禮圖由題目、注解文字、圖像三個部分組成，這三者構成一個整體，使得禮圖即使不與其後之文字相配合，也能有自己的獨立性，能夠簡潔地説明其圖之内容，可以單行。但元刻本《禮書》並非所有禮圖都有注解文字，沒有注解文字者，從體例上來説顯然是不完整的，同時它們也不能夠單行，因爲不足以説明自身之内容。而張溥爲之補足注解文字，則解決了這個闕陷。

（2）改字者統計。

表 5-2　明刻本《禮書》禮圖改字統計

卷次	禮圖名	改字具體情況
卷 2	毳冕	"百六十六"之"六"改作"八"
卷 3	王之卿毳冕	"用二七十二"之"二"改作"玉"
卷 3	諸侯之卿玄冕	"用五十八"之"五"改作"玉"
卷 6	皮弁	"用希"之"希"改作"布"
卷 11	髦	"夾囟曰角"改爲"角羈，夾囟曰角"
卷 17	后褕衣	"書記言"之"書"改作"禮"
卷 17	后褕衣	"而近者"改爲"故也，其色玄"
卷 17	闕狄	"喪夫人"之"喪"改作"復"
卷 20	男子事佩	"左五右六"改作"右六左五"
卷 20	婦人事佩	"左五右六"改作"右六左五"
卷 33	大夫以旗致民	"大司徒既是鄉官，尋常建旗"之"鄉""旗"分別改爲"卿""旗"
卷 35	尚書中星	"而入於酉"之"而"改作"面"
卷 35	尚書中星	"朱鳥七宿皆得尾也"之"尾"改作"見"
卷 51	大圭	"欲杼"之"欲"改作"亦"
卷 60	孤	"玄冕"之"玄"改作"希"
卷 106	豹侯	"上中下"改作"中上下"
卷 106	畿外諸侯大侯	"中亦廣崇丈一尺"之"一"改作"八"
卷 130	四夷舞	"舞者无數"之"无"改作"舞"。"舞者所持以指麾"之"麾"改作"魔"

　　據表 5-2 中所列，張溥刻本《禮書》禮圖之注解文字中改字者涉及 18 幅圖，實際改字 20 處。此 20 處中卷 11 髦、卷 17 后褕衣、卷 20 男子事佩、卷 20 婦

人事佩 4 處所改爲多字，"髦"圖中所改本來就誤，"后褘衣"圖中所改實際是變相增字，"男子事佩""婦人事佩"則僅是將文字調了順序，是爲配合圖像內容的需要。而其餘 16 處改動則皆是改單字，更像校勘後改字，並且相對來説，其意義更大，因爲所改之字往往涉及關鍵處，下面分別論之。

卷 2"毳冕"圖中"百六十六"之"六"改作"八"，按其前文曰"冕七旒，旒十二玉"，以此計之，則當"共玉百六十六"，張溥所改甚是。

卷 3"王之卿毳冕"圖中"用二七十二"之"二"改作"玉"，依據此卷禮圖文例，"二"字顯然是"玉"字之誤，屬刊刻之誤，張溥所改爲是。卷 3"諸侯之卿玄冕"圖中"用五十八"之"五"改作"玉"，亦屬此類。

卷 6"皮弁"圖中"用希"之"希"改作"布"，文中言皮弁服"其衣用布十五升"，顯然元刻本作"希"乃是誤字，張溥所改是。

卷 17"后褘衣"圖中"書記言"之"書"改作"禮"，所改亦是。原文"《書記》言'夫人副褘'是也"，查並無《書記》一書，況且"夫人副褘"本出自《禮記·明堂位》①。元刻本作"書"字，顯然是誤字，當作"禮"。

卷 17"闕狄"圖中"喪夫人"之"喪"改作"復"，其文中所言乃是"《喪大記》曰：復，夫人以屈狄"，查《喪大記》經文："小臣復，復者朝服。君以卷，夫人以屈狄。"②故元刻本作"喪"爲誤，張溥所改是。

卷 33"大夫以旂致民"圖中"大司徒既是鄉官，尋常建旛"之"鄉""旛"分別改爲"卿""旗"，此句出自《周禮》賈公彥疏，其文曰："大司徒既是卿官，尋常建旛，在軍建熊虎。"③則張溥所改"卿"字爲是，"旗"字爲誤。

卷 35"尚書中星"圖中"而入於酉"之"而"改作"面"，顯然是明刻本刊刻之誤，以原文爲"仲春，日在奎婁而入於酉"，作"面"非是。"朱鳥七宿皆得尾也"之"尾"改作"見"，元刻本作"尾"，於理不通，《尚書》論星宿每言"皆得見也"，可以爲據，張溥所改是。

卷 51"大圭"圖中"欲杼"之"欲"改作"亦"，此文原出於《周禮·考工記》：

①　（漢）鄭玄注，（唐）孔穎達正義，吕友仁整理：《禮記正義》中册，上海古籍出版社，2011 年，第 1264 頁。

②　（漢）鄭玄注，（唐）孔穎達正義，吕友仁整理：《禮記正義》下册，上海古籍出版社，2011 年，第 1699 頁。

③　（漢）鄭玄注，（唐）賈公彥疏，彭林整理：《周禮注疏》上册，上海古籍出版社，2010 年，第 411 頁。

"凡爲輪，行澤者欲杼。"①則元刻本作"欲"爲是，張溥所改者非。

卷60"孤"圖中"玄冕"之"玄"改作"希"，此圖後之文字未嘗言孤著何冕，然《禮書》卷三有"王之孤毳冕""諸侯之孤希冕"二圖，是孤未嘗有玄冕，此圖中當爲諸侯之孤，著希冕，張溥改作玄冕，非是。

卷106"豹侯"圖中"上中下"改作"中上下"，按射侯有中、有躬、有舌，舌亦曰个，躬與个皆分上下。不同射侯之中、躬、个規制不同，如天子之虎侯"中廣崇一丈八尺，上躬下躬各三丈六尺，上个七丈二尺，下个五丈四尺"②。又觀"畿内諸侯熊侯""畿内卿大夫麋侯"兩圖皆言"中與上下躬上下个"，依此文例，此"豹侯"圖中亦當言"中與上下躬上下个"，則元刻本與明刻本皆脱一"與"字，而元刻本作"上中下"者尤誤，張溥所改爲是。

卷106"畿外諸侯大侯"圖中"中亦廣崇丈一尺"之"一"改作"八"，按《儀禮·大射》賈疏言："大侯中丈八尺。"③此是言天子之大侯，而畿外諸侯大侯之中、躬、个之制亦與天子大侯同，故張溥改"一"作"八"爲是。

卷130"四夷舞"圖中"舞者无數"之"无"改作"舞"，按此文出自《周禮》經文，原文曰："旄人，下士四人，舞者衆寡無數。"④則明刻本改作"舞"者，誤也。"舞者所持以指麾"之"麾"改作"魔"，此文原出於《周禮》鄭注："旄，旄牛尾，舞者所持以指麾。"⑤則明刻本所改亦誤。

綜上所述，明張溥刻本對原書禮圖之16處單字改字中，所改爲對者10處，改錯者6處，其中卷35改"而"作"面"、卷130改"麾"作"魔"，應該説更有可能是由於明刻本刊刻時文字形近而造成的訛誤，並非張溥本意。則張溥所改之字仍然是有較大價值的，糾正了元刻本中的一些錯誤，尤其是如卷2中改"百六十六"作"百六十八"，卷106中改"中亦廣崇丈一尺"作"中亦廣崇丈八尺"，涉及具體的形制度數，非常關鍵，也表明張溥是經過了一番考證而加以改動的。

---

① （漢）鄭玄注，（唐）賈公彦疏，彭林整理：《周禮注疏》下冊，上海古籍出版社，2010年，第1546頁。

② （宋）陳祥道：《禮書》卷105，國家圖書館藏袁忠徹舊藏本。

③ （漢）鄭玄注，（唐）賈公彦疏，賈海生點校：《儀禮注疏》第1冊，浙江大學出版社，2016年，第560頁。

④ （漢）鄭玄注，（唐）賈公彦疏，彭林整理：《周禮注疏》中冊，上海古籍出版社，2010年，第634頁。

⑤ （漢）鄭玄注，（唐）賈公彦疏，彭林整理：《周禮注疏》中冊，上海古籍出版社，2010年，第634頁。

（3）删字者統計：

表 5-3　明刻本《禮書》禮圖删字統計

卷次	禮圖名	删字具體情況
卷 6	韋弁	删"爵弁附"
卷 35	月令中星	删"仲夏之昏心星星中"之"心"字
卷 81	大夫饋食儀、士饋食儀	删"天子諸侯饋食之儀，見於經者尤略，今圖大夫士禮於後。賈公彦曰：'天子諸侯大夫士雖同名饋食，仍有少别。何者，天子諸侯食前仍有饋獻一，是饋孰陰厭，陽厭尸入室що獻。大夫士則饋孰與黍稷爲陰厭，陽厭前無饋獻。以此爲異耳。'"①
卷 101	匱	删"《明堂位》曰'雕篹'，鄭氏曰'邃□'，《喪大記》曰'食於篹者盅'，鄭氏曰'□，筥屬'。然《説文》曰：'筥，箱也。'宋魏之間謂箸□爲□，則筥制與邃異矣"
卷 120	錞	删"梓人曰：'外骨、内骨、卻行、仄行、連行、紆行，以脰鳴者，以注鳴者，亦旁鳴者，以翼鳴者，以股鳴者。以胸鳴者，謂之小蟲之屬，以爲雕琢。'鄭氏曰：'刻畫祭器，博庶物也。'考之舊圖及今圖，凡宗廟之器，必狀蟲魚鳥獸之形，該其所傳者尚矣，不然，非所謂博物也。今擇其可取者存之"

　　首先來説，明刻本删掉元刻本中部分内容，就其作爲重刻本的身份來説，並不妥當。然此 5 處删减，亦各有其具體情況，下面試爲論之。

　　卷 6"韋弁"圖中删"爵弁附"三字，此與明刻本改圖有關。元刻本《禮書》中祇有"韋弁"一圖，於其題目下加注解文字"爵弁附"，而明刻本則又增加一幅"爵弁"圖，故需將原來"爵弁附"三字删去。（兩版本對比見圖 5-63、圖5-64）

----

　　① 按：《禮書》此引賈公彦之語，文字疏舛甚多。其原文見於《周禮注疏》，文曰："天子諸侯大夫士，雖同名饋食，仍有少别。何者，天子諸侯尸食前，仍有饋獻二，是饋孰陰厭，陰厭後，尸入室食，乃獻。大夫士則饋孰與黍稷爲陰厭，陰厭前無饋獻，以此爲異耳。"（（漢）鄭玄注，（唐）賈公彦疏，彭林整理：《周禮注疏》上册，上海古籍出版社，2010 年，第 180 頁）

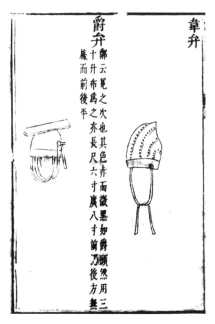

圖 5-63　元刻本《禮書》"韋弁"圖　　　　圖 5-64　明刻本《禮書》"韋弁""爵弁"圖

　　卷35"月令中星"圖中刪"仲夏之昏心星星中"之"心"字，按元刻本《禮書》中此句上下文爲"春分之昏七星中，仲夏之昏心星星中，秋分之昏虛星中，冬至之昏昴星中"[①]，依此文例，"仲夏之昏心星星中"是衍一"星"字。而明刻本改作"仲夏之昏星星中"，刪掉"心"字，是錯上加錯，不過極有可能爲刊刻之誤，非張溥本意。

　　卷81中"大夫饋食儀""士饋食儀"二圖共有一段注解文字，張溥將其從圖上刪去了，卻於正文中"大夫饋食儀"題目下以小字雙行予以保留，其實算作移動位置，並非真正刪去。卷120中"錞"圖也是同樣的狀況，同在正文題目下以小字雙行保留。

　　卷101"匜"圖之注解文字一段，是徹底被刪去了，正文中亦未加保留，不知張溥是何用意。

　　總的來説，張溥對《禮書》禮圖之注解文字刪減的還是比較少的，卷6"韋弁"圖的情況是出於調整禮圖的需要。卷81、卷120中的文字實際祇是移了位置，也不算刪去。卷35則可能是刊刻之誤，非張溥之意。這樣算來，實際上

①　（宋）陳祥道：《禮書》卷35，國家圖書館藏袁忠徹舊藏本。

唯有卷 101"匜"圖中這段話是真正被刪去的，這是張溥之失。

3. 對圖像的改動

張溥刻本對《禮書》禮圖之圖像的改造力度是比較大的，概而言之，其改造可以分爲增飾、增加説明文字、改圖三類，具體如下：

第一類是增飾。即對元刻本《禮書》禮圖稍加改造，主要是對圖像某些細節加以潤飾，並没有改變圖像本身的内容，基本上與原圖差别不大。

這一類稍加改造的圖像具體包括：卷 5"紘"、卷 8"冠制"、卷 8"後世緇布冠"、卷 20"象環"、卷 29"神倉"、卷 29"倉"、卷 30"公桑蠶室"、卷 33"大司徒大軍旅大田役以旗致萬民"、卷 33"遂人若起野役則以遂之大旗致民"、卷 33"大夫以旗致民"、卷 40"商重屋"、卷 52"鎮圭"、卷 59"筐"、卷 83"受椒"、卷 102"甀"、卷 104"筥"、卷 104"篋"、卷 104"莘"、卷 104"筥"、卷 104"匜"、卷 106"天子虎侯五正"、卷 114"觥"、卷 120 木鐸、卷 134"徽織"、卷 139"車戰之法"，共計 25 幅。下面舉幾幅兩版本對比圖，以見其具體差别①，如圖 5-65、圖 5-66、圖 5-67。

圖 5-65　卷 8"後世緇布冠"

---

① 按：此例中所舉諸圖，皆是宋刻元明遞修本之圖在前，明刻本之圖在後。下文如遇此類，皆同。

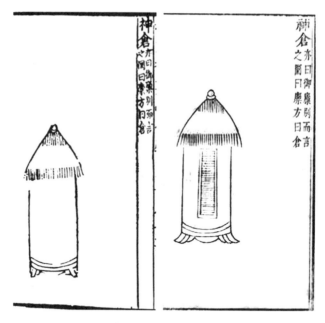

圖 5-66　卷 29"神倉"

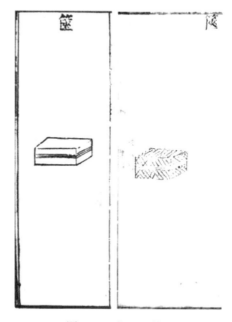

圖 5-67　卷 104"篋"

　　由以上三例對比圖可以看出，這一類中明刻本對元刻本禮圖的改變是微小的，主要是增加了修飾，使得圖像更加美觀且符合實際，比如卷104"篚"圖，該物是用竹所編成的筐，自然要表現出編織的紋理，這是明刻本《禮書》禮圖更爲精緻之處。

　　第二類是補充説明文字。即仍然不改變元刻本《禮書》禮圖圖像的内容，但是在其圖像中增加説明文字，注明圖像中需要表現出來的關鍵信息。

　　明刻本此類改造所涉及之禮圖具體包括：卷19"天子佩"、卷19"衡"、卷20"組綬"、卷22"劍"、卷24"經涂環涂"、卷24"王畿"、卷24"六鄉"、卷24"六遂"、卷25"上地"卷25"中地"、卷25"下地"、卷26"十寸之尺"、卷26"步"、卷26"晦"、卷26"夫"、卷26"屋"、卷26"邑"、卷26"丘"、卷26"甸"、卷26"成"、卷26"縣"、卷26"都"、卷27"廛"、卷27"賞田"、卷28"五溝"、卷28"五涂"、卷32"禹貢五服"、卷32"周九服"、卷32"侯國及采邑貢賦之法"（3 處）、卷36"玉衡"、卷36"測景圖"、卷41"壇壝宫"、卷42"聘儀"、卷43"大夫士寢廟制"、卷44"王六寢"、卷44"后六宫"、卷44"諸侯三寢"、卷44"夫人三宫"、卷44"卿大夫士二寢"、卷44"卿大夫士之妻二寢"、卷44"虎士五隸守衛之制"、卷46"門制"、卷46"市制"、卷48"周禮五几"、卷48"書四几"、卷48"周四代學"、卷56"環"、卷62"大宗小宗"、卷64"孤子冠"、卷64"庶子冠"、卷72"天子諸侯卜祭於廟堂"、卷73"六龜"、卷73"卜法"、卷79"魚"、卷80"射禽之儀"、卷81"大夫廟門之位"、卷81"士廟門之位"、卷83"陰厭"、卷83"陽厭"、卷91"表貉"、卷91"四望"、卷92"太社"、卷92"太稷"、卷94"釋奠"、卷103"《考工記》䃼"、卷103"《律歷志》䃼"、卷109"祭侯禮"、卷109"物"、卷112"弓"、卷115"殳"、卷115"戈"、卷119"大鍾"、卷119"大磬"、卷129"文舞武舞之位"、卷133"旛"、卷133"旌"、卷140"輻"、卷142"輿"、卷142"較軾轛軫"、卷142"軹軌軧"、卷143"軻"，共計 79 幅。

　　此類給禮圖補充增加説明文字的做法無疑是非常有意義的，因爲元刻本中很多禮圖實際是不完善的，很多信息不夠全面具體。而張溥增加了説明文字之後，就能大大提高其禮圖的信息涵蓋量，這個意義可以通過幾個方面來説明：就涉及名物的圖像而言，其各個部位是何名稱，倘若不加説明，僅靠文字描述去對應指認，將會非常耗費心力；而加上文字説明標示之後，則直接方便，一目了然，有助於閲讀習學。下面舉幾例加以説明，如圖5-68、圖5-69、圖5-70。

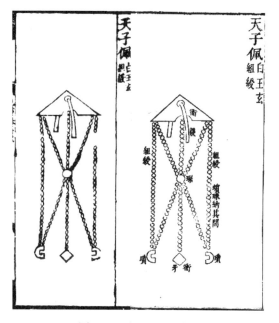
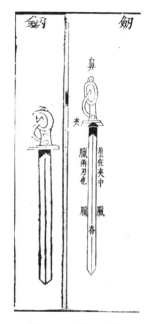

圖 5-68　卷 19"天子佩"　　　　　　圖 5-69　卷 22"劍"

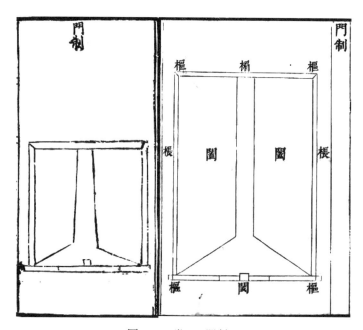

圖 5-70　卷 46"門制"

卷19之"天子佩"圖，其圖後注解曰："古之君子必佩玉，其制上有折衡，下有雙璜，中有琚瑀，下有衝牙，貫之以組綬，納之以蠙珠。"①單純將此文字所描述諸物與元刻本《禮書》禮圖一一對應起來，殊爲不便，況且所謂"納之以蠙珠"是指何處，難以知道。而明刻本之圖則一一指明各部位名稱，文字與圖像各個對應，一目了然，蠙珠在哪個位置，也都標示明白，何其方便。卷22"劍"、卷46"門制"二圖與"天子佩"圖基本類似，都是精確地加上了説明文字。張溥對此類圖像的改造大體皆是這樣，力求完善，增强其形象易懂的功效。

就涉及儀節的圖像來説，張溥補充增加文字的工作更加有價值。通過前文分析，我們知道一幅儀節圖倘若闕少了文字説明，就祇是一些線條和符號的組合，很難達到説明儀節方位的目的，甚至可以説失去了其作爲儀節圖的意義。元刻本《禮書》不乏此類儀節圖，張溥基本上一一爲其補充完善了，下面舉幾例説明，如圖5-71、圖5-72、圖5-73。

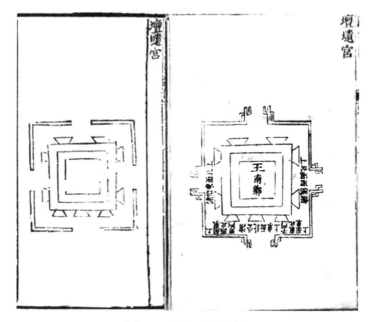

圖 5-71　卷 41"壇壝宮"

---

①　（宋）陳祥道：《禮書》卷19，國家圖書館藏袁忠徹舊藏本。

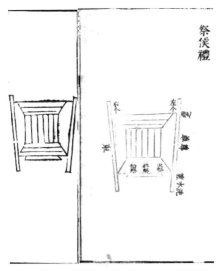

圖 5-72 卷 109"祭侯禮"

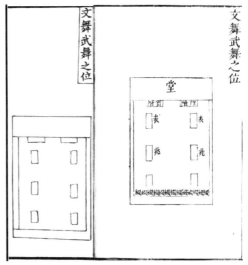

圖 5-73 卷 129"文舞武舞之位"

卷 41"壇壝宮"圖，元刻本中僅繪有一行禮之所，似能説明此會同之禮行禮之壇乃"壝土爲宮"，"中爲壇而三成"①，然天子於壇上見諸侯，各自之方位則並無標示。而張溥之圖將此類信息皆補充上去，使人觀圖即可知天子位於壇上，南嚮，諸公北面東上，諸侯西面北上，諸伯東面北上，子門東北面東上，男門西北面東上，明白曉暢。而卷 109"祭侯禮"圖，陳祥道曰："祭侯獻獲者，獲者以祭侯。獲者北面拜受爵，乃適右个、左个、中，南面而祭侯，終則左个之西北三步，東面而卒爵。"②這實際上描述的是《儀禮·鄉射禮》中司馬獻獲者的禮節。元刻本此圖無題目，明刻本應是據該卷目録中"祭侯"二字補圖"祭侯禮"之名，實際乃是司馬獻獲者之禮。鄭玄注曰："司馬實爵而獻獲者於侯，薦脯醢折俎，獲者執以祭侯。"因此此禮亦可名"祭侯禮"。元刻本此圖僅繪一侯，不知其所要表達的内容。張溥爲之補"左个""右个""西乏""東""尊""篚""水洗""始祭""次祭""終祭"諸内容，既指出司馬獻獲者之禮部分禮器陳設之方位，又説明祭侯之禮有三，即始祭、次祭、終祭，分別祭於右、左、中三處，故圖中標示終祭居中，始祭居右，次祭居左。卷 129"文舞武舞之位"圖與"壇壝宮"圖一樣，元刻本僅畫行禮之所，而行禮之儀節方位等全不

① （宋）陳祥道：《禮書》卷 41，國家圖書館藏袁忠徹舊藏本。
② （宋）陳祥道：《禮書》卷 109，國家圖書館藏袁忠徹舊藏本。

涉及，明刻本一一補之，纔使其圖成其爲儀節圖。

《禮書》中還有一些圖像涉及制度或表譜，張溥亦一一爲其補充説明文字，其中尤爲突出者，如卷 36"測景圖"、卷 62"大宗小宗"，如圖 5-74、圖 5-75。

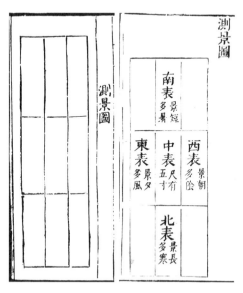

圖 5-74　《禮書》卷 36"測景圖"

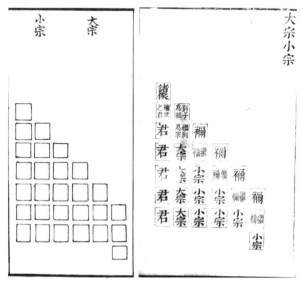

圖 5-75　《禮書》卷 62"大宗小宗"

　　元刻本《禮書》中此二圖的共同特徵是僅繪有圖像或表格,從圖中完全看不到有用的信息,甚至可以説毫無意義。但是張溥爲之補充説明文字之後,立刻使其清晰明了起來。以卷 62"大宗小宗"爲例,陳祥道繪此圖本是爲解釋大宗、小宗的制度,這種畫法當然並非其獨創,而是借鑒於聶崇義《新定三禮圖》,圖 5-76。

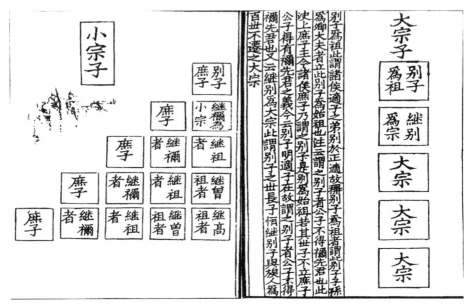

圖 5-76　聶崇義《新定三禮圖》卷 4"大宗子""小宗子"

　　《禮記·大傳》曰:"别子爲祖,繼别爲宗,繼禰者爲小宗。有百世不遷之宗,有五世則遷之宗。百世不遷者,别子之後也。宗其繼别子之所自出者,百世不遷者也;宗其繼高祖者,五世則遷者也。"[1]其大體意思,如錢玄先生於《三禮辭典》"宗法"條内所述:"凡始封者之嫡長子,其後以嫡長子世世繼承者,爲大宗。庶子之始封者,其後以長子繼承者,爲小宗。大宗百世不遷,即此系永爲大宗。小宗則傳至第五代,另分出各支小宗。"[2]聶崇義之圖中每個小方框裏皆有文字,大宗百世不遷,故第一列中之自"别子爲祖"下全爲大宗。

----

　　① （漢）鄭玄注,（唐）孔穎達正義,吕友仁整理:《禮記正義》中册,上海古籍出版社,2011 年,第 1363 頁。
　　② 錢玄、錢興奇:《三禮辭典》,鳳凰出版社,2014 年,第 469 頁。

而繼禰者爲小宗，小宗五世則遷，故聶書"小宗子"圖中有五列。陳祥道必然
是借鑒了聶崇義之圖，故而其繪圖大體類似於聶圖，惟因小宗傳至第五代，又
分出各支小宗，故最後一列下復多出一個小方框。但是元刻本《禮書》圖不加
說明文字，則凡上述種種，如何反映出來？故此圖亦止爲廢圖一幅而已。張溥
所加文字稍與聶崇義異，但大體意思不差，有了這些文字，此圖頓時起死回
生，張溥之增補文字誠可謂化腐朽爲神奇。

　　張溥對《禮書》禮圖圖像的改造，第三類是改圖，即張溥之圖直接大幅度
改變元刻本禮圖圖像的內容和面貌，其中某些圖改變幅度之大，與原圖完全不
似，實際已經可以算是新作禮圖了。

　　經統計，這類改造之圖具體包括：卷6"韋弁"、卷8"緇布冠"、卷17"后
褘衣"、卷17"揄狄"、卷17"闕狄"、卷19"璜"、卷20"玭珠"、卷26"晦"、
卷26"夫"、卷26"屋"、卷28"商祝"、卷29"耕車"、卷36"十二風"、卷37
"天子五門"、卷38"天子三朝"（外朝、治朝、內朝）、卷40"周明堂"、卷44
"士庶子宿衛制"、卷45"庭"、卷48"魯四代學"、卷48"諸侯學"、卷64"士
冠筮日之儀"、卷67"天子七廟"、卷67"諸侯五廟"、卷67"附庸五廟"、卷72
"大夫士卜祭於廟門"、卷80"田獵"、卷84"鬱鬯"、卷84"秬鬯"、卷101
"簠"、卷101"簋"、卷104"洗"、卷141"輨"、卷141"轄"、卷147"六馬車"，
共計34幅。此類中卷26之"晦""夫""屋"諸圖，既爲改圖，又爲增加說明文
字，故於上一類中亦加羅列。

　　張溥改圖的做法對原書禮圖圖像的變動比較大，其因何而改，所改之圖正
確與否，都需仔細考察。由於張溥刻本《禮書》之性質爲重刻，大量改圖實際
不符合重刻原則，其所改者當是有必改之處纔爲之，故而須對此34幅禮圖進
行詳細考察，以見其改圖之具體情況，如圖5-77。又其改圖數量多，尚可略加
歸類進而分析研究，庶免一一探討之繁瑣。

　　圖5-77中，其卷17"后褘衣""揄狄""闕狄"、卷67"天子七廟""諸侯五
廟""附庸五廟"、卷104"洗"諸圖，張溥之改造主要是補足圖像某些部分，以
使其完整。如"天子七廟""諸侯五廟""附庸五廟"三圖，元刻本中分別繪四
廟、三廟、三廟，數目明顯對不上，故而張溥補足其數，七廟則畫七，五廟則
畫五。而"后褘衣""揄狄""闕狄""洗"四圖，則純爲元刻本中有所闕漏，致使
名物形制舛誤，張溥爲之訂補。

　　按后之褘衣、揄狄、闕狄三服，《周禮·天官·內司服》記曰："掌王后之
六服：褘衣，揄狄，闕狄，鞠衣，展衣，緣衣，素沙。"鄭玄注："鄭司農云：
'褘衣，畫衣也……揄狄，闕狄，畫羽飾……'玄謂狄當爲翟。翟，雉名。伊

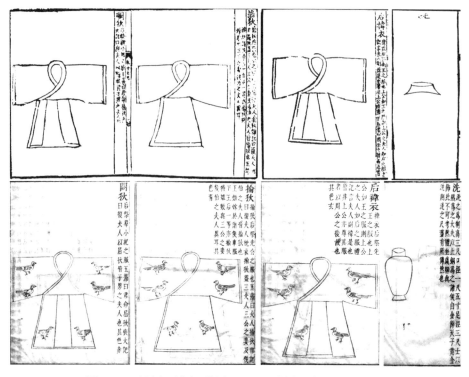

圖 5-77 元刻本《禮書》禮圖(上)、明刻本《禮書》禮圖(下)

雉而南,素質,五色皆備成章曰翬;江淮而南,青質,五色皆備成章曰搖。王后之服,刻繒爲之形而采畫之,綴於衣以爲文章。褕衣畫翬者,揄翟畫搖者,闕狄刻而不畫。"①則褘衣、揄狄、闕狄三服"均用帛剪雉形,並畫以采色,然後縫於衣上"②。據此,元刻本《禮書》此三后服圖均闕少畫飾,張溥爲此三服上補畫雉鳥,十分確當。而卷 104 之洗,顯然是元刻本没有繪製完整,導致闕漏。其原因可能是本來就未畫完,也有可能是刊刻之後損毀,無論怎樣,張溥爲之補足,可謂後出轉精。

卷 84"鬱甸""秬甸"、卷 101"簋""簠"四圖,兩兩爲一組,張溥對其圖的改造實際上是將兩圖互换位置,但是題目不變,如圖 5-78、圖 5-79。

---

① (漢)鄭玄注,(唐)賈公彦疏,彭林整理:《周禮注疏》上册,上海古籍出版社,2010 年,第 277 頁。

② 錢玄、錢興奇:《三禮辭典》,鳳凰出版社,2014 年,第 242 頁。

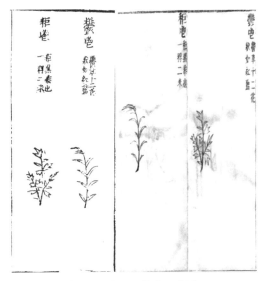

圖 5-78　卷 84"鬱鬯""秬鬯"

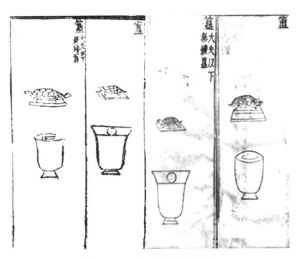

圖 5-79　卷 101"簠""簋"

　　按卷 84 兩圖中"鬱鬯"下注解小字曰："鬱草十二花，狀如紅藍。""秬鬯"下注解小字曰："秬，黑黍也，一秠二米。"則元刻本兩圖像與其注解小字所描述的顯然對不上，二者互換纔相符，此張溥將二圖像互換的原因。而卷 101 之二圖，一爲簠，一爲簋。《禮書》"簠簋"條中云："方曰簠，圓曰簋。盛黍、稷、稻、粱器。《正義》曰：'方曰簠，圓曰簋，皆據外而言。案《孝經》云"陳其簠簋"。注曰"内圓外方，受斗二升者"，直據簠而言。若簋，則内方外圓。'"①根據此文，簠之形制，應是外方内圓，簋則外圓内方，元刻本《禮書》圖像並無失誤，而張溥刻本將二者圖像互换，實爲錯謬。

卷8"緇布冠"、卷19"璜"、卷48"魯四代學"、卷48"諸後學"、卷147"六馬車"諸圖，張溥之改造皆在細微之處，但是所改皆爲當改者，並且全都改之有據。其中之卷147"六馬車"圖，前文已經論及，元刻本中此圖不惟圖像中僅繪四馬有誤，題目爲"四馬車"亦誤，此不贅述。其餘四圖之具體情况，下面舉其圖爲之辨明(圖5-80)。

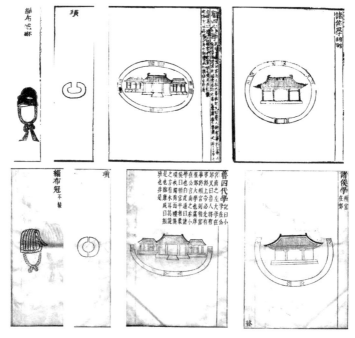

圖5-80 元刻本《禮書》禮圖(上)、明刻本《禮書》禮圖(下)

如圖5-80所示，卷80"緇布冠"，《禮書》云："蓋緇布冠有前有項，緌屬于闕，無緌焉。後世以尊者不可以無飾，故加績緌。《玉藻》曰：'緇布冠績緌，諸侯之冠。'則卑者無緌可知也。"②據此，圖中"緇布冠"當不緌，元刻本

① (宋)陳祥道：《禮書》卷101，國家圖書館藏袁忠徹舊藏本。
② (宋)陳祥道：《禮書》卷8，國家圖書館藏袁忠徹舊藏本。

此圖明顯有誤，張溥之圖則爲之改正。卷19"璜"，《周禮》"以玄璜禮北方"，鄭注曰："半璧曰璜，象冬閉藏。"①陳祥道自己也説："内倍好謂之璧，半璧謂之璜。"②則元刻本《禮書》之圖有誤，張溥將其改爲兩璜，所改有據且正確。卷48"魯四代學""諸侯四代學"兩圖，兩版本之差異在於學校周圍之水一爲半環繞，一爲全部包圍。據《禮書》所記："《明堂位》曰：'米廩，有虞氏之庠也。序，夏后氏之序也。瞽宗，商學也。頖宫，周學也。'頖宫則泮水也，其制半於辟癰，而水蓋闕於北方也。諸侯樂懸闕其南，而泮水闕其北者，闕南而存北，所以便其觀也；闕北而示南，所以便人之觀也。泮宫，大學也。魯之大學在郊。"③據此，所謂頖宫皆是其水闕北而示南，則元刻本中"魯四代學""諸侯四代學"二圖水爲環繞，與祥道之言不符，張溥所改爲是。

　　卷64"士冠筮日之儀"、卷72"大夫士卜祭於廟門"、卷80"田獵"三圖，皆是儀節類禮圖，可合而論之，如圖5-81、圖5-82、圖5-83。

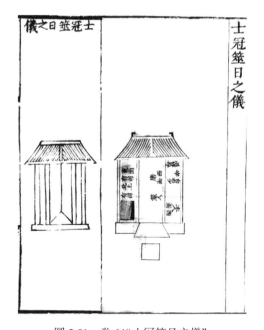

圖5-81　卷64"士冠筮日之儀"

①　(漢)鄭玄注，(唐)賈公彦疏，彭林整理：《周禮注疏》中册，上海古籍出版社，2010年，第687頁。
②　(宋)陳祥道：《禮書》卷19，國家圖書館藏袁忠徹舊藏本。
③　(宋)陳祥道：《禮書》卷48，國家圖書館藏袁忠徹舊藏本。

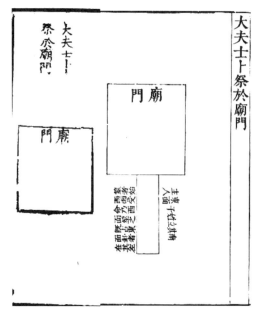

圖 5-82　卷 72"大夫士卜祭於廟門"

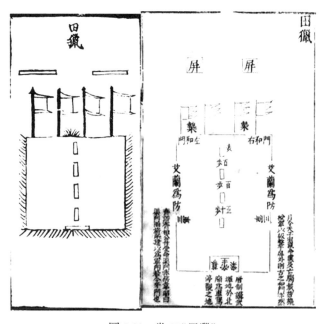

圖 5-83　卷 80"田獵"

　　圖 5-81 至圖 5-83 三圖俱爲儀節圖，元刻本其圖的特點是没有説明文字，完全不能反映儀節。而張溥所作的改動就是訂補其圖，儘量加上禮器、行禮者等文字，使其能夠發揮功用。其中卷 80 之"田獵"圖，張溥改造得最爲成功，而前兩圖則猶未完善，尤其是卷 64"士冠筮日之儀"圖，因受原圖形式的限制，不能很好地展現筮日儀節中禮器、行禮者之方位。

　　以上所論諸圖，張溥所改者多是局部訂正補充，縱有兩圖像互換者，其所改依然是取自《禮書》原圖。而其所改動之卷 6"韋弁"、卷 36"十二風"、卷 40"周明堂"、卷 45"庭"四圖，則可謂大動干戈，幾乎完全變更其面貌，甚至稱其爲重作新圖，亦不爲過。舉其對比圖如圖 5-84。

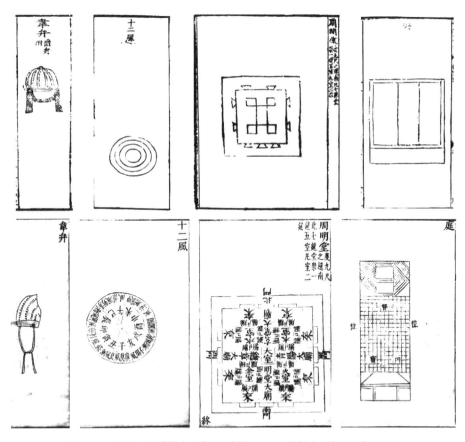

圖 5-84　宋刻元明遞修本《禮書》禮圖（上）、明刻本《禮書》禮圖（下）

　　卷 6"韋弁"圖，張溥直接改換圖像，圖像的改換也就意味着圖中韋弁形制的改變。韋弁之制，《周禮》《儀禮》《禮記》及其注疏中間有論之，而錢玄先生《三禮辭典》所總結者尤爲詳細："首服之貴者爲冕，其次爲弁，又其次爲冠。弁之制：上鋭下廣，圓錐狀。以皮革分裁成若干三角形，會合而成。其合縫謂之會，每縫中嵌以五采玉十二，謂之璂。其頂會合之處，有邸，以象骨爲之。有玉笄，有紘，以固弁。弁有爵弁、皮弁、韋弁。"據此，二圖所繪韋弁之像中弁的部分基本相同且符合三禮記載，祇是二者所畫視角不同，導致其視覺效果存在差異。元刻本之圖基本是正面視角，明刻本則是側面視角，故顯得弁頂較尖，也看不到頂部之邸。而二者形制上最大的差異在於紘，元刻本圖中之紘僅一條，繞頷下結於武。明刻本所繪之紘則是交結於頷下，並且垂餘以爲飾。

紘之制，《儀禮·士冠禮》："緇布冠缺項，青組纓屬于缺，緇纚廣終幅、長六尺，皮弁笄，爵弁笄，緇組紘纁邊，同篋。"鄭注曰："有笄者，屈組爲紘，垂爲飾。無笄者，纓而結其條。"賈公彦疏曰：

> 云"屈組爲紘"者，經"緇組紘纁邊"是爲有笄者而設，言"屈組"，謂以一條組於左笄上繫定，遶頤下，右相向上，仰屬於笄，屈繫之，有餘因垂爲飾也。云"無笄者，纓而結其條"者，無笄即經"緇布冠"是也，則以二條組兩相屬于頤，故經云"組纓屬于頤"也。既屬訖，則所垂條于頤下結之，故云"纓而結其條"也。①

據此可知，固冠之紘因有笄和無笄而分爲兩種，有笄者，則以一條組繫在左笄上，繞到頤下，再向上繫到笄之右邊，組有餘則垂爲飾，此即元刻本禮圖所繪也。若無笄者，則以兩條組分別左右繫於頤上，垂而於頤下結之，即明刻本禮圖所繪者也。然明刻本之冠又繪有笄，於理當爲一條組，此反繪兩條，是不倫不類，顯然所改者非。張溥所改此圖爲非，然亦非其獨造，猶有所本也，其所本者，即聶崇義之《新定三禮圖》。

卷36"十二風"圖，《禮書》此條中曰："考之傳記，陽立於五，極於九，五九四十五，則變矣，故八風各四十五日。艮爲條風，震爲明庶風，巽爲清明風，離爲景風，坤爲涼風，兌爲閶闔風，乾爲不周風。坎爲廣莫風，卦不過八風，亦八而已。其言十二風者，乾之風漸九月，坤之風漸八月，艮之風漸十二

---

① （漢）鄭玄注，（唐）賈公彦疏，賈海生點校：《儀禮注疏》第1册，浙江大學出版社，2016年，第259頁。

月，巽之風漸三月，而四維之風皆主兩月，此其所以爲十二風也。"①元刻本僅畫四個圈，不知何意。而觀於張溥之圖，則可知十二風和十二天干（即表示十二月）、八卦的對應關係。因每卦之風四十五日，若以八卦對應十二天干，則需以三十日爲一風，這樣就有了所謂漸風。漸者，進也，即將每卦多出之十五日進到下一天干，如此可成十二風。元刻本此圖完全表達不出任何信息，張溥所改之圖則變換其面貌，明顯優於原圖，且明白易懂，後人稱其精妙，良有以也。

卷40"周明堂"圖，歷代論明堂之制者多矣，各家之説不同，亦未有定見，所繪之圖自然也千差萬別。而陳祥道自有一説，其於《禮書》中曰：

> 《月令》中央太室，東青陽，南明堂，西總章，北玄堂，皆分左右个，與太廟則五室十二堂矣。明堂位前中階、阼階、賓階，旁四門，而南門之外又有應門。則南三階，東、西、北各二階，而爲九階矣。《考工記》五室九階。蓋木室於東北，火室於東南，金室於西南，水室於西北，土室於中央。其外別之以十二堂，通之以九階，環之以四門，而南門之外加以應門，此明堂之大略也。②

據此所述，觀元刻本之圖雖無説明文字，並且十分簡略，但是大體也能一一對應，基本符合上文的描述。而張溥之圖則與元刻本大異，其圖青陽、明堂、總章、玄堂及其左右个等，皆用文字表示，指明其方位。明刻本圖之四面階皆爲三，共計十二階，此其最不同於元刻本處。由此可見，張溥此處做法已經不僅是改造禮圖了，而是新作禮圖。明堂制度本難明，故張溥所改之圖可備一説，正確與否尚難定論，但其至少與陳祥道是不同的，並且較陳氏更爲清晰明白。

卷45"庭"圖，明刻本與元刻本同樣大爲不同，明刻本基本上是重新畫了一個圖。陳祥道《禮書》中此條有曰："《考工記》曰：'堂涂十有二分。'鄭氏曰：'堨前若今令辟械也，分其督旁之脩，以二分爲峻。'蓋令辟即甓也，械，其道也。中央爲督，峻其督所以去水。"③此言尚不分明，《周禮·考工記》中賈公彥疏曰："云'分其督旁之脩者'，名中央爲督。督者，所以督率兩旁。

---

① （宋）陳祥道：《禮書》卷36，國家圖書館藏袁忠徹舊藏本。
② （宋）陳祥道：《禮書》卷40，國家圖書館藏袁忠徹舊藏本。
③ （宋）陳祥道：《禮書》卷45，國家圖書館藏袁忠徹舊藏本。

脩，謂兩旁上下之尺數。假令兩旁上下尺二寸，則取一寸於中央爲峻。峻者，取水兩向流去故也。"[1]則元刻本圖中將庭分而爲三之兩條線，當是指峻。而明刻本去此峻，指出督之處。又注明"内霤"，所謂内霤，《禮記·檀弓下》記曰："涉内霤，卿大夫皆辟位。"孫希旦《禮記集解》曰："内霤，大門之内霤水處也。"[2]則可知明刻本圖中最下部所繪實際爲大門，門之内側庭中爲大門内屋簷下面流水之處，即内霤。其圖上部惟明刻本庭之左右各有一"位"字，不知何據，亦不明其意。

以上所論諸圖，張溥所改者或訂補其闕，或局部調整，或兩圖互換，或大改其圖，乃至重作新圖，多涉名物，亦有儀節，總的來說，所改者往往是對的。但是也偶有失誤者，如前文所述將籩、篡二圖像互換，實與其形制不合。另外，其所改之卷一百四十一"輨""轄"兩圖圖像，亦似有所不當，如圖5-85。

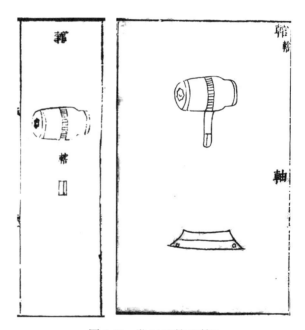

圖 5-85　卷 114"輨""轄"

① （漢）鄭玄注，（唐）賈公彦疏，彭林整理：《周禮注疏》下册，上海古籍出版社，2010年，第1684頁。

② （清）孫希旦撰，沈嘯寰、王星賢點校：《禮記集解》上册，中華書局，2012年，第300頁。

輨，《説文解字注》曰："轂耑鐏也。鐏者，以金有所冒也。轂孔之裏以金裹之曰釭，轂孔之外以金表之曰輨。輨之言管也。"①輨的作用，具體來説，"在古代的車上，軸是固定的，而行車時，輪、轂卻要不停地轉動。轂不但承受車廂的重量，還要受到車軸轉動的張力，並承擔車軸的摩擦，是吃力很重的部件。尤其是在車子傾斜時受到軸的扭壓力矩較大，轂口易開裂。輨在轂兩端，形狀如管，外邊留有狹窄的當頭，合轂木的厚度，正好釘在轂端，用以管制轂，故名輨。由此可見，輨對轂起加固作用"②。轄，錢玄先生《三禮辭典》曰："車上之零件。插於軸端之孔内，使書、轂、軸三者固定，不致外脱。以鐵或銅爲之，或以木爲之。字亦作'鎋'。"③《三禮辭典》"鎋"條目下有圖（見圖 5-86）④，更加明確地指出了轄所在的位置。此外，郭寶鈞先生《殷周車器研究》同樣繪有西周車輪結構一圖（見圖 5-87），既指出了輨的位置，又標明了轄的所在，可以明確看出二者實際是不相連的，故元刻本《禮書》禮圖二者是分別畫的。轄是插於軸端之孔，張溥之圖則將其插於輨上，顯然是錯誤的。

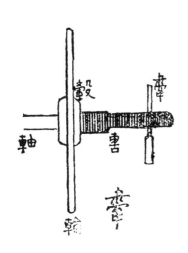

圖 5-86　《三禮辭典》"鎋"（轄）圖

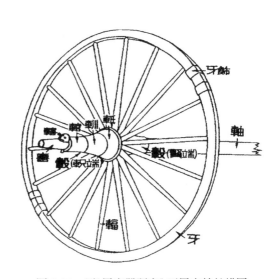

圖 5-87　《殷周車器研究》西周車輪結構圖

①　（清）段玉裁：《説文解字注》，浙江古籍出版社，2009 年，第 725 頁。
②　顧玉順、李剛：《談對遼代車輨和車的幾點認識》，《遼金歷史與研究》2014 年 00 期，第 362~371 頁。
③　錢玄、錢興奇：《三禮辭典》，鳳凰出版社，2014 年，第 1184 頁。
④　錢玄、錢興奇：《三禮辭典》，鳳凰出版社，2014 年，第 947 頁。

綜上所述，明末張溥重刻《禮書》之時，對其禮圖作了較大的改動，這種改動既涉及體例方面，又包括内容方面。張溥對禮圖題目的改造方面，包括補題目、改題目、闕題目三種情況；對注解文字的改造方面，包括增加注解文字、改動注解文字、删除注解文字三種情況；對禮圖圖像的改造方面，包括增飾、補充說明文字、改圖三種情況。以上所有改圖，合起來共涉及禮圖 261 幅，足可見張溥所作之改造程度之大。

三、張溥改造禮圖之原因、所受限制及總體評價

1. 張溥改造禮圖原因及所受限制

通過上文所論可知，張溥重刻《禮書》時對其禮圖進行了大量改造，其緣由固然可以説是張溥受明代擅改前人書風氣的影響，但更重要的動因還是應從《禮書》文本本身來考察。就體例上來説，前文已經論及，張溥將禮圖集中編排，一方面是出於刊刻方便的需要，另一方面是便於其增删某些禮圖而不必考慮圖文一一對應的限制。

就禮圖内容方面來説，張溥對其進行改造，最主要的原因是元刻本《禮書》不少禮圖實在過於簡略，並且錯誤較多。謂其簡略，首先表現在有一定數量的闕圖現象，如卷34"九州"、卷34"十二分"、卷36"璿璣"、卷36"十日"、卷77"骨體"、卷105"虎侯"、卷128"武舞六成之位"等，皆闕其圖。其次是在儀節圖方面，比如卷64"陳服設筵及加冠之儀""孤子冠""庶子冠"、卷72"天子諸侯卜祭於廟堂"等圖，基本衹是繪了一些線條、框架，表示行禮場所，而其中之禮器、行禮之人等全無表現，完全無法展現儀節方位，形同廢圖。而名物圖方面，元刻本之圖也有很大的可提高的空間，比如卷19"天子佩"、卷22"劍"、卷46"門制"諸圖，皆可再加上説明文字，指明其各個部位的具體名稱。言其錯誤，比如卷8"緇布冠"、卷19"璜"、卷48"魯四代學""諸後學"、卷147"六馬車"諸圖之圖像，繪名物形制，皆有所不當。其餘文字中誤、脱、倒、衍者，亦常見之。正因爲元刻本《禮書》本身之禮圖有如此多不足之處，可改且當改，故而張溥重刻皆爲之補正。

總的來説，張溥所改造之圖基本是在元刻本《禮書》禮圖的基礎上進行增損的，除了 19 幅補圖和增圖者及卷6"韋弁"、卷36"十二風"、卷40"周明堂"、卷45"庭"諸圖外，某些禮圖因具有先天性闕陷，限制了張溥的改造。這種圖主要是儀節圖，如卷64"士冠筮日之儀"圖，如圖5-88、圖5-89、圖5-90 所示。

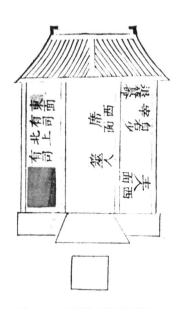

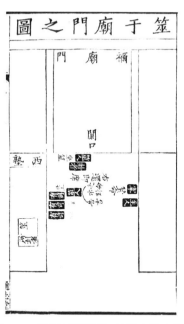

圖 5-88　明刻本《禮書》筮日　　　圖 5-89　楊復《儀禮圖》"筮於廟門之圖"

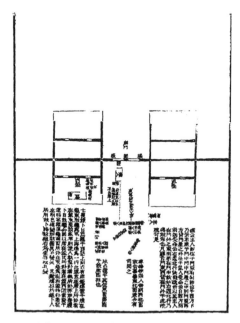

圖 5-90　張惠言《儀禮圖》"筮日"

《儀禮·士冠禮》記載筮日之儀舉行於廟門處，主人"即位於門東，西面"。有司"即位於西方，東面，北上。筮與席、所卦者，具饌於西塾。布席於門中，闑西、閾外，西面"。據此，可以完整地繪出賓、主、禮器等的位置。而元刻本《禮書》祇繪有一座廟門，並且是具象的、立體的，故而張溥若不另畫新圖，就祇能在此立體圖中展現相關儀節，最後就成了如圖5-88所示之形態。這樣的"士冠筮日之儀"圖顯然不是最理想的狀態，因爲楊復《儀禮圖》與張惠言《儀禮圖》皆有筮日之圖（見圖5-89、圖5-90），與明刻本相比，高下立見。

楊、張之圖在表現士冠禮筮日之儀時，都採用了平面圖的形式，更爲直觀，且易於將賓、主、有司、禮器等安排在相應的位置。而張溥之圖有立體的建築，要保留建築的樣子，就無法詳細地展現儀節。這是陳祥道創作此禮圖時已經設置好的障礙，是陳祥道沒有完成儀節圖由立體到平面的轉化工作，是該禮圖先天性的闕陷，難以通過增損來完善。

《禮書》中類似的禮圖還有卷43"大夫士寢制"、卷81"大夫廟門之位""士廟門之位"、卷83"陰厭""陽厭""受嘏"、卷94"釋奠"、卷109"祭侯禮"，連同此卷64"士冠筮日之儀"，共計9幅圖。張溥爲這些儀節圖都補充了相關文字，以盡力反映儀節方位等信息。

2. 張溥所改造禮圖之總體評價

關於張溥刻本的評價，以筆者所見，孫星衍《廉石居藏書記》言："張溥刻本移其圖在文前，去其結銜，倒其表序，其妄如此"①，此爲否定者；周中孚《鄭堂讀書記》曰："此本爲明張西銘溥、盛順伯順以宋本重梓，二人前俱有序，剞劂精妙，間有誤字耳"②，是爲贊許者。

孫星衍所言，是從體例角度出發的，認爲明刻本既爲重刻本，擅自更改原書體例，致使圖文分離，讀之不便，實在狂妄。這種批評自然是有道理的，但也要考慮張溥如此做法可能自有其想法，並非隨意爲之。周中孚之評價是從明刻本《禮書》整體着眼，抓住其重刻之面貌，謂之"剞劂精妙"，此亦並非虛言，尤其是對於其禮圖部分來說，確實在準確度和精確度上有了很大提升。通過前文所列元刻本與明刻本《禮書》禮圖的對比，我們可以明顯發現今存可見的絕大部分元刻本《禮書》在版面上有不同程度的殘損模糊，文字之間距離較小，

① （清）孫星衍撰，焦桂美、沙莎標點：《廉石居藏書記》，《中國歷代書目題跋叢書》第3輯，上海古籍出版社，2008年，第170頁。

② （清）周中孚：《鄭堂讀書記》，《宋元明清書目題跋叢刊》第15冊，中華書局，2006年，第219頁。

稍顯局促。而圖像方面則技法略爲拙劣，摹畫往往失眞，使其看起來十分不美觀。反觀明刻本，無論是圖像的清晰精美程度，還是禮圖内容格局的安排，都要遠遠勝過元刻本。並且明刻本對元刻本的很多禮圖都作了增飾，使其更加精緻，禮圖之細節更加精確，這樣的圖計有 25 幅，前文皆已論之，此不贅述。因此，總體而言，說明刻本“刓剜精妙”，並不爲過。

更爲重要的一點是明刻本《禮書》禮圖在内容上對元刻本作了大量訂補，並且這些訂補往往是正確的。前文已經舉例論述，這裏再從總體上加以闡述。

其補圖和增圖者共計 19 幅，是元刻本《禮書》所無者，本身就是不小的貢獻，更何況其中某些補圖在反映儀節及名物形制方面尤爲重要，是其他禮圖著作所未曾涉及的。

明刻本對禮圖題目改動的情況，補題目者 14 幅，改題目者 16 幅，共計 30 處。14 處補題目並非向壁虛造，皆補之有據。一是《禮書》實際本有三套題目：全書總目錄、各卷之分卷目錄、正文條目，正文條目闕，可據其他二者增補。二是各禮圖後皆有與之配合的文字，根據此文字内容，亦可擬定題目。此二者乃張溥補足《禮書》禮圖所闕題目的根據，故而其補不誣。16 處改題目者，卷 18 將“霄”改作“霄衣”，卷 57 將“璽”改作“璽書”，卷 97 將“楘”改作“楘禁”，卷 100 將“疏布”改作“疏布巾”，卷 106 將“大夫麋侯三正”改作“大夫麋侯二正”，卷 147 將“四馬車”改作“六馬車”，共計 6 處，可以非常肯定所改皆對。其餘如卷 24 將“王及諸侯城郭之制”改作“王城”，卷 38 將“外朝”改作“治朝”，卷 61 將“用雁”改作“贄雁”，卷 92 將“社稷”改作“太社”、將“王社”改作“太稷”，卷 101 將“匵”改作“雕匵”，共計 6 處，元刻本所繪固然不能説有誤，張溥所改亦不能算錯，大體還是比之更精確些。

張溥對《禮書》禮圖注解文字的改造，增字者 82 處，改字者 20 處，共計 102 處。其 82 處增字，可分成考證類、説明類、附注類、補單個字之類四種，所增文字皆元刻本《禮書》禮圖所無者。其所增之内容也不是憑空而來的，大多數是據鄭玄注文和孔穎達、賈公彦疏文，一小部分是從圖後陳祥道之按斷文字截取，還有極少數是張溥自己的考證。如此增加的衆多注解文字，大大提高了《禮書》禮圖信息的涵蓋量，增強了其獨立性，這一點對清代《三禮義疏》之禮圖影響頗大，後文詳細論述，此不贅言。20 處改字者中，有 16 處皆是改的單字，前文已經一一探討，改對者 10 處，大多涉及名物形制之關鍵字眼，有重要意義。

明刻本對禮圖圖像的改造方面，增飾者 25 幅，補充説明文字者 79 幅，改圖像者 34 幅，合計涉及禮圖 138 幅。其 25 幅增飾之圖，前文已敘，皆是局部修飾，增加了禮圖的美觀性和精確性。79 幅補充説明文字之圖，是張溥對元刻本《禮書》禮圖的又一重要貢獻，通過前文分析可知，原本《禮書》禮圖過於簡陋，尤其是某些儀節圖，没有文字佐助，基本形同廢圖，而張溥之改造則使其起死回生，不啻再造。34 幅改圖像者，根據上文所論，其中有 26 幅是所改不枉的。並且其所改之圖中，有一部分是將原圖全部改換，相當於另作新圖，體現了張溥本人的某些觀點。

當然，張溥對元刻本《禮書》禮圖内容的改造也仍有一些不當之處。首先，明刻本中有闕圖者 3 幅，闕題目者 2 幅，可能是刊刻之疏漏，並非出自張溥本意。對注解文字有 5 處删減，雖各有其具體情況，有的實際並未删去，衹是移到了正文題目之下，但究竟是改變了陳祥道的本意，削弱了禮圖的信息涵蓋量。

其次，張溥對原書禮圖題目之 16 處更改中，卷 11 將"角"改作"髦"，卷22 將"削刀"改作"削"，卷 99 將"龍勺"改作"俄勺"，卷 106 將"畿内卿大夫麋侯"改作"畿内鄉大夫麋侯"，都是錯的。對原書禮圖注解文字之 20 處改動中，改錯者有 7 處。對原書禮圖之圖像的改動中，將卷 101"簠""簋"兩圖像互換，將卷 141"輨""轄"兩圖像合爲一個圖像，都是錯誤的，此外對某些圖像細節處的改動，如將卷 40"周明堂"的九階改作十二階，也與陳祥道本意不合。

綜上所述，張溥重刻《禮書》時對於原書禮圖的大量改造，偶有闕漏誤改者，正確者居絶大多數，大大提高了《禮書》禮圖的準確性。並且其所刻之圖清晰精美，格局疏朗，總的來説，較元刻本《禮書》禮圖更爲出色，達到了後出轉精的目的。大概因爲這樣，後世《四庫全書》本、嘉慶九年福清郭氏校經堂刻本、光緒三年廣州學源堂刻本皆以張溥刻本爲底本。

小　結

本章主要對《禮書》禮圖展開研究。首先對禮圖及禮圖著作進行了簡要的梳理，禮圖主要分爲名物類和儀節類兩種，這兩種禮圖在思維方式和創作手法上是不同的，甚至存在矛盾，有必要明確這一點。由於二者有所不同，故而其各自的産生和發展演變也有所差異，名物圖應該要比儀節圖早一些産生，並且其發展主要經歷了三個階段，一是主要或者説全部是以文獻記載爲依據而繪圖的階段，二是受古器物和古器物圖興起的衝擊，而純以古器物及其圖爲據繪圖的階段，三是既以傳世文獻記載爲依據，又參考古器物圖的繪圖階段。儀節圖的發展則比較單純，自其創作形式成熟以後便被固定下來，歷代儀節圖創作祇是在内容上有所調整，形式基本没有變化。到了新時代，隨着科技的發展，中國古代名物類和儀節類禮圖都有了新面貌，依靠視頻、動畫技術，二者實現了相互結合，較之古代優點突出。此外，文中還對中國古代歷代禮圖著作進行了梳理，統計了"周禮類""儀禮類""禮記類""三禮總義類""通禮類""雜禮書類"等具體有哪些禮圖作品，爲今後禮圖方面的進一步研究做些準備。

《禮書》之禮圖總計達八百餘幅，主要分爲名物圖和儀節圖兩種，名物圖爲主，儀節圖占少數。該書名物圖主要可以分爲衣服圖、宫室圖、玉瑞符節圖、尊彝匏爵鼎俎圖、宗廟祭祀器用圖、贄圖、射及投壺器圖、樂器舞具圖、旌旗圖、車馬圖、兵器圖、疆域貢賦圖、農桑圖、天文曆法圖、喪服喪器圖等，共計十五類。儀節圖主要分爲成熟的和不完善的兩種。此外，《禮書》中還有部分表譜，亦是以圖的形式展現。在明確了《禮書》禮圖内容的基礎上，將《禮書》名物圖和聶崇義《新定三禮圖》進行了對比研究，指出其對聶崇義之圖的沿襲和補正。對《禮書》儀節圖的特點和文獻價值進行了闡發，推測《禮書》儀節圖有可能就是最早的儀節圖，並進行了相關論證。

將明張溥重刻本《禮書》禮圖與元刻本《禮書》禮圖進行了對比，明確張溥對原書禮圖進行了怎樣的改造，分析其改造禮圖的原因主要是元刻本《禮書》禮圖的闕陷和重刻體例調整的需要。同時認爲張溥改造禮圖時也受到原圖的限制，主要表現在儀節圖方面。對張溥改造禮圖的成果進行了總體評價，認爲其改造後的禮圖價值更高，較之原圖更優。

第六章　《禮書》之評價、影響與定位

陳祥道《禮書》作爲今存較早的通禮類著作，全書一百五十卷，圖文兼備，規模宏大，涉及"三禮"的各個方面。如何對這樣一部書進行評價呢？其影響如何？其在禮學乃至經學史上又處於何種地位？關於這些問題，前人的看法並不深入。尤其是對於《禮書》的評價，前人分歧較大，更有甚者故意詆毀此書，致使其長期蒙塵。下面結合前文之研究，對這些問題展開論述。

第一節　《禮書》爲未完成之書獻疑

陳祥道《禮書》洋洋一百五十卷，蔚爲大觀，然而據筆者考察，此書並不完整，即《禮書》實際上有可能是一部未完成之作。下面試從文本外和《禮書》文本本身兩個方面來進行分析。

一、《禮書》創作過程中相關情況推論

首先，通過前文所述可知，陳祥道《禮書》爲時人所知時並不是完稿。《續資治通鑑長編》記載，元祐四年二月，"翰林學士許將言，太學博士陳祥道尤深於《禮》，嘗著《增廣舊圖》，及考先儒異同之説，著《禮書》一百卷。望試以禮官，取所爲書付之有司"①。南宋王應麟《玉海》亦記曰："元祐四年，翰林學士許將言祥道《增廣禮圖》及著《禮書》一百卷。"②《宋會要輯稿》也有相同記載③。

元祐五年十月二十八日范祖禹又舉薦陳祥道之《禮書》時，卻有所不同了，范祖禹《乞看陳祥道〈禮書〉劄子》言：

①　(宋)李燾：《續資治通鑑長編》第 29 册，中華書局，1995 年，第 10210 頁。
②　(宋)王應麟：《玉海》，《景印文淵閣四庫全書》第 944 册，臺灣"商務印書館"，1986 年，第 102 頁。
③　(清)徐松：《宋會要輯稿》，中華書局，1957 年，第 4689 頁。

　　臣伏見太常博士陳祥道，專意禮學二十餘年，近世儒者，未見其比。著《禮書》一百五十卷，詳究先儒義説，比之聶崇義圖尤爲精審該洽，昨臣僚上言，乞朝廷給紙札，差書吏畫工付祥道録進，今聞已奏御降付三省。①

　　此文中言及"昨臣僚上言，乞朝廷給紙札，差書吏畫工付祥道録進"，當是指許將之薦，朝廷體恤，故撥付紙札、書吏、畫工，助陳祥道抄録《禮書》進呈，此是元祐四年之事。而元祐五年范祖禹進薦之時，已經言陳祥道之《禮書》爲一百五十卷了，可知在這一年中，陳祥道仍然在不斷補充完善《禮書》。也就是説，儘管有朝臣舉薦其書，但是當時陳祥道並没有完成該書的創作。

　　其次，陳祥道之弟陳暘在其《樂書》自序中詳細説明了其創作原因，其中提到了陳祥道的相關情況，其文曰：

　　臣先兄祥道是時直經東序，慨然有志禮樂。上副神考修禮文、正雅樂之意，既而就《禮書》一百五十卷。哲宗皇帝祇遹先志，詔給筆札，繕寫以進。有旨下太常議焉。臣兄且喜且懼，一日語臣曰：禮、樂，治道之急務，帝王之極功，闕一不可也。比雖籠絡今昔上下數千載間，殆及成書，亦已勤矣。顧雖窹寐在樂，而精力不逮也。屬臣其勉成之。②

　　由陳暘之語可知，陳祥道《禮書》最終定稿確實是一百五十卷，今之所見即當時之定稿。同時，文中也明確説了陳祥道晚年"精力不逮"，不能再進行創作了，故而勉勵其弟陳暘寫作《樂書》。元祐八年，陳祥道去世，至少可以説明從元祐五年到八年這幾年，陳祥道的身體狀況不好，對《禮書》的進一步完善工作可能仍然是擱置的。況且范祖禹於元祐七年十二月九日所上《薦陳祥道〈儀禮解〉劄子》中，也明確説陳祥道"昨進《禮圖》一百五十卷，已蒙朝廷藏之秘閣"③，則在此期間，陳祥道縱然想去修改《禮書》也不可能了。

二、《禮書》文本本身的證明

　　首先，前文"《禮書》總目録、分卷目録、正文條目差異探究"一節中已經

---

①　(宋)范祖禹：《范太史集》，《景印文淵閣四庫全書》第 1100 册，臺灣"商務印書館"，1986 年，第 249 頁。

②　(宋)陳暘：《樂書》，《中華再造善本》，國家圖書館出版社，2013 年。

③　(宋)范祖禹：《范太史集》，《景印文淵閣四庫全書》第 1100 册，臺灣"商務印書館"，1986 年，第 289 頁。

陳明，《禮書》之總目録、分卷目録、正文條目三者之間並不統一，有所差別。分卷目録是每卷内容的提綱，是對各卷内容的規劃。而正文條目則是實際完成的成果，故而與分卷目録的規劃有所差別。而總目録應該是在全書定稿後，陳祥道纔制訂的，這個總目録當然是以正文條目爲基礎的，因此二者内容上差別不大，但是同分卷目録則差別較大。

　　《禮書》總目録、分卷目録、正文條目存在差異的原因，前文已經分析明白，陳祥道從元祐四年到五年之間還一直在完善《禮書》，到了元祐五年謄録完畢，必須要交給朝廷，付三省看詳，故而對於每卷所規劃的内容並没有全部完成，導致了最終分卷目録被保存下來，並且和正文條目、總目録都有不小差別。換句話説，實際就是陳祥道直到將其書上交朝廷時仍然没有完成他理想中的《禮書》的規模，祇是迫於時間緊迫和精力不逮，纔匆匆定稿。

　　其次，《禮書》今存最早的版本是元刻本，此版本中有多幅禮圖闕失，如男子事佩、婦人事佩、玉節、角節、九州、括髮、免、髽、笄、竹杖、削杖、絰帶、倚廬、堊室等圖。這些闕圖當然有可能是因爲重刻時即已闕失，元刻本畢竟是以南宋本爲底本的重刻本。但是也不能排除陳祥道在《禮書》定稿時就没有繪製這些禮圖的可能，涉及喪服、喪器的禮圖全部闕失，僅從版本方面來分析，似乎不夠有説服力。況且《禮書》所有闕圖的部分，都預留出了繪圖的空間，很有可能是陳祥道定稿時來不及繪製，故而空置，以備再補。從這個角度來看，《禮書》似乎也可能是未完成之書。

　　最後，從《禮書》整體的内容結構來看，其内容的編排實際是以類相從的，可以劃分爲多個門類。這些門類具體包括衣服佩用、建國分土、井田、親釁之禮、貢賦徭役、體國經野、天文曆法、宮室、几席、學校制度、玉器符節、幣帛執摰、宗法制度、冠禮、婚禮、宗廟祭祀、郊社群祀、尊彝匏爵鼎俎、射禮、投壺禮、武備、樂舞、旗幟、車馬、喪葬等，方方面面，皆有涉及，不愧是通禮類著作。

　　將《禮書》各個門類所包含之名物類條目同聶崇義《新定三禮圖》相比，在數量上都勝出許多。但是唯獨涉及“喪葬”的部分，《禮書》僅有最後三卷來論述，且三卷中喪葬之名物僅設有笄、竹杖、削杖、絰帶、絞帶、堊室共計 6 物，而聶崇義《新定三禮圖》則設有喪服圖上、喪服圖下、襲斂圖、喪器圖上、喪器圖下共計 5 卷，其所包含之名物更是多達 80 種左右。二者相差太多，明顯能看出陳祥道在論及“喪葬”部分用力不足，考慮到該部分又在全書最後三卷，可以推想可能是陳祥道没有來得及寫作更多内容。

　　再將《禮書》“喪葬”部分與該書其他門類相比，也可以明顯看出陳祥道在

"喪葬"這部分並没有完成的痕跡。仔細審視《禮書》其餘門類之內容，可以發現陳祥道在創作時總以求全求備爲目標宗旨，凡相關之內容都極盡可能地納入進來。比如其"玉器符節"這一類中，總列笏、大圭、諸侯荼、大夫笏、士竹本、玉、冒圭、鎮圭、大琮、王駔琮、后駔琮、公侯伯子男圭璧（桓圭、信圭、躬圭、穀璧、蒲璧）、介圭、繅（王繅、公侯伯繅、子男繅、聘玉繅、問諸侯繅）、四圭有邸、蒼璧、兩圭有邸、黄琮、圭璧、璋邸射、青圭、赤璋、白琥、玄璜、牙璋、中璋、圭瓚、璋瓚、大璋、中璋、邊璋、宗廟禮神之玉、穀圭、琬圭、琰圭、璧羨、璪圭、璪璋、璪璧、璪琮、合六幣、玉案、環、瑗、八節（玉節、角節、龍節、人節、虎節、符節、管節、旌節）、英蕩、傳、璽等，共計63個條目，比之錢玄先生《三禮辭典》"玉器符節"所收之91條雖少，但也基本上將"三禮"中所涉及的玉瑞符節等網羅幾盡。而反觀《禮書》"喪葬"類中，總計僅收有喪期、衣服升數、斬衰制、齊衰制、喪服祥禫月日、括髮、免、髽、筓、杖（竹杖、削杖）、絰帶、絞帶、衰辟領負板之制、倚廬、堊室、貴賤疏親廬堊室之辨、含襚賵贈之別、從服共19個條目，這與陳祥道求全求備、籠絡古今的宗旨明顯不相匹配。出現這種情況，比較合理的解説就是這部分的創作並没有完成。

　　綜上所述，綜合陳祥道創作《禮書》時的情況和《禮書》本身所反映的問題兩個方面來看，《禮書》實際上很有可能是一部未完成的著作。就其文本本身來説，這個未完成歸納起來就是兩個表現，一是全書末尾講"喪葬"的部分過於簡陋，明顯不符合陳祥道創作的求全求備宗旨；二是從全書整體來考察，其總目錄、分卷目錄、正文條目的不統一，是未能最終完成全書規劃目標的原因造成的。

　　陳祥道爲何没能徹底完成《禮書》的創作？以筆者之猜測，最主要的原因大概是許將和范祖禹二人對其書的舉薦。由於不斷被朝臣推薦，且有朝廷出資出力幫助，陳祥道之創作實際上已經被納入政府工程了，時間緊迫，再加精力不逮，最終導致了該書僅能粗具規模，抄錄完成即上呈皇帝過目。藏之秘府之後，朝廷不再資助，陳祥道個人縱想對《禮書》再加完善，也力有不逮。更何況其時陳祥道身體狀況不佳，精力不足，不幾年便去世了，《禮書》最終可能没有徹底完成，流傳至今，保存了其當初的規模。

第二節　《禮書》對後世的影響

　　陳祥道《禮書》創作於北宋時期，卷帙繁多，不僅成書時間早，而且內容廣博該洽，又加上歷代都有刊刻，流傳甚廣，對後人產生了較大影響，歷代注解"三禮"者基本對該書有所借鑒引用。下面主要從《禮書》之體例、文字内容和禮圖三個方面分析其對後世的影響。

一、《禮書》體例方面的影響

實際上，相較於《禮書》之文字内容、禮圖兩個方面，其體例方面的影響顯然要小得多。《禮書》作爲一部通禮類著作，以筆者之考察，後世有一部通禮類作品取法《禮書》體例甚多，此書即清代林昌彝之《三禮通釋》。

林昌彝字惠常，道光十九年（1839）中舉，多次參加會試不中，終因獻其所著《三禮通釋》，於咸豐八年（1858）得建寧府學教職，然僅一年便被排擠去官。今時研究者多看重其詩評方面的成就，以其《射鷹樓詩話》特點突出，異於其他詩話之作也。然其禮學方面成就，表彰者幾無，其所著《三禮通釋》230卷，附《三禮圖》50卷，合計 280 卷，廣集前人之說，亦堪稱巨制。林氏之禮學成就及《三禮通釋》，筆者將另撰文研究，本節則僅討論其對陳祥道《禮書》的借鑒。

林昌彝《小石渠閣文集》卷五中《進呈三禮通釋》一文曰：

> 舉人見聞淺陋，學識粗疏，敢希先哲之纂修，願備秩宗之採擇。仿陳祥道《禮書》之例，依崔靈恩《禮說》之條；廣如綫之師傳，萃通儒之成說。卅年之力，雖僅免言帚而忘筥；一得之愚，不足以信今而傳後。①

明確説其著此書耗費三十年心力，而書之體例則仿陳祥道之《禮書》。《禮書》之體例自然是指其編排體例，除了整體的圖文配合之外，就是全書以條目形式組成，諸條目以類相從，分門別類，依次排布。林昌彝所謂仿《禮書》之例，不僅僅是仿其以條目形式組成且分門別類排布那麼簡單，而是其條目之設置，除了"天文曆法"和"學校制度"兩類外，其餘也基本與《禮書》全同，排列次序也相差無幾，甚至説其基本照搬《禮書》條目，也不爲過。下面詳細分析。

《三禮通釋》第一至十八卷主要是講"天文曆法"和"學校制度"，此其大異

---

① （清）林昌彝：《小石渠閣文集》，《清代詩文集彙編》第 614 册，上海古籍出版社，2010 年，第 238 頁。

於《禮書》編排之例者。但是將其與《禮書》之編排條目作一對比，仍能看出其借鑒《禮書》之處。我們將兩書各卷及條目依次列表（見表6-1），從表中所列兩書目録來看，《三禮通釋》之"天文曆法"類條目儘管多於《禮書》，但其中璿機玉衡、月令中星、土圭測景、十二分、月令二十四氣、挈壺漏刻、十日、致日月之法、十二風、水平法等諸條目，還是沿襲《禮書》的設置。其"學校制度"類中，庠序、視學養老之禮、天子諸侯視學之禮、養孤之禮、鄉飲酒之禮、《周禮》五几、《書》四几諸條目①，亦是沿襲了《禮書》的規劃。而《三禮通釋》多出來的條目，則顯然是因後世科技的進步及研究的深入，對某些內容必然要進行更加詳盡的探討，也就涉及更多條目。

表 6-1 《三禮通釋》與《禮書》目録比較 1

《三禮通釋》②			《禮書》	
卷 1~11 目録	璿機玉衡	星行次輪周	卷 35~36 目録	尚書中星
	堯典中星	輪分左右旋		月令中星
	月令中星	順逆遲留視行		月令二十四氣
	中星更録	黃赤距交應中		挈壺漏刻、壺附
	土圭測景	日蝕		璿璣玉衡
	渾天	月道交黃道		測景土圭
	天圓地圓	月蝕		致日月之法
	黃道赤道	閏法		十日
	南北二極	十二分		十二風
	太陽出入赤道	月令二十四氣		水平法、爲規識日法
	日距赤道節氣度數	挈壺漏刻		
	月行九道	十日		
	月行次輪	致日月之法		
	七政形象大小	十二風		
	本輪次輪平行	水平法		
	輪別高卑			

---

① 按：《禮書》中《周禮》五几、《書》四几兩條實際歸於"几席類"，此處爲方便對比，故列之。

② （清）林昌彝：《三禮通釋》，《故宮珍本叢刊》第 12 册，海南出版社，2000 年，第 9~10 頁。

续表

《三禮通釋》		《禮書》	
卷12~17 目録	辟雍 泮宫 校、庠、序 視學養老之禮 天子諸侯視學之禮 養孤之禮 鄉飲酒之禮 門塾 釋奠 釋菜 《周禮》五几 《書》四几	卷48~50 目録	《周禮》五几 《書》四几 學校 周四代學、魯四代學、諸後學 塾 庠、序 鄉官書攷之法 秀選俊造進士升論之法 簡不帥教之法 天子諸侯視學之禮 視學養老之禮 養孤之禮 鄉飲酒之禮

　　林昌彝《三禮通釋》中除了"天文曆法"和"學校制度"兩類外，其餘諸類別之排列次序、類別中之條目名稱、各條目之排列次序則基本上與《禮書》相差不多。這裏之所以説相差不多，是因爲各類別的條目仍然偶有增減及次序互换者，並不完全相同。下面舉"玉器符節"類爲例，仍然是以列表的形式將二者作一比較，以見其大概(見表6-2)。

表6-2　《三禮通釋》與《禮書》目録比較 2

《三禮通釋》			《禮書》		
卷91~100 目録	笏 大圭 大琮 王駔琮 后駔琮 公侯伯子男圭璧 介圭 繅藉	瑑璋 瑑璧 瑑琮 合六幣 圭以馬 璋以皮 璧以帛 琮以錦	卷51~57 目録	笏 大圭 諸侯荼 大夫笏 士竹本 玉 冒圭 鎮圭	中璋 邊璋 宗廟禮神之玉 穀圭 琬圭 琰圭 璧羨 瑑圭

《三禮通釋》		《禮書》	
王纑	琥以繡	大琮	瑑璋
公侯伯纑	璜以黼	王駔琮	瑑璧
子男纑	環	后駔琮	合六幣
聘玉纑	瑗	公侯伯子男圭璧	圭以馬
兩圭有邸	玉案	介圭	璋以皮
四圭有邸	節	纑	璧以帛
璋邸射	玉節	王纑	琮以錦
圭璧	角節	公侯伯纑	琥以繡
青圭	龍節	子男纑	璜以黼
赤璋	人節	聘玉纑	玉案
白琥	虎節	問諸侯纑	環
元璜	符節	四圭有邸	瑗
牙璋	管節	兩圭有邸	節
中璋	旌節	黃琮	八節
傳璽	節傳	圭璧	玉節
圭瓚	傳	璋邸射	角節
璋瓚	英蕩	青玉	龍節
大璋		赤璋	人節
宗廟禮神之玉		白琥	虎節
邊璋		玄璜	符節
冒圭		牙璋	旌節
穀圭		中璋	管節
琬圭説（上、下）		圭瓚	英蕩
璧羨		璋瓚	璽
瑑圭		大璋	傳

表6-2中所列兩書“玉器符節”類中各條目之名稱、排列次序可以看出，《三禮通釋》此類中絕大部分條目名稱及排列次序與《禮書》基本相同，二者祇在個別條目上有所差別，如《禮書》中設“諸侯茶”“大夫笏”“士竹本”等條目，而《三禮通釋》不設。“玉器符節”類的體例對《禮書》的仿效到了如此程度，其他類別也差不多。

綜上所述，《禮書》體例方面的影響在清代林昌彝《三禮通釋》一書中體現得最爲明顯。林昌彝之書對《禮書》體例的借鑒不僅是在條目類別及編排次序方面，還包括條目名稱方面，可以説此書是借《禮書》之外殼而換其內容，可見其對《禮書》之仿效程度，亦可見《禮書》體例對其影響之深。

二、《禮書》文字內容方面的影響

前文已經陳明，《禮書》全書主要由禮圖和圖後之文字內容兩個部分構成，彼此有所關聯，但是又能各自獨立。就其文字內容方面來説，陳祥道對先秦禮制的總論，對歷代禮制沿革的梳理，對個別細節之禮的論斷，對行禮儀節方位的考證，對名物形制功用的考訂，往往精審詳贍，學術價值很高，影響很大。

《禮書》文字內容的影響可以從多種方面來展現，一方面即是後人對其書推崇之至，爲之作摘録或補正。此類現象不常見，但也是有的，比如陳澔之《禮記集説》，成書後大爲流行，遂有清代《陳氏禮記集説補正》之作，雖爲補正之作，批駁其書之不足，但是也表明對陳澔之書非常重視，否則没有補正的必要。而陳祥道之《禮書》，在清代也恰好有這麼一位擁躉，此人即是陳寶泉。

陳寶泉其人生平，何紹基所著《(光緒)重修安徽通志》卷二百二十六有所記載，其文曰：

> 陳寶泉字鳳石，涇縣人。乾隆己酉舉人，任淮安訓導，後任石埭教諭，卒於官。平生篤志力學，經史百家皆手録成帙，著有《孟子時事考徵》《禮書旁通》十二卷行世，其《毛詩述聞》三十卷、《周易廣義》三十二卷、《路史補箋》十二卷，又所輯粹精叢書六十種，皆繕寫存於家。①

觀此傳記，可見陳寶泉實爲精研經史之輩。文中提到《禮書旁通》十二卷，實際應爲《禮書附録》十二卷。該書之序文曰：

> 右《禮書附録》十二卷，吾師陳鳳石先生所輯也。原本宋太常陳氏，而刪其敍述經文，存其融會論説。其於四子書有關禮制者，則取《三禮義疏》、《五禮通考》、陳氏《樂書》、惠氏《禮説》、金氏《通鑑》、《讀禮疑圖》、《典故辨正》、《天文志》、《地理志》，撮餘説，温故録，釋地圖，考諸名論，以附益之，凡所採取，皆有據依，而不敢强生臆見，蓋其慎

---

① (清)何紹基：《(光緒)重修安徽通志》，《續修四庫全書》第 654 册，上海古籍出版社，2002 年，第 30 頁。

也。先生一生手不釋卷，自《十三經註疏》以及《史》《漢》百家，所甄録者不下數十百卷，而於是書尤單心焉。憶從遊時，先生詔之曰："《三禮》浩繁，説者聚訟，是書精博簡要，綱舉目張，晁公武、陳振孫服膺至矣。"宗受而識之，不敢忘。客歲先生卒於石埭學署，心喪之餘，懼其書久而就湮也，勉爲校刊，以成先生嘉惠後學之至意。自知魯魚豕亥，舛誤貽譏，而徵材典制，舉業家頗爲得便，由是講求全書，未必非陳氏之一助云。時嘉慶庚辰秋日，受業馬超宗謹識。①

據此可知，陳寶泉對陳祥道《禮書》推崇備至，言其"精博簡要，綱舉目張"，平生手不釋卷，而於此書用功最深，殫盡心力。其所著《禮書附録》，大體是删掉《禮書》中徵引經文的部分，而獨存陳祥道按斷的部分，此皆《禮書》文字内容之精華所在。此外，陳寶泉還博取《三禮義疏》、《五禮通考》、陳氏《樂書》、惠氏《禮説》、金氏《通鑑》、《讀禮疑圖》、《典故辨正》、《天文志》、《地理志》等有關禮制之内容，補益於其所摘録《禮書》内容之後，可見其對《禮書》鑽研之深。因此若論《禮書》文字内容對後世學者影響最大者，當推陳寶泉莫屬。

《禮書》文字内容之影響還可以體現在後世諸多注解"三禮"及其他經書著作對《禮書》觀點的徵引引證方面。這種被徵引和引證方面的影響可以通過最直觀的數據，即引用數量，表現出來。我們僅以《中國基本古籍庫》所收之古籍爲基礎，檢索與陳祥道及《禮書》相關的關鍵詞，就可以得到這些數據。

由於各個著作徵引《禮書》觀點時所使用的稱謂不同，有稱"陳氏《禮書》"者，有稱"陳祥道"者，有稱"陳氏祥道"者，有稱"陳用之"者，有稱"長樂陳氏"者，故而爲求全面起見，我們將這些關鍵詞的檢索結果分別統計。需要注意的是，這裏統計的是後世各著作對《禮書》的徵引情況，而檢索詞卻是作者陳祥道，檢索出的結果難免出現與徵引《禮書》不相關的，因此在統計時自然將這些不相關的檢索結果去除。另外，我們在檢索《中國基本古籍庫》時，所設置的關鍵詞具有唯一性，因此幾個關鍵詞檢索出的結果不會出現重合的現象，能夠保證不重複統計。下面以列表格的形式對各檢索結果加以呈現，以徵引數量遞減序列爲次②(表6-3)。

---

① （清）陳寶泉：《禮書附録》，清刻本。
② 按：此統計表格僅列徵引《禮書》次數較多及雖不多但非常重要的著作。

表 6-3　歷代著作引《禮書》次數統計

朝代	作者	著作	徵引《禮書》次數	備注(徵引所用稱謂)
南宋	衛湜	《禮記集説》	612 次	稱"陳氏《禮書》"者 1 次，稱"長樂陳氏"者 611 次①
清	秦蕙田	《五禮通考》	556 次	稱"陳氏《禮書》"者 412 次，稱"陳祥道"者 34 次，稱"陳氏祥道"者 74 次，稱"陳用之"者 35 次，稱"長樂陳氏"者 1 次
清		《欽定禮記義疏》	471 次②	
清	黃以周	《禮書通故》	183 次	稱"陳氏《禮書》"者 32 次，稱"陳祥道"者 132 次，稱"陳用之"者 19 次
明	胡廣	《禮記大全》	179 次	稱"長樂陳氏"者 179 次
南宋	王與之	《周禮訂義》	174 次	稱"陳祥道"者 10 次，稱"陳用之"者 164 次
元	吳澄	《禮記纂言》	104 次	稱"陳氏祥道"者 1 次，稱"長樂陳氏"者 103 次
清	杭世駿	《續禮記集説》	92 次	稱"陳氏《禮書》"者 4 次，稱"陳祥道"者 5 次，稱"陳氏祥道"者 19 次，稱"陳用之"者 51 次，稱"長樂陳氏"者 13 次
明	何楷	《詩經世本古義》	88 次	稱"陳氏《禮書》"者 3 次，稱"陳祥道"者 83 次，稱"陳氏祥道"者 1 次，稱"陳用之"者 1 次
南宋	魏了翁	《古今考》	72 次	稱"陳祥道"者 72 次
清	孫詒讓	《周禮正義》	66 次	稱"陳祥道"者 66 次
清	徐乾學	《讀禮通考》	65 次	稱"陳祥道"者 53 次，稱"陳用之"者 10 次，稱"長樂陳氏"者 2 次

① 按：衛湜《禮記集説‧集説名氏》中明確講明"長樂陳氏祥道，字用之"，並交待清楚其書引陳祥道之書有《講義》24 卷、《禮書》150 卷、《禮例詳解》10 卷，故此數據實際是《禮記集説》引此三書之次數，非獨《禮書》。然其餘二書卷數偏少，其徵引仍是以《禮書》爲主。

② 按：《中國基本古籍庫》未收《欽定禮記義疏》，此數據得自瞿林江《〈欽定禮記義疏〉研究》(南京師範大學 2015 年博士學位論文，第 49 頁)的統計。

朝代	作者	著作	徵引《禮書》次數	備注(徵引所用稱謂)
清	盛世佐	《儀禮集編》	56 次	稱"陳祥道"者 2 次,稱"陳氏祥道"者 53 次,稱"陳用之"者 1 次
清	胡培翬	《儀禮正義》	52 次	稱"陳氏《禮書》"者 12 次,稱"陳祥道"者 3 次,稱"陳氏祥道"者 36 次,稱"陳用之"者 1 次
宋	馬端臨	《文獻通考》	46 次	稱"陳氏《禮書》"者 43 次,稱"長樂陳氏"者 3 次
清	孫希旦	《禮記集解》	45 次	稱"陳氏祥道"者 41 次,稱"陳用之"者 3 次,稱"長樂陳氏"者 1 次
清	劉沅	《禮記恒解》	37 次	稱"陳氏祥道"者 37 次
明	季本	《詩説解頤》	35 次	稱"陳氏祥道"者 35 次
清	王鳴盛	《西莊始存稿》	31 次	稱"陳祥道"者 30 次,稱"陳祥道"者 1 次
明	丘濬	《大學衍義補》	30 次	稱"陳祥道"者 30 次
清	納蘭性德	《陳氏禮記集説補正》	28 次	稱"陳用之"者 3 次,稱"長樂陳氏"者 25 次
明	王長志	《周禮注疏删翼》	27 次	稱"陳氏《禮書》"者 22 次,稱"陳祥道"者 2 次,稱"長樂陳氏"者 3 次
清	朱彬	《禮記訓纂》	25 次	稱"陳用之"者 25 次
清	劉青蓮	《學禮闕疑》	25 次	稱"長樂陳氏"者 25 次
清	金鶚	《求古録禮説》	25 次	稱"陳氏《禮書》"者 13 次,稱"陳祥道"者 7 次,稱"陳氏祥道"者 3 次,稱"長樂陳氏"者 2 次
清	郭嵩燾	《禮記質疑》	24 次	稱"陳氏《禮書》"者 10 次,稱"陳氏祥道"者 12 次,稱"長樂陳氏"者 2 次
清	凌廷堪	《禮經釋例》	22 次	稱"陳氏《禮書》"者 3 次,稱"陳氏祥道"者 18 次,稱"陳用之"者 1 次
清	翁方綱	《禮記附記》	22 次	稱"陳氏《禮書》"者 3 次,稱"陳氏祥道"者 3 次,稱"長樂陳氏"者 16 次
清	張英	《淵鑒類函》	22 次	稱"陳氏《禮書》"者 11 次,稱"陳祥道"者 10 次,稱"長樂陳氏"者 1 次

续表

朝代	作者	著作	徵引《禮書》次數	備注（徵引所用稱謂）
清	王鳴盛	《蛾術編》	22次	稱"陳氏《禮書》"者1次，稱"陳祥道"者14次，稱"陳用之"者7次
清	胡承珙	《毛詩後箋》	20次	稱"陳氏《禮書》"者11次，稱"陳祥道"者8次，稱"陳氏祥道"者1次
清	顧鎮	《虞東學詩》	19次	稱"陳氏《禮書》"者4次，稱"陳祥道"者13次，稱"陳氏祥道"者1次，稱"陳用之"者1次
清	應撝謙	《古樂書》	17次	稱"陳氏《禮書》"者3次，稱"陳祥道"者13次，稱"陳用之"者1次
元	胡炳文	《四書通》	16次	稱"陳用之"者13次，稱"長樂陳氏"者3次
明	章潢	《圖書編》	16次	稱"陳氏《禮書》"者5次，稱"陳祥道"者8次，稱"陳用之"者1次，稱"長樂陳氏"者2次
清	汪照	《大戴禮記注補》	14次	稱"陳氏《禮書》"者6次，稱"陳祥道"者4次，稱"陳氏祥道"者4次
清	閻若璩	《四書釋地》	14次	稱"陳氏《禮書》"者7次，稱"陳用之"者7次
清	黃淦	《儀禮精義》	14次	稱"陳祥道"者14次
清	錢澄之	《田間詩學》	14次	稱"陳祥道"者14次
清	朱鶴齡	《詩經通義》	14次	稱"陳祥道"者14次
清	曹元弼	《禮經學》	13次	稱"陳氏《禮書》"者2次，稱"陳氏祥道"者11次
清	王懋竑	《讀書記疑》	13次	稱"長樂陳氏"者13次
清	張玉書等	《佩文韻府》	13次	稱"陳祥道"者13次
清	任啟運	《禮記章句》	12次	稱"陳祥道"者12次
明	朱載堉	《樂律全書》	12次	稱"陳氏《禮書》"者4次，稱"陳祥道"者8次
明	馮復京	《六家詩名物疏》	12次	稱"陳祥道"者9次，稱"陳氏祥道"者3次
清	閣鎮珩	《六典通考》	12次	稱"陳氏《禮書》"者5次，稱"陳祥道"者7次
明	唐順之	《荊川稗編》	11次	稱"陳祥道"者10次，稱"陳氏祥道"者1次

续表

朝代	作者	著作	徵引《禮書》次數	備注（徵引所用稱謂）
清	江永	《禮記訓義擇言》	11 次	稱"陳氏祥道"者 2 次，稱"陳祥道"者 9 次
明	顧夢麟	《詩經説約》	10 次	稱"陳祥道"者 9 次，稱"陳用之"者 1 次
清	方中履	《古今釋疑》	10 次	稱"陳氏《禮書》"者 10 次
清	俞正燮	《癸巳類稿》	10 次	稱"陳祥道"者 10 次
清	褚寅亮	《儀禮管見》	10 次	稱"陳氏祥道"者 10 次
清	焦以恕	《儀禮彙説》	10 次	稱"陳氏祥道"者 10 次
清	夏炘	《學禮管釋》	10 次	稱"陳氏《禮書》"者 1 次，稱"陳祥道"者 4 次，稱"陳氏祥道"者 4 次，稱"陳用之"者 1 次
清	王先謙	《後漢書集解》	9 次	稱"陳氏《禮書》"者 1 次，稱"陳祥道"者 8 次
宋	朱熹	《儀禮經傳通解》	8 次	稱"陳祥道"者 8 次
清	顧炎武	《日知錄》	8 次	稱"陳氏《禮書》"者 5 次，稱"陳祥道"者 1 次，稱"陳氏祥道"者 1 次，稱"長樂陳氏"者 1 次
宋	楊復	《儀禮圖》	6 次	稱"陳祥道"者 6 次

　　由於是關鍵詞檢索得出的數據，故而表 6-3 所列之各著作徵引《禮書》次數，並不見得十分精確，也必然不是全面的，没有覆蓋所有對《禮書》内容有所徵引的作品，也不能對某書引《禮書》之次數作極盡的統計，但是如果僅將其作爲一個參考數據來看，卻是足夠了。又上述所檢索各書引用陳祥道《禮書》觀點，也未必全是贊成，也有可能是批駁者，但即使是批駁，也體現出《禮書》内容所引起的足夠的注意，仍然是一種影響的體現。下面我們結合前文表格所反映的情況，展開具體分析。

　　首先，從《禮書》産生影響的時間段上來看，宋、元、明、清各個朝代之相關著作都或多或少地對《禮書》的文字内容有所徵引，表明《禮書》文字内容的影響一直非常強烈，持續貫穿後世各個朝代。而宋、元、明、清四代中，《禮書》在清代的影響力最大，表 6-3 所列四代 59 種著作中，清代的就有 41

種。這固然是由於清代學者創作的作品總數比之前代更多，但仍然能夠顯示其影響力。

其次，從其所產生影響的作品類別上來看，《禮書》文字內容最大的影響當然是在"三禮"類著作方面。其中對"《禮記》類"作品影響尤其巨大，表 6-3 所列衛湜《禮記集說》引《禮書》612 次，《欽定禮記義疏》引 471 次，胡廣《禮記大全》引 179 次，吳澄《禮記纂言》引 104 次，杭世駿《續禮記集說》引 92 次，孫希旦《禮記集解》引 45 次，劉沅《禮記恒解》引 37 次，納蘭性德《陳氏禮記集說補正》引 28 次，朱彬《禮記訓纂》引 25 次，郭嵩燾《禮記質疑》引 24 次，翁方綱《禮記附記》引 22 次，任啟運《禮記章句》引 12 次，江永《禮記訓義擇言》引 11 次。儘管該數據不夠全面，不能涵蓋所有的"《禮記》類"之作，但也能夠充分顯示《禮書》對後世此類著作的影響力。陳祥道之後歷代重要的"《禮記》類"作品基本上對該書有所引用，並且絕大部分引用量不在少數。當然，這個影響力數據也要考慮到"《禮記》類"作品本身就非常多的因素。歷代"《周禮》類"和"《儀禮》類"著作總數雖比不上"《禮記》類"，但是表 6-3 中所列也基本涵蓋了兩類之中的重要之作，"《周禮》類"的如王與之《周禮訂義》、孫詒讓《周禮正義》，"《儀禮》類"的如楊復《儀禮圖》、胡培翬《儀禮正義》、徐乾學《讀禮通考》、盛世佐《儀禮集編》等，都可見出《禮書》的影響力。

此外，《禮書》作爲一部通禮類著作，對後世相同、相近類別的作品影響必然至深，事實也是如此，秦蕙田《五禮通考》引《禮書》多達 556 次，朱熹《儀禮經傳通解》引《禮書》亦有 8 次。"三禮總義"類作品中，清代黃以周《禮書通故》引《禮書》達 183 次，夏炘《學禮管釋》引《禮書》10 次，汪紱《參讀禮志疑》引《禮書》7 次等。尤其是秦蕙田《五禮通考》，第四章中我們討論《禮書》歸納禮制的影響時，已經明確其對《禮書》之引用甚多，且較爲信服。觀此統計數據，則知《五禮通考》不獨於《禮書》所論禮制內容徵引較多，對於其他內容也有相當數量的徵引。因此，《禮書》內容對於秦蕙田《五禮通考》的影響是非常突出的。

除了對"三禮"類著作有重大影響之外，《禮書》對於"《詩經》類"、樂律類、類書類及史學和相關學術雜著作品的影響力也不可小覷。

表 6-3 所列徵引《禮書》的"《詩經》類"著作就有：何楷《詩經世本古義》引 88 次，季本《詩說解頤》引 35 次，胡承珙《毛詩後箋》引 20 次，顧鎮《虞東學詩》引 19 次，錢澄之《田間詩學》引 14 次，朱鶴齡《詩經通義》引 14 次，馮復京《六家詩名物疏》引 12 次，顧夢麟《詩經說約》引 10 次。除此之外，表 6-3 未列者尚有顧廣譽《學詩詳說》引 8 次，尹繼美《詩管見》引 8 次，姚炳《詩識名解》

引8次，包世榮《毛詩禮徵》引7次，朱朝瑛《讀詩略記》引5次，馬瑞辰《毛詩傳箋通釋》引5次，等等。可見《禮書》與《詩經》關係相當密切，也表明其對後世"《詩經》類"作品影響力巨大。

表6-3所列樂律類之書有明代朱載堉《樂律全書》和清代應撝謙《古樂書》兩部，分別徵引《禮書》12次和17次。朱載堉之《樂律全書》是一部關於樂舞律曆的百科性質專著，是其所著14部著作的合集，可謂集大成之作。應撝謙《古樂書》，《四庫全書總目》稱其"議論醇正，考訂簡核，頗得要領"①。兩書在中國古代音樂史上都占有重要地位。《古樂書》對《禮書》的徵引，《四庫全書總目》明確指明其"論樂器制度，則本陳祥道《禮書》及李之藻《頖宮禮樂疏》者爲多"②，無疑彰顯了《禮書》論音律及樂器制度等内容的精審詳明，足可爲法。

如果説《禮書》對"三禮"類、"《詩經》類"及樂律類等著作影響至深，顯示了該書内容的精專，那麽其對相關類書、史學和學術雜著作品的影響則突出了其廣博的一面。表6-3列王鳴盛《蛾術編》引《禮書》22次，張英《淵鑒類函》引22次，《佩文韻府》引13次，唐順之《荆川稗編》引11次，王先謙《後漢書集解》引9次，顧炎武《日知録》引8次，惠棟《後漢書補注》引6次等，都證明了《禮書》内容的廣博和影響力。

第三，由表6-3數據可知《禮書》的影響力還體現在對某些著作的影響力尤其突出。該表所列南宋衛湜《禮記集説》引《禮書》612次，清代秦蕙田《五禮通考》引《禮書》556次，《欽定禮記義疏》引《禮書》471次，説明了《禮書》對此三書影響至深。據瞿林江先生《〈欽定禮記義疏〉研究》統計③，該書所引之諸家禮説數量，陳祥道之説以被引471條排第四位，前三位則是鄭玄、孔穎達和方慤，引方慤之數爲487，與陳祥道相差無幾。這充分説明了《欽定禮記義疏》除了推尊鄭、孔而外，對陳祥道之説也十分重視，間接體現出了《禮書》内容對其有着突出的影響。

綜上所述，《禮書》内容對後世的影響，無論是在時間跨度上，還是在著作類別上，抑或在對個別著作的突出影響方面，都表現得十分突出，足見其備受重視。

---

① （清）永瑢等：《四庫全書總目》上册，中華書局，1965年，第327頁。
② （清）永瑢等：《四庫全書總目》上册，中華書局，1965年，第327頁。
③ 瞿林江：《〈欽定禮記義疏〉研究》，南京師範大學2015年博士學位論文，第49頁。

當然，我們上述分析《禮書》内容的影響力僅是從統計數據這一非常直觀的角度展開的，除此之外，還可以從其他方面來研究，比如後人對該書的評論，也能體現出其影響之程度，此點在下文會具體探究，暫且不論。但是無論從哪一個角度展開分析，《禮書》對後世的影響都是至深至遠的，這一點無可置疑。

三、《禮書》禮圖方面的影響

通過前文所述可知，由於明末張溥重刻《禮書》時對該書禮圖作了大量改造，而此後幾個版本的《禮書》都以此明刻本爲底本，故而我們這裏探討《禮書》禮圖的影響時，自然是既要將二者區別開來，同時也要將二者視作一個整體來看待。一般來説，《禮書》禮圖所影響的著作在明刻本《禮書》之前已經完成的，自然是元刻本《禮書》禮圖的影響。而明刻本之後的，則可視爲兩版本共同的影響。此外，陳祥道《禮書》禮圖總數將近八百幅，分爲名物圖和儀節圖兩種，以其儀節圖數量偏少，且並非完全依《儀禮》原文次序作圖，故而不爲後世習禮研禮者所重視，也並未産生什麽太大影響。唯有清代林昌彝《三禮通釋》大量引用其儀節圖，基本是照搬照抄，並未有多少發明。

林昌彝《三禮通釋》在體例上本就模仿《禮書》，故而其禮圖方面，不管是名物圖還是儀節圖，對《禮書》之圖徵引也都很多。由於林氏之書的這種特殊性，故這裏將其引《禮書》之圖專門統計於下，且並不區分名物圖和儀節圖。《三禮通釋》所引《禮書》之圖具體包括：測景圖、土圭、陳氏周四代學圖、陳氏魯四代學圖、視學養老之禮圖、秀選俊造進士升論之法、鄉官書攷之法、簡不帥教之法、塾圖、元端圖、裳、五色、褧衣圖、天子韍圖、諸侯韍圖、大夫韍圖、士韎韐圖、素韠圖、爵韠圖、金燧、木燧、紛帨圖、經涂環涂圖、十寸之尺、八寸之尺、步、步百爲畮、畮百爲夫、夫三爲屋、屋三爲井、上地圖、中地圖、下地圖、夏貢、商助、周徹、天子三(五)門圖、諸侯三門圖、大夫士寢廟制圖、欽定瑑璧、禘禮圖、祫禮圖、六龜圖、大夫饋食儀、士饋食儀、戒誓圖、祼圖、祊祭圖、祊祭後圖、圜丘圖、方丘圖、圜丘樂、方丘樂、禘祫樂、祭日、祭月、四望圖、《月令》五祀圖、陰厭圖、陽厭圖、甑圖、甗圖、龍勺、疏勺、蒲勺、椑勺、簠圖、簋圖、醴柶、鉶柶、畿内諸侯熊侯、豹侯、畿内卿大夫麋侯、畿外諸侯大侯、參侯、干侯、天子虎侯五正、熊侯五正、豹侯五正、諸侯熊侯五正、豹侯三正、大夫麋侯二正、士豻侯二正、天子熊侯白質、諸侯麋侯赤質、大夫布侯、士布侯、八音圖、十二律左右相生圖、五聲圖、堂上樂圖、諸侯軒懸、文舞武舞之位、武舞六成之位、主皮之射圖、殳、酋矛、夷矛、厹矛、戈、戟、王繅、公侯伯繅、子男繅、聘王繅、問諸侯繅、龍節、人節、虎節、符節、管節、旌節、傳、英蕩圖、大帶、士冠筮日之儀、孤子冠、庶子冠、天子七廟圖、諸侯五廟圖、虞主圖、吉主圖、樂懸、王宮懸、陳氏《禮書》旌圖，共計 125 幅。

林昌彝《三禮通釋》所引《禮書》諸圖皆出自明張溥刻本，並且林氏對這些圖基本上未作任何改變，完全比照原圖摹畫，乃至其圖題目，也多是僅僅加了一個"圖"字，並沒有改易。這樣做的原因其實與其作圖之法有關，林昌彝《三禮通釋例言》曰："茲按據經文，並參陳祥道《禮圖》及近儒說經諸圖，折衷於《欽定三禮圖》焉。"①可見其圖雜採衆說，故而經常出現一物而立多圖的情況，以見不同學者的不同觀點，對這些學者所繪之圖自然也要原樣抄錄，不得改易。

除了林昌彝《三禮通釋》對《禮書》儀節圖尚有所徵引外，未見其他禮圖之作有所引用，因此《禮書》禮圖對後世的影響主要還是在其名物圖方面。《禮書》之圖本就以名物圖居多，且對聶崇義《新定三禮圖》有不少批駁補正之處，自然引起了後世禮圖創作者的廣泛注意。

宋、元、明三代，《禮書》名物圖並不流行，其原因一方面是聶崇義《新定三禮圖》強勢影響的壓制，二是古器物之學和古器物圖興起的衝擊。但是也並不能說《禮書》之圖在這三個時期毫無影響，以筆者考察，至少南宋林希逸所撰《鬳齋考工記解》和明代劉績之《三禮圖》，都對《禮書》名物圖和觀點有所沿襲借鑒。

南宋林希逸所撰《鬳齋考工記解》2 卷，是今存最早的爲《考工記》配圖的注解之作，在《考工記》研究方面獨樹一幟，影響深遠。《四庫全書總目》評此書曰："特以經文古奧，猝不易明，希逸注明白淺顯，初學易以尋求。且諸工之事非圖不顯，希逸以《三禮圖》之有關於記者，采摭附入，亦頗便於省覽，故讀《周禮》者，至今猶傳其書焉。"②肯定其價值。綜觀林氏此書，配圖有八十餘幅，然而其中依循聶崇義《新定三禮圖》者較多，對《禮書》之圖的沿襲借鑒較少，僅有如下幾圖：

（1）瑑圭、瑑璋、瑑璧。

《周禮·春官·典瑞》曰："瑑圭、璋、璧、琮，繅皆二采一就，以頫聘。"

---

① （清）林昌彝：《三禮通釋》，《故宮珍本叢刊》第 12 册，海南出版社，2000 年，第 7 頁。

② （清）永瑢等：《四庫全書總目》上册，中華書局，1965 年，第 152 頁。

鄭注曰："鄭司農云：'琢有圻鄂琢起。'"①此言殊不分明，不能想見其形制。
《周禮·冬官·玉人》曰："琢圭璋八寸，璧琮八寸，以頫聘。"鄭玄注曰："琢，
文飾也。"②鄭玄解釋所謂"琢"，即是在圭、璋、璧、琮上畫紋飾，作爲動詞
用。但是此紋飾究竟爲何模樣，鄭玄卻並未說明白。聶崇義《新定三禮圖》不
設此三物，而陳祥道《禮書》卷56中則有圖繪，將此紋飾繪作邊緣有花紋之
狀，應屬首創。林希逸《鬳齋考工記解》此三圖中圭、璋、璧之紋飾與陳祥道
所繪全同（二者對比見圖6-1、圖6-2），雖未言明，但應該是取自《禮書》無疑，
並且其"琢琮"之紋飾亦取此意。

圖6-1 《禮書》琢圭、琢璋、琢璧

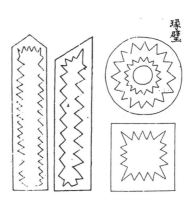

圖6-2 《鬳齋考工記解》琢圭、
琢璋、琢璧、琢琮③

（2）井、邑、丘、甸、縣、都、成、同等圖。
《周禮·地官·小司徒》曰："乃經土地而井牧其田野，九夫爲井，四井爲
邑，四邑爲丘，四丘爲甸，四甸爲縣，四縣爲都，以任地事而令貢賦。"④此言
明白曉暢，原不必立圖。但是《禮書》卷二十六中論述井、邑、丘、甸、縣、

---

① （漢）鄭玄注，（唐）賈公彥疏，彭林整理：《周禮注疏》中册，上海古籍出版社，
2010年，第767頁。
② （漢）鄭玄注，（唐）賈公彥疏，彭林整理：《周禮注疏》下册，上海古籍出版社，
2010年，第1628頁。
③ （宋）林希逸：《鬳齋考工記解》，《景印文淵閣四庫全書》第95册，臺灣"商務印
書館"，1986年，第56頁。
④ （漢）鄭玄注，（唐）賈公彥疏，彭林整理：《周禮注疏》上册，上海古籍出版社，
2010年，第390頁。

都、成、同等，依舊分別繪圖示意其區別，此應是陳祥道首創。而林希逸作
《鬳齋考工記解》亦爲之立圖，且其形式與陳祥道之作基本一致(略舉數圖見圖
6-3、圖 6-4)，當是取於《禮書》。

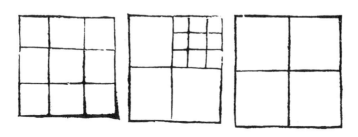

圖 6-3 《禮書》井、邑、丘

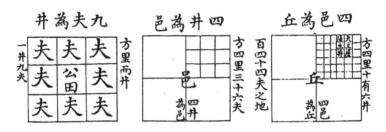

圖 6-4 《鬳齋考工記解》井、邑、丘

　　不過這裏仍要説明的是，陳祥道所繪井、邑、丘、甸、縣、都、成、同等
圖相對來説比較簡單，甚至没有在圖中添加文字注釋。林希逸之圖雖然較之陳
祥道之圖更加精詳，但是就圖之形式上來説，並無多大區別，故可以視爲借鑒
了《禮書》的思路。

　　明代劉績所作之《三禮圖》4 卷，繪禮圖兩百餘幅。《四庫全書總目》謂“是
書所圖，一本陸佃《禮象》、陳祥道《禮書》、林希逸《考工記解》諸書。而取博
古圖者爲尤多，與舊圖大異”①，明確説此《三禮圖》有取於陳祥道《禮書》，此
非虛言，《三禮圖》有 5 次明確提到陳祥道之觀點，並且有些禮圖的確是從《禮
書》沿襲借鑒而來。這些圖包括：

　　(1)畝、井、成、同等。劉績《三禮圖》於“三禮”中所記都鄙營建方面亦

① (清)永瑢等：《四庫全書總目》上冊，中華書局，1965 年，第 176 頁。

繪歃、井、成、同等示意圖，其立意與《禮書》大體相同，當是有所借鑒。在此類圖之精詳程度方面，劉績之圖亦優於陳祥道所繪。

（2）曲、植。聶崇義《新定三禮圖》不設此二物，陳祥道《禮書》繪之，劉績《三禮圖》中此二圖與陳祥道所繪大體相似，且其圖後附文開端即引《禮書》"曲""植"圖後之內容，爲全部引用，僅改易數字，可以明確劉績之圖取於《禮書》。兩書之圖對比如圖 6-5、圖 6-6 所示。

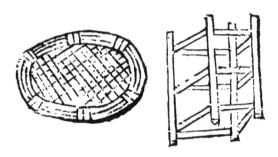

圖 6-5　《禮書》卷 30"曲""植"

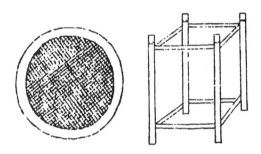

圖 6-6　《三禮圖》卷 4"曲""植"

清代是三禮之學非常受重視的時期，相關的禮圖著作大量湧現。而《禮書》傳至清代，其禮圖價值終於被大大肯定，受到關注並產生了較大影響。受其影響最深者是清乾隆時期敕撰的《欽定三禮義疏》禮器圖。

《欽定三禮義疏》是指《周官義疏》《儀禮義疏》《禮記義疏》三書，此三書之末尾几卷俱爲禮圖，其中《周官義疏》《禮記義疏》之禮圖皆爲禮器圖，《儀禮義疏》之禮圖一部分是禮器圖，另一部分是禮節圖。就其禮器圖收錄的範圍來看，其概念大體和名物圖的概念相當。三書之中皆有禮器圖，但是"《欽定三禮義疏》的附圖總體上採取統一繪製、各取所需的模式，即王、吳二人把歷代有關《三禮》的所有禮圖進行整合、歸納，統一繪製，之後根據《周官》《儀禮》《禮記》各經的具體情況，分別加以分配取捨，附在各經書後。因而細檢今《三禮義疏》的禮圖，我們可發現有一圖出現三次的情況，也有一圖祇出現一次的情況"①。

《禮書》禮圖對《欽定三禮義疏》禮圖的影響自然主要是在名物圖方面，其影響的表現一是《欽定三禮義疏》直接複製取用《禮書》禮圖，二是《欽定三禮義疏》所繪之圖參酌《禮書》之圖及陳祥道之説，對其圖形制有所吸收改變。需要説明的是《欽定三禮義疏》所參考之《禮書》是明張溥刻本，而並非元刻本，《四庫全書》本《禮書》也是以明刻本爲底本，故而二者實際上是有關聯的。

《欽定三禮義疏》直接複製取用陳祥道《禮書》之禮圖，是指《欽定三禮義疏》之圖基本上是照着《禮書》禮圖原樣摹畫，未加改變，或者稍稍有所變化，主要是加以潤飾，並不影響其具體内容形制。這些禮圖與《禮書》禮圖的對應情況具體如下：

（1）《周官義疏》卷 45 "世室" "重屋" 二圖取自《禮書》卷 40 之 "夏世室" "商重屋" 二圖，其圖所附之文曰："案世室、重屋，其制不傳，惟陳祥道《禮書》載此二圖，於《考工》説亦未盡合，存之以闕疑也。"②

（2）《周官義疏》卷 45 "土圭" 圖取自《禮書》卷 36 "土圭"。聶崇義《新定三禮圖》中無 "土圭"，惟《禮書》之圖爲早，《周官義疏》引之而未明言。

（3）《周官義疏》卷 45 "鎮圭" 圖取自《禮書》卷 52 之 "鎮圭"。聶崇義《三禮圖》中亦有鎮圭圖，然其鎮圭之圖與《禮書》有別，《周官義疏》不取，而用《禮書》之圖。

（4）《周官義疏》卷 45 "桓圭" "信圭" "躬圭" 圖取自《禮書》卷 53 "上公桓圭" "侯信圭" "伯躬圭" 三圖。聶崇義《三禮圖》亦設 "桓圭" "信圭" "躬圭"，然其圭之端雖亦畫作左右各削去一寸半之角，但是未作尖形，與出土所見之圭不符，《周官義疏》不取，而用《禮書》之圖。《禮記義疏》卷 78 "桓圭" "信圭" "躬圭" 三圖同《周官義疏》，亦取自《禮書》。

（5）《周官義疏》卷 45 "穀圭" 圖取自《禮書》卷 55 "穀圭"。聶崇義《三禮圖》未設 "穀圭"，《周官義疏》取《禮書》之圖，且引其説："陳氏祥道曰：'穀圭以

---

① 瞿林江：《〈欽定禮記義疏〉研究》，南京師範大學 2015 年博士學位論文，第 224 頁。

② 《欽定周官義疏》，《景印文淵閣四庫全書》第 99 册，臺灣 "商務印書館"，1986 年，第 506 頁。

穀爲文，以善爲義。'"①

（6）《周官義疏》卷45"琭圭""琭璋""琭璧"三圖取自《禮書》卷56"琭圭""琭璋""琭璧"。聶崇義《三禮圖》不設此三條，《周官義疏》引《禮書》之圖而未明言。《儀禮義疏》亦設此三圖，與《周官義疏》同，且其圖後附文明確引用陳祥道之説。

（7）《周官義疏》卷46"虎節""人節""龍節""符節""旌節"五圖取自《禮書》卷57"虎節""人節""龍節""符節""旌節"。聶崇義《三禮圖》不設此類，《禮書》卷56設"八節"，有"龍節""人節""虎節""符節""管節""旌節"六圖，《周官義疏》取其五，而將其"管節"圖換成"璽節"圖。此外，《周官義疏》此諸多符節圖後所附文字也是全部引自《禮書》，編纂者自己一言未發。

（8）《周官義疏》卷46"英蕩"圖取自《禮書》卷57"英蕩"。聶崇義《三禮圖》未設"英蕩"，《周官義疏》此圖與《禮書》原圖完全相同，並且其圖後所附文字全部引自《禮書》，編撰者自身未置一詞。

（9）《周官義疏》卷46"羔""雁""雉""鶩""雞"五圖取自《禮書》卷60"羔""雁"、卷61"雉""鶩""雞"諸圖。聶崇義《三禮圖》未設諸圖，《周官義疏》諸圖與《禮書》原圖基本相同，惟稍加潤飾而已，且其所附文字引陳祥道之語，是將《禮書》"士昏用雁"條目中所有内容全數謄録，未加删改。《禮記義疏》卷78設"羔""雁""雉"三圖，與《周官義疏》同，亦取自《禮書》。《儀禮義疏》卷41設"雁""雉"二圖，與《周官義疏》同取自《禮書》。

（10）《周官義疏》卷46"圭以馬""璋以皮""璧以帛""琮以錦""琥以繡""璜以黼"六圖取自《禮書》卷56"圭以馬""璋以皮""璧以帛""琮以錦""琥以繡""璜以黼"。以上六圖，聶崇義《三禮圖》未設，《周官義疏》諸圖與《禮書》原圖大體相似，稍加改造而已。

（11）《周官義疏》卷46"鑊"圖取自《禮書》卷102"鑊"。聶崇義《三禮圖》不設此圖，《周官義疏》此圖與《禮書》原圖全同。《儀禮義疏》卷42亦設此圖，與《周官義疏》同取自《禮書》。

（12）《周官義疏》卷46"觚"圖取自《禮書》卷98"觚"。聶崇義《三禮圖》亦設此圖，觀《周官義疏》此圖後之附文言"觚與角、散皆有耳"，且明確引用了聶崇義的其他言語，表明是同意聶氏之説的。聶崇義之"觚"圖中有耳，而陳祥道《禮書》中此圖無耳，《周官義疏》雖贊成聶氏之説，其圖卻與陳氏之圖全

---

① 《欽定周官義疏》，《景印文淵閣四庫全書》第99册，臺灣"商務印書館"，1986年，第529頁。

同，不知何意。《儀禮義疏》卷 42 亦設此圖，與《周官義疏》同取自《禮書》，如
圖 6-7、圖 6-8、圖 6-9。

  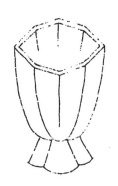

圖 6-7　《新定三禮圖》　　　圖 6-8　《禮書》　　　圖 6-9　《周官義疏》
　　　卷 12"瓬"　　　　　　　卷 98"瓬"　　　　　　卷 46"瓬"

(13)《周官義疏》卷 46"簨""盆"二圖取自《禮書》卷 76"簨""盆"。聶崇義
《三禮圖》不設此二圖，《周官義疏》之圖與《禮書》之圖全同。

(14)《周官義疏》卷 47"枓"圖取自《禮書》卷 104"枓"。聶崇義《三禮圖》不
設此圖，《周官義疏》之圖與《禮書》之圖大體相似，惟枓之柄長於《禮書》之
圖。且其圖所附文字首句即引陳祥道之説，其圖是取自《禮書》無疑。《儀禮義
疏》卷 42 亦設"斗"圖，與《周官義疏》"枓"圖同取自《禮書》。

(15)《周官義疏》卷 47"珠盤"圖取自《禮書》卷 42"珠盤"。聶崇義《三禮圖》
不設此圖，《周官義疏》此圖與《禮書》之圖所繪形制全同，惟更加美觀而已。

(16)《周官義疏》卷 47"甀""甂""鬲"三圖取自《禮書》卷 102"甀""甂"
"鬲"。聶崇義《三禮圖》不設此三圖，《周官義疏》此三圖與《禮書》三圖全同，
且其附文三次引用陳祥道之説。《儀禮義疏》卷 42 亦設"甀""甂"二圖，與《周
官義疏》同取自《禮書》。

(17)《周官義疏》卷 47"夫遂""鑒"取自《禮書》卷 21"金燧""鑒"。聶崇義
《三禮圖》不設此二圖，《周官義疏》之圖與《禮書》之圖全同，且引陳祥道之
説。《周官義疏》之圖所附文字曰："金燧，鏡也。木燧，鑽火器也。金燧在
《周禮·司烜氏》謂之夫遂。"[1]故而《周官義疏》之"夫遂"即《禮書》之"金燧"。

---

① 《欽定周官義疏》，《景印文淵閣四庫全書》第 99 册，臺灣"商務印書館"，1986
年，第 578 頁。

（18）《周官義疏》卷 47"土鼓""賁桴"二圖取自《禮書》卷 121"土鼓""賁桴"。聶崇義《三禮圖》不設此二物，《周官義疏》之圖與《禮書》之圖全同，引之而未明言。《禮記義疏》卷 81 亦設此二圖，與《周官義疏》同取自《禮書》。

（19）《周官義疏》卷 47"提鼓"圖取自《禮書》卷 122"提鼓"。聶崇義《三禮圖》不設此圖，《周官義疏》之圖與《禮書》原圖全同，並於附文首句即引陳祥道之説。

（20）《周官義疏》卷 47"干"、"戚"二圖取自《禮書》卷 130"朱干""玉戚"。聶崇義《三禮圖》不設此類，《周官義疏》之圖與《禮書》原圖二者形制同，惟《周官義疏》之圖更加美觀，且其圖後附文首句即引陳祥道之説。《禮記義疏》卷 81 亦設此二圖，與《周官義疏》同取自《禮書》。

（21）《周官義疏》卷 47"戈"圖取自《禮書》卷 115"戈"。聶崇義《三禮圖》不設此圖，《周官義疏》之圖與《禮書》原圖圖像全同，祇是補充了三處注解戈各個部位名稱的文字。其圖附文引《禮書》之説，與其所增注解文字相應，可知該圖取自《禮書》無疑。《禮記義疏》卷 80 亦設此圖，與《周官義疏》同取自《禮書》。

（22）《周官義疏》卷 47"旄舞"圖取自《禮書》卷 129"旄舞"。聶崇義《三禮圖》不設此圖，《周官義疏》之圖與《禮書》全同，且其圖後附文首句即引陳祥道之説。《禮記義疏》卷 81"旄"圖與《周官義疏》此圖同取自《禮書》。

（23）《周官義疏》卷 48"大車"圖取自《禮書》卷 137"大車"。聶崇義《三禮圖》不設此圖，《周官義疏》之圖與《禮書》原圖基本全同，惟稍美觀而已，且其圖後附文首句即引陳祥道之説。

（24）《周官義疏》卷 48"冑"圖取自《禮書》卷 116"冑"。聶崇義《三禮圖》不設此圖，《周官義疏》之圖與《禮書》原圖冑之形制全同，惟《禮書》之圖爲側面視角，《周官義疏》之圖爲正面視角，其圖後附文首句即引陳祥道之説。《禮記義疏》卷 80、《儀禮義疏》卷 44 亦設此圖，與《周官義疏》同取自《禮書》。

（25）《周官義疏》卷 48"戟"圖取自《禮書》卷 116"戟"。聶崇義《三禮圖》卷 9 亦立"戟"圖，然《周官義疏》不取。其圖戟之形制與《禮書》原圖全同，祇是稍稍增加注解文字，説明戟各個部位名稱。圖後附文全部引自《禮書》"戟"條下原文，雖然其未言明。《禮記義疏》卷 80 亦設此圖，與《周官義疏》同取自《禮書》。實際上，前文已經論及，《新定三禮圖》《禮書》二"戟"圖皆有不當，祇不過《禮書》之圖更接近鄭玄之説而已。

（26）《周官義疏》卷 48"殳"圖取自《禮書》卷 115"殳"。聶崇義《三禮圖》不設此圖，《周官義疏》之圖與《禮書》原圖殳之形制全同，惟更加美觀而已，其圖後附文全部引自《禮書》，編者未置一詞。

（27）《禮記義疏》卷 78“壇”“墠”二圖取自《禮書》卷 68“壇”“墠”。聶崇義《三禮圖》不設此二圖，《禮記義疏》此二圖與《禮書》原圖基本全同，惟其壇之階稍加潤飾而已。

（28）《禮記義疏》卷 78“門制”圖取自《禮書》卷 46“門制”。聶崇義《三禮圖》不設此圖，《禮記義疏》該圖門之形制與《禮書》全同，惟注解各個部位文字稍加潤飾而已，且其圖後附文首句即引陳祥道之説。《儀禮義疏》卷 41 亦設此圖，與《禮記義疏》同取自《禮書》。

（29）《禮記義疏》卷 79“角”“羈”二圖取自《禮書》卷 11“角”“羈”。聶崇義《三禮圖》不設此二圖，《禮記義疏》之圖與《禮書》原圖全同。

（30）《禮記義疏》卷 79“鬴裘”圖取自《禮書》卷 12“鬴裘”。聶崇義《三禮圖》不設此圖，《禮記義疏》之圖與《禮書》原圖全同。

（31）《禮記義疏》卷 79“裳”圖取自《禮書》卷 6“裳”。聶崇義《三禮圖》不設此圖，《禮記義疏》之圖與《禮書》原圖全同。《儀禮義疏》卷 41 亦設此圖，與《禮記義疏》同取自《禮書》。

（32）《禮記義疏》卷 79“諸侯荼”“大夫笏”“士竹本”三圖取自《禮書》卷 51“諸侯荼”“大夫笏”“士竹本”。聶崇義《三禮圖》不設此三圖，《禮記義疏》之圖與《禮書》原圖全同。

（33）《禮記義疏》卷 79“象環”圖取自《禮書》卷 20“象環”。聶崇義《三禮圖》不設此圖，《禮記義疏》之圖與《禮書》原圖全同，且引陳祥道之説。

（34）《禮記義疏》卷 79“金燧”“木燧”二圖取自《禮書》卷 21“金燧”“木燧”。聶崇義《三禮圖》不設此二圖，《禮記義疏》之圖與《禮書》原圖全同，且其附文引陳祥道之言並爲其“木燧”之圖解説，其文曰：

> 案，陳氏祥道曰：“夫燧圜。先儒謂晴取火於金燧，陰取火於木燧。然金燧以取明火，特施於致嚴之時。凡取火皆木燧，豈有間於陰晴耶？”其説如此。但燧言鑽，則木燧當鋭，舊圖首尾皆鋭，則首尾皆可鑽也。①

木燧取火，即今時所謂鑽木取火。鑽木取火不分陰晴，皆可爲之，故陳祥道之説爲是。《禮記義疏》以陳祥道之圖中木燧畫作兩頭皆尖之形，故猜測其

---

① 《欽定禮記義疏》，《景印文淵閣四庫全書》第 126 册，臺灣“商務印書館”，1986年，第 540 頁。

兩頭皆可用來鑽木。

（35）《禮記義疏》卷 79"土牛"取自《禮書》卷 29"土牛"。聶崇義《三禮圖》不設此圖，《禮記義疏》之圖與《禮書》原圖全同，且圖後附文全部引自《禮書》，編者未置一言。

（36）《禮記義疏》卷 79"曲""植"二圖取自《禮書》卷 30"曲""植"。聶崇義《三禮圖》不設此二圖，《禮記義疏》之圖與《禮書》原圖基本相同，惟稍加潤飾而已，且其圖後附文亦引陳祥道之説。

（37）《禮記義疏》卷 79"馬"圖取自《禮書》卷 114"馬"。聶崇義《三禮圖》卷 5 設"三馬"圖，《禮記義疏》不取，其圖與《禮書》原圖全同，且其圖後附文明確説道："馬制未聞，據陳氏《禮書》云：'漢人格五之法有功馬、散馬，皆刻馬象而植焉。鄭氏釋《周禮》火弊獻禽，謂旌弊争禽而不審者罰以假馬，投壺之馬蓋亦如此。'"①如圖 6-10、圖 6-11、圖 6-12 所示。

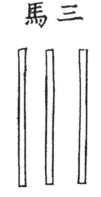

圖 6-10 《新定三禮圖》
卷 5"三馬"

圖 6-11 《禮書》
卷 114"馬"

圖 6-12 《禮記義疏》
卷 79"馬"

《禮記·投壺》記曰："請賓曰：'順投爲入，比投不釋，勝飲不勝者。正爵既行，請爲勝者立馬。一馬從二馬，三馬既立，請慶多馬。'請主人亦如

---

① 《欽定禮記義疏》，《景印文淵閣四庫全書》第 126 册，臺灣"商務印書館"，1986 年，第 551 頁。

之。"鄭玄注曰："謂之馬者，若云技藝如此，任爲將帥乘馬也。"孔穎達疏曰：
"此謂行正爵畢而爲勝者立馬者，則又取筭以爲馬，表於勝數也。必謂筭爲馬
者，馬是威武之用，爲將帥所乘，今投壺及射亦是習武，而勝者自表堪爲將
帥，故云馬也。"①此處鄭玄未嘗言"馬"即"筭"也，孔穎達知其爲筭者，以鄭
玄注《投壺》"正爵既行，請徹馬"之文曰："投壺禮畢，可以去其勝筭也。既徹
馬，無筭爵乃行"②。聶崇義《新定三禮圖》引孔穎達之文，並言："三馬即勝
筭也。"③是遵從鄭、孔之説。

然陳祥道於其《禮書》中並不同意鄭玄、孔穎達之説，乃至根本沒有引用
上述所列鄭、孔之説，而是直接論曰："漢人格五之法有功馬、散馬，皆刻馬
象而植焉。鄭氏釋《周禮》火弊獻禽，謂旌弊爭禽而不審者罰以假馬，投壺之
馬蓋亦類此。"④其言似乎亦有所據。二者不知孰是，姑且存之。然將《投壺》
所立之"馬"繪成此狀者，則陳祥道之首創也，《禮記義疏》之圖確實引自《禮
書》，無可爭議。

(38)《禮記義疏》卷79"算"圖取自《禮書》卷114"筭"圖。聶崇義《三禮圖》
不設此圖，《禮記義疏》之圖與《禮書》原圖全同，且其圖後附文全爲陳祥道之
説，編者未置一詞。《儀禮義疏》卷43亦設此圖，與《禮記義疏》同取自《禮
書》。

(39)《禮記義疏》卷79"籌"圖取自《禮書》卷114"籌"。聶崇義《三禮圖》亦
設"籌"並繪其圖，《禮記義疏》圖後附文亦引其説，謂籌實際即是矢，並且主
要講其計算之法，而於其形制，則曰："又案，經言'毋去皮'是矢制，惟截之
成笴而已，若加雕琢如射矢，則去皮矣。今依《禮書》圖之。"明確談到了籌的
形制，不取聶圖，而以《禮書》之圖爲准。

(40)《禮記義疏》卷80"鸞刀"圖取自《禮書》卷22"鸞刀"。聶崇義《三禮
圖》不設"鸞刀"，《禮記義疏》之圖與《禮書》原圖全同，且其圖後附文雖未明
言引陳祥道之説，然其意卻相同。

(41)《禮記義疏》卷80"梡俎""嶡俎""椇俎""房俎"四圖取自《禮書》卷

---

① （漢）鄭玄注，（唐）孔穎達正義，呂友仁整理：《禮記正義》下册，上海古籍出版
社，2011年，第2201頁。

② （漢）鄭玄注，（唐）孔穎達正義，呂友仁整理：《禮記正義》下册，上海古籍出版
社，2011年，第2208頁。

③ （宋）聶崇義纂輯，丁鼎點校解説：《新定三禮圖》，清華大學出版社，2006年，第
144頁。

④ （宋）陳祥道：《禮書》卷114，國家圖書館藏袁忠徹舊藏本。

100“有虞氏梡”“夏后氏嶡”“商椇”“周房俎”。聶崇義《三禮圖》亦設此四圖，然《禮記義疏》不取。不取之原因是聶圖中夏、商、周三代之俎未畫橫距，前文已經辨明，此不贅述。此外，《禮記義疏》四圖後附文全部引自《禮書》。

（42）《禮記義疏》卷 80“踐”圖取自《禮書》卷 97“踐”。聶崇義《三禮圖》不設此圖，《禮記義疏》之圖與《禮書》原圖全同，且其圖後附文引陳祥道之說。

（43）《禮記義疏》卷 80“青旌”“鳴鳶”“飛鴻”“虎皮”“貔貅”五圖取自《禮書》卷 133“青旌”“鳴鳶”“飛鴻”“虎皮”“貔貅”。聶崇義《三禮圖》不設諸圖，《禮記義疏》之圖與《禮書》原圖全同，且其圖後附文明確引用《禮書》之文，其言曰：“案，疏以上三者爲畫，虎皮爲皮，貔貅則畫與皮無一定說。《禮書》於上四者俱依疏說爲圖，貔貅則從疏載皮說，蓋以虎皮準之也。”①追本溯源，究明了《禮書》繪此五圖之依據。

（44）《禮記義疏》卷 80“矛”圖取自《禮書》卷 115“酋矛”“夷矛”“厹矛”。聶崇義《三禮圖》不設此圖，《禮書》中設三圖，然其爲矛之形制差別不大，《禮記義疏》取之而繪此圖，且其圖後附文明確引用陳祥道之說。

（45）《禮記義疏》卷 80“劍櫝”“夫襓”二圖取自《禮書》卷 22“劍櫝”“夫襓”。聶崇義《三禮圖》不設此圖，《禮記義疏》之圖與《禮書》原圖全同，且其圖後附文全部爲《禮書》之文。

（46）《禮記義疏》卷 81“武舞六成圖”取自《禮書》卷 128“武舞六成之位”。聶崇義《三禮圖》不設此圖，《禮書》宋刻元明遞修本此圖闕，明刻本補之，《禮記義疏》之圖與之全同。

（47）《儀禮義疏》卷 44“依撰”圖取自《禮書》卷 112“依撰”。聶崇義《三禮圖》不設“依撰”，《儀禮義疏》之圖與《禮書》原圖基本相同，稍加潤飾而已，且其圖後附文中論依撰之文，全部引自《禮書》。

《欽定三禮義疏》中有些禮圖是參酌《禮書》之圖而繪製的，其圖往往比陳祥道之圖更加詳細，也更加美觀，這些圖具體情況如下：

（1）《周官義疏》卷 45、《禮記義疏》卷 78“九畿”圖參酌《禮書》卷 32“周九服”。

（2）《周官義疏》卷 45、《禮記義疏》卷 78“邦畿”圖參酌《禮書》卷 24“王畿”。

（3）《周官義疏》卷 45“井牧”諸圖參酌《禮書》卷 26“井”“邑”“丘”“甸”

---

① 《欽定禮記義疏》，《景印文淵閣四庫全書》第 126 册，臺灣“商務印書館”，1986年，第 581 頁。

"縣""都"諸圖。

（4）《周官義疏》卷45"明堂圖"參酌《禮書》卷40之"周明堂"，其所附文字曰："至於明堂，說者甚多，大抵不外漢方士說，即有依《考工記》而爲之說者，所謂九階四户八牕，又皆移世室、重屋之制而歸之明堂，似俱未協，今合陳、聶二氏圖而以朱子井田說增損之。"①《禮記義疏》卷78之"名堂圖"與《周官義疏》圖同。

（5）《周官義疏》卷46"互"圖參酌《禮書》卷76"互"。《周官義疏》此圖所附文字曰："互，若今屠家縣肉格，疏謂始殺解體未薦時縣之。陳氏謂互爲行馬，行馬蓋《掌舍》所謂桓梐耳。然陳圖甚卑，不可縣肉，特易而高之。"②此"陳氏"即指陳祥道，"陳圖"即指陳祥道之《禮書》圖。《周官義疏》以陳祥道圖中所繪之"互"太過低矮，不能懸掛肉，故而將其改得高一些。

（6）《周官義疏》卷48"弩"圖參酌《禮書》卷111"弩"。《周官義疏》所繪之弩較之《禮書》更加精美，或者以實物爲模版所繪，亦未可知。然其圖後附文明確引用陳祥道之說，且全部是《禮書》中之語，編者未置一詞，說明是完全同意陳祥道的說法的。且弩之爲物，古今形制變化不大，《周官義疏》引陳祥道之語也並不是重在論形制，而是論其攻守之利及考各部件之名稱。

（7）《周官義疏》卷48"矢箙"圖參酌《禮書》卷113"矢箙"。聶崇義《三禮圖》不設此圖，惟《禮書》爲早，且《周官義疏》之圖後附文引陳祥道之說。所謂矢箙，實際即是箭袋。陳祥道以《詩經》云"象弭魚服"，故認爲"所謂魚服者，魚皮之堅者皆可爲之"，故其箭袋圖表面畫爲魚鱗狀。《周官義疏》參酌其說，惟未畫作魚鱗狀。《禮記義疏》卷80亦設此圖，與《周官義疏》同參酌《禮書》。

（8）《禮記義疏》卷80"羔幦虎犆"圖參酌《禮書》卷146"虎幦""羔幦"。聶崇義《三禮圖》不設此圖，《禮書》中亦明確言"羔幦虎犆"，然其圖畫作"虎幦""羔幦"二圖，實有不妥。犆，《禮記·玉藻》言"君羔幦虎犆"，鄭注曰："幦，覆笭也。犆，讀皆如'直道而行'之直。直，謂緣也。"③則幦即冪也，犆即緣

---

① 《欽定周官義疏》，《景印文淵閣四庫全書》第99册，臺灣"商務印書館"，1986年，第506頁。

② 《欽定周官義疏》，《景印文淵閣四庫全書》第99册，臺灣"商務印書館"，1986年，第566頁。

③ （漢）鄭玄注，（唐）孔穎達正義，吕友仁整理：《禮記正義》中册，上海古籍出版社，2011年，第1188頁。

也，羔幦虎犆即是羔冪邊緣飾之以虎皮。《禮書》文中實際也説道"羔幦虎飾"
及君、大夫、士用冪之別，《禮記義疏》其圖後附文也明確引用了陳祥道此說，
故而可以看出其圖是對陳祥道之圖加以訂正而成。

綜上所述，陳祥道《禮書》之禮圖對《欽定三禮義疏》禮圖撰繪的影響是十
分巨大的，從上文所論可以知道，《欽定三禮義疏》直接摹畫《禮書》之圖的有
"世室""重屋""土圭""鎮圭""桓圭""信圭""躬圭""穀圭""琰圭""琰璋""琰
璧""虎節""人節""龍節""符節""旌節""英蕩""羔""雁""雉""鶩""雞""圭
以馬""璋以皮""璧以帛""琮以錦""琥以繡""璜以黼""鐻""瓠""籈""盆"
"枓(斗)""珠盤""甒""甌""鬲""夫遂(金燧)""鑒""土鼓""蕢桴""提鼓"
"干""戚""戈""旄舞""大車""冑""戟""殳""壇""墠""門制""角""羈"
"韠裘""裳""諸侯笏""大夫笏""士竹本""象環""木燧""土牛""曲""植"
"馬""算""籌""鸞刀""梡俎""嶡俎""棋俎""房俎""棧""青旌""鳴鳶""飛
鴻""虎皮""貔貅""矛""劍櫝""夫襦""武舞六成圖""依撰"，共計 84 幅。
而其明確參考《禮書》之圖者有"九畿""邦畿""井牧""明堂圖""互""弩""矢
箙""羔幦虎犆"，共計 8 幅圖。兩種情況合計 92 幅圖，足見《禮書》禮圖對
其影響之大。

《禮書》禮圖在清代除了對《欽定三禮義疏》影響較大外，對其他禮圖之作
也有影響。比如黃以周《禮書通故》之"夫遂""鑒""琰圭""琰璋""琰璧""瓠"
"梡俎""嶡俎""棋俎""房俎""珠盤""互""盆""籈""土鼓""蕢桴"等圖皆與
《禮書》之圖無異；而其"英蕩""著尊""壺尊""方壺""圓壺"等圖更是明確標
明爲陳祥道《禮書》之圖。又比如徐乾學之《讀禮通考》，亦有援引《禮書》之
圖，其卷 32 中甚至將《禮書》所繪諸冠圖全部謄錄(如圖 6-13)，並曰："乾學

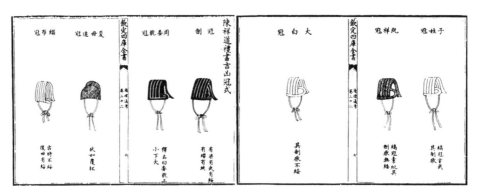

圖 6-13　徐乾學《讀禮通考》卷 32

案，此書本載喪禮，所以及於吉冠者，因陳用之《禮書》不列喪冠圖，欲知喪冠，不可不知吉冠故也。"①

通過以上論述可知，《禮書》禮圖在宋、元、明時期並不是很受關注，但是在清代卻得到了充分的重視。除了林昌彝《三禮通釋》外，其對《欽定三禮義疏》禮圖的撰繪影響尤其突出，《欽定三禮義疏》中很多禮圖都是直接摹畫《禮書》之圖，未加改變或者祇是稍加潤飾。而黃以周《禮書通故》也有一定數量的禮圖來源於《禮書》。我們將《禮書》《欽定三禮義疏》《禮書通故》之禮圖加以對比，也能看出這種影響關係的遞傳。《欽定三禮義疏》很多禮圖顯然是直接取自《禮書》，而黃以周《禮書通故》某些禮圖也可以追溯到《禮書》，但其圖大多還是從《欽定三禮義疏》之圖沿襲而來，其圖保留了《欽定三禮義疏》對《禮書》原圖潤飾修改的痕跡。

第三節 《禮書》之評價與定位

《禮書》自問世到如今，已歷九百餘年，流傳既久，其對於禮學、經學乃至史學研究的影響無疑是巨大的，這一點前文已經闡明。然而對於這樣一部書的評價，宋、元、明、清、民國各個時期的學者們卻意見不一，乃至出現了截然相反的觀點，原因何在，值得探究。此外，前人對《禮書》評價皆未能全面，且部分評論尚有不公之處，因此需要重新對其作出審視，也需要從禮學史、經學史研究的角度，對其作一個明確的定位。

一、前人對《禮書》評論之巨大分歧及原因

(一)正面評價

以陳祥道創作《禮書》過程來看，它實際上尚未完稿即已聞名。元祐四年二月，"翰林學士許將言，太學博士陳祥道尤深於《禮》，嘗著《增廣舊圖》，及考先儒異同之說，著《禮書》一百卷。望試以禮官，取所爲書付之有司。詔以……陳祥道爲太常博士"②。元祐五年十月二十八日，范祖禹上《乞看陳祥

---

① (清)徐乾學：《讀禮通考》，《景印文淵閣四庫全書》第112冊，臺灣"商務印書館"，1986年，第663頁。

② (宋)李燾：《續資治通鑑長編》第29冊，中華書局，1995年，第10210頁。

道〈禮書〉劄子》，其文有曰：

> 臣伏見太常博士陳祥道，專意禮學二十餘年，近世儒者，未見其比。著《禮書》一百五十卷，詳究先儒義說，比之聶崇義圖尤爲精審該洽，昨臣僚上言，乞朝廷給紙札，差書吏畫工付祥道錄進，今聞已奏御降付三省。臣愚欲乞送學士院及兩制或經筵看詳，如可施行，即乞付太常寺，與聶崇義思相參行用，必有補朝廷製作。①

　　綜合兩文記載，北宋翰林學士許將當是最早對陳祥道《禮書》有所評價的人，儘管其評價之言辭已佚，但無疑是非常正面的。而此時《禮書》尚爲一百卷，實際還並未完成。因許將之薦，朝廷出書吏、畫工、筆札助陳祥道抄錄《禮書》，陳祥道也得官太常博士，表明當時朝廷非常肯定《禮書》的價值，得到"官方認可"。其後范祖禹又力薦《禮書》，並明確對此書作了評價，"比之聶崇義圖尤爲精審該洽"。此時《禮書》已經一百五十卷，算是定稿了。范祖禹請求朝廷"看詳"此書，即對《禮書》內容進行審查評定，如果可以，請求"行用"該書。所謂"行用"，是指將《禮書》所繪之名物圖作爲模本，製作禮器。范祖禹上書後，"十一月二日，得旨，送兩制看詳"。到了元祐七年十二月九日，范祖禹又上奏《薦陳祥道〈儀禮解〉劄子》，其中說陳祥道"昨進《禮圖》一百五十卷，已蒙朝廷藏之秘閣，伏望聖慈特降指揮，取祥道所注《儀禮》奏御下兩制看詳，並前所進《禮圖》，並付太常，以備禮官討論，必有補於製作"②。可知陳祥道《禮書》前時進獻之後雖然"送兩制看詳"，但並沒有行用，而是被收藏於國家藏書機構秘府，也算顯示了朝廷對此書的重視。

　　到了南宋初年，晁公武所作《郡齋讀書志》對《禮書》有了更爲深入的評價，晁公武曰："太常《禮書》一百五十卷。右皇朝陳祥道用之撰。祥道元祐初以左宣義郎仕太常博士，解禮之名物，且繪其象，甚精博。朝廷聞之，給札繕寫奏御。"③突出《禮書》圖文兼備的特點，認爲其解說禮之名物，十分精博。

　　作爲一代經學、禮學研究大家，朱熹對陳祥道《禮書》有所肯定。《朱子語

---

① （宋）范祖禹：《范太史集》，《景印文淵閣四庫全書》第 1100 冊，臺灣"商務印書館"，1986 年，第 249 頁。

② （宋）范祖禹：《范太史集》，《景印文淵閣四庫全書》第 1100 冊，臺灣"商務印書館"，1986 年，第 289 頁。

③ （宋）晁公武撰，孫猛校證：《郡齋讀書志校證》上冊，上海古籍出版社，2005 年，第 90 頁。

類》中記載朱熹之言曰："禮書，如陸農師《禮象》，陳用之《禮書》，亦該博，陳底似勝陸底。"①這是從將陸佃《禮象》與陳祥道《禮書》作比較的角度來肯定《禮書》的價值。

比朱熹稍晚之陳振孫於其《直齋書錄解題》中說陳祥道《禮書》"論辨精博，間以繪畫，於唐代諸儒之論，近世聶崇義之圖，或正其失，或補其闕"②。陳振孫不僅肯定了《禮書》禮圖方面的價值，也對其文字内容方面能夠補正"唐代諸儒之論"給予了稱許，這是陳振孫對《禮書》之認識高於前人者。

元代虞集於《重刻禮樂書序》中對《禮書》有非常肯定的評價，他説："陳氏之爲書，因聶崇義之圖，辨疑補缺，采繪尤精，書存繪本，不甚傳於世，爲可惜也。方是時濂、洛、關西諸君子之言具在，學者得其説而有考於陳氏之書，則道器精粗兼備矣。"③《易經·繫辭》有言曰："形而上者謂之道，形而下者謂之器。"虞集認爲周敦頤、二程、張載之理學爲經學精義所在，是形而上者。而《禮書》所記則主在名物制度，爲形而下者，可爲理學之輔翼。

明代張溥對陳祥道《禮書》十分看重，重刻了該書，並爲之句讀，還做了大量補充訂正工作。張溥於《禮書敘》中對《禮書》的評論，與虞集所言有類似之處，他説：

> 古禮散亡，學者希闊，迄今所存，惟朱文公《儀禮經傳通解》及陳用之《禮書》，號爲明整。文公之書，有家禮，有鄉禮，有學禮，有邦國禮，有王朝禮，以古十七篇爲主，而附以大、小戴及他書。傳之繫於禮者，所謂《儀禮》其經，《禮記》其傳也。陳氏之書，解名物，繪形象，折衷歷代諸儒言論與宋初聶崇義《禮圖》，正失補闕，既博而當，古今通禮，其在是乎！……至王安石創造新經，一切廢罷，"三禮"之書，僅云略諷大義，不復誦讀，斯文喪矣！今幸二書尚存，朱爲本根，陳爲枝葉，有志者取義於文公，觀象於陳氏……修而明之，《周官》皆可通，士禮無不推也。④

張溥將陳祥道《禮書》與朱熹《儀禮經傳通解》並論，朱書爲根本，陳書爲

---

① （宋）黎靖德編，王星賢點校：《朱子語類》第 6 册，中華書局，1986 年，第 2226 頁。

② （宋）陳振孫撰，徐小蠻、顧美華點校：《直齋書錄解題》，上海古籍出版社，1987 年，第 50 頁。

③ （宋）陳祥道：《禮書》卷 1，國家圖書館藏袁忠徹舊藏本。

④ （明）張溥：《禮書敘》，明張溥刻本《禮書》卷首。

枝葉，二者互補，讀禮習禮者二書並觀，則《周官》可通，士禮可推，對《禮書》評價不可謂不高。

清代時期，學術昌盛，學者總論前人著作之説甚多，對陳祥道《禮書》亦有不少評論。其中《四庫全書總目》評《禮書》曰：

> 其中多掊擊鄭學，如論廟制，引《周官》《家語》《荀子》《穀梁傳》，謂天子皆七廟，與康成天子五廟之説異；論禘祫，謂圜丘自圜丘，禘自禘，力破康成禘即圜丘之説；論禘大於祫竝祭及親廟，攻康成禘小祫大，祭不及親廟之説；辨上帝及五帝，引《掌次》文，闢康成上帝即五帝之説……蓋一時風氣所趨，無庸深詰。然綜其大致，則貫通經傳，縷析條分，前説後圖，考訂詳悉。陳振孫稱其論辨精博，間以繪畫，唐代諸儒之論，近世聶崇義之圖，或正其失，或補其闕。晁公武、元祐黨家、李燾、蘺門賓客，皆與王氏之學異趣。公武亦稱其書甚精博，燾亦稱其禮學通博，一時少及。則是書固甚爲當時所重，不以安石之故廢之矣。①

《四庫全書總目》對《禮書》的評價雖然語言簡潔，但是古往今來最爲深刻的。此文中明確談到了《禮書》文字内容對待鄭玄之説的態度是掊擊甚多，並舉了數個例子，但並没有指責陳祥道駁鄭之甚，而是説此乃"一時風氣所趨，無庸深詰"，似乎還有點肯定的意思。而其論及《禮書》之禮圖，則歷數晁公武、陳振孫等前人之説，稱此書"貫通經傳，縷析條分，前説後圖，考訂詳悉"，"一時少及"。因此《四庫全書總目》對《禮書》實際上是相當肯定的。

秦蕙田《五禮通考》對陳祥道《禮書》内容徵引極多，因此秦蕙田對《禮書》的認識也應該是很深刻的，他於《五禮通考·凡例》中説："唐、宋以來，惟杜氏佑《通典》、陳氏祥道《禮書》、朱子《儀禮經傳通解》、馬氏端臨《文獻通考》，言禮頗詳……《禮書》詳於名物，略於傳注。"②秦蕙田論禮學，將《禮書》與《通典》《儀禮經傳通解》《文獻通考》比肩，可見其對《禮書》的推崇。當然，他也指出了《禮書》"詳於名物，略於傳注"，此乃客觀言之，非批評之語。另有清人唐鑒《學案小識》評秦蕙田《五禮通考》時，特意將其與《禮書》作比較，稱其"較陳用之所作《禮書》，有過之無不及矣"。此言雖是推崇《五禮通考》，

① （清）永瑢等：《四庫全書總目》上册，中華書局，1965年，第178頁。
② （清）秦蕙田：《五禮通考》，《景印文淵閣四庫全書》第135册，臺灣"商務印書館"，1986年，第62頁。

但也無形中肯定了《禮書》，因《五禮通考》畢竟爲一代巨制，非尋常之作可比，唐鑒竟拿《禮書》與之相較，可見《禮書》亦有相當份量。

近代以來，禮學衰微，關注陳祥道《禮書》者少。然尚有黄侃先生著《禮學略説》，總論古今禮學，對《禮書》有所評論，其言曰：“陳祥道《禮書》，多攻駁鄭學，而依據王氏新説爲多；然解釋名物，與圖合行，實唐、宋以來言禮者之總略也。”①黄侃先生謂《禮書》“實唐、宋以來言禮者之總略也”，真乃石破天驚之語，古往今來盛讚《禮書》者，無過於此。

（二）反面評價

對於陳祥道《禮書》的反面評價，主要集中於清人言論，代表者爲皮錫瑞與沈欽韓二人。

皮錫瑞於其《經學歷史》中曰：“陳祥道之《禮書》一百五十卷，貫通經傳，晁公武、陳振孫服其精博。竊謂祥道之書，博則有之，精則未也。宋人治經，務反漢人之説。”②

他又於其《經學通論·三禮》中説：“錫瑞案，祥道之書，博則有之，精則未也。其自矜爲新義，實多原本王肅”，“宋人寡學，不盡知二家之説所自出，取王説之淺近，疑鄭義之博深，又以其時好立新説。鄭注立學已久，人多知之，王説時所不行，乃襲取之以爲己説。陳氏《禮書》，大率如是，皆上誣前賢，下誤後學。後人不當承其誤，凡此等書，可屏勿觀”③。

可見皮錫瑞對陳祥道《禮書》頗不以爲然，不僅不認同晁公武、陳振孫等論《禮書》精博之語，並且指斥《禮書》本王肅而疑鄭玄，“上誣前賢，下誤後學”，“凡此等書，可屏勿觀”。皮氏之駁斥《禮書》，一至於此。

皮錫瑞雖然十分反對《禮書》，然尚能承認其廣博，並不以爲《禮書》一無是處。但是到了清人沈欽韓眼裏，《禮書》竟全無可取。沈欽韓《幼學堂文稿》有《書陳祥道〈禮書〉後》一文，其言曰：

> 宋元祐間，陳祥道進《禮書》一百五十卷，其部分原本聶氏，其意乃欲成一家言，則曰形名度數必辨其制，道德仁義必發其藴。迹其言，殆于無豪易高者邪，是豈易言哉！究觀其書，既不詳沿革之制，異同之論。于

---

① 黄侃：《黄侃論學雜著》，中華書局，1964 年，第 451 頁。
② （清）皮錫瑞著，周予同注釋：《經學歷史》，中華書局，2014 年，第 257 頁。
③ （清）皮錫瑞：《經學通論·三禮》，中華書局，2011 年，第 32 頁。

經傳大義已明，不俟贅述者，輒喋喋絮煩；于傳注不審其本末，橫加訾毀；于義疏并没其指歸，但供嗤點。善則攘諸己，惡則推諸人。譬則蠹生于木而還自食其木，此亦先儒所無如何，然後有能讀經史傳記者，未可欺也。其于典故，則雜陳而意遣之，若舉子之對策，未能分明，而但求炫目。陳暘之《樂書》亦然，自昔史志最下者，若魏收、宋濂之于拓跋、蒙古，亦無此體例也。彼其兄弟造作欺妄，居然以禮、樂自命。要而論之，所誇形名度數，即古人之唾餘，屋下架屋耳。所誇道德仁義，則新經之流毒，直帖括腐語耳。①

觀此文字，沈欽韓痛批《禮書》，可謂古往今來之極者，無論是陳祥道創作《禮書》之立意，還是《禮書》之體例、《禮書》之内容，乃至《禮書》之書名，沈欽韓一概否定，駁斥之言辭甚急，最終指其爲"新經之流毒，直帖括腐語耳"，對《禮書》之非毀，亦無過於此了。

(三)《禮書》之正反兩種評價懸殊原因分析

通過上文梳理歷代對《禮書》的評價，可知自宋代許將、范祖禹等直到近代黃侃先生，對《禮書》之評價越來越高，終至於謂其爲"唐、宋以來言禮者之總略"，推尊之至，溢於言表。而其反面評價的言辭，由皮錫瑞至沈欽韓，也是愈加激烈，沈欽韓乃至謂《禮書》全無可取，直是流毒、腐語，指斥之甚，亦無可複加。

同樣一部書，其評價爲什麼會出現如此懸殊的情況？以筆者前文研究來看，問題並不是出在正面評價方面。范祖禹、晁公武、朱熹、陳振孫、虞集、張溥、《四庫全書總目》、秦蕙田等，對《禮書》的評價或從其禮圖着手，或從其文字内容切入，或者二者兼論，並未有多少誇大之詞。

至若黃侃先生謂《禮書》"實唐、宋以來言禮者之總略也"，雖語出驚人，但並非無的放矢。從《禮書》性質上來看，它是一部以論名物爲主的"通禮類"著作，這就決定了其能夠涵蓋"三禮"，旁及子史；再加上此書有一百五十卷，無論是論名物還是講儀節，不管是繪禮圖還是述禮制，它都有涉及。後世對"三禮"進行研究者，難以對其迴避，而事實也是如此，前文論《禮書》對後世之影響可以證明。

---

① （清）沈欽韓：《幼學堂文稿》，《清代詩文集彙編》第 514 册，上海古籍出版社，2010 年，第 356 頁。

　　因此對《禮書》正面評價的諸多言辭並無不當，而反觀皮錫瑞和沈欽韓對《禮書》之反面評價，卻所論不允，頗有非毀之嫌。皮錫瑞謂《禮書》"博則有之，精則未也"，持論尚算平正，以何者爲"精"，每個人的標準不同，皮錫瑞言其不精，自是因《禮書》未及其心中水準，此論無可厚非。但是他接着卻說"宋人治經，務反漢人之說"，"宋人寡學，不盡知二家之說所自出，取王說之淺近，疑鄭義之博深，又以其時好立新說。鄭注立學已久，人多知之，王說時所不行，乃襲取之以爲己說。陳氏《禮書》，大率如是，皆上誣前賢，下誤後學。後人不當承其誤，凡此等書，可屏勿觀"，則全是撇開《禮書》内容本身不談，而專論宋學、漢學之異，其詆毀宋學而推尊漢學，實是心中先存漢、宋之壁壘，持論自然不公。皮錫瑞因《禮書》爲宋人之作，遂一併抹殺，過於片面和絕對。

　　沈欽韓比起皮錫瑞更是有過之而無不及，他首先抓住陳祥道"形名度數必辨其制，道德仁義必發其蘊"之言，謂"迹其言，殆于無豪易高者邪，是豈易言哉"，明顯是斷章取義，咬文嚼字，吹毛求疵。接下來評《禮書》内容，謂其"既不詳沿革之制，異同之論。于經傳大義已明，不俟贅述者，輒喋喋絮煩；于傳注不審其本末，横加訾毀；于義疏并没其指歸，但供嗤點。善則攘諸己，惡則推諸人。譬則蠹生于木而還自食其木"，此實乃妄加指斥，無中生有的惡意評價。前文已敘，《禮書》於歷代禮制沿革不僅有所梳理，而且涉及的朝代也不少，僅此一點，沈欽韓所謂《禮書》"不詳沿革之例"，便是妄言。沈氏又說陳祥道作《禮書》，陳暘作《樂書》，"彼其兄弟造作欺妄，居然以禮、樂自命"，避書之本身而專究其名字，一副尊經衛道的面孔，其論有何情理可言？最後他說"要而論之，所誇形名度數，即古人之唾餘，屋下架屋耳。所誇道德仁義，則新經之流毒，直帖括腐語耳"，是全不顧《禮書》之撰作體例，横加非毀。至於以"新經之流毒"冠之《禮書》，更是不可理喻。綜觀沈欽韓之評《禮書》，完全是不顧事實，肆意詆毀，所言真正是無一可取，讓人心生鄙棄。沈欽韓爲何如此非毀《禮書》，也是頗值得深究的，擬另撰文論述，此處暫且不論。

　　綜上所述，歷代對《禮書》的評價之所以出現兩極分化的現象，並非由於正面肯定的言論過分誇大，而是因爲皮錫瑞、沈欽韓二人罔顧事實，心存壁壘，持論不公造成的。

二、《禮書》總體之客觀評價與定位

　　通過對前人對《禮書》評論的梳理，我們可以明確，皮錫瑞、沈欽韓之流故意非毀，歪曲事實，實不足論。而許將、范祖禹直至黃侃先生等之評論，雖然尚稱客觀，但往往祇是就《禮書》之某一方面或兩方面而論，或是論其禮圖，或是言其駁鄭注等，且僅讚《禮書》之長而不言其短，其論雖未誇大，卻失之片面。本書已經對《禮書》之作者、版本、內容、體例、禮圖等有所探究，雖然對其駁議鄭注、文獻徵引、梳理歷代禮制沿革等方面尚未加以分析，不能做到十分全面，但也大體可以作出一個相對客觀的評價和定位。

(一)《禮書》本身之闕憾與不足

首先，《禮書》極有可能是未完成之書，這是非常令人遺憾的。陳祥道創作《禮書》時時間緊迫，導致其不能按照原來的規劃，完成每卷各個條目的寫作，這就造成了相當一部分分卷目錄的條目和正文的條目對應不上。而全書定稿時所制定的總目錄，按照正文條目編排，也與分卷目錄有較大差異。同時此總目錄實際上還酌情參考了分卷目錄，又導致了其與正文條目之間稍有不同。如此一來，《禮書》之總目錄、分卷目錄、正文條目三者之間皆不統一，讀者如按總目錄來查檢該書內容，必然難以準確找到。

此外，《禮書》最後一部分論"喪葬"，過於簡略，明顯是倉促收尾。以《禮書》之"通禮類"著作的性質來說，對喪葬之禮顯然要有所涉及，事實上《禮書》當然也有兩卷的內容專門論述這些，但"喪葬"之類在吉、凶、賓、軍、嘉五禮中本身就單獨占一類，而且是一大類，《禮書》中祇有兩卷相關的內容，實在太過薄弱。《禮書》中陳祥道對其他類別的論斷，如"衣服配飾""玉器符節"等，都可謂廣博精詳，廣為後世著作所徵引，卻唯獨於"喪葬"之類沒有詳細全面闡發，使後人少一借鑒，不能不說是由古至今禮學研究方面的重大闕憾。

其次，《禮書》之體例不盡完善。《禮書》全書一百五十卷，龐雜繁複，條目眾多，雖然全書之首制定了總目錄，但是沒有撰寫編纂凡例，這就使得讀者面對此皇皇巨著時，難以對其有一個整體的和明確的認識。另外，《禮書》編排上以條目的形式依次排布，諸多條目實際上是以類相從的，可以以類別劃分，這也是其體例上的不足。

最後，《禮書》之禮圖尚有闕陷。以今之可見《禮書》之各個版本來看，儘管明代張溥刻本對原書禮圖進行了大量的補充訂正，但是仍有一部分禮圖是闕失的，這些闕圖主要集中於"喪葬"部分，並且此類中所有禮圖無一存在，全部闕失，殊為可惜。這些禮圖的闕失當然有可能是版本更迭造成的，但是也不能排除陳祥道創作禮圖時本就未及繪製的可能。

除了禮圖的闕失外，其所存之圖也有相當一部分並不完善。一方面是這些圖有些是錯誤的，或者是不準確的。僅從前文所論張溥對《禮書》原圖的訂補這部分來看，就可知陳祥道所繪之圖中，卷8"緇布冠"、卷19"璜"、卷48"魯四代學""諸侯四代學"、卷84"鬱鬯""秬鬯"、卷147"六馬車"等圖，皆有所不當。而若以出土之古器物來比對《禮書》之圖，則更可以發現其中一些圖頗有荒誕之處，比如其卷98之"爵"圖，此圖實際上是從聶崇義《新定三禮圖》沿襲而來。爵之爲物，秦、漢以後就漸漸消亡了，後人不能得見，《說文解字》解釋爵乃"象雀之形"，[①] 聶崇義、陳祥道等即繪爵之形爲鳥雀背上背一容器之狀(見圖6-14、圖6-15)，實在可笑。凡此皆是因聶崇義、陳祥道等繪製禮圖儘量以《周禮》《儀禮》《禮記》等所記爲依據，而又往往不能得見實物，遂臆想其大概，繪而成圖，難免與真實情形相差甚遠。同樣的例子，又比如《禮書》卷116之"戟"圖，前文已論，此不贅言。

圖6-14　《新定三禮圖》卷12"爵"　　　圖6-15　《禮書》卷98"爵"

《禮書》之圖並不完善的另一個表現是有些禮圖不夠成熟，並沒有實際意義，價值也不大。《禮書》中這些不成熟的禮圖以儀節圖爲主，主要包括卷39"六服朝覲之禮""諸侯朝天子送逆之節"、卷41"明堂朝諸侯之位"、卷42"聘儀"、卷44"士庶子宿衛制""虎士五隸守衛之制"、卷50"視學養老之禮"、卷50"鄉飲酒之禮"、卷59"釋幣"、卷63"族燕之禮"、卷64"士冠筮日之儀"、卷73"卜法""蓍""筮法""繫幣"、卷75"飾牲"、卷80"射禽之儀"、卷81"大夫廟門之位""士廟門之位"、卷83"陰厭""陽厭""受嘏"、卷85"祼"、卷90

① (清)段玉裁：《說文解字注》，浙江古籍出版社，2009年，第217頁。

"雩祀"、卷 90"祭日""祭月"、卷 91"四望"、卷 94"釋奠"、卷 107"主皮之射""貫革之射"、卷 109"祭侯禮"、卷 128"行以肆夏趨以采齊之儀"(闕圖)、卷 139"車戰之法",共計 33 幅。關於其圖具體形象,前文已經多有闡述,此處不再舉例。這類禮圖實際上並不能完整地甚至根本不能表現儀節,是陳祥道對儀節圖繪製的一些探索的結果。故而其圖之意義也就祇在於能夠反映陳祥道繪製儀節圖的探索過程,其本身並不能實現反映儀節方位的功用,也就沒有太大價值了。

除了以上三個方面,《禮書》還有其他不足,比如其批駁鄭注方面,宋、元、明、清歷代學者論及此點,皆要著重指出陳祥道《禮書》中之按斷常與鄭玄觀點相左。以筆者粗略統計,僅《禮書》之前十卷中,就有 26 處是陳祥道明確說鄭玄之解爲誤者,可見其批駁鄭注之急。自古以來,學者大多稱鄭玄之說精審,陳祥道如此頻繁反對鄭注,所論不當,自然在所難免,甚至爲數不少。由於陳祥道批駁鄭注甚多,筆者擬作專門探究,未及成文,故此且一筆帶過,待他日再加補充。

(二)《禮書》之成就和定位

首先是《禮書》歸納禮制方面的成就。《禮書》對於禮制的歸納,在方法上來說,接續《禮記》歸納禮制的傳統,爲禮學研究者們揭示了一種更爲有效的途徑。就《禮書》成書時間來看,其與北宋中期學術思潮轉變差不多同時,加上其論禮制多附帶考辨和闡發義理,因此至少是順應潮流,甚至是引導學術思潮的。再看陳祥道本人創作《禮書》有政治方面的訴求,即希望以此來輔佐皇帝執政,而其比較能符合這個要求的主要體現在於綜論禮制這一點,故而其歸納禮制是有現實意義的。當然,判定《禮書》歸納禮制的成就,最終還是要落實到其內容本身。根據對《五禮通考》徵引《禮書》禮制的分析,我們能夠看到其歸納禮制是頗受認可的,有很大的影響力。

其次是《禮書》禮圖方面的成就。《禮書》禮圖分爲名物圖和儀節圖兩種,其儀節圖雖然數量不多,並且又有 33 幅並不成熟的,沒有實際意義。但是其餘之儀節圖,包括陳服卷 64"設筵及加冠之儀""孤子冠""庶子冠"、卷 71"禘禮""祫禮"、卷 72"時祭之祫""天子諸侯卜祭於廟堂""大夫士卜祭於廟門"、卷 74"誓戒"、卷 80"田獵"、卷 81"尸次"(圖 2)、"大夫饋食儀"、"士饋食儀"、卷 86"大夫餕禮""士餕禮"、卷 87"祭日祊""明日祊"、卷 91"表貉"、卷 93"蜡臘附"、卷 108"大射之位""鄉射之位"、卷 114"賓主授受之儀""設壺釋矢之儀""數籌立馬之儀"、卷 127"堂上樂""樂懸""諸侯軒懸""鄉飲樂"、卷128“武舞六成之位”（闕圖）、卷129“文舞武舞之位”、卷146“車位”，共計31幅，都達到了較高的水平。這些禮圖的價值和意義，從時間上來説，它們比楊復之《儀禮圖》早了130年左右，爲今存可見的最早的儀節類禮圖。

此外，《禮書》之儀節圖並非依《儀禮》之經文和次序創製，而是綜合“三禮”記載，所繪之圖往往不是《儀禮》一經所能夠涵蓋的，這一點與楊復《儀禮圖》、張惠言《儀禮圖》都有所不同，可補兩書所不備。

而《禮書》名物圖，則是其禮圖中之大宗，儘管其中有些圖是錯誤的，還有一些沿襲了聶崇義《新定三禮圖》，但是也頗有一部分禮圖，陳祥道所繪顯然要比聶崇義圖精確得多，比如穀璧、琮、瓾等，僅此一點，便可見《禮書》禮圖的高明之處。況且《禮書》名物圖的成就還不止於此，其最大的優勢在於立圖之全，除了喪服、喪器之類外，《禮書》中其他所有類別的名物圖都要比聶崇義《新定三禮圖》相應之類中多得多。也正因爲如此，後世禮圖著作往往都要借鑒《禮書》之圖。

最後，《禮書》成就還表現在其對各種文獻資料的彙編方面。前文論《禮書》各條目之體例時已經明確，無論是一段式還是兩段式，陳祥道的處理方法基本上是先羅列引文，後加按斷。而這個“羅列引文”，陳祥道基本上自己不發一言，往往純粹是把各種相關材料堆積在一起。這種做法，體現出了《禮書》廣徵博引的特點，更重要的是，這種文獻材料的堆積羅列，實際上就是資料彙編。我們舉《禮書》卷四“玄端”條爲例：

> 《周禮·司服》其齊服有玄端、素端。鄭司農云：“衣有襦裳者爲端。”鄭康成云：“變素服言端者，明異制。端者，取其正也。士之衣袂皆二尺二寸，而屬幅是廣袤等也，其祛尺二寸。大夫已上侈之。侈之者，蓋半而益一焉。半而益一，則其袂三尺三寸，祛尺八寸。”《正義》曰：“衣袂二尺二寸。《喪服》記文故云‘袂二尺有二寸’，注云：‘此謂袂中也。’言‘衣’者，明與身參齊，是謂玄端之身長二尺二寸，今兩邊袂亦各屬一幅，幅長二尺二寸，上下亦廣二尺二寸，故云屬幅廣袤等，袤則長也。言‘皆’者，玄端、玄端二者同也。云‘其祛尺二寸’者，據《玉藻》《深衣》之祛尺二寸而言也。云‘大夫已上侈之，侈之者，蓋半而益一焉。半而益一，則其袂三尺三寸，祛尺八寸’者，此亦無正文。案《雜記》云‘凡弁絰服，其衰侈袂’，《少牢》‘主婦衣綃衣’，亦云侈袂。侈，大也。鄭以侈爲大，即以意爲半而益一以解之也。孔子大袂單衣，亦如此也。”《内則》曰：“子事父母，冠緌纓，端韠紳。”端，玄端，士服也。《玉藻》天子玄端而朝日於東門之外。“端”當爲“冕”。卒食，玄端而居。諸侯玄端以祭。“端”亦當爲“冕”。朝玄端，夕深衣，謂大夫士也。無君者不貳采。大夫去位，宜服玄端袞衣。《小記》：“除殤之喪者，其祭也必玄。”冠、玄

端、黄裳而祭，不朝服，未純吉也。於成人爲釋禪之服。《樂記》："魏文侯問於子夏曰：'吾端冕而聽古樂，則唯恐臥。'"端，玄衣也。《雜記》曰："端衰、喪車，皆無等。"喪者衣衰及所乘之車，貴賤同。衣衰言端者，玄端，吉時常服，喪之衣衰當如之。子羔之襲，素端一，公襲卷衣一，玄端一。《儀禮》士冠緇布冠，玄端，玄裳，黄裳、雜裳可也，緇帶，爵韠。此暮夕於朝之服。玄端，則朝服之衣，易其裳耳。上士玄裳，中士黄裳，下士雜裳。賓如主人服，贊者玄端從之。冠者既冠乃易服，服玄冠、玄端、爵韠，見于君，見於鄉大夫、鄉先生。易服不朝服者，非朝事也。《特牲饋食禮》："主人冠端玄。"《論語》："公西華曰：'宗廟之事，如會同，端章甫，願爲小相焉。'"荀卿曰："端衣玄裳，絻而乘路，志不在於食葷。"《大戴禮》曰："武王端冕而受丹書。"《左氏》：劉定公曰："吾端委以治民臨諸侯，禹之力也。"晏平仲端委以立于虎門。《晉語》：董安于曰，臣端委以隨宰人。《周語》曰：晉侯端委以入武宮。韋昭曰："此士服也。諸侯之子未受爵命，服士服也。"《穀梁》曰"免牲者，爲之緇衣纁裳，有司玄端，奉送至于南郊"。僖三十一年。"吴，夷狄之國也，被髮文身，欲因魯而請冠端而襲"。襲衣冠，端玄端。鄭氏釋《士冠禮》謂"爵弁純衣，絲衣也。餘衣皆用布，惟冕與爵弁用絲耳"。賈公彥曰："此據朝服、皮弁服、玄端服及深衣、長衣之等，皆布爲之，是以《雜記》云'朝服十五升布'。玄端亦朝服之類，皮弁亦是天子朝服。深衣或名麻衣，故知用布也。"①

　　玄端之形制如何，在什麼場合穿着，單純看某文獻中的某條記載，是難以弄明白的。但是陳祥道想到了一個絕好的辦法，即儘量將北宋之前關於玄端的典籍記載及相關注解都搜集起來，綜合分析，判斷取捨。而搜集工作的直接成果，就是《禮書》中這些資料彙編式的段落。此文不僅引用了《周禮》《禮記》《儀禮》《大戴禮記》相關篇章的經文及鄭玄、賈公彥等相應注解，還涉及《左傳》《穀梁傳》《國語》《荀子》等文獻，可謂將有關玄端的比較重要的典籍記載和注家之説都羅列齊備了。以此詳實之材料爲基礎，研究相關問題，必定絕少空言，焉能不事半功倍。

---

　　①　按：此文《正義》中之"玄端、玄端二者同也"一句，明張溥刻本、《四庫全書》本皆作"玄端、素端二者同也"，清代郭氏校經堂本、廣州學源堂本皆作"元端、素端二者同也"，則此宋刻元明遞修本之第二個"玄端"當爲"素端"。又，依《禮書》行文之例，"左氏"即指《春秋左氏傳》，故加書名號。

對於後世學者來説，陳祥道的這種做法，無疑提供了巨大的方便。《禮書》中這種資料彙編的内容，基本上每個條目下都有，文獻資料多者則多列，少者則少列，總以求全求備爲務。如此一來，陳祥道《禮書》以設置條目之衆多，搜羅文獻材料之不遺餘力，毫無疑問地成爲一座資料寶庫。後世學者研習"三禮"及諸經，乃至子史，遇有與《禮書》相關之條目，則盡可從中採擇，不必勞心費力去搜檢，真可謂是一編在手，即相當於衆書齊備，大大提高了研究效率，甚至還能有新的發現，豈不快哉。從這個角度來説，《禮書》又頗有類書的功用，也難怪千百年來一直刊刻不絶，流傳廣布。

當然，以上三個方面決不能代表《禮書》的所有成就。事實上，縱觀歷代對《禮書》的評價，可以看出前人對此書最爲關注的就是其禮圖、考訂名物和駁議鄭注三個方面。其考訂名物基本上能和禮圖相結合來講，因此《禮書》禮圖的成就在某種程度上代表了其考訂名物的成就。而《禮書》之駁議鄭注究竟如何，限於本書之篇幅内容，尚不能很好地回答這個問題，祇能待來日再行研究。

綜合以上全部研究内容，我們可以對《禮書》在禮學史中所處的位置給出一個大概的定位。

首先，就禮圖學方面來説，《禮書》之名物圖，其繪圖數量之巨大，收圖種類之衆多，對所繪之名物考訂之精審，所繪之圖對後世影響之深遠，無不彰顯出巨大的學術價值，雖不能完全與聶崇義《新定三禮圖》比肩，但亦相去不遠。而《禮書》之儀節圖，本身即是現存可見的最早的此類禮圖。

其次，就後世歷代"三禮"類、《詩經》類、樂律類等著作對《禮書》内容的頻繁大量徵引來看，陳祥道對先秦禮制的總論、對歷代禮制沿革的梳理、對個别細節之禮的論斷、對行禮儀節方位的考證、對名物制形功用的考訂等五個方面的内容，是後世任何一部禮學方面著作或多或少都要涉及的，其自有獨到之處，所以纔能影響如此巨大。因此可以説，《禮書》内容之影響力，比之鄭玄注，孔穎達、賈公彦疏，雖差之尚遠，但非尋常禮學之作所能比擬。

最後，從《禮書》作爲一部"通禮類"著作的角度來看，黄侃先生謂其爲"唐、宋以來言禮者之總略"，實有深意，並非妄言。因爲自先秦以至唐代，綜論"三禮"者不是没有，以王鍔師《三禮研究論著提要》所收之"通禮類"著作來看，從漢代到陳祥道之前，此類作品有 88 部之多，但 88 部中卷數超過100 卷的則僅有 8 部，餘者皆卷次簡少，不能涵蓋"三禮"各個方面。這 8 部卷數過百的著作分别是南朝宋何承天《禮論》300 卷、南朝梁賀瑒《禮論要抄》100 卷、南朝梁孔子袪《續何承天禮論》150 卷、南朝梁武帝蕭衍《五禮》

1000 卷、南朝陳沈不害《五禮儀》100 卷、隋潘徽《江都集禮》120 卷、隋褚暉《禮疏》100 卷，這些書有的早在陳祥道之前就已經亡佚了，有的尚能流傳到宋代，但是宋代以後也都祇剩殘篇斷簡了，對後世根本不能產生多大的影響。陳祥道《禮書》自北宋時期問世以來，歷代都有刊刻，並且卷帙完整，其對於"三禮"的綜合論述，對"通禮類"作品體例、內容等的規劃，都對後世研習禮書者，起到了示範指導作用，最突出的例子就是清代林昌彝的《三禮通釋》，儘管合計 280 卷，規模宏大，但是其體例設置依舊難逃《禮書》之藩籬。《禮書》的這種作用和影響，大概就是黃侃先生所謂"總略"之意義所在，也突出了該書的地位。

小　　結

本章從總體上對《禮書》進行評價。首先從陳祥道創作《禮書》時的情況和《禮書》文本本身反映出來的問題兩個方面，推測《禮書》應該是未完成之作。其次，闡發了《禮書》對後世的影響，分成體例、文字內容、禮圖三個方面展開論述。

其體例方面的影響，最主要體現在清代林昌彝《三禮通釋》對《禮書》體例的全面乃至徹底的仿效。

文字內容方面的影響，考察了其對清人陳寶泉之影響尤其大，陳氏摘錄《禮書》內容，增益他書之禮制相關內容，著成《禮書目錄》一書。此外，還通過統計宋、元、明、清時期各個著作對《禮書》內容徵引的數量，分析《禮書》的影響力，一是在時間上具有持續性，跨越宋、元、明、清四代；二是所影響的作品類型方面，以"三禮"類為主，對"禮記類"著作影響尤其巨大，同時對《詩經》類、樂律類及史學和相關學術雜著作品等，也有相當程度的影響；三是對某些著作，如衛湜《禮記集說》、秦蕙田《五禮通考》、《欽定禮記義疏》等，具有非常強烈的影響。

《禮書》禮圖方面的影響，在宋、元、明三代並不是很顯著，但是在清代卻十分突出。南宋林希逸《鬳齋考工記解》和明代劉績《三禮圖》對《禮書》之圖稍有借鑒，而清代《欽定三禮義疏》之"禮器圖"對《禮書》禮圖的借鑒尤其多，甚至大部分禮圖直接比照《禮書》原圖摹畫。此外，清代林昌彝之《三禮通釋》對《禮書》禮圖的徵引數量也很可觀，並且由於創作主旨方面的原因，其對《禮書》禮圖基本是原樣複製，名物圖和儀節圖兼收是其特色。

　　最後，對《禮書》進行總體評定。首先是梳理了歷代學者對《禮書》的評價，分析出正反兩方面評價懸殊的原因主要是皮錫瑞、沈欽韓等存有學術偏見，持論不公。然後，根據前文之全部研究，分析了《禮書》的不足和成就，對《禮書》在禮學史上的定位有了初步的設想，認同黃侃先生的説法，該書爲"唐、宋以來言禮者之總略也"。

附録 《禮書》總目録、分卷目録、正文條目差異統計

序號	卷次	總目録	分卷目録	正文條目
1	卷3	上公袞冕	上公袞冕	上公龍袞
2	卷3	侯伯鷩服	侯伯鷩服	侯鷩冕、伯鷩冕
3	卷3	子男毳冕	子男毳冕	子毳冕、男毳冕
4	卷3	王之大夫希冕、諸侯之孤希冕	王之大夫諸侯之孤希冕	王之大夫希冕、諸侯之孤希冕
5	卷3	諸侯之卿大夫玄冕	諸侯之卿大夫玄冕	諸侯之卿玄冕、諸侯之大夫玄冕
6	卷4	素端	素端	①
7	卷5	瑱天子諸侯卿大夫士	瑱	天子諸侯瑱、卿大夫瑱、士瑱
8	卷5	翳笄	翳笄	②
9	卷6	③	象邸	
10	卷6	韋弁爵弁附	韋弁、爵弁	韋弁爵弁附
11	卷7	虞皇夏收、商冔	虞皇、夏收、商冔	虞皇夏收、商冔
12	卷8	冠	闕④	冠制

---

① 按：無，於"玄端"條内附論之。
② 按：無，於"笄"條内附論之。
③ 按：空白表示無此條目，下文皆同。
④ 按：此所謂"闕"，意思是本來應該有卻没有了，下文皆同。

续表

序號	卷次	總目録	分卷目録	正文條目
13	卷 8	緇布冠太古冠、後世冠	太古緇布冠、後世緇布冠	緇布冠、後世緇布冠
14	卷 9		冠	
15	卷 9	天子諸侯始冠之冠	天子始冠之冠、諸侯始冠之冠	天子始冠之冠、諸侯始冠之冠
16	卷 9	諸侯士齊冠	士齊冠	諸侯齊冠、士齊冠
17	卷 10	黄冠黄衣	黄冠、黄衣	黄冠、黄衣
18	卷 11	中衣諸侯、大夫士	諸侯中衣、大夫士中衣	諸侯中衣、大夫士中衣
19	卷 11	總組總、錦總、布總	組總、錦總、布總	組總、錦總、布總
20	卷 11	明衣裳	明衣、明衣之裳	明衣、明衣之裳
21	卷 13	狐白裘狐青裘、黄衣狐裘	狐白裘、狐青裘、黄衣狐裘	狐白裘、狐青裘、黄衣狐裘
22	卷 13	虎裘狼裘	虎裘、狼裘	虎裘、狼裘
23	卷 13	熊裘羆裘	熊裘、羆裘	熊裘、羆裘
24	卷 14	帶天子素帶、諸侯素帶、大夫素帶、士練帶	天子素帶、諸侯素帶、大夫素帶、士練帶	天子素帶、諸侯素帶、大夫素帶、士練帶
25	卷 14	居士錦帶弟子縞帶	居士錦帶、弟子縞帶	居士錦帶、弟子縞帶
26	卷 15	烏王冕服赤烏、皮弁服白烏、冠弁服黑烏、后褘衣玄烏、揄狄青烏、闕狄赤烏、鞠衣黄屨、展衣白屨、祿衣黑屨	王冕服赤烏、皮弁服白烏、冠弁服黑烏、后褘衣玄烏、揄狄青烏、闕狄赤烏、鞠衣黄屨、展衣白屨、祿衣黑屨	王冕服赤烏、皮弁服白烏、冠弁服黑烏、后褘衣玄烏、揄狄青烏、闕狄赤烏、鞠衣黄屨、展衣白屨、祿衣黑屨
27	卷 16	童子服、屨	童子服、童子屨	童子服、童子屨
28	卷 17	后服褘衣、揄狄、闕狄、鞠衣、展衣	后褘衣、揄狄、闕狄、鞠衣、展衣	后褘衣、揄狄、闕狄、鞠衣、展衣
29	卷 17	祿衣士祿衣	祿衣、士祿衣	祿衣、士祿衣
30	卷 18	霄衣	霄衣	霄
31	卷 18	袗衣	袗玄纁黼	袗玄衣纁黼黑

续表

序號	卷次	總目録	分卷目録	正文條目
32	卷 18	景衣褧衣	景衣、褧	景衣、褧衣
33	卷 18	副編、次	副、編、次	副、編、次
34	卷 18	纚笄	纚	纚笄
35	卷 18	象揥	揥	象揥
36	卷 19	佩天子佩、諸侯大夫佩、士子佩附	佩、天子佩、諸侯佩、大夫佩士子佩附	天子佩、諸侯佩、大夫佩
37	卷 20	男子、婦人事佩	男子事佩、妇人事佩	男子事佩、妇人事佩
38	卷 21	金燧燧、鑑	金燧、木燧、鑒	金燧、木燧、鑒
39	卷 22	刀削刀	刀、削	刀、削刀
40	卷 22	劍櫝夫襓	劍櫝、夫襓	劍櫝、夫襓
41	卷 22	六卿六遂	鄉制、遂制	六鄉、六遂
42	卷 25	鄉遂都鄙三等之地	鄉遂上中下之別、都鄙上中下地之別	鄉遂都鄙三等之地
43	卷 26	尺十寸尺、八寸尺	尺	十寸之尺、八寸之尺
44	卷 26	畮、夫、屋、井、邑、丘、甸、成、縣、都、通、成、終、同	畮、夫、屋、井、邑丘、甸成、縣都、成、通終、同	畮、夫、屋、井、邑、丘、甸、成、縣、都、通、成、終、同
45	卷 27	廛廬	廛、廬	廛、廬
46	卷 28	貢、助、徹	夏貢、商助、周徹	夏貢、商助、周徹
47	卷 29	耕田	闕	耕田
48	卷 29	闕	耕車	耕車
49	卷 29	神倉倉	神倉、倉	神倉、倉
50	卷 29	人耦牛耦	人耦、牛耦	人耦、牛耦
51	卷 30	曲植	蠶器曲植	曲、植
52	卷 31	諸侯附庸	五等諸侯附庸公五百里侯四百里男一百里伯三百里子二百里	諸侯附庸

续表

序號	卷次	總目録	分卷目録	正文條目
53	卷32	禹貢五服周九服	禹貢五服、周九服	禹貢五服、周九服
54	卷32	侯國采邑貢賦之法	侯國及采邑貢賦之法	侯國及采邑貢賦之法
55	卷33	力政以旗致民、以旗致民	力政	力政
56	卷34	五地所宜	五土所宜	五地所宜
57	卷34	十二分	星分、土分	十二分
58	卷35	尚書中星圖	尚書中星	尚書中星
59	卷35	月令中星圖	月令中星	月令中星圖
60	卷35	月令二十四氣圖	二十四氣	月令二十四氣
61	卷35	挈壺氏刻漏圖	挈壺刻漏之圖	闕題目
62	卷35		壺、箭	
63	卷36	測景圖土圭	測景圖、土圭	測景圖、土圭
64	卷36	水平法爲規識日法	水平法、爲規識日法	水平法、爲規識日法
65	卷37	天子五門路門、應門、皋門、雉門、庫門、觀門	天子五門	路門、應門、皋門、雉門、庫門、觀門
66	卷37	屏廟屏	屏、廟屏	屏、廟屏
67	卷38	天子三朝外朝、治朝、內朝、諸侯三朝附	天子三朝、諸侯三朝	外朝、治朝、內朝
68	卷38	卿大夫二朝內朝、外朝	卿大夫二朝	卿大夫二朝內朝、外朝
69	卷39	六服朝覲之禮	六服朝覲會同之禮	六服朝覲之禮
70	卷39	諸侯朝天子送逆之節	諸侯來朝天子送逆之節	諸侯朝天子送逆之節
71	卷40	世室、重屋、明堂	夏世室、商重屋、周明堂	夏世室、商重屋、周明堂
72	卷42	盟詛	盟、詛①	

---

① 　按：總目録與分卷目録此條排序不同。

续表

序號	卷次	總目録	分卷目録	正文條目
73	卷42	珠盤玉敦	珠盤、玉敦	珠盤、玉敦
74	卷43	王諸侯寢廟制	王及諸侯寢廟制	王及諸侯寢廟制
75	卷44	寢宮王六寢、后六宮、諸侯三寢、夫人三宮、卿大夫士二寢、妻二寢	王六寢、后六寢、諸侯三寢、夫人三宮、卿大夫士二寢、卿大夫士之妻二寢	王六寢、后六寢、諸侯三寢、夫人三宮、卿大夫士二寢、卿大夫士之妻二寢
76	卷47	葦席萑席	葦席、萑席	—①
77	卷47	越席蒻秸	越席、蒻秸	—②
78	卷48	周四代學魯四代學、諸侯頖宮	周四代學、魯四代學、諸侯學	周四代學、魯四代學、諸侯學
79	卷51	士竹本	士笏	士竹本
80	卷52		必	
81	卷53	王瑁琮	瑁琮	王瑁琮
82	卷53	公侯伯子男圭璧	桓圭、信圭、躬圭、穀璧、蒲璧	上公桓圭、侯信圭、伯躬圭、子蒲璧、男蒲璧
83	卷53	繅王繅、公侯伯繅、子男繅、聘王繅、問諸侯繅	王繅、公侯伯繅、子男繅、聘王繅、問諸侯繅	王繅、公侯伯繅、子男繅、聘王繅、問諸侯繅
84	卷54	兩圭有邸黃琮	兩圭有邸、黃琮	兩圭有邸、黃琮
85	卷55	圭瓚璋瓚、大璋、中璋、邊璋	圭瓚、璋瓚、大璋、中璋、璋	圭瓚、璋瓚、大璋中璋、邊璋
86	卷55	宗廟禮神之玉	宗廟禮神玉	宗廟禮神之玉
87	卷55	穀圭大璋	穀圭、大璋	穀圭、大璋
88	卷55	琬圭琰圭	琬、琰圭	琬圭、琰圭
89	卷56	琢圭琢璋、琢璧	琢圭、璋、璧	琢圭、琢璋、琢璧

---

① 按：正文條目無“萑席”，於“葦席”條中附論之。
② 正文條目無“蒻秸”，於“越席”條中附論之。

续表

序號	卷次	總目録	分卷目録	正文條目
90	卷 56	合六幣圭以馬、璋以皮、璧以帛、琮以錦、琥以繡、璜以黼	合六幣	圭以馬、璋以皮、璧以帛、琮以錦、琥以繡、璜以黼
91	卷 57	八節玉節、角節、龍節、人節、虎節、竹節、旌節、管節	玉節、角節、龍節、人節、虎節、竹節、管節、旌節	八節玉節、角節、龍節、人節、虎節、竹節、管節、旌節
92	卷 57	璽	璽書	璽
93	卷 58	幣帛錦帛附	幣帛	幣帛
94	卷 60	贄	贄儀	贄儀
95	卷 60	皮帛虎皮、豹皮、孤	皮帛	皮帛虎皮、豹皮、孤
97	卷 61	士昏贄雁	士昏贄雁	士昏用雁
98	卷 61	雉腒	士雉、腒	雉、腒
99	卷 61	鶩、雞童子贄附	庶人鶩、工商雞、童子贄	鶩、雞
100	卷 61	野外軍中贄纓、拾、矢	野外軍中贄	野外軍中贄纓、拾、矢
101	卷 61	婦人贄笄	婦人贄	笄
102	卷 62	有小宗無大宗有大宗無小宗、有無宗亦莫之宗	有小宗無大宗、有大宗無小宗、有無宗亦莫之宗	有小宗無大宗、有大宗無小宗、有無宗亦莫之宗
103	卷 64	冠禮儀	冠	冠
104	卷 64	士冠筮日之儀	筮日筮賓之儀	士冠筮日之儀
105	卷 64	陳服設筵加冠之儀	陳服設筵及加冠之儀	陳服設筵及加冠之儀
106	卷 64	醴醮儀	醴醮冠儀	醴醮儀
107	卷 64	醴賓	醴賓冠儀	醴賓
108	卷 65	婚禮	婚禮	婚

续表

序號	卷次	總目録	分卷目録	正文條目
109	卷 65	納采問名、納吉納徵	納采、問名、納吉、納徵	納采問名、納吉納徵
110	卷 66		昏禮	昏禮
111	卷 67		適士二廟	適士二廟
112	卷 68	壇墠	壇、墠	壇、墠
113	卷 68		廟飾	
114	卷 69	寢廟薦新上、寢廟薦新下	寢廟薦新上、下	寢廟薦新上、寢廟薦新下
115	卷 72	天子諸侯大夫卜祭	天子卜祭於廟堂、大夫士卜祭於廟門	天子諸侯卜祭於廟堂、大夫士卜祭於廟門
116	卷 73	爟楚焞、卜法	爟、楚焞、卜法	爟、楚焞、卜法
117	卷 73	蓍筮法	蓍、筮法	蓍、筮法
118	卷 73	蓍韇畫爻木、卦板、春秋筮法附	蓍韇、畫本爻、卦板春秋筮法附	蓍韇、畫爻木、卦板
119	卷 74	王齊宮、后齊宮	王齊宮、后齊宮	后齊宮、王齊宮
121	卷 78	大夫士肵俎	大夫肵俎、士肵俎	大夫肵俎、士肵俎
122	卷 79	膴	闋	膴
123	卷 81	大夫廟門之位、士廟門之位	廟門之位	大夫廟門之位、士廟門之位
124	卷 81		旅次	
125	卷 81	朝踐之儀	朝踐之儀	朝踐饋食
126	卷 81	大夫士饋食儀	饋食之儀	大夫饋食儀、士饋食儀
127	卷 81	加爵	加爵之儀	加爵
129	卷 83	援祭	綏祭	授祭
130	卷 83	受嘏	受祭	受嘏
132	卷 84	鬱鬯秬鬯	鬱鬯	鬱鬯、秬鬯
134	卷 85	飯數	正飯數、加飯數	飯數

序號	卷次	總目録	分卷目録	正文條目
135	卷 86	大夫士餕禮	大夫餕、士餕	大夫餕禮、士餕禮
136	卷 86	脤膰、蜃器致福	脤膰蜃器、致福	脤膰致福、蜃器
138	卷 88		大神之辨	
139	卷 88	郊秋	圜丘	闕題目
140	卷 89	祀大神祇地示土示之辨	大示地示土示之辨	祀大神示地示土示之辨
141	卷 89	祀后土之辨	社與后土之辨	社后土之辨
142	卷 90	祭日祭月	王宮祭日、夜明祭月	祭日、祭月
143	卷 91	祭四方	四方	祭四方
144	卷 92	社稷王社、大社附	社稷、王社、大社	社稷、王社
145	卷 92	國社	諸侯社稷	闕題目
146	卷 92	大夫以下社	大夫以下社	大夫社
147	卷 92	亳社	亳社	闕題目
148	卷 93	蜡臘附	蜡、臘	蜡臘附
149	卷 95	六彝 雞彝、鳥彝、斝彝、黃彝、虎彝、蜼彝	雞彝、鳥彝、斝彝、黃彝、虎彝、蜼彝	雞彝、鳥彝、斝彝、黃彝、虎彝、蜼彝
150	卷 95	六樽 犧尊、象尊、壺尊、著尊、大尊、山尊	犧尊、象尊、壺尊、著尊、大尊、山尊	犧尊、象尊、壺尊、著尊、大尊、山尊
151	卷 96	山罍	山罍	
153	卷 97	椸	椸、禁	椸
154	卷 98	觶、角、散	觶、角、散	闕題目
155	卷 99	勺龍勺、疏勺、蒲勺、櫸勺	龍勺、疏勺、蒲勺、櫸	龍勺、疏勺、蒲勺
156	卷 100	冪束冪編冪、扃大扃、小扃	束冪、編冪、大扃、小扃	束冪、編冪、大扃、小扃
157	卷 100	巾疏布巾、畫布巾	疏布巾、畫布巾	疏布巾、畫布巾
158	卷 100	籩豆巾兼巾	籩豆巾、兼巾	籩豆巾、兼巾

序號	卷次	總目録	分卷目録	正文條目
159	卷 100	梡、嶡、椇、房俎	梡俎、嶡俎、椇俎、房俎	有虞氏梡、夏后氏嶡、商椇、周房俎
160	卷 101	敦	虞敦、玉敦、金敦	敦
162	卷 101	豆	楬豆、玉豆	豆
163	卷 101	竹簋方、登		竹簋方、登
164	卷 101	雕匽	雕匽	
165	卷 102	鑊錡釜鍑	鑊、錡、釜、鬵、鍑	鑊、錡、釜、鍑
167	卷 102	匕黍匕、挑匕、疏匕、桑匕	黍稷匕、挑匕、疏匕、桑匕	黍匕、挑匕、疏匕、桑匕
168	卷 103	補《考工記》補、《律歷志》補	《考工記》補、《歷律志》補	《考工記》補、《律歷志》補
171	卷 105	天子三侯虎、熊、豹	天子虎侯、熊侯、豹侯	虎侯天子、熊侯、豹侯
172	卷 106		射	
173	卷 106	畿内諸侯熊侯、豹侯	畿内諸侯熊侯、豹侯	畿内諸侯熊侯、豹侯
174	卷 106	畿外諸侯大侯、參侯、干侯	畿外諸侯大侯、參侯、干侯	畿外諸侯大侯、參侯、干侯
175	卷 106	天子虎、熊、豹侯五正	天子虎侯五正、熊侯五正、豹侯五正	天子虎侯五正、熊侯五正、豹侯五正
176	卷 106	諸侯熊侯、豹侯三正	諸侯熊侯五正、豹侯三正	诸侯熊侯五正、豹侯三正
177	卷 106	大夫麋侯三正、士豻侯二正	大夫麋侯二正、士豻侯二正	大夫麋侯三正、士豻侯二正
178	卷 107		射	
179	卷 107	質天子熊侯白質、諸侯麋侯赤質、大夫布侯、士布侯	天子熊侯白質、諸侯麋侯赤質、大夫布侯、士布侯	天子熊侯白質、諸侯麋侯赤質、大夫布侯、士布侯
180	卷 108		射	

续表

序號	卷次	總目録	分卷目録	正文條目
181	卷 108	大射之位、鄉射之位	大射之位、鄉射之位	大射位、鄉射位
182	卷 109		射	
183	卷 110	中鹿中、兕中、皮樹中、間中、虎中	鹿中、兕中、皮樹中、間中、虎中	鹿中、兕中、皮樹中、間中、虎中
184	卷 110	籌	籌	箅
185	卷 110	拾朱極決	決、拾、朱極	拾、朱極、決
186	卷 111	弓彤弓、彤弓、黑弓	彤弓、彤弓、黑弓	彤弓、彤弓、黑弓
187	卷 112	弓韣	弓韣	臂弣柲簫隈淵紻
188	卷 112	弓檠、弓柲、依撻	檠、柲、依、撻	弓檠、弓柲、依撻
189	卷 113	矢彤矢竐矢矰矢	矢	彤矢、竐矢、矰矢
190	卷 113	鏃	鏃刃鋝鉋	鏃
191	卷 114	賓主授受之儀、投壺釋矢之儀、數筭立馬之儀	司射度壺設中釋筭之儀、勝飲不勝之儀	賓主授受之儀、投壺釋矢之儀、數筭立馬之儀
192	卷 114	觛	闕	觛
193	卷 115	矛酋矛、夷矛、厹矛	酋矛、夷矛	酋矛、夷矛、厹矛
195	卷 116		錏鍜	
196	卷 117	五聲、八音	闕	五聲、八音
197	卷 117	十二律上下相生、左右相生圖	律呂旋生爲宮圖、律呂上下相生圖、律呂左右相生圖	十二律上下相生圖、十二律左右相生圖
198	卷 117	管	律管	管
199	卷 118	天地辰建旋轉圖	合陰陽之聲附	合陰陽之聲
200	卷 118	祀祭享天神地示人鬼	祭鬼神祇之律	祀天神祭地示享人鬼
201	卷 118	房中樂	房中之樂	房中樂
203	卷 119	大鍾	鍾	大鍾
204	卷 119		旋蟲	

序號	卷次	總目録	分卷目録	正文條目
205	卷120	大磬	磬	大磬
207	卷120	金鐸、木鐸	鐸	金鐸、木鐸
208	卷123	鼛	應鼓、朔鼓	鼛
209	卷123	拊相	拊	拊相
210	卷127	樂懸王宮懸、諸侯軒懸、諸侯大射之懸、鄉射之懸、鄉飲樂	王宮懸、諸侯軒懸、諸侯大射之懸	王宮懸、諸侯軒懸、諸侯大射之懸、鄉射之懸、鄉飲樂
211	卷128	武舞六成之位	武舞	武舞六成之位
212	卷129	舞帗舞、羽舞、皇舞、旄舞	帗舞、羽舞、皇舞、旄舞	帗舞、羽舞、皇舞、旄舞
213	卷131	綏	闞	綏
214	卷132	熊虎爲旗、鳥隼爲旟、蛇爲旐、通帛爲旞、雜帛爲物	旗、旟、旐、旞、物	旗、旟、旐、旞、物
215	卷133	大閲治兵之旗	大閲之旗、治兵之旗	司常中冬大閲、司馬中秋治兵
216	卷134	旌青旌、鳴鳶、飛鴻、虎皮、貔狖、挈壺	青旌、鳴鳶、飛鴻、虎皮、貔狖挈壺、挈罊、挈畚	青旌、鳴鳶、飛鴻、虎皮、貔狖、挈壺
217	卷135	五路玉路、金路、象路、革路、木路	玉路、金路、象路、革路、木路	五路玉路、金路、象路、革路、木路
218	卷135	王行五路先後之儀綴路、大路、次路、次路、先路	先路、次路、大路、綴路	王行五路先後之儀綴路、大路、次路、次路、先路
219	卷136	王后車重翟、厭翟、安車、翟車、輦車	重翟、厭翟、安車、翟車、輦車	重翟、厭翟、安車、翟車、輦車

序號	卷次	總目録	分卷目録	正文條目
220	卷 137	夏篆夏縵、墨車、棧車、役車	夏篆、夏縵、墨車、棧車、役車	夏篆、夏縵、墨車、棧車、役車
221	卷 137	大車柏車、羊車	大車、柏車、羊車	大車柏車、羊車
222	卷 138	臨車	臨車、衝車	臨車、衝車
223	卷 141	輨轄	輨、轄	輨、轄
224	卷 142	輿、較、軾	輿、轛、軾	輿、較軾轛軨
225	卷 142	軫輈軹	闕	軫輈軹
226	卷 143	衡任	衡	衡任
227	卷 145	闕	櫺	櫺
228	卷 145	輔	車輔	輔
229	卷 145	禹乘四載輴	輴	禹乘四載輴
230	卷 146	車位乘車、將車、卒車	乘車之位、將車之位、卒車之位	乘車、將車、卒車
231	卷 146	幨虎幨、羔幨	虎幨、羔幨	虎幨、羔幨
232	卷 147	閑天子十二閑、邦國六閑、家四閑	天子十二閑、邦國六閑、家四閑	天子十二閑、邦國六閑、家四閑
233	卷 147	車六馬車、四馬車、二馬車	六馬車、四馬車、二馬車	四馬車、四馬車、二馬車
234	卷 148	衣服升數	衣冠升數	衣服升數
235	卷 148	闕	齊衰制	齊衰制
236	卷 149		喪禮	
237	卷 149	杖竹杖、削杖	竹杖、削杖	竹杖、削杖
238	卷 150	貴賤疏親廬堊室之辨	貴賤廬堊室之辨	貴賤疏親廬堊室之辨

參 考 文 獻

一、古籍類①

(一)經部

(宋)陳祥道:《禮書》,國家圖書館藏袁忠徹舊藏本。

(宋)陳祥道:《禮書》,國家圖書館藏焦竑本。

(宋)陳祥道:《禮書》,國家圖書館藏汪士鐘舊藏本。

(宋)陳祥道:《禮書》,國家圖書館藏瞿鏞舊藏本。

(宋)陳祥道:《禮書》,國家圖書館藏十五册本。

(宋)陳祥道:《禮書》,《原國立北平圖書館甲庫善本叢書》,國家圖書館出版社,2013 年。

(宋)陳祥道:《禮書》,《中華再造善本》,國家圖書館出版社,2013 年。

(宋)陳祥道:《禮書》,《北京圖書館古籍珍本叢刊》,書目文獻出版社,2000 年。

(宋)陳祥道:《禮書》,日本東京大學東洋文化研究所藏本。

(宋)陳祥道:《禮書》,明張溥刻本,日本國立公文書館藏。

(宋)陳祥道:《禮書》,《景印文淵閣四庫全書》,臺灣"商務印書館",1986 年。

(宋)陳祥道:《禮書》,清嘉慶九年福清郭氏校經堂刻本,日本國立公文書館藏。

(宋)陳祥道:《禮書》,清光緒三年廣州學源堂刻本,天津圖書館藏。

(漢)毛亨傳,(漢)鄭玄箋,(唐)孔穎達疏:《毛詩正義》,北京大學出版社,2000 年。

---

① 按:"古籍類"中經、史、子、集諸書依《四庫全書》之類目排列,惟經部中《禮書》排在首位,以本書題目即《禮書》研究之故也。

（漢）鄭玄注，（唐）賈公彥疏，彭林整理：《周禮注疏》，上海古籍出版社，2010 年。

（宋）林希逸：《鬳齋考工記解》，《景印文淵閣四庫全書》，臺灣“商務印書館”，1986 年。

（清）乾隆敕撰：《欽定周官義疏》，《景印文淵閣四庫全書》，臺灣“商務印書館”，1986 年。

（清）孫詒讓著，汪少華整理：《周禮正義》，中華書局，2015 年。

（漢）鄭玄注，（唐）賈公彥疏，彭林整理，王文錦審定：《儀禮注疏》，北京大學出版社，2000 年。

（漢）鄭玄注，（唐）賈公彥疏，王輝整理：《儀禮注疏》，上海古籍出版社，2008 年。

（漢）鄭玄注，（唐）賈公彥疏，賈海生點校：《儀禮注疏》，浙江大學出版社，2016 年。

（宋）楊復：《儀禮圖》，清康熙十二年通志堂刊本。

（清）徐乾學：《讀禮通考》，《景印文淵閣四庫全書》，臺灣“商務印書館”，1986 年。

（清）張惠言：《儀禮圖》，清嘉慶十年（1805）刻本。

（清）張惠言：《儀禮圖》，師顧堂叢書影印本，浙江古籍出版社，2016 年。

（漢）鄭玄注，（唐）孔穎達正義，呂友仁整理：《禮記正義》，上海古籍出版社，2011 年。

（宋）聶崇義：《新定三禮圖》，宋淳熙二年鎮江府學刻公文紙印本。

（宋）聶崇義纂輯，丁鼎點校解說：《新定三禮圖》，清華大學出版社，2006 年。

（清）秦蕙田：《五禮通考》，《景印文淵閣四庫全書》，臺灣“商務印書館”，1986 年。

（清）林昌彝：《三禮通釋》，《故宮珍本叢刊》，海南出版社，2000 年。

（清）黃以周撰，王文錦點校：《禮書通故》，中華書局，2007 年。

（清）皮錫瑞：《經學通論》，中華書局，2011 年。

（清）皮錫瑞著，周予同注釋：《經學歷史》，中華書局，2014 年。

（宋）陳祥道：《論語全解》，《景印文淵閣四庫全書》，臺灣“商務印書館”，1986 年。

（宋）陳暘：《樂書》，《中華再造善本》，國家圖書館出版社，2013 年。

（晉）郭璞著，（宋）邢昺疏，王世偉點校：《爾雅注疏》，上海古籍出版社，2010 年。

（清）段玉裁：《説文解字注》，浙江古籍出版社，2009 年。

（二）史部

（漢）司馬遷撰，顧頡剛等點校，趙生群等修訂：《史記》，中華書局，2013 年。

（漢）班固撰，（唐）顔師古注：《漢書》，中華書局，1964 年。

（南朝宋）范曄撰，（唐）李賢等注：《後漢書》，中華書局，1973 年。

（唐）魏徵、令狐德棻：《隋書》，中華書局，1982 年。

（後晉）劉昫等：《舊唐書》，中華書局，1975 年。

（宋）歐陽修、宋祁：《新唐書》，中華書局，1975 年。

（元）脱脱等：《宋史》，中華書局，1977 年。

（清）張廷玉等：《明史》，中華書局，1974 年。

（清）趙爾巽等：《清史稿》，中華書局，1988 年。

（宋）李燾：《續資治通鑑長編》，中華書局，1995 年。

（宋）鄭樵撰，王樹民點校：《通志二十略》，中華書局，1995 年。

（宋）趙汝愚編，北京大學中國中古史研究中心校點整理：《宋朝諸臣奏議》，上海古籍出版社，1999 年。

（明）黄宗羲：《宋元學案》，《黄宗羲全集》第 6 册，浙江古籍出版社，1999 年。

（宋）梁克家：《淳熙三山志》，《景印文淵閣四庫全書》，臺灣“商務印書館”，1986 年。

（明）黄仲昭：《（弘治）八閩通志》，《北京圖書館古籍珍本叢刊》，書目文獻出版社，1988 年。

（清）魯曾煜：《（乾隆）福州府志》，《中國方志叢書》，成文出版社，1967 年。

（宋）朱熹：《紹熙州縣釋奠儀圖》，《景印文淵閣四庫全書》，臺灣“商務印書館”，1986 年。

（清）徐松：《宋會要輯稿》，中華書局，1957 年。

（宋）晁公武撰，孫猛校證：《郡齋讀書志校證》，上海古籍出版社，2005 年。

（宋）尤袤：《遂初堂書目》，《宋元明清書目題跋叢刊》第 1 册，中華書局，2006 年。

（宋）陳振孫：《直齋書録解題》，《宋元明清書目題跋叢刊》第 1 册，中華書局，2006 年。

（宋）陳振孫撰，徐小蠻、顧美華點校：《直齋書録解題》，上海古籍出版社，1987 年。

（明）楊士奇等撰：《文淵閣書目》，《宋元明清書目題跋叢刊》第 4 册，中華書局，2006 年。

（明）梅鷟：《南廱志經籍考》，《宋元明清書目題跋叢刊》第 4 册，中華書局，2006 年。

（明）周弘祖：《古今書刻》，《宋元明清書目題跋叢刊》第 6 册，中華書局，2006 年。

（清）朱彝尊：《經義考》，《景印文淵閣四庫全書》，臺灣"商務印書館"，1986 年。

（清）孫星衍撰，焦桂美、沙莎標點：《廉石居藏書記》，《中國歷代書目題跋叢書》第 3 輯，上海古籍出版社，2008 年。

（清）孫星衍撰，焦桂美標點，杜澤遜審定：《孫氏祠堂書目》，《中國歷代書目題跋叢書》第 3 輯，上海古籍出版社，2008 年。

（清）周中孚：《鄭堂讀書記》，《宋元明清書目題跋叢刊》第 15 册，中華書局，2006 年。

（清）范邦甸：《天一閣書目》，《中國著名藏書家書目匯刊·明清卷》第 2 册，商務印書館，2005 年。

（清）張金吾：《愛日精廬藏書志》，《宋元明清書目題跋叢刊》第 11 册，中華書局，2006 年。

（清）瞿鏞：《鐵琴銅劍樓藏書目録》，《宋元明清書目題跋叢刊》第 10 册，中華書局，2006 年。

（清）莫友芝撰，邱麗玟、李淑燕點校：《宋元舊本書經眼録》，《中國歷代書目題跋叢書》第 3 輯，上海古籍出版社，2009 年。

（清）莫友芝撰，傅增湘訂補，傅熹年整理：《藏園訂補郘亭知見傳本書目》，中華書局，2009 年。

（清）丁日昌撰，路子强、王雅新標點：《持静齋書目》，《中國歷代書目題跋叢書》第 3 輯，上海古籍出版社，2008 年。

（清）楊紹和：《楹書隅録初編》，《宋元明清書目題跋叢刊》第 10 册，中華書局，2006 年。

（清）耿文光：《萬卷精華樓藏書記》，《宋元明清書目題跋叢刊》第 16 册，中華書局，2006 年。

（清）丁丙：《善本書室藏書志》，《宋元明清書目題跋叢刊》第 9 册，中華書局，2006 年。

（清）陸心源：《皕宋樓藏書志》，《宋元明清書目題跋叢刊》第 7 冊，中華書局，2006 年。

（清）沈德壽：《抱經樓藏書志》，《宋元明清書目題跋叢刊》第 12 冊，中華書局，2006 年。

（清）馬瀛撰，潘景鄭校訂：《吟香僊館書目》，《中國歷代書目題跋叢書》本，上海古籍出版社，2006 年。

繆荃孫、吳昌綬、董康撰，吳格整理點校：《嘉業堂藏書志》，復旦大學出版社，1997 年。

傅增湘：《雙鑑樓善本書目》，《中國著名藏書家書目匯刊·近代卷》第 28 冊，商務印書館，2005 年。

［日］澀江全善、森立之：《經籍訪古志》，《宋元明清書目題跋叢刊》第 19 冊，中華書局，2006 年。

（三）子部

（宋）黎靖德編，王星賢點校：《朱子語類》，中華書局，1986 年。

（宋）王俅：《嘯堂集古錄》，《景印文淵閣四庫全書》，臺灣“商務印書館”，1986 年。

（宋）沈括著，侯真平校點：《夢溪筆談》，嶽麓書社，2000 年。

（宋）沈括撰，胡静宜整理：《夢溪筆談》，《全宋筆記》第 2 編第 3 冊，大象出版社，2006 年。

（宋）葉夢得撰，徐時儀校點：《避暑錄話》，上海古籍出版社，2012 年。

（宋）李廌撰，孔凡禮點校：《師友談記》，中華書局，2002 年。

（宋）洪邁撰，孔凡禮點校：《容齋隨筆》，中華書局，2006 年。

（宋）王應麟著，（清）翁元圻等注，欒保群、田青松、呂宗力校點：《困學紀聞》，上海古籍出版社，2008 年。

（清）陳澧著，鐘旭元、魏達純點校：《東塾讀書記》，上海古籍出版社，2012 年。

（宋）王應麟：《玉海》，《文淵閣四庫全書》，上海古籍出版社，1987 年。

（四）集部

（宋）范祖禹：《范太史集》，《景印文淵閣四庫全書》，臺灣“商務印書館”，1986 年。

（宋）秦觀撰，徐培均箋注：《淮海集箋注》，上海古籍出版社，2000 年。

（宋）楊万里：《誠齋集》，《景印文淵閣四庫全書》，臺灣"商務印書館"，1986 年。

（清）沈欽韓：《幼學堂文稿》，《清代詩文集彙編》，上海古籍出版社，2010 年。

（清）曾釗：《面城樓集鈔》，《清代詩文集彙編》，上海古籍出版社，2010 年。

（清）林昌彝：《小石渠閣文集》，《清代詩文集彙編》，上海古籍出版社，2010 年。

（宋）王遰編，孫永選校點：《清江三孔集》，齊魯書社，2002 年。

二、今人專著類（按出版時間）

黃侃：《黃侃論學雜著》，中華書局，1964 年。

杭州大學圖書館編：《杭州大學圖書館善本書目》，中華書局，1965 年。

王重民：《中國善本書提要》，上海古籍出版社，1983 年。

錢玄：《三禮名物通釋》，江蘇古籍出版社，1987 年。

余嘉錫：《四庫提要辨證》，中華書局，1988 年。

中國古籍善本書目編輯委員會編：《中國古籍善本書目》（經部），上海古籍出版社，1989 年。

中國人民大學古籍整理研究所編：《中國人民大學圖書館善本書目》，中國人民大學出版社，1991 年。

華夫：《中國古代名物大典》，濟南出版社，1993 年。

潁川陳熹公系千郎宗譜編委會：《潁川陳熹公系·千郎宗譜》，1995 年。

駱兆平：《新編天一閣書目》，中華書局，1996 年。

錢玄：《三禮通論》，南京師範大學出版社，1996 年。

張振鐸：《古籍刻工名錄》，上海書店出版社，1996 年。

龔延明：《宋代官制辭典》，中華書局，1997 年。

張舜徽著，張君和選編：《張舜徽學術論著選》，華中師範大學出版社，1997 年。

曾意丹、徐鶴苹：《福州世家》，福建人民出版社，2001 年。

姜亮夫：《歷代人物年里碑傳綜表》，《姜亮夫全集》第 19 冊，雲南人民出版社，2003 年。

張富祥：《宋代文獻學研究》，上海古籍出版社，2003 年。

陸宗達、王寧：《訓詁與訓詁學》，山西教育出版社，2005 年。

張豈之:《中國學術思想編年》宋元卷,陝西師範大學出版社,2005 年。

古方:《中國古玉器圖典》,文物出版社,2007 年。

嚴紹璗:《日藏漢籍善本書錄》,中華書局,2007 年。

王鍔:《三禮研究論著提要》(增訂本),甘肅教育出版社,2007 年。

焦桂美:《南北朝經學史》,上海古籍出版社,2009 年。

北京大學《儒藏》編纂中心編:《〈儒藏〉工程》,經濟科學出版社,2009 年。

張元濟:《涵芬樓餘燼書錄》,《張元濟全集》第 8 卷,商務印書館,2009 年。

張玉範、沈乃文主編:《儒藏總目·經部》,北京大學出版社,2011 年。

楊華:《古禮新研》,商務印書館,2012 年。

中國古籍總目編纂委員會編:《中國古籍總目·經部》,中華書局,2012 年。

王肇文:《古籍宋元刊工姓名索引》,上海古籍出版社,2012 年。

中華再造善本工程編纂出版委員會編著:《中華再造善本總目提要·唐宋編》,國家圖書館出版社,2013 年。

中國國家圖書館主編:《原國立北平圖書館甲庫善本叢書》,國家圖書館出版社,2013 年。

揚之水:《古詩文名物新證》,紫禁城出版社,2013 年。

錢玄、錢興奇:《三禮辭典》,鳳凰出版社,2014 年。

王子今:《秦漢名物叢考》,東方出版社,2015 年。

吳麗娛主編:《禮與中國古代社會》,中國社會科學出版社,2016 年。

劉豐:《北宋禮學研究》,中國社會科學出版社,2016 年。

吳十洲:《兩周禮器制度研究》,商務印書館,2016 年。

喬輝:《歷代三禮圖文獻考索》,中華書局,2020 年。

三、論文類(按發表時間)

何槐昌:《宋元明刻工表說明》,《圖書館學研究》1983 年第 3 期。

劉克明、周德鈞:《〈周禮〉與古代圖學》,《文獻》1997 年第 1 期。

劉興均:《關於"名物"的定義和名物詞的界定》,《川東學刊》(社會科學版)1998 年第 1 期。

鄭長鈴:《陳暘及其〈樂書〉研究》,福建師範大學 2004 年博士學位論文。

王強:《中國古代名物學初論》,《揚州大學學報》(人文社會科學版)2004 年第 6 期。

王文娟:《商周青銅瓿研究》,西北大學 2005 年碩士論文。

井中偉:《先秦時期青銅戈·戟研究》,吉林大學 2006 年博士學位論文。

方挺：《清代福建私家藏書研究》，福建師範大學 2007 年碩士學位論文。

王鍔：《宋聶崇義〈新定三禮圖〉的價值和整理——兼評丁鼎先生整理的〈新定三禮圖〉》，《孔子研究》2008 年第 2 期。

楊建宏：《禮制背後的政治訴求解讀——以北宋官方禮書製作爲中心》，《船山學刊》2009 年第 1 期。

曾凡亮：《菊坡精舍考》，中山大學 2009 年碩士學位論文。

錢慧真：《"名物"考辨》，《敦煌學輯刊》2010 年第 3 期。

顧莉丹、汪少華：《説"珽"之形制》，《南方文物》2010 年第 3 期。

顧莉丹：《〈考工記〉兵器疏證》，復旦大學 2011 年博士學位論文。

喬輝：《鄭玄撰〈三禮圖〉真僞考》，《文藝評論》2011 年第 10 期。

賈靳：《中國古代〈儀禮〉圖譜學綜述研究》，《吉林工程技術師範學院學報》2011 年第 10 期。

李小成：《三禮圖籍考》，《唐都學刊》2012 年第 1 期。

張濤：《乾隆三禮館研究》，清華大學 2012 年博士學位論文。

苗露：《宋代經學家陳祥道生平考證》，《綏化學院學報》2012 年第 1 期。

宋燕：《李如圭〈儀禮集釋〉研究》，鄭州大學 2013 年博士學位論文。

顧玉順、李剛：《談對遼代車輄和車的幾點認識》，《遼金歷史與研究》2014 年。

張德付：《〈儀禮〉復原與禮學研究》，《山西檔案》2014 年第 6 期。

張濤：《尋圖讀經，事半功倍》，《文匯報》第 T16 版，2015 年 1 月。

王志陽：《論楊復〈儀禮圖〉與張惠言〈儀禮圖〉之關係》，《中南大學學報》2015 年第 2 期。

馮茜：《〈師友談記〉所記陳祥道事蹟考辨》（上、下），《中華文史論叢》2015 年第 3 期。

瞿林江：《〈欽定禮記義疏〉研究》，南京師範大學 2015 年博士學位論文。

鄧聲國：《論張惠言的〈儀禮〉研究》，《知與行》2016 年第 9 期。

張曉宇：《從元明遞修百五十卷本〈禮書〉略論陳祥道〈禮書〉的進獻過程及意義》，《歷史文獻研究》總第 39 輯，華東師範大學出版社，2017 年 9 月。

顧宏義：《陳祥道、陳暘其人其書》，《歷史文獻研究》總第 43 輯，廣陵書社，2019 年 10 月。

陳諸安：《陳祥道生卒年考訂》（未刊稿）。

圖書在版編目(CIP)數據

陳祥道《禮書》研究/張琪著.—武漢：武漢大學出版社,2023.10
"禮學新論"叢書/楊華主編
國家出版基金項目
ISBN 978-7-307-23686-8

Ⅰ.陳…　Ⅱ.張…　Ⅲ.禮儀—研究—中國—古代　Ⅳ.K892.9

中國國家版本館 CIP 數據核字(2023)第 053244 號

責任編輯:黃河清　　　責任校對:汪欣怡　　　版式設計:馬　佳

出版發行: **武漢大學出版社**　　(430072　武昌　珞珈山)
　　　　(電子郵箱: cbs22@whu.edu.cn　網址: www.wdp.com.cn)
印刷:湖北金港彩印有限公司
開本:720×1000　1/16　印張:23.5　字數:422 千字　插頁:1
版次:2023 年 10 月第 1 版　　2023 年 10 月第 1 次印刷
ISBN 978-7-307-23686-8　　定價:98.00 元